普通高等教育中医药类规划教材

医 古 文

(供中医药类专业用)

主　编　段逸山
副主编　钱超尘　邵冠勇
　　　　(以下按姓氏笔画)
编　委　许敬生　陈竹友
　　　　惠　群　薛凤奎
主　审　严世芸

上海科学技术出版社

普通高等教育中医药类规划教材

顾问委员会名单
（按姓氏笔画排列）

王玉川　王绵之　邓铁涛　刘志明　刘弼臣　刘渡舟
江育仁　杨甲三　邱茂良　罗元恺　尚天裕　赵绍琴
施奠邦　祝谌予　顾伯康　董建华　程莘农　裘沛然
路志正

编审委员会名单

主　任　委　员：张文康
副主任委员：于生龙　李振吉　陆莲舫
委　　　　员：（按姓氏笔画排列）

于生龙　于永杰　万德光　马宝璋　马　骥
王永炎　王世成　王和鸣　王洪图　王萍芬
王新华　王韵珊　王耀庭　韦贵康　邓福树
龙致贤　叶传蕙　叶定江　石学敏　丘和明
丘德文　皮持衡　朱文锋　任继学　刘柏龄
刘振民　孙国杰　孙　校　杜　健　杨兆民
杨春澍　李任先　李安邦　李明富　李振吉
李家实　李　鼎　严世芸　严振国　吴敦序
何　珉　肖崇厚　沈映君　陈　奇　陈大舜
陈子德　陆莲舫　陆德铭　张文康　张六通
张安桢　张志刚　张绚邦　张殿璞　范碧亭
罗永芬　周梦圣　郑守曾　尚炽昌　宗全和
孟　如　项　平　柯雪帆　钟　淼　段逸山
段富津　施　杞　施顺清　施雪筠　袁　浩
钱　英　徐生旺　高尔鑫　郭诚杰　梁颂名
葛琳仪　彭胜权　傅世垣　曾诚厚　雷载权
黎伟台　戴锡孟　魏　民　魏　稼　魏璐雪

前　言

　　根据国家教委《全国普通高等教育"八五"期间教材建设规划纲要》"要集中力量抓好本科主要专业主干课程教材建设"的精神,国家中医药管理局统一组织编审出版了普通高等教育中医药类规划教材。本套教材包括中医学、中药学专业的主要课程和针灸、中医骨伤科学专业主要专业课程教材,计有《医古文》、《中医基础理论》、《中医诊断学》、《中药学》、《方剂学》、《中医内科学》、《中医外科学》、《中医妇科学》、《中医儿科学》、《中医急诊学》、《内经选读》、《伤寒论选读》、《金匮要略选读》、《温病学》、《正常人体解剖学》、《生理学》、《病理学》、《生物化学》、《诊断学基础》、《内科学》、《针灸学》、《经络学》、《腧穴学》、《刺法灸法学》、《针灸治疗学》、《中医骨伤科学基础》、**《中医骨伤学》**、《中医骨病学》、《中医筋伤学》、《中医学基础》、《药用植物学》、《中药化学》、《中药药理学》、《中药鉴定学》、《中药炮制学》、《中药药剂学》、《中药制剂分析》、《中药制药工程原理与设备》等三十八门课程教材及其相关实践教学环节教材。

　　为了提高教材质量、深化教学领域改革,国家中医药管理局于一九九二年四月在杭州召开了全国中医药本科教材建设工作会议,研究部署了本套教材的建设工作,会后下发了《普通高等教育中医药类规划教材编写基本原则》、《普通高等教育中医药类规划教材组织管理办法》、《普通高等教育中医药类规划教材主编单位招标办法》等文件。通过招标,确定并聘任了各门教材主编。一九九二年十一月在北京召开的普通高等教育中医药类规划教材建设工作会议上,成立了普通高等教育中医药类规划教材编审委员会,讨论研究了本套教材的改革思路,并组成了各门教材编写委员会,确定了审定人。

　　为了保证教材的编写质量,先后召开了几次工作会议和教材审定会议,对各门课程教学大纲、教材编写提纲及教材内容进行了认真审定。最后,还征求了本套规划教材顾问委员会各位名老中医药专家的意见。通过多次会议以及全体编委审定人的共同努力,在名老中医药专家的指导下,使本套教材在前五版统编教材的基础上,在符合本科专业培养目标的实际需要方面,在理论联系实际、保持中医理论的系统性和完整性,反映中医药学术发展的成熟内容和教育改革新成果方面,在明确各门教材的教学目的、确定教材内容的深广度、促进教材体系整体优化等方面有了较大的提高,使本套规划教材内容能具体体现专业业务培养的基本要求和教学质量测试的基本标准。对少数教材根据课程设置的需要,进行了较大幅度的改革,使之更符合教学的需要。根据国家教委有关文件精神,各高等中医药院校、高等医药院校中医药类专业应优先选用这套由国家中医药管理局统一规划组织编审的规划教材。

　　随着中医药高等教育工作的不断改革与深化,本套教材不可避免地还存在一些不足之处,殷切希望各地中医药教学人员和广大读者在使用过程中,提出宝贵意见,以促使本套教材更臻完善和更符合现代中医药教学的需要。

普通高等教育中医药类规划教材编审委员会
一九九四年十二月

编写说明

医古文是研究古代医著语言现象的一门学科，是学习中医药类专业的基础课程。通过古代医药文选和基础知识的学习以及阅读实践，使学生在中学文言文知识的基础上，具备阅读中医药古籍的能力，为学习后续之古典医著课程，钻研古代医籍，扫除文理上的障碍。

本教材紧密环绕阅读能力的培养这一教学目的，主要由三部分内容组成。一是阅读文选。选注先秦至清代的古文，凡四十篇。选文原则为内容与医药相关，文理丰富，医理明易，并适当加强选文的难度和长度。按体裁分为五个单元。同一单元的文章依先易后难的次序排列，并有一或两篇不加标点的文章置于各单元之末，以期循序渐进，强化白文阅读训练。二是阅读指导。介绍直接有助于提高阅读水平的知识和方法，共六章。内容不追求系统之绵密无遗，而致力于能切实有效地指导阅读。三是阅读实践。包括每一篇章后的实践，计四十六组。主要内容是提示每一篇章的要点，提供阅读素材，注重检验词语注释、断句和今译的能力。此外，为扩大知识面，附篇撰录《与中医药文献相关的古代文化知识》以及《简繁字对照表》、《异体字整理表》。

本教材供全国高等医药院校中医药类专业使用。建议在使用时注意以下事项：

注重实际运用，即阅读能力的培养和增强。尤宜突出实词的积累与词义的辨析，断句和今译的方法。对语法之类的问题应以简要的归纳，而不宜过多地分析；有关作者的生平与作品的时代背景可不加讲解，也不作为考测范围，以免同学生已有知识及其他课程内容重复。本教材因此而不把语法、修辞独立成章，而是将其揉合到词义章内，着重剖析词句的语法义和修辞义；作者与作品介绍的内容，以往一般都以"说明"形式置于课文之前，本教材则以"提要"的形式置于课文之后，且文字与内容有所减少。

本教材的教学方法是：阅读文选部分，以讲授文理为主，兼顾医理，着重讲解疑难的词句，而不宜逐字逐句地疏通；阅读指导部分，宜在归纳分析实例的基础上讲清基本概念，阐述基本知识，传授基本技能，尤以后者为要。

鉴于医古文是一门实践性很强的课程，本教材所设计的阅读材料随之比较丰富，因而必须加强实践环节的教学，阅读文选和阅读指导两部分皆应按篇章辅以课内外的阅读实践。

根据国家中医药管理局和普通高等教育中医药类规划教材编审委员会关于医古文的教学目的是培养学生阅读古代医著能力的指示，编委会虽然力图在内容与体例上体现这一精神，使教材面貌有了相当的改观，但是这还属于未经教学实践检验的尝试，必然多有不周之处，尚望专家、读者有以教正。

医古文编委会
一九九四年六月

目 录

上 篇

一、丹溪翁传………………………………………………戴 良 1
　　阅读实践(1)……………………………………………………… 6
二、钱仲阳传………………………………………………刘 跂 7
　　阅读实践(2)………………………………………………………11
三、明处士江民莹墓志铭…………………………………汪道昆 12
　　阅读实践(3)………………………………………………………16
四、扁鹊传………………………………………………《史记》17
　　阅读实践(4)………………………………………………………22
五、华佗传………………………………………………《三国志》23
　　阅读实践(5)………………………………………………………29
六、皇甫谧传……………………………………………《晋书》30
　　阅读实践(6)………………………………………………………34
七、东垣老人传……………………………………………砚 坚 35
　　阅读实践(7)………………………………………………………37
八、《本草纲目》六则……………………………………李时珍 38
　　阅读实践(8)………………………………………………………42
九、医案六则………………………………………………许叔微等 43
　　阅读实践(9)………………………………………………………48
十、《黄帝内经》两篇……………………………………《黄帝内经》49
　　阅读实践(10)………………………………………………………53
十一、《素问》注文四则…………………………………王 冰 54
　　阅读实践(11)………………………………………………………57
十二、《素问》校诂四则…………………………………俞 樾等 58
　　阅读实践(12)………………………………………………………61
十三、《雷公炮炙论》六则………………………………雷 敩 62
　　阅读实践(13)………………………………………………………65
十四、医话四则……………………………………………顾文烜等 66
　　阅读实践(14)………………………………………………………68
十五、《汉书·艺文志》序及方技略……………………《汉书》69
　　阅读实践(15)………………………………………………………73
十六、《伤寒论》序………………………………………张 机 75

目录

  阅读实践(16)……………………………………………………………… 77
十七、《内经知要》序……………………………………………薛 雪 78
  阅读实践(17)……………………………………………………………… 79
十八、《新修本草》序……………………………………………孔志约 80
  阅读实践(18)……………………………………………………………… 84
十九、《黄帝内经素问注》序……………………………………王 冰 85
  阅读实践(19)……………………………………………………………… 88
二十、《铜人腧穴针灸图经》序…………………………………夏 竦 89
  阅读实践(20)……………………………………………………………… 92
二十一、《类经》序………………………………………………张介宾 93
  阅读实践(21)……………………………………………………………… 96
二十二、《外台秘要》序…………………………………………王 焘 97
  阅读实践(22)……………………………………………………………… 101
二十三、《串雅》序………………………………………………赵学敏 102
  阅读实践(23)……………………………………………………………… 104
二十四、《温病条辨》叙…………………………………………汪廷珍 105
  阅读实践(24)……………………………………………………………… 107
二十五、与崔连州论石钟乳书……………………………………柳宗元 108
  阅读实践(25)……………………………………………………………… 111
二十六、赠贾思诚序………………………………………………宋 濂 112
  阅读实践(26)……………………………………………………………… 114
二十七、养生论……………………………………………………嵇 康 115
  阅读实践(27)……………………………………………………………… 119
二十八、极言…………………………………………………………葛 洪 120
  阅读实践(28)……………………………………………………………… 125
二十九、本生………………………………………………………《吕氏春秋》 126
  阅读实践(29)……………………………………………………………… 128
三十、与薛寿鱼书…………………………………………………袁 枚 129
  阅读实践(30)……………………………………………………………… 131
三十一、汗下吐三法该尽治病诠…………………………………张从正 132
  阅读实践(31)……………………………………………………………… 135
三十二、按摩………………………………………………………《圣济总录》 136
  阅读实践(32)……………………………………………………………… 137
三十三、病机论……………………………………………………刘完素 138
  阅读实践(33)……………………………………………………………… 141
三十四、大医精诚…………………………………………………孙思邈 142
  阅读实践(34)……………………………………………………………… 145
三十五、察弊………………………………………………………萧 京 146
  阅读实践(35)……………………………………………………………… 148
三十六、病家两要说………………………………………………张介宾 149

阅读实践(36) …………………………………………………………… 151
三十七、诸家得失策 ……………………………………………… 杨济时 152
　　　阅读实践(37) …………………………………………………………… 155
三十八、秋燥论 …………………………………………………… 喻　昌 156
　　　阅读实践(38) …………………………………………………………… 159
三十九、元气存亡论 ……………………………………………… 徐大椿 160
　　　阅读实践(39) …………………………………………………………… 161
四十、不失人情论 ………………………………………………… 李中梓 162
　　　阅读实践(40) …………………………………………………………… 165

下　篇

第一章　工具书 …………………………………………………………… 167
　　第一节　工具书的编排方法 ……………………………………………… 167
　　第二节　工具书的使用方法 ……………………………………………… 170
　　　阅读实践(41) …………………………………………………………… 176
第二章　汉字 ……………………………………………………………… 178
　　第一节　"六书"与汉字结构 …………………………………………… 178
　　第二节　通假字、古今字、异体字、繁简字 …………………………… 183
　　第三节　容易误读误写的中医药常用字 ………………………………… 187
　　　阅读实践(42) …………………………………………………………… 193
第三章　词义 ……………………………………………………………… 195
　　第一节　词义的变异 ……………………………………………………… 195
　　第二节　词义的引申 ……………………………………………………… 201
　　第三节　词义的辨别 ……………………………………………………… 207
　　第四节　语法与词句意义的关系 ………………………………………… 216
　　第五节　修辞与词句意义的关系 ………………………………………… 221
　　　阅读实践(43) …………………………………………………………… 226
第四章　注释 ……………………………………………………………… 230
　　第一节　注释的内容 ……………………………………………………… 230
　　第二节　注释的术语 ……………………………………………………… 237
　　第三节　注释实例分析 …………………………………………………… 240
　　　阅读实践(44) …………………………………………………………… 244
第五章　句读 ……………………………………………………………… 244
　　第一节　句读的名称、符号和位置 ……………………………………… 245
　　第二节　误读的原因和表现 ……………………………………………… 246
　　第三节　句读的方法 ……………………………………………………… 251
　　　阅读实践(45) …………………………………………………………… 256
第六章　今译 ……………………………………………………………… 258

第一节　今译的产生与今译的标准…………………………………258
第二节　误译的原因………………………………………………………261
第三节　今译的类型和方法………………………………………………265
　　阅读实践(46)……………………………………………………………271

附　篇

[一] 与中医药文献相关的古代文化知识……………………………………273
　　记时方法……………………………………………………………………273
　　避讳方法……………………………………………………………………278
　　年龄称谓……………………………………………………………………279
　　医官制度……………………………………………………………………282
　　医学教育……………………………………………………………………288
　　中医名物命名………………………………………………………………293
[二] 简繁字对照表……………………………………………………………300
[三] 异体字整理表……………………………………………………………313

上　篇

一、丹溪翁传

　　丹溪翁者，婺之義烏人也①，姓朱氏，諱震亨②，字彥修，學者尊之曰丹溪翁。翁自幼好學，日記千言。稍長，從鄉先生治經，爲舉子業。後聞許文懿公得朱子四傳之學③，講道八華山，復往拜焉。益聞道德性命之說④，宏深粹密⑤，遂爲專門。一日，文懿謂曰："吾臥病久，非精於醫者，不能以起之⑥。子聰明異常人，其肯游藝於醫乎⑦？"翁以母病脾，於醫亦粗習，及聞文懿之言，即慨然曰："士苟精一藝，以推及物之仁⑧，雖不仕於時，猶仕也。"乃悉焚棄向所習舉子業，一於醫致力焉⑨。

　　① 婺(wù 务)：婺州。今浙江金华地区。义乌：县名。
　　② 讳：指已故尊长的名。
　　③ 许文懿：元代理学家许谦，金华人，自号白云山人，著有《读书丛说》、《白云集》等。朱子：指宋代理学家朱熹。
　　④ 益：逐渐。道德性命之说：我国古代哲学的一个流派。认为人物之性都是天生的，人性是天道在人身上的体现。
　　⑤ 宏深粹密：广博、深奥、专精、严密。
　　⑥ 之：第一人称代词，我。
　　⑦ 游艺：从事技艺。
　　⑧ 以推及物之仁：用来推行由爱己而及于众人的仁爱。以，用来。及物之仁，谓由爱己而及于众人的仁爱。物，万物，此指众人。
　　⑨ 一：专一；专心。

　　時方盛行陳師文、裴宗元所定大觀二百九十七方①，翁窮晝夜是習。既而悟曰："操古方以治今病，其勢不能以盡合。苟將起度量，立規矩，稱權衡②，必也《素》、《難》諸經乎！然吾鄉諸醫鮮克知之者③。"遂治裝出游，求他師而叩之。乃渡浙河④，走吳中⑤，出宛陵⑥，抵南徐⑦，達建業，皆無所遇。及還武林⑧，忽有以其郡羅氏告者。羅名知悌，字子敬，世稱太無先生，宋理宗朝寺人⑨，學精於醫，得金劉完素之再傳⑩，而旁通張從正、李杲二家之說⑪。然性褊甚⑫，恃能厭事，難得意。翁往謁焉，凡數往返，不與接。已而求見愈篤，羅乃進之⑬，曰："子非朱彥修乎？"時翁已有醫名，羅故知之。翁既得見，遂北面再拜以謁，受其所教。羅遇翁亦甚懽，即授以劉、張、李諸書，爲之敷揚三家之旨⑭，而一斷於經⑮，且曰："盡去而舊學，非是也。"翁聞其言，渙焉無少凝滯於胸臆⑯。居無何，盡得其學以歸。

① "大观"八字：指《校正太平惠民和剂局方》，简称《局方》。北宋徽宗大观年间，由太医陈师文、裴宗元等将当时太医局熟药所的处方校正补充而成。
② "苟将"三句：如果要建起医学法度，确立治疗规范，符合医治准则。
③ 鲜(xiǎn 显)：少。克：能。
④ 浙河：钱塘江。又名之江、浙江。
⑤ 吴中：今江苏吴县。春秋时为吴国都城，故称吴中。
⑥ 宛陵：今安徽宣城。
⑦ 南徐：今江苏镇江。
⑧ 武林：原为山名，即浙江灵隐山。后指称杭州。
⑨ 寺人：宫中近侍。
⑩ 再传：罗知悌从荆山浮屠学医，荆山浮屠又从刘完素学医，故云再传。
⑪ 旁：广。
⑫ 褊：原指衣服狭小，后引申指心胸狭小。
⑬ 进：接待。
⑭ 敷扬：犹"敷畅"。陈述并发挥。
⑮ 一断于经：完全取决于《内》、《难》等医学经典理论。
⑯ 涣焉：解开消散的样子。凝滞：指聚积的疑问。

　　鄉之諸醫泥陳、裴之學者，聞翁言，即大驚而笑且排①，獨文懿喜曰："吾疾其遂瘳矣乎！"文懿得末疾，醫不能療者餘十年②，翁以其法治之，良驗。於是諸醫之笑且排者，始皆心服口譽。數年之間，聲聞頓著③。翁不自滿足，益以三家之說推廣之。謂劉、張之學，其論臟腑氣化有六④，而於濕熱相火三氣致病為最多，遂以推陳致新瀉火之法療之，此固高出前代矣。然有陰虛火動，或陰陽兩虛濕熱自盛者，又當消息而用之⑤。謂李之論飲食勞倦，內傷脾胃，則胃脘之陽不能以升舉，并及心肺之氣，陷入中焦⑥，而用補中益氣之劑治之，此亦前人之所無也。然天不足於西北，地不滿於東南⑦。天，陽也；地，陰也。西北之人，陽氣易於降；東南之人，陰火易於升⑧。苟不知此，而徒守其法，則氣之降者固可愈，而於其升者亦從而用之，吾恐反增其病矣。乃以三家之論，去其短而用其長，又復參之以太極之理⑨，《易》、《禮記》、《通書》、《正蒙》諸書之義⑩，貫穿《內經》之言，以尋其指歸⑪。而謂《內經》之言火，蓋與太極動而生陽、五性感動之說有合⑫；其言陰道虛⑬，則又與《禮記》之養陰意同。因作相火及陽有餘陰不足二論，以發揮之⑭。

① 而笑且排：又讥笑又排斥。
② 余十年：十年有余。
③ 声闻(wèn 问)：声誉。
④ "其论"句：刘完素、张从正论述脏腑感受致病之气，有风寒暑湿燥火六种。

⑤ 消息：斟酌。
⑥ "则胃"三句：那么脾胃阳气就不能升发，连及心肺之气，都陷入中焦。
⑦ "然天"二句：古人以天为阳，地为阴。西北地区气候寒冷，阴盛而阳不足；东南地区气候温热，阳盛而阴不足。天不足，即阳不足；地不满，即阴不足。语见《素问·阴阳应象大论》。
⑧ 阴火：指心火。
⑨ 太极：指衍生万物之本原。
⑩ 通书：北宋周敦颐所著《周子通书》。正蒙：书名。北宋张载所著。
⑪ 寻：探求。指归：主旨。
⑫ 五性感动：五行属性中火性恒动。
⑬ 阴道虚：指人体精血阴气最易损耗。《素问·太阴阳明论》："故阳道实，阴道虚。"
⑭ 以下删节1458字。

於是，翁之醫益聞。四方以病來迎者，遂輻湊於道①，翁咸往赴之。其所治病凡幾②，病之狀何如，施何良方，飲何藥而愈，自前至今，驗者何人，何縣里，主名，得諸見聞，班班可紀③。

浦江鄭義士病滯下，一夕忽昏仆，目上視，溲注而汗泄。翁診之，脈大無倫④，即告曰："此陰虛而陽暴絕也，蓋得之病後酒且內⑤，然吾能愈之。"即命治人參膏，而且促灸其氣海。頃之手動，又頃而唇動。及參膏成，三飲之甦矣。其後服參膏盡數斤，病已。

天台周進士病惡寒⑥，雖暑亦必以綿蒙其首，服附子數百⑦，增劇。翁診之，脈滑而數，即告曰："此熱甚而反寒也。"乃以辛涼之劑，吐痰一升許，而蒙首之綿減半；仍用防風通聖飲之⑧，愈。周固喜甚，翁曰："病愈後須淡食以養胃，內觀以養神⑨，則水可生，火可降；否則，附毒必發，殆不可救。"彼不能然，後告疽發背死⑩。

一男子病小便不通，醫治以利藥，益甚。翁診之，右寸頗弦滑，曰："此積痰病也，積痰在肺。肺為上焦，而膀胱為下焦，上焦閉則下焦塞，辟如滴水之器⑪，必上竅通而後下竅之水出焉。"乃以法大吐之，吐已，病如失⑫。

一婦人產後有物不上如衣裾⑬，醫不能喻。翁曰："此子宮也，氣血虛，故隨子而下。"即與黃芪當歸之劑，而加升麻舉之，仍用皮工之法⑭，以五倍子作湯洗濯，皺其皮。少選⑮，子宮上。翁慰之曰："三年後可再生兒，無憂也。"如之。

一貧婦寡居病癩，翁見之惻然，乃曰："是疾世號難治者，不守禁忌耳。是婦貧而無厚味，寡而無欲，庶幾可療也。"即自具藥療之，病愈。後復投四物湯數百⑯，遂不發動。

翁之為醫，皆此類也。

① 輻湊：又作"輻輳"。車輻集中于軸心。喻聚集。

② 凡几：多少。
③ 班班：明显的样子。纪：通"记"。记载。
④ 伦：次序。
⑤ 内：谓行房事。
⑥ 天台：县名。属浙江。
⑦ 百："日"之讹字。《格致余论》作"日"，是。
⑧ 防风通圣：方名。刘完素《宣明论方》方。
⑨ 内观：犹"内视"。注意力向内集中，排除杂念。
⑩ 以下删节466字。
⑪ 辟：通"譬"。譬喻。滴水之器：古代计时器，名漏壶、刻漏。
⑫ 以下删节232字。
⑬ 衣裾(jū 居)：衣袍。《说文·衣部》："裾，衣袍也。"
⑭ 皮工：制皮革的人。
⑮ 少选：犹"须臾"。一会儿。
⑯ 四物汤：方名。见《太平惠民和剂局方》。百："日"之讹字。

　　蓋其遇病施治，不膠於古方，而所療則中；然於諸家方論，則靡所不通。他人靳靳守古①，翁則操縱取捨，而卒與古合。一時學者咸聲隨影附，翁教之亹亹忘疲②。

　　翁春秋既高，乃徇張翼等所請③，而著《格致餘論》、《局方發揮》、《傷寒辨疑》、《本草衍義補遺》、《外科精要新論》諸書，學者多誦習而取則焉。

　　翁簡愨貞良④，剛嚴介特⑤，執心以正，立身以誠，而孝友之行，實本乎天質。奉時祀也⑥，訂其禮文而敬泣之。事母夫人也，時其節宣以忠養之⑦。寧歉於已，而必致豐於兄弟；寧薄於已子，而必施厚於兄弟之子。非其友不友⑧，非其道不道。好論古今得失，慨然有天下之憂。世之名公卿多折節下之⑨，翁爲直陳治道，無所顧忌。然但語及榮利事，則拂衣而起⑩。與人交，一以三綱五紀爲去就⑪。嘗曰：天下有道，則行有枝葉；天下無道，則辭有枝葉⑫。夫行，本也；辭，從而生者也。苟見枝葉之辭，去本而末是務，輒怒溢顏面，若將浼焉⑬。翁之卓卓如是⑭，則醫特一事而已。然翁講學行事之大方⑮，已具吾友宋太史濂所爲翁墓誌⑯，茲故不錄，而竊錄其醫之可傳者爲翁傳，庶使後之君子得以互考焉。

① 靳靳(jìn jìn 近近)：拘泥的样子。
② 亹亹(wěi wěi 伟伟)：勤奋不倦的样子。以下删节225字。
③ 徇：顺从。
④ 简愨(què 却)贞良：宋苏洵《谥法》云"一德不懈曰简"，"行见中外曰愨"，"清白守节曰贞"，"温良好乐曰良"。
⑤ 刚严介特：刚毅、严肃、独特不凡。
⑥ 时祀：每年四季祭祀祖先。

⑦ 时其节宣:使母亲的饮食起居按时。

⑧ 非其友不友:不是那种可作朋友的人不去结交。语出《孟子·公孙丑上》。"不友"的"友",用作动词,结交。

⑨ 折节下之:屈身向他请教。下,下问,请教。

⑩ 拂衣:犹"拂袖"。表示愤怒。

⑪ 三纲五纪:即三纲五常,封建社会的伦理道德准则。君臣、父子、夫妇为三纲;仁、义、礼、智、信为五常。去就:谓绝交或亲近。

⑫ "天下"四句:天下行正道时,那么实际行为就兴盛;天下不行正道时,那么浮夸空谈就盛行。

⑬ 浼(měi 美):玷污。

⑭ 卓卓:超群不凡的样子。

⑮ 大方:大道;主要方面。

⑯ 宋太史濂:即明初著名文学家宋濂,因他主修《元史》,故称太史。他曾写墓志《故丹溪先生朱公石表辞》,载于《宋学士全集》卷五十,又附录于《丹溪心法》内。

論曰:昔漢嚴君平①,博學無不通,賣卜成都。人有邪惡非正之問,則依蓍龜爲陳其利害②。與人子言,依於孝;與人弟言,依於順;與人臣言,依於忠。史稱其風聲氣節③,足以激貪而厲俗④。翁在婺得道學之源委⑤,而混跡於醫。或以醫來見者,未嘗不以葆精毓神開其心⑥。至於一語一默,一出一處⑦,凡有關於倫理者,尤諄諄訓誨,使人奮迅感慨激厲之不暇⑧。左丘明有云:"仁人之言,其利溥哉⑨!"信矣。若翁者,殆古所謂直諒多聞之益友⑩,又可以醫師少之哉⑪?

① 严君平:名遵,西汉蜀郡(今成都)人。卖卜于成都街头,以忠孝信义教人,终身不仕。下文所述事迹,引自《汉书·王吉等传序》。

② 利害:祸害。偏义复词。

③ 风声:风度声誉。气节:志气节操。

④ 激贪:抑制贪婪之风。厉俗:劝勉良好的世俗。厉,同"励"。下文"激厉"的"厉"同此。

⑤ 源委:本末。

⑥ 葆精毓神:保养精神。葆,通"保"。毓,养育。

⑦ "一语"八字:语本《周易·系辞上》:"君子之道,或出或处,或默或语,二人同心,其利断金;同心之言,其臭如兰。"一,或。

⑧ 激厉:受到激发勉励。不暇:来不及。《资治通鉴·唐纪·太宗贞观十八年》:"陛下武功文德,臣等将顺之不暇,又何过之可言!"

⑨ "仁人"二句:仁德之人的教诲,它的益处真大呀!《左传·昭公三年》作"仁人之言,其利博哉"。溥、博,皆广大之义。

⑩ "直谅"七字:正直、诚信、博学的良师益友。语本《论语·季氏》。谅,诚实可信。

⑪ 少:轻视。

〔**提要**〕 本文节选自四部丛刊初编缩本《九灵山房集》卷十。作者戴良（公元1317～1383年），字叔能，号九灵山人，浦江（今属浙江）人，与朱丹溪义乌县相邻，元代学者。他通晓经史百家及医卜释老学说，著有《九灵山房集》。集中载有关于医学著作多篇。本文全面记述朱丹溪的生平事迹和医学理论。医学理论部分过长，多有删节。文中首先介绍他学医经历，以《素》、《难》等医经为本，兼长刘完素、张从正、李杲三家之说，对《局方》提出批评。其次介绍朱氏“阳常有余，阴常不足”、“相火易动”的医学观点。再通过大量病案，说明他辨证施治，不拘古方的高明医技。最后赞扬他执心以正，立身以诚，不务荣利的高尚品德。

阅读实践（1）

（一）词语注释

①讳（震亨） ②（千）言 ③（拜）焉 ④益（闻） ⑤（起）之 ⑥（犹）仕 ⑦向（所习） ⑧一（于医） ⑨权衡 ⑩鲜（克） ⑪克（知之） ⑫治（装） ⑬叩（之） ⑭寺人 ⑮旁（通） ⑯褊（甚） ⑰（愈）笃 ⑱进（之） ⑲北面 ⑳敷扬 ㉑一（断） ㉒涣焉 ㉓居（无何） ㉔无何 ㉕而……且…… ㉖良（验） ㉗声闻 ㉘固（高出） ㉙消息 ㉚徒（守） ㉛寻（其） ㉜指归 ㉝辐凑 ㉞凡几 ㉟（得）诸 ㊱班班 ㊲（无）伦 ㊳（酒且）内 ㊴促（灸） ㊵内观 ㊶辟如 ㊷衣裾 ㊸皮工 ㊹少选 ㊺庶几 ㊻靳靳 ㊼声随影附 ㊽亹亹 ㊾春秋 ㊿（乃）徇 (51)简悫贞良 (52)刚严介特 (53)节宣 (54)折节 (55)拂衣 (56)（将）浼 (57)卓卓 (58)蓍龟 (59)利害 (60)源委 (61)毓（神） (62)一（语） (63)不暇 (64)溥（哉） (65)信（矣） (66)（直）谅 (67)少（之）

（二）今译

1．罗遇翁亦甚懽，即授以刘、张、李诸书，为之敷扬三家之旨，而一断于经，且曰：“尽去而旧学，非是也。”

2．乡之诸医泥陈、裴之学者，闻翁言，即大惊而笑且排，独文懿喜曰：“吾疾其遂瘳矣乎！”文懿得末疾，医不能疗者余十年，翁以其法治之，良验。

3．天下有道，则行有枝叶；天下无道，则辞有枝叶。夫行，本也；辞，从而生者也。苟见枝叶之辞，去本而末是务，辄怒溢颜面，若将浼焉。

4．左丘明有云：“仁人之言，其利溥哉！”信矣。若翁者，殆古所谓直谅多闻之益友，又可以医师少之哉？

（三）阅读

素问载道之书也词简而义深去古渐远衍文错简仍或有之故非吾儒不能读学者以易心求之宜其茫若望洋淡如嚼蜡遂直以为古书不宜于今厌而弃之相率以为局方之学间有读者又以济其方技漫不之省医道隐晦职此之由可叹也震亨三十岁时因母之患脾疼众工束手由是有志于医遂取素问读之三年似有所得又二年母氏之疾以药而安因追念先子之内伤伯考之瞀闷叔考之鼻衄幼弟之腿痛室人之积痰一皆殁于药之误也心胆摧裂痛不可追然犹虑学之未明至四十岁复取而读之顾以质钝遂朝夕钻研缺其所可疑通其所可通又四年而得罗太无讳知悌者为之师因见河间戴人东垣海藏诸书始悟湿热相火为病甚多又知医之为书非素问无以立论非本

草无以立方有方无论无以识病有论无方何以模仿夫假说问答仲景之书也而详于外感明著性味东垣之书也而详于内伤医之为书至是始备医之为道至是始明由是不能不致疑于局方也局方流行自宋迄今罔间南北翕然而成俗岂无其故哉徐而思之湿热相火自王太仆注文已成湮没至张李诸老始有发明人之一身阴不足而阳有余虽谆谆然见于素问而诸老犹未表章是宜局方之盛行也震亨不揣荒陋陈于编册并述金匮之治法以证局方之未备间以己意附之于后古人以医为吾儒格物致知之一事故目其篇曰格致余论未知其果是否耶后之君子幸改而正诸（朱震亨《格致余论·序》）

要求：
(1) 给上文断句
(2) 注释文中加点号的词语
(3) 今译文中加横线的句子

二、钱仲阳传

钱乙，字仲阳，上世钱塘人，与吴越王有属①。俶纳土②，曾祖赟随以北③，因家於郓④。父颢，善针医，然嗜酒喜游。一旦匿姓名，东游海上，不复返。乙时三岁，母前亡，父同产嫁医吕氏⑤，哀其孤，收养为子。稍长读书，从吕君问医。吕将殁⑥，乃告以家世。乙号泣，请往跡父⑦，凡五六返，乃得所在。又积数岁，乃迎以归。是时乙年三十馀。乡人惊歎，感慨为泣下，多赋诗咏其事。后七年，父以寿终，丧葬如礼。其事吕君，犹事父。吕君殁，无嗣，为之收葬行服⑧，嫁其孤女，岁时祭享，皆与亲等。

① 吴越王：指钱镠(liú刘)。吴越，五代十国之一。后梁时，钱镠被封为吴越王。有属：有宗族关系。
② 俶(chù 怵)：钱俶，钱镠之孙，是吴越第五个国王。纳土：宋平江南，钱俶出兵策应，献俶所据十三州归宋。
③ 赟(yūn 氲)：即钱赟。
④ 郓：郓州。今山东东平。
⑤ 父同产：与父亲同父母所生。指钱乙的姑母。《宋史·钱乙传》："姑嫁吕氏。"
⑥ 吕将殁：姑母将死时。吕，当指姑母，非指吕君。《聚珍本》作"姑将殁"。
⑦ 跡："迹"的异体字。追踪。用作动词。
⑧ 行服：服丧；守孝。

乙始以《颅顖方》著山东①。元丰中②，长公主女有疾，召使视之，有功，奏授翰林医学③，赐绯④。明年，皇子仪国公病瘈瘲⑤，国医未能治。长公主朝，因言钱乙起草野，有异能。立召入，进黄土汤而愈⑥。神宗皇帝召见褒谕⑦，且问黄土所以愈疾狀。乙對曰："以土勝水，木得其平，則風自止⑧。且諸醫所治垂愈⑨，小臣適當其愈⑩。"天子悅其對，擢太醫丞⑪，賜紫衣金魚⑫。自是戚里貴室⑬，逮士庶之家，願致之⑭，無虛日。其論醫，諸老宿莫能持難⑮。俄以病免。哲宗皇帝復召宿直禁中⑯。久之，復辭疾賜告⑰，遂不復起。

乙本有羸疾，性簡易⑱，嗜酒，疾屢攻，自以意治之，輒愈。最後得疾，憊甚，乃歎曰："此所謂周痺也，周痺入藏者死，吾其已夫！"已而曰："吾能移之，使病在末⑲。"因自製藥，日夜飲之，人莫見其方。居亡何⑳，左手足攣不能用，乃喜曰："可矣！"又使所親登東山㉑，視菟絲所生，秉火燭其下，火滅處斸之㉒，果得茯苓，其大如斗，因以法噉之㉓，閱月而盡㉔。繇此雖偏廢㉕，而氣骨堅悍，如無疾者。退居里舍，杜門不冠屨㉖，坐臥一榻上，時時閱史書雜說，客至，酌酒劇談。意欲之適㉗，則使二僕夫輿之㉘，出沒閭巷，人或邀致之，不肯往也。病者日造門，或扶攜襁負㉙，纍纍滿前㉚。近自鄰井，遠或百數十里，皆授之藥，致謝而去。

① 顱囟方：小儿科方书名，未著撰人。今本辑自《永乐大典》。
② 元丰：宋神宗赵顼(xù 旭)年号(公元 1078～1085 年)。
③ 翰林医学：医官名。属翰林医官院，等级为从九品。
④ 赐绯(fēi 非)：赐给赤色丝帛官服。神宗时，官至六品才能赐绯，因钱乙未至六品，特赐绯服。
⑤ 瘈疭(chì zòng 赤纵)：手足痉挛之疾。亦称瘛疭、疭瘛。
⑥ 黄土汤：方名。《金匮要略》方。
⑦ 褒谕：夸奖并告知众人。
⑧ "以土"三句：瘈疭病多属于风，须平肝木。黄土汤补脾阳，脾属土，土旺则制水，水受制，则肝木自平而风止。
⑨ 垂：接近。
⑩ 适当：恰逢。
⑪ 擢(zhuó 灼)：提拔。
⑫ 紫衣：宋制，官至四品始服紫衣。金鱼：即金鱼袋。鱼，一种鱼形信物，称鱼袋、鱼符，金饰者为金鱼。
⑬ 戚里：封建帝王外戚所居之地。
⑭ 愿致之：希望邀致他。
⑮ 老宿：指年老而有名望的人。持难(nàn)：自持己见问难钱乙。难，问难。
⑯ 宿直禁中：侍奉禁宫之内。宿直，轮流值宿，引申为侍奉。
⑰ 赐告：批准告归。
⑱ 简易：直率。
⑲ 末：四肢。
⑳ 居亡何：过了不久。亡，通"无"。
㉑ 东山：在今山东昌邑东。
㉒ 斸(zhú 烛)：掘取。

㉓ 噉:"啖"的异体字。吃。此谓服食。
㉔ 阅月:经过一个月。阅,经历。
㉕ 繇:通"由"。从;自。
㉖ 杜门:闭门,谢绝宾客。不冠屦(jù 巨):不戴帽,不穿鞋。冠、屦,用作动词。
㉗ 意欲之适:心里想要到(某处)去。之、适,皆动词"到……去"。
㉘ 舆之:抬着他。舆,肩舆,用作动词,抬着。
㉙ 扶携(xié 鞋):扶携而来的老弱病人。襁负:用襁褓包着而背来的小儿。
㉚ 累累:连续不断。

　　初,長公主女病泄利,將殆。乙方醉,曰:"當發疹而愈。"駙馬都尉以爲不然①,怒責之,不對而退。明日,疹果出,尉喜,以詩謝之。
　　廣親宗室子病②,診之曰:"此可無藥而愈。"顧其幼,曰:"此兒旦夕暴病驚人,後三日過午無恙。"其家恚曰:"幼何疾?醫貪利動人乃如此!"明日果發癇甚急,復召乙治之,三日愈。問何以無疾而知。曰:"火急直視③,心與肝俱受邪;過午者,心與肝所用時當更也。"
　　宗室王子病嘔泄,醫以藥溫之,加喘。乙曰:"病本中熱,脾且傷,奈何以剛劑燥之?將不得前後溲。"與石膏湯④。王與醫皆不信,謝罷。乙曰:"毋庸,復召我⑤!"後二日,果來召,適有故不時往⑥,王疑且怒,使人十數輩趣之至⑦,曰:"固石膏湯證也。"竟如言而效。
　　有士人病欬,面青而光,其氣哽哽⑧。乙曰:"肝乘肺,此逆候。若秋得之可治,今春不可治。"其家祈哀,彊之與藥。明日,曰:"吾藥再瀉肝而不少卻⑨,三補肺而益虛,又加唇白,法當三日死。然安穀者過期,不安穀者不及期,今尚能粥,居五日而絕。"
　　有妊婦得疾,醫言胎且墮。乙曰:"娠者五藏傳養,率六旬乃更⑩,誠能候其月,偏補之⑪,何必墮?"已而子母皆得全。
　　又乳婦因大怒而病,病雖愈,目張不得瞑。人不能曉,以問乙。乙曰:"貴郁李酒飲之,使醉則愈。所以然者,目系內連肝膽,恐則氣結,膽衡不下⑫,惟郁李去結,隨酒入膽,結去膽下,目則能瞑矣。"如言而效。
　　一日過所善翁⑬,聞兒嘊⑭,愕曰:"何等兒聲?"翁曰:"吾家孿生二男子。"乙曰:"謹視之,過百日乃可保⑮。"翁不懌⑯。居月餘,皆斃。

① 驸马都尉:官名。魏晋以后,凡与公主相配婚的人,皆拜驸马都尉,因此就成为主婿的专称。
② 广亲:宅名。《小儿药证直诀》卷中《记尝所治病二十三证》有"广亲宅七太尉"。宗室:皇族。
③ 火急:指面部所现赤色甚重,心属火,此系心受邪。直视:眼珠定视,肝主目,此系肝受邪。

④ 石膏汤：方名。又名三黄石膏汤，《外台秘要》方。
⑤ "毋庸"二句：如果不用(石膏汤)，还得来找我。庸，用。
⑥ 故：事。
⑦ 趣：通"促"。催促。此谓强迫。
⑧ 哽哽：呼吸哽塞不畅的样子。
⑨ 再：两次。卻："却"的异体字。减退；减轻。
⑩ "娠者"二句：此谓胎儿在母腹中，由母亲的五脏相递滋养，大致六十天更换一脏。孙思邈《千金要方》卷一引徐之才《逐月养胎方》云：妊娠一月由足厥阴肝养，三月由手少阴心养，五月由足太阴脾养，七月由手太阴肺养，九月由足少阴肾养。
⑪ 偏补之：按五脏传养次序和胎儿月数，偏补母体某一脏。
⑫ 胆衡不下：胆气偏盛，横逆不下。衡，通"横"。
⑬ 过：拜访。
⑭ 嗁："啼"的异体字。
⑮ 俣："保"的异体字。
⑯ 怿(yì 益)：高兴；怿悦。

　　乙爲方博達，不名一師，所治種種皆通，非但小兒醫也。於書無不闚①，他人靳靳守古，獨度越縱舍②，卒與法合。尤邃本艸③，多識物理，辨正闕誤。人或得異藥，或持異事問之，必爲言出生本末，物色名貌，退而考之，皆中。末年攣痹浸劇④，其嗜酒喜寒食，皆不肯禁。自診知不可爲，召親戚訣别，易衣待盡，享年八十二，終於家。所著書有《傷寒論指微》五卷、《嬰孺論》百篇。一子早世⑤，二孫今見爲醫。
　　① 闚："窥"的异体字。看；阅读。
　　② 度越纵舍：古代军事用语。安全越过险要地区叫度越，为歼敌军而故意放过敌人称纵舍。此喻超越古人，舍弃成法。
　　③ 邃(suì 岁)：深远。此谓精通。
　　④ 浸(jìn 近)剧：逐渐加重。浸，逐渐。
　　⑤ 世："死"的婉言。

　　劉跂曰：乙非獨其醫可稱也，其篤行似儒①，其奇節似俠②，術盛行而身隱約③，又類夫有道者。數謂余言："曩學六元五運④，夜宿東平王冢嶺觀氣象⑤，至逾月不寐。今老且死，事誠有不在書者，肯以三十日暇從我，當相授。"余笑謝弗能，是後遂不復言。嗚呼！斯人也，如欲復得之，難哉！没後，余聞其所治驗尤衆，東州人人能言之，剟其章章者著之篇⑥，異時史家序方術之士⑦，其將有考焉。
　　① 笃行：厚道诚实的品行。笃，厚。
　　② 奇节：不同凡人的气节。

③ 隐约：隐藏不为官显名。
④ 囊(nǎng 攘)：从前；过去。六元五运：五运六气学说。
⑤ 东平王：汉光帝第八子刘苍封为东平王。冢巅：高大坟墓巅顶。
⑥ 剟(duō 多)其章章者：摘取那些明显的治验。剟，通"掇"，摘取。
⑦ 序：为……作传。

〔提要〕　本文选自清光绪十七年内阁中书周学海互校本《小儿药证直诀》，并参校《永乐大典》辑佚聚珍本。作者刘跂，宋人，字斯立，号学易老人，河北东光人，家居东平。宋神宗元丰二年进士，初选亳州教授，元祐初任曹州州学教授，宋徽宗政和末年以朝奉郎卒。著有《学易集》八卷。《小儿药证直诀》为钱乙弟子阎孝忠收集整理钱乙的论述和治验而成的一部儿科专著。本文记述了钱乙的身世，博览医书，深通本草，兼长内、妇等科，尤在儿科方面著称于世。文中以诸多病案，说明他不仅有丰富的临床经验，而且在中医儿科的辨证施治理论上有许多创见。作者在文末对钱乙的医术、笃行和奇节，均给予较高评价。

阅 读 实 践 (2)

(一) 词语注释

①(有)属　②一旦　③跡(父)　④事(吕君)　⑤行服　⑥祭享　⑦著(山东)　⑧瘰疬　⑨褒谕　⑩垂(愈)　⑪适当　⑫擢(太医丞)　⑬愿(致之)　⑭老宿　⑮(持)难　⑯俄(以)　⑰赐告　⑱简易　⑲(吾其)已　⑳(在)末　㉑亡何　㉒秉(火)　㉓斯(之)　㉔噉(之)　㉕阅月　㉖杜门　㉗剧谈　㉘造(门)　㉙前后(溲)　㉚毋庸　㉛(有)故　㉜趣(之)　㉝(少)郤　㉞率(六旬)　㉟(胆)衡　㊱(不)怿　㊲(不)阕　㊳度越纵舍　㊴(尤)邃　㊵浸(剧)　㊶(早)世　㊷笃行　㊸隐约　㊹曩(学)　㊺剟(其)　㊻章章

(二) 今译

1．乙对曰："以土胜水，木得其平，则风自止。且诸医所治垂愈，小臣适当其愈。"

2．其论医，诸老宿莫能持难。俄以病免。哲宗皇帝复召宿直禁中。久之，复辞疾赐告，遂不复起。

3．退居里舍，杜门不冠屦，坐卧一榻上，时时阅史书杂说，客至，酌酒剧谈。意欲之适，则使二仆夫舆之，出没闾巷，人或邀致之，不肯往也。病者日造门，或扶携襁负，累累满前。

4．乙为方博达，不名一师，所治种种皆通，非但小儿医也。于书无不阕，他人靳靳守古，独度越纵舍，卒与法合。

5．乙非独其医可称也，其笃行似儒，其奇节似侠，术盛行而身隐约，又类夫有道者。

(三) 阅读

医之为艺诚难矣而治小儿为尤难自六岁以下黄帝不载其说始有颅囟经以占寿夭死生之候则小儿之病虽黄帝犹难之其难一也脉法虽曰八至为和平十至为有病然小儿脉微难见医为持脉又多惊啼而不得其审其难二也脉既难凭必资外证而其骨气未成形声未正悲啼喜笑变态不常其难三也问而知之医之工也而小儿多未能言言亦未足取信其难四也脏腑柔弱易虚易实易寒易热又所用多犀珠龙麝医苟难辨何以已疾其难五也种种隐奥其难固多余尝致思于此又

目见庸医妄施方药而杀之者十常四五良可哀也盖小儿治法散在诸书又多出于近世臆说汗漫难据求其要妙岂易得哉太医丞钱乙字仲阳汶上人其治小儿该括古今又多自得著名于时其法简易精审如指诸掌(宋·阎孝忠《小儿药证直诀·原序》)

要求:
(1) 给上文断句
(2) 注释文中加点号的词语
(3) 今译文中加横线的句子

三、明处士江民莹墓志铭

　　當世以布衣稱作者①，無慮數十家②，乃若質行雅馴③，則余竊多江民瑩④。頃，民瑩將捐館舍⑤，遺季公民璞書曰⑥："平生知我者，唯季若汪中丞⑦，願季爲狀⑧，中丞爲銘⑨，幸須臾無死，猶及見之，死且不朽。"往，余爲民瑩立傳，曾未得其什二三，乃今要我以平生之言⑩，奈何負民瑩地下？遂受季公狀，撫其軼事志之⑪。

① 称:称谓;自称。
② 无虑:大略;大概。
③ 乃若:如果(说到)。雅驯:文辞典雅有法。
④ 多:称赞。
⑤ 捐馆舍:舍弃所居的房舍。"死"的婉言。
⑥ 遗(wèi 胃):给予。季公民璞:江瓘最小的弟弟江民璞。季,排行在最后。
⑦ 若:连词。和。 汪中丞:指汪道昆。中丞,官名。
⑧ 状:行状。文体名称。记述死者生平事迹的文章。亦称行述。
⑨ 铭:文体名称。刻在石碑上记述生平事迹的文辞。
⑩ 要(yāo 腰):邀请。
⑪ 撫(zhí 直):摘取;拾取。轶事:散失的事迹。轶,通"佚",失。志:记述。

　　志曰:江處士瓘，歙人，世家篁南①，字民瑩，贈尚書郎終慕公第三子也②。幼負奇氣，顧猶跳梁③。年十四，母鄭安人以暴疾終④，既含不瞑⑤。民瑩拊棺號哭曰："母其以二三子未樹邪？所不夙夜以求無忝者⑥，有如此木⑦!"遂瞑。自是折節爲學，務以身先季公⑧。乃從故太守吳先生受詩。吳先生間得李獻吉賦詩若干篇示民瑩⑨。民瑩心獨喜，終日誦之，嘗竊傚爲詩，有近似者。初試縣官，不利。父命之商，民瑩則商，孳孳務脩業⑩。會督學使者蕭子雝行縣⑪，並舉民瑩、民璞補縣諸生⑫。又明年應鄉試，復不利。民瑩慚，自憤不務稼而罪歲凶⑬，何爲乎？

遂下帷讀書⑭，歷寒暑，窮日夜，不遺餘力。民璞請少息，毋已太勞。民瑩愀然曰⑮："季子遊困而歸⑯，由發憤起⑰；縱自愛，而忘而母不瞑邪⑱？"頃之病作，一夕嘔血數升，延醫十餘曹⑲，不效。因涉獵醫家指要⑳，自藥而瘳。此治本業如初，又復病，釋業復瘳，遞病遞瘳，蓋十年往矣㉑。乃歎曰："顯親揚名，即男子所有事，彼亦儻然而來者耳㉒；顧輕身以希必獲，謂父母遺體何㉓？"遂謝學官，罷舉子業。日鍵關㉔，坐便坐㉕，几上置《離騷》、《素問》諸書，臥起自如，不問梱外事㉖，即家務左右棼起㉗，終不入於心，由是就業益多㉘，神益王矣㉙。

① 篁（huáng 皇）南：今安徽歙县。江瓘（guàn 贯）自号篁南山人。
② 赠尚书郎终慕公：江瓘父死后追封尚书郎终慕公。赠，死后追封爵位。
③ 跳梁：跳跃。引申为活泼。
④ 郑安人：江瓘母姓郑。安人，封建王朝给妇女封赠的称号。明代六品官之妻封安人。
⑤ 含："死"的婉言。古丧礼，放在死人嘴里的玉物。字又作晗、琀。
⑥ 所：假设连词。假如。无忝（tiǎn 舔）：不愧于。
⑦ 有如此木：就让这棺木神灵明察吧！有如，用于誓词。
⑧ 先：走在前面。此谓作表率。
⑨ 间：偶而；偶然。李献吉：李梦阳（公元1473～1530年），字天赐，又字献吉，明代文学家。
⑩ 孳孳：同"孜孜"。勤勉不懈。修业：经营产业。亦作修业。
⑪ 会：恰巧。督学使者：官名。督察学政之职。行：巡视。
⑫ 补县诸生：增补为县的诸生。明代科举，经县、州、府各级考试，合格者均称诸生，方可参加省级的乡试会考。
⑬ 罪：责难。用作动词。
⑭ 下帷：闭门苦读。此谓闭门。
⑮ 愀（qiǎo 巧）然：悲伤的样子。
⑯ 季子：犹"季公"。指民璞。困：谓无知而受困。
⑰ 由发愤起：由于激愤而刻苦读书。
⑱ "而忘"句：但是忘了你我的母亲死时不瞑目吗？后"而"，代词，此代"你我二人"。
⑲ 曹：表人称复数。同"辈"。
⑳ 指要：同"旨要"。此指重要著作。
㉑ 蓋："盖"的异体字。往：过去。
㉒ 儻（tǎng 躺）然而来者：谓不意追求而获得的。儻然，意外忽来的样子。
㉓ 谓……何：同"为……何"、"如……何"。父母遗（wèi 胃）体：父母给予自己的身体。
㉔ 键：门闩。
㉕ 便坐：指正房以外的别室。
㉖ 梱（kǔn 捆）外事：门外之事。梱，通"阃"，门坎。
㉗ 棼起：犹"纷起"。

㉘ 益：逐渐。
㉙ 王：通"旺"。旺盛；充沛。

甲辰，季公舉進士，民塋沾沾喜曰："幸哉！有此無傷母氏心，瞑可也！瞑可也！"民塋屬辭爾雅①，藉藉稱名家②。當是時，邑人王仲房、海陽人陳達甫，亦皆負論著而薄諸生③，相繼引去④。鄉大夫遊汝潛、汪正叔、方定之⑤，則尤推轂民塋⑥，郡中人士翕然附之⑦。既而自託遠遊，將傾四海之士⑧，則之越之吳之楚，足跡徧於東南。會民璞徙官留都⑨，則之留都，習朝市之隱⑩；及拜信州太守⑪，則道信州⑫，出閩越⑬，謁武夷君⑭；其後兵備饒州，則又道饒州，登匡廬⑮，汎彭蠡而下⑯。所至未嘗通謁，而縉紳學士爭願從遊⑰。歸語人曰："入其境，其士可知也。頃余入會稽⑱，探禹穴⑲，其士多奇；余歷吳門⑳，汎五湖而東㉑，其士放達；楚有七澤㉒，泱泱乎大觀，其士閎廓而多材㉓；秣陵爲高皇帝故都㉔，衣冠文物盛矣，四方豪傑，分曹而仕㉕，伏軾而遊，蓋士之淵藪也㉖；大江以西，以匡廬勝，其士好脩㉗；閩越以武夷勝，其士倬詭㉘。遊方之內，此其大較也㉙。吾將爲方外遊矣㉚。"既又赴會稽，視仲子應宿病。應宿愈，民塋乃負病西歸。中道應宿刲股進之㉛，幸少間，亟乘舟就舍。病益深，季子應乾、季子婦程氏刲股遞進之。卒不起㉜，蓋乙丑八月二十六日也，距生宏治癸亥㉝，享年六十三。

① 属(zhǔ 主)辞尔雅：文章近于雅正。属辞，连缀文辞以成文章。尔雅，近于雅正。
② 藉藉：同"籍籍"。声名显盛的样子。
③ 负：凭借；依仗。
④ 引去：退出（科举）。
⑤ 遊汝潜：遊，当为"游"。游震得，字汝潜，婺源人，嘉靖进士，官至副都御史，曾为《名医类案》作序。汪正叔：汪一中，字正叔，歙人，嘉靖进士，历江西副史等职。方定之：方宏静，字定之，歙人，嘉靖进士，官至南京户部右侍郎。
⑥ 推轂(gǔ 古)：推荐。推荐人才如助人推车轂，使之前进。
⑦ 翕(xì 细)然：一致的样子。
⑧ 倾：倾慕；拜谒。
⑨ 留都：古代王朝迁都后，在旧都常置官留守，称留都。明朝迁都北京后，旧都南京为留都。
⑩ 习：了解。朝市之隐：争名夺利场所中的隐士。朝市，朝廷和市肆，后泛指名利场所。
⑪ 信州：地名。今江西上饶。
⑫ 道：取道往。
⑬ 闽越：古国，七闽地。亦作闽粤。
⑭ 武夷君：即武夷山。相传有汉武夷君居此，故名。
⑮ 匡庐：庐山的别名。
⑯ 彭蠡(lí 梨)：湖名。又名鄱阳湖。
⑰ 缙绅：指士大夫。缙，同"搢"，插。绅，束腰的大带。古代仕者，插笏(hù 户)于绅，

⑱ 会(kuài 快)稽：此指会稽山，在今浙江绍兴东南。相传大禹会诸侯江南计功，故名。
⑲ 禹穴：禹的墓地。在会稽山上。《史记·太史公自序》："上会稽，探禹穴。"
⑳ 吴门：古吴县为春秋吴都，因称吴门。即今苏州。
㉑ 五湖：太湖及附近湖泊。
㉒ 七泽：指古时楚地诸湖泊，其中以云梦泽最著名。
㉓ 闳(hóng 红)廓：知识渊博。闳，大。
㉔ 秣陵：地名。今南京。明洪武元年，太祖朱元璋建都于此。
㉕ 曹：分科办事的官署。
㉖ 渊薮(sǒu 叟)：生长着很多草的湖。喻人或物聚集之地。
㉗ 好(hǎo 郝)脩：美好。
㉘ 倬诡：奇特。
㉙ 大较：大略情况。
㉚ 方外：远离人世之地；异域。
㉛ 刲(kuī 亏)股：即"刲股为羹"，割股肉做羹汤，喻至孝之举。此谓精心侍奉而尽孝心。
㉜ 不起："死"的婉言。
㉝ 宏治癸亥：即公元1503年。宏治，弘治，清代避清高宗爱新觉罗弘历（乾隆）讳，清版本改为宏治。

　　居常于于近人①，一切無所失；及其操直言，引當否，不奴苟容②。歲饑，浙有司下遏糴令③，輒引春秋大義上書部使者④，請罷之，語在集中，不具載。某子甲⑤，以貲爵萬戶⑥，會有疾，侮諸醫⑦。民瑩過萬戶家，讓萬戶⑧："公能以富貴驕人矣，亦能以生死下士乎⑨？公之疾得士則生，不得則死，富貴無爲也！"季公既貴，始立祖廟，屬民瑩定約法，脩祠事⑩，以爲常。卽民瑩以處士之義終，功用未試，其於國事，則尤惓惓⑪，嘗著論言備邊事，摯然可採⑫。藉茅令得志⑬，其畫策何可勝窮⑭！乃今食不過上農⑮，年不逮中壽，家人之產，蓋廑有存⑯，惜也！配臨溪吳氏⑰，舉子三⑱，長曰應元，仲、季卽刲股者。茲當大事，將卜所宜⑲，爲之銘以待。銘曰：相彼良玉⑳，胡然而終藏㉑？爾有文德㉒，惡用乎珪璋㉓？相彼梁木㉔，胡然而先撥？爾有令名㉕，惡用乎黃髮㉖？浙江東漸㉗，厥有新阡㉘；君子歸止，是曰九原㉙。
① 于于：悠然自得的样子。
② 苟容：谓苟且容身于世。
③ 有司：专管某事的官吏。古代设官分职，事有专司，故称。
④ 春秋大义：指春秋义法。
⑤ 某子甲：某人。甲，代称。
⑥ 以赀爵万户：用钱买个万户的官爵。赀，"资"的异体字，钱财。爵，买官爵，用作

⑦ 侮：轻慢。
⑧ 让：责备。
⑨ 下：轻视
⑩ 脩祠事：订定祭祖的各项事宜。
⑪ 惓惓(quán quán 全 全)：诚恳的样子。此谓关心的样子。
⑫ 挚然：确实的样子。
⑬ 藉第令：假如。第，同"第"。
⑭ 画策：谋划。
⑮ 乃今：而今。上农：耕种收获多的农民。
⑯ 厪："仅"的异体字。
⑰ 配：配偶。临溪：地名。今属安徽。
⑱ 举子：生子。
⑲ 卜：选取。
⑳ 相：看。
㉑ 胡然：为什么；怎么。
㉒ 文德：大德；美德。
㉓ 珪(guī 圭)璋：珪与璋皆为朝会时所执玉器。喻为官。
㉔ 梁木：栋梁之木。
㉕ 令名：美名。
㉖ 黄发：老人发白，白久而黄，以喻年高。
㉗ 浙江：浙江。东渐：向东流。
㉘ 新阡：新墓道。阡，墓道，坟墓。
㉙ 九原：九泉。

〔提要〕 本文选自1957年人民卫生出版社影印本《名医类案·附录》。作者汪道昆(公元1525～1593年)，字伯玉，号太函南溟，歙(今安徽歙县)人。明嘉靖二十六年(公元1547年)进士，为义乌令，官至兵部左侍郎。善文，著有《太函集》。《名医类案》是明代江瓘及其子应元、应宿所编著。全书十二卷，分二百零五门。内容广博，病类丰富，是明代以前著名医家临床经验的集大成，对后世影响很大。本文记述了江瓘的生平事迹。他年幼丧母，立志仕途，屡试不第，积劳成疾，遂弃仕途而潜心医学，医文并茂。虽身居素位，但关心国事。作者是江瓘的同乡好友，文中饱含着深厚的情谊，实为铭文佳作。

阅 读 实 践（3）

（一）词语注释

①称（作者） ②无虑 ③雅训 ④多（江民莹） ⑤捐馆舍 ⑥季（公） ⑦若（汪中丞）
⑧愿（季） ⑨（为）状 ⑩什二三 ⑪要（我） ⑫撫（其） ⑬轶事 ⑭志（之） ⑮赠（尚书

郎）⑯跳梁　⑰（既）含　⑱所（不）　⑲无忝　⑳有如　㉑间（得）　㉒孳孳　㉓下帷　㉔愀然　㉕而（母）　㉖（十余）曹　㉗傥然　㉘顾（轻身）　㉙谓……何　㉚键（关）　㉛自如　㉜棞（外事）　㉝益（多）　㉞（益）王　㉟属辞　㊱尔雅　㊲藉藉　㊳推毂　㊴翕然　㊵（将）倾　㊶朝市　㊷缙绅　㊸泱泱　㊹闳廓　㊺伏轼　㊻渊薮　㊼大较　㊽方外　㊾刲股　㊿不起　(51)于于　(52)苟容　(53)有司　(54)（某子）甲　(55)（以）赀　(56)让（万户）　(57)下（士）　(58)惓惓　(59)犁然　(60)藉茀令　(61)画策　(62)乃今　(63)匴（有存）　(64)举（子）　(65)卜（所宜）　(66)文德　(67)珪璋　(68)令名　(69)黄发　(70)（东）渐　(71)（新）阡　(72)九原

（二）今译

1．当世以布衣称作者，无虑数十家，乃若质行雅驯，则余窃多江民莹。

2．入其境，其士可知也。顷余入会稽，探禹穴，其士多奇；余历吴门，汎五湖而东，其士放达；楚有七泽，泱泱乎大观，其士闳廓而多材；秣陵为高皇帝故都，衣冠文物盛矣，四方豪杰，分曹而仕，伏轼而游，盖士之渊薮也；大江以西，以匡庐胜，其士好脩；闽越以武夷胜，其士倬诡。

3．某子甲，以赀爵万户，会有疾，侮诸医。民莹过万户家，让万户：“公能以富贵骄人矣，亦能以生死下士乎？公之疾得士则生，不得则死，富贵无为也！”

4．铭曰：相彼良玉，胡然而终藏？尔有文德，恶用乎珪璋？相彼梁木，胡然而先拨？尔有令名，恶用乎黄发？渐江东渐，厥有新阡；君子归止，是曰九原。

（三）阅读

予读褚氏遗书有曰博涉知病多诊识脉屡用达药尝抚卷以为名言山居僻处博历何由于是广辑古今名贤治法奇验之迹类摘门分世采人列为书曰名医类案是亦褚氏博历之意也自夫三坟坠而九邱湮方书繁而经论废或指素难以语人鲜不以为迂者医之术日益滥觞通经学古世不多见昔郑公孙侨聘于晋适晋侯有疾卜云实沈台骀为祟史莫之知乃问于侨侨具述高辛元冥之遗参汾主封之故四时节宣之道通国惊异以侨为博物君子太史公作史记传淳于意备书其治病死生主名病状诊候方脉详悉弗遗盏将以析同异极变化求合神圣之道以立权度于万世轩岐俞扁之书匪直为虚诙已也今予斯编虽未敢僭拟先哲然宣明往范昭示来学既不诡于圣经复易通乎时俗指迷广见或庶几焉耳学者譬之由规矩以求班因彀以求羿引而伸之遡流穷源推常达变将不可胜用矣书凡十二卷为门一百八十有奇间附说于其下云嘉靖已酉莫秋既望撰（明·江瓘《名医类案·自序》）

要求：

（1）给上文断句

（2）注释文中加点号的词语

（3）今译文中加横线的句子

四、扁　　鹊　　传

扁鵲者①，勃海郡鄭人也②，姓秦氏，名越人。少時爲人舍長③。舍客長桑君過，扁鵲獨奇之，常謹遇之④。長桑君亦知扁鵲非常人也。出入十餘年，乃呼扁鵲私坐⑤，閒與語曰⑥："我有禁方，年老，欲傳與公，公毋泄。"扁鵲曰："敬諾。"乃出其懷中藥予扁鵲："飲是以上池之水三十日⑦，當知物矣⑧。"乃悉取其禁方書盡與扁鵲。忽然不見，殆非人也。扁鵲以其言飲藥三十日，視見垣一方人。以此視病，盡見五藏癥結，特以診脈爲名耳。爲醫或在齊，或在趙。在趙者名扁鵲。

① 扁鵲：此指東周時名醫秦越人。
② "勃海"句：據下文乃齊勃海人，后家于鄭。郡，衍文。关于此句，歷代有分歧。晋代徐广曰："郑当为鄭。鄭，县名，今属河间。"其实鄭属涿郡，不属勃海郡。清代张文虎《史记札记》："据下文乃齐人而家于郑。郑字非误。"汉代杨雄《法言》云："扁鹊，卢人也。"卢地在今山东长清境内。
③ 舍长：旅舍的主管人。
④ 遇：接待。
⑤ 私坐：谓避开众人而坐。
⑥ 閒(jiàn见)：秘密地；悄悄地。
⑦ 上池之水：未沾到地面的水。《本草纲目·半天河》："上池水，陶弘景曰：此竹篱头水及空树穴中水也。"
⑧ 知物：谓当见怪异。《史记索隐》："当见鬼物也。"

當晋昭公時①，諸大夫彊而公族弱②，趙簡子爲大夫③，專國事。簡子疾，五日不知人。大夫皆懼，於是召扁鵲。扁鵲入，視病，出，董安于問扁鵲④，扁鵲曰："血脈治也⑤，而何怪⑥？昔秦穆公嘗如此，七日而寤⑦。今主君之病與之同，不出三日必閒⑧。"居二日半，簡子寤⑨。

① 晋昭公：春秋时晋国国君，姓姬名夷，在位六年（公元前531～前526年）。
② 公族：国君宗族。
③ 赵简子：即赵鞅，又名孟。本姓嬴，因封于赵地，故以赵为姓。简子为其谥号。
④ 董安于：又作"董安阏"。赵简子的家臣。
⑤ 治：正常。
⑥ 而：你。
⑦ 以下删节97字。
⑧ 閒：同"间"。病愈。以下删节5字。
⑨ 以下删节147字。

其後扁鵲過虢①。虢太子死，扁鵲至虢宮門下，問中庶子喜方者曰②："太子何病，國中治穰過於衆事③？"中庶子曰："太子病血氣不時④，交錯而不得泄，暴發於外，則爲中害⑤。精神不能止邪氣，邪氣畜積而不得泄，是以陽緩而陰急⑥，故暴蹶而死⑦。"扁鵲曰："其死何如時？"曰："雞鳴至今⑧。"曰："收乎⑨？"曰："未也，其死未能半日也⑩。""言臣齊勃海秦越人也，家在於鄭，未嘗得望精光⑪，侍謁於前也。聞太子不幸而死，臣能生之。"中庶子曰："先生得無誕之乎⑫？何以言太子可生也！臣聞上古之時，醫有俞跗⑬，治病不以湯液醴灑、鑱石撟引、案扤毒熨⑭，一撥見病之應⑮，因五藏之輸⑯，乃割皮解肌，訣脈結筋⑰，搦髓腦⑱，揲荒爪幕⑲，湔浣腸胃⑳，漱滌五藏，練精易形㉑。先生之方能若是，則太子可生也；不能若是，而欲生之，曾不可以告咳嬰之兒㉒！"終日㉓，扁鵲仰天嘆曰："夫子之爲方也，若以管窺天，以郄視文㉔。越人之爲方也，不待切脈、望色、聽聲、寫形㉕，言病之所在。聞病之陽，論得其陰㉖；聞病之陰，論得其陽。病應見於大表㉗，不出千里，決者至衆㉘，不可曲止也㉙。子以吾言爲不誠，試入診太子，當聞其耳鳴而鼻張，循其兩股，以至於陰㉚，當尚溫也。"中庶子聞扁鵲言，目眩然而不瞚，舌撟然而不下㉛，乃以扁鵲言入報虢君。

① 虢(guó 国)：古国名。过：来到。
② 中庶子喜方者：喜欢医学的中庶子。中庶子，官名，负责诸侯卿大夫的庶子的教育管理。汉代以后为太子属官。
③ 治禳(ráng)：举行祈祷。禳，通"禓"，祛邪除恶的祭祀名。
④ 不时：不按时(运行)。
⑤ 中害：体内病害。
⑥ 阳缓而阴急：此谓阳气衰微，阴邪炽盛。
⑦ 㾕：通"厥"。昏厥。
⑧ 雞鳴：古代时辰名，相当于1～3时。雞，"鸡"的异体字。
⑨ 收：收殓；装殓。
⑩ 未能：不到。
⑪ 精光：形容虢君的容颜。
⑫ 诞：欺骗。
⑬ 俞跗(fū 夫)：传说为黄帝时名医。又作俞拊、俞柎等。
⑭ 醴灑(shī 师)：药酒。灑，通"釃"。滤过的酒。鑱石：鑱针、砭石。撟(jiǎo 角)引：导引。案扤(wù 务)：按摩。案，通"按"。扤，摇动。毒熨(wèi 慰)：用药物加热熨贴。毒，指药物。熨，一种热敷疗法。
⑮ 撥：诊察。
⑯ 因：依循。输：同"腧"。腧穴。
⑰ 訣：通"决"。疏导。
⑱ 搦(nuò 诺)：按治。
⑲ 揲(shé 舌)荒：触动膏肓。揲，持取，引申为触动。荒，通"肓"，膏肓。爪幕：疏理膈膜。爪，同"抓"。幕，通"膜"。
⑳ 湔(jiān 肩)浣：洗涤。下文"漱滌"义同此。
㉑ 练精易形：修练精气，矫正形体。
㉒ 咳(hái 孩)婴：刚会笑的婴儿。《说文》："咳，小儿笑也。从口，亥声。孩，古文咳，从子。"后来咳、孩作为异体字，小儿笑义用"孩"。

㉓ 终日：很久。

㉔ 以郄(xì 细)视文：从缝隙中看图纹。

㉕ 写形：病人诉说病状。指问诊。写，描绘，谓病人诉说。

㉖ "闻病"二句：诊察到疾病的外在病状，就能推论内在的病机。阳，指体表症状；阴，指体内病机。

㉗ 见：同"现"。显现。大表：整个体表。

㉘ 决者：确诊的根据。

㉙ 不可曲止：不会诊断错误。止，语气词。《诗经·齐风·南山》："既曰归止，曷又怀止。"

㉚ 阴：指阴部。

㉛ "目眩然"二句：眼目昏花，不知眨动，舌头翘起，不知放下。形容目瞪口呆的样子。瞚，"瞬"的异体字。挢然，翘起的样子。

　　虢君聞之大驚，出見扁鵲於中闕①，曰："竊聞高義之日久矣，然未嘗得拜謁於前也。先生過小國，幸而舉之②，偏國寡臣幸甚，有先生則活，無先生則棄捐填溝壑③，長終而不得反。"言未卒，因噓唏服臆④，魂精泄橫，流涕長潸⑤，忽忽承映⑥，悲不能自止，容貌變更。扁鵲曰："若太子病，所謂尸蹷者也⑦。太子未死也⑧。"扁鵲乃使弟子子陽厲鍼砥石⑨，以取外三陽五會⑩。有閒，太子蘇。乃使子豹爲五分之熨⑪，以八減之齊和煑之⑫，以更熨兩脅下。太子起坐。更適陰陽，但服湯二旬而復故。故天下盡以扁鵲爲能生死人。扁鵲曰："越人非能生死人也，此自當生者，越人能使之起耳。"

① 中闕：皇宫前面有两个楼台叫观，两观之间有道路，称为中阙。

② 举之：救治太子。

③ 弃捐填沟壑："死"的婉言。壑，山谷。

④ 因：已经。嘘唏：长嘘短叹。服(bì 必)臆：气郁满胸中。服，通"愊"，郁满，又作愊臆、腷臆、愊抑等。

⑤ 长潸(shān 山)：泪水长流的样子。

⑥ 忽忽：悲哀地。承映：(泪水)挂满睫毛。映，"睫"的异体字。

⑦ 尸蹷：古病名。突然昏倒，其状如尸。以下删节82字。

⑧ 以下删节41字。

⑨ 厉鍼砥石：研磨针石。厉，同"砺"。厉、砥，皆研磨之义。

⑩ 外：体表。此指头顶。三阳五会：即百会穴别名。在头顶正中部位。

⑪ 五分之熨：使药力深入体内五分的熨法。

⑫ 八减之齐：古方名。齐，同"剂"，药剂。

　　扁鵲過齊，齊桓侯客之①。入朝見，曰："君有疾在腠理②，不治將深。"桓侯曰："寡人無疾。"扁鵲出，桓侯謂左右曰："醫之好利也，欲以不疾者爲功。"後五日，扁鵲復見，曰："君有疾在血脈，不治恐深。"桓侯曰："寡人無疾。"扁鵲出，桓侯不悅。後五日，扁鵲復見，曰："君有疾在腸胃閒，不治將深。"桓侯不應。扁鵲出，桓侯不悅。後五日，扁鵲復見，望見桓侯而退走。桓侯使人問其故。扁鵲曰："疾之居腠理也，湯熨之所及也；在血脈，鍼石之所及也；其在腸胃，酒醪之所及也；其在骨髓，雖司命無奈之何③！今在骨髓，臣是以無請也。"後五日，桓侯體病，使人召扁鵲，扁鵲已逃去。桓侯遂死。

① 齐桓侯：据裴骃《集解》认为是战国时的齐桓公田午，公元前375～前367年在位。但上距赵简子一百余年，距虢太子时间更长，疑记载有误。《韩非子·喻老》作"蔡桓公"。客之：把他当作客人。
② 腠理：指皮肤肌肉之间。
③ 司命：古代传说中掌管生命的天神。

使聖人預知微，能使良醫得蚤從事，則疾可已，身可活也。人之所病，病疾多；而醫之所病，病道少。故病有六不治：驕恣不論於理，一不治也；輕身重財，二不治也；衣食不能適，三不治也；陰陽并①，藏氣不定，四不治也；形羸不能服藥，五不治也；信巫不信醫，六不治也。有此一者，則重難治也②。

扁鵲名聞天下。過邯鄲，聞貴婦人③，即爲帶下醫④；過雒陽⑤，聞周人愛老人，即爲耳目痹醫；來入咸陽，聞秦人愛小兒，即爲小兒醫：隨俗爲變。秦太醫令李醯自知伎不如扁鵲也⑥，使人刺殺之。至今天下言脈者，由扁鵲也⑦。

① 阴阳并：谓血气错乱。血属阴，气属阳。
② 重(zhòng 众)：很。
③ 贵：尊重。
④ 带下医：妇科医生。妇女所患诸病(经带胎产)，多属带脉以下，故名。
⑤ 雒阳：即洛阳。东周王都所在地，故下文言"周人"。
⑥ 伎：通"技"。医技。
⑦ 由：遵循。

〔提要〕 本文节选自1959年中华书局校点本《史记·扁鹊仓公列传》。作者司马迁(公元前145～前86？年)，字子长，西汉阳夏(今陕西韩城)人，我国杰出的历史学家和文学家。元封三年继承其父马谈之职任太史令，开始写《史记》。《史记》全书一百三十篇，是我国第一部纪传体史书。本文记述了扁鹊的医学成就。作者首先采用神话的笔法，介绍扁鹊学医经过；然后通过三个典型病案，生动地说明扁鹊的高明医技，塑造了一位历史上享有盛誉，深受人民爱戴的古代名医形象。文章最后提出"六不治"，尤其是"信巫不信医"这一反对封建迷信的思想，已被载入世界医学史之中。

阅读实践（4）

（一）词语注释

①少时 ②(长桑君)过 ③奇(之) ④谨(遇) ⑤遇(之) ⑥闲(与语) ⑦敬诺 ⑧上池之水 ⑨殆(非人) ⑩垣(一方) ⑪特(以) ⑫或(在齐) ⑬(血脉)治 ⑭而(何怪) ⑮(必)闻 ⑯治(穰) ⑰精神 ⑱何如 ⑲雞鸣 ⑳收(乎) ㉑(未)能 ㉒诞(之) ㉓易(形) ㉔咳婴 ㉕终日 ㉖以管窥天 ㉗以郄视文 ㉘(不可)曲 ㉙(曲)止 ㉚(两)股 ㉛眩(然) ㉜拊(然) ㉝举(之) ㉞弃捐填沟壑 ㉟服臆 ㊱(流)涕 ㊲忽忽 ㊳厉针砥石 ㊴有间 ㊵更(熨) ㊶客(之) ㊷左右 ㊸奈之何 ㊹(所)病 ㊺骄恣 ㊻(形)羸 ㊼重(难治) ㊽贵(妇人) ㊾带下医 ㊿由(扁鹊)

（二）今译

1．扁鹊者，勃海郡郑人也，姓秦氏，名越人。少时为人舍长。舍客长桑君过，扁鹊独奇之，常谨遇之。

2．扁鹊曰："血脉治也，而何怪？昔秦穆公尝如此，七日而寤。今主君之病与之同，不出三日必闻。"居二日半，简子寤。

3．先生之方能若是，则太子可生也；不能若是，而欲生之，曾不可以告咳婴之儿！

4．窃闻高义之日久矣，然未尝得拜谒于前也。先生过小国，幸而举之，偏国寡臣幸甚，有先生则活，无先生则弃捐填沟壑，长终而不得反。

5．使圣人预知微，能使良医得蚤从事，则疾可已，身可活也。人之所病，病疾多；而医之所病，病道少。

（三）阅读

扁鹊过赵赵王太子暴疾而死鹊造宫门曰吾闻国中卒有壤土之事得无有急乎中庶子之好方者应之曰然王太子暴疾而死扁鹊曰入言郑医秦越人能活太子中庶子难之曰吾闻上古之为医者曰苗父苗父之为医也以菅为席以刍为狗北面而祝发十言耳请扶而来者举而来者皆平复如故子之方能如此乎扁鹊曰不能又曰吾闻中古之为医者曰俞柎俞柎之为医也搦脑髓束肓莫炊灼九窍而定经络死人复为生人故曰俞柎子之方能若是乎扁鹊曰不能中庶子曰子之方如此譬若以管窥天以锥刺地所窥者甚大所见者甚少钧若子之方岂足以变骇童子哉扁鹊曰不然物故有昧揥而中蛟头掩目而别白黑者太子之疾所谓尸厥者也以为不然入诊之太子股阴当溋耳中焦焦如有啸者声然者皆可治也中庶子入报赵王赵王跣而趋出门曰先生远辱幸临寡人先生幸而有之则粪土之息得蒙天履地而长为人矣先生不有之则先犬马填沟壑矣言未已涕泣沾襟扁鹊遂为诊之先造轩光之灶八成之汤砥针砺石取三阳五输子容祷药子明吹耳阳仪反神子越扶形子游矫摩太子遂得复生天下闻之皆曰扁鹊能生死人鹊辞曰予非能生死人也特使夫当生者活耳夫死者犹不可药而生也悲夫乱君之治不可药而息也诗曰多将熇熇不可救药甚之之辞也（汉·刘向《说苑·辨物》）

要求：

(1) 给上文断句

(2) 注释文中加点号的词语
(3) 今译文中加横线的句子

五、华 佗 传

　　華佗，字元化，沛國譙人也①，一名旉②。游學徐土③，兼通數經④。沛相陳珪舉孝廉⑤，太尉黃琬辟⑥，皆不就。曉養性之術⑦，時人以爲年且百歲，而貌有壯容。又精方藥，其療疾，合湯不過數種，心解分劑⑧，不復稱量，煮熟便飲，語其節度⑨，舍去，輒愈。若當灸，不過一兩處，每處不過七八壯⑩，病亦應除⑪。若當針，亦不過一兩處，下針言"當引某許⑫，若至，語人"，病者言"已到"，應便拔針，病亦行差⑬。若病結積在內，針藥所不能及，當須刳割者⑭，便飲其麻沸散，須臾便如醉死，無所知，因破取。病若在腸中，便斷腸湔洗，縫腹膏摩⑮，四五日差，不痛，人亦不自寤⑯，一月之間，即平復矣。

① 沛国：汉代分封的一个王国，在今安徽、江苏、河南三省交界地区，以宿县为中心。谯(qiáo 桥)：沛国县名。今安徽亳(bó 博)县。
② 旉："敷"的异体字。
③ 游学：到远方拜师学习。徐土：今徐州一带。
④ 经：指《易》、《书》、《诗》、《礼》、《春秋》等儒家经典著作。
⑤ 沛相：沛国的相。汉景帝平定吴、楚等"七国之乱"后，改封国的丞相为相，由中央直接委派，掌握实权。孝廉：汉代选举人材的科目。孝指孝子，廉指廉洁之士，后合称孝廉。
⑥ 太尉：官名。汉代掌握军权的最高长官。辟(bì 必)：征召。
⑦ 养性之术：养生之道。
⑧ 心解分剂：心里掌握了合汤的药物分量和药物配伍比例。
⑨ 节度：服药的方法和注意事项。
⑩ 壮：量词。一灸为一壮。
⑪ 应：立即。下文"应便拔针"的"应"，同此。
⑫ 引某许：谓针感循经络延引到某处。许，处所，此指部位。
⑬ 行差(chài)：将愈。行，将要。差，同"瘥"，病愈。
⑭ 刳(kū 枯)：剖开。
⑮ 膏摩：用药膏外敷。
⑯ 寤：醒。此指疼痛感觉。

　　故甘陵相夫人有娠六月①，腹痛不安，佗視脈，曰："胎已死矣。"使人手摸知所在，在左則男，在右則女。人云"在左"，於是爲湯下之，果下男形，即愈。
　　縣吏尹世苦四支煩②，口中乾，不欲聞人聲，小便不利。佗曰："試作熱食，得汗則愈；不汗，後三日死。"即作熱食，而不汗出。佗曰："藏氣已絕於內③，當啼泣而絕。"果如佗言。

府吏兒尋、李延共止④，俱頭痛身熱，所苦正同。佗曰："尋當下之，延當發汗。"或難其異⑤。佗曰："尋外實，延內實⑥，故治之宜殊。"即各與藥，明旦並起。

鹽瀆嚴昕與數人共候佗⑦，適至，佗謂昕曰："君身中佳否？"昕曰："自如常⑧。"佗曰："君有急病見於面，莫多飲酒。"坐畢歸，行數里，昕卒頭眩墮車⑨，人扶將還，載歸家，中宿死⑩。

故督郵頓子獻得病已差⑪，詣佗視脈，曰："尚虛，未得復，勿爲勞事⑫，御內即死。臨死，當吐舌數寸。"其妻聞其病除，從百餘里來省之，止宿交接，中間三日發病，一如佗言。

督郵徐毅得病，佗往省之。毅謂佗曰："昨使醫曹吏劉租針胃管訖⑬，便苦欬嗽，欲臥不安。"佗曰："刺不得胃管，誤中肝也，食當日減，五日不救。"遂如佗言。

東陽陳叔山小男二歲得疾⑭，下利常先啼，日以羸困。問佗，佗曰："其母懷軀，陽氣內養，乳中虛冷，兒得母寒，故令不時愈。"佗與四物女宛丸，十日即除。

彭城夫人夜之廁⑮，蠆螫其手，呻呼無賴⑯。佗令溫湯近熱，漬手其中，卒可得寐⑰，但旁人數爲易湯，湯令煖之⑱，其旦即愈。

軍吏梅平得病，除名還家，家居廣陵⑲，未至二百里，止親人舍。有頃，佗偶至主人許，主人令佗視平，佗謂平曰："君早見我，可不至此。今疾已結⑳，促去可得與家相見，五日卒。"應時歸，如佗所刻㉑。

佗行道，見一人病咽塞，嗜食而不得下，家人車載欲往就醫。佗聞其呻吟，駐車，往視，語之曰："向來道邊有賣餅家㉒，蒜齏大酢㉓，從取三升飲之，病自當去。"即如佗言，立吐虵一枚㉔，縣車邊㉕，欲造佗。佗尚未還，小兒戲門前，逆見㉖，自相謂曰："似逢我公，車邊病是也㉗。"疾者前入坐，見佗北壁縣此虵輩約以十數。

① 甘陵：县名。故址在今山东临清东。
② 支：同"肢"。
③ 藏气：五脏功能。藏，同"脏"。
④ 兒："倪"的异体字。共止：一起居住。止，居住。《诗经·商颂·玄鸟》："邦畿千里，维民所止。"笺："止，犹居也。"
⑤ 难(nàn)：质问。
⑥ "寻外实"二句：当作"寻内实，延外实"。《太平御览》和元刻本《类证普济本事方》卷九《伤寒时疫》引此均作"寻内实，延外实"。
⑦ 盐渎：县名。故址在今江苏盐城西北。
⑧ 自如常：犹"自如"、"自若"。像原来一样。
⑨ 卒(cù 促)：通"猝"。突然。
⑩ 中宿：半夜。

⑪ 督邮：官名。汉置。为郡守佐吏，掌督察纠举所领县违法之事。
⑫ 劳事：房劳之事。下文"御内"、"交接"，义同此。
⑬ 曹吏：官名。郡县属官。
⑭ 东阳：县名。治所在今安徽天长西北。
⑮ 彭城：县名。故址在今江苏铜山境内。之：到。
⑯ 无赖：无可奈何。
⑰ 卒：通"猝"。很快。
⑱ 煖："暖"的异体字。
⑲ 广陵：郡名。即今江苏扬州。
⑳ 结：牢固。
㉑ 所刻：所预计的那样。
㉒ 向来：刚才。饼：汤面。
㉓ 蒜齑：用蒜叶淹渍的黄齑菜水。《本草纲目·齑水》："此乃作黄齑菜水也。酸咸无毒，吐诸痰饮宿食。"又《本草纲目·蒜》："华佗用蒜齑，即此蒜也。"大酢(cù 促)：甚酸。酢，"醋"的本字。
㉔ 虵："蛇"的异体字。此指寄生虫。
㉕ 县：同"悬"。悬挂。
㉖ 逆：迎面。
㉗ 车边病：指车边悬挂的寄生虫。

又有一郡守病，佗以爲其人盛怒則差，乃多受其貨而不加治，無何棄去，留書罵之。郡守果大怒，令人追捉殺佗。郡守子知之，屬使勿逐①。守瞋恚既甚②，吐黑血數升而愈。

又有一士大夫不快③，佗云："君病深，當破腹取。然君壽亦不過十年，病不能殺君，忍病十歲，壽俱當盡，不足故自刳裂④。"士大夫不耐痛癢，必欲除之。佗遂下手，所患尋差⑤，十年竟死⑥。

廣陵太守陳登得病，胸中煩懣，面赤不食。佗脈之曰："府君胃中有蟲數升，欲成內疽⑦，食腥物所爲也。"卽作湯二升，先服一升，斯須盡服之。食頃⑧，吐出三升許蟲，赤頭皆動，半身是生魚膾也⑨，所苦便愈。佗曰："此病後三期當發⑩，遇良醫乃可濟救。"依期果發動，時佗不在，如言而死。

太祖聞而召佗⑪，佗常在左右。太祖苦頭風，每發，心亂目眩。佗針鬲⑫，隨手而差。

李將軍妻病甚，呼佗視脈。曰："傷娠而胎不去。"將軍言："聞實傷娠，胎已去矣。"佗曰："案脈⑬，胎未去也。"將軍以爲不然。佗舍去，婦稍小差⑭。百餘日復動，更呼佗。佗曰："此脈故事有胎⑮。前當生兩兒，一兒先出，血出甚多，後兒不及生。母不自覺，旁人亦不寤，不復迎⑯，遂不得生。胎死，血脈不復歸，必燥著母脊⑰，故使多脊痛⑱。今當與湯，並針一處，此死胎必出。"湯針既加，婦痛急如欲生者。佗曰:"此死胎久枯,不能自出,宜使人探之。"果得一死男,手足完具,色黑,長可尺所⑲。

佗之絕技,凡此類也。

① 属(zhǔ 主):同"嘱"。嘱咐。
② 瞋恚(chēn huì 抻会):愤怒。瞋,"嗔"的异体字。
③ 不快:有病。
④ "不足"句:不值得特地用手术剖腹。故,特地。自,用。《诗经·大雅·緜》:"民之初生,自土沮漆。"毛传:"自,用;土,居也。"
⑤ 寻:随即。
⑥ 竟:果然。
⑦ 內疽(jū 居):病名。腹内痈毒。
⑧ 食顷:吃一顿饭时间。
⑨ 脍(kuài 快):细切的肉丝儿。
⑩ 期(jī 鸡):周年。下文"依期(qī)"的"期",指期限。
⑪ 太祖:指曹操。曹丕称帝后,追尊曹操为武皇帝,其孙子曹叡又定曹操的庙号为太祖。
⑫ 鬲(gé 格):同"膈"。《素问·五藏生成论》:"心烦头痛,病在鬲中。"指膈中部位。
⑬ 案:考察;根据。
⑭ 稍:逐渐;渐渐。
⑮ 故事:先例;惯例。此谓按照惯例。
⑯ 迎:谓接产、助产。
⑰ 著(zhuó 灼):附着。母脊:指母体后腰部。
⑱ 多:常常。
⑲ 可:大约。尺所:一尺左右。所,表示约数。

然本作士人,以醫見業①,意常自悔。後太祖親理②,得病篤重,使佗專視。佗曰:"此近難濟③,恆事攻治,可延歲月。"佗久遠家思歸,因曰:"當得家書④,方欲暫還耳⑤。"到家,辭以妻病,數乞期不反⑥。太祖累書呼,又敕郡縣發遣⑦。佗恃能厭食事⑧,猶不上道。太祖大怒,使人往檢:若妻信病,賜小豆四十斛⑨,寬假限日;若其虛詐,便收送之⑩。於是傳付許獄⑪,考驗首服⑫。荀彧請曰⑬:"佗術實工,人命所縣⑭,宜含宥之⑮。"太祖曰:"不憂,天下當無此鼠輩耶⑯?"遂考竟佗⑰。佗臨死,出一卷書與獄吏,曰:"此可以活人。"吏畏法不受,佗亦不彊,索火燒之。佗死後,太祖頭風未除。太祖曰:"佗能愈此。小人養吾病,欲以自重,然吾不殺此子,亦終當不爲我斷此根原耳。"及後愛子倉舒病困,太祖歎曰:"吾悔殺華佗,令此兒彊死也⑱。"

初，軍吏李成苦欬嗽，晝夜不寐⑲，時吐膿血，以問佗。佗言："君病腸癰⑳，欬之所吐，非從肺來也。與君散兩錢㉑，當吐二升餘膿血訖，快㉒，自養，一月可小起，好自將愛㉓，一年便健。十八歲當一小發，服此散，亦行復差。若不得此藥，故當死㉔。"復與兩錢散，成得藥去。五六歲，親中人有病如成者，謂成曰："卿今彊健，我欲死，何忍無急去藥㉕，以待不祥？先持貸我，我差，為卿從華佗更索。"成與之。已故到譙㉖，適值佗見收，忽忽不忍從求㉗。後十八歲，成病竟發，無藥可服，以至於死。

① 见：立。《孟子·尽心上》："修身见于世。"赵岐注："见，立也。"
② 亲理：亲自处理国事。
③ 近：大概。
④ 当：方才；刚刚。
⑤ 暂：短期。
⑥ 数(shuò 朔)：多次。乞期：请求(延长)假期。
⑦ 敕(chì 赤)：皇帝命令。发遣：押送遣返。
⑧ 厌食事：厌倦拿食禄之事。谓不愿意为曹操一个人服务。
⑨ 斛(hú 胡)：宋以前以十斗为一斛。
⑩ 收：逮捕。送：押送。
⑪ 传：递解；递送。许狱：许昌的监狱。汉献帝建安元年(公元196年)，曹操将东汉都城由洛阳迁至许昌。
⑫ 考验：拷问审核。首服：供认服罪。
⑬ 荀彧(yù 玉)：曹操的谋士。字文若。
⑭ 县：同"悬"。维系。
⑮ 含宥：宽容；饶恕。
⑯ 鼠辈：蔑称。意为"小人物"。
⑰ 考竟：在狱中处死。
⑱ 彊死：谓死于非命。
⑲ 寐：当为"寐"。入睡。范晔《后汉书·方术列传》作"寐"，是。
⑳ 癰："癰"的异体字。毒疮。
㉑ 钱：指钱匕。古代量取药末的器具。用汉代的五铢钱量取药末至不散落为一钱匕，约今2克余。
㉒ 快：舒畅。
㉓ 将爱：将养保重。
㉔ 故：通"固"。一定。
㉕ 去(jǔ 举)：通"弆"。收藏。
㉖ 已：已而；不久。故：特地。
㉗ 忽忽：忧虑惶惑的样子。

廣陵吳普、彭城樊阿皆從佗學。普依準佗治，多所全濟。佗語普曰："人體欲

得勞動①，但不當使極爾②。動搖則穀氣得消，血脈流通，病不得生，譬猶戶樞不朽是也。是以古之仙者爲導引之事，熊頸鴟顧③，引輓腰體④，動諸關節，以求難老。吾有一術，名五禽之戲⑤：一曰虎，二曰鹿，三曰熊，四曰猨⑥，五曰鳥。亦以除疾，並利蹄足，以當導引。體中不快，起作一禽之戲，沾濡汗出，因上著粉⑦，身體輕便，腹中欲食。"普施行之，年九十餘，耳目聰明，齒牙完堅。阿善針術。凡醫咸言背及胸藏之間不可妄針，針之不過四分，而阿針背入一二寸，巨闕胸藏針下五六寸⑧，而病輒皆瘳。阿從佗求可服食益於人者，佗授以漆葉青黏散⑨。漆葉屑一升，青黏屑十四兩，以是爲率⑩。言久服去三蟲⑪，利五藏，輕體，使人頭不白。阿從其言，壽百餘歲。漆葉處所而有⑫，青黏生於豐、沛、彭城及朝歌云⑬。

① 勞动：运动；活动。
② 极：疲惫。
③ 熊颈鸱(chī 痴)顾：象熊那样直立，象鸱鸟那样回顾。颈，当为"经"。范晔《后汉书·方术列传》作"经"，是。
④ 引輓：伸展。輓，"挽"的异体字，牵引，此谓伸展。
⑤ 五禽之戏：华佗模仿五种动物的动作而创造的保健体操。禽，鸟兽总称。
⑥ 猨："猿"的异体字。
⑦ 因：接着。上：体表。
⑧ 巨阙：穴位名。在脐上六寸。
⑨ 黏："粘"的异体字。
⑩ 率(lǜ 律)：比例。
⑪ 三虫：指蛔虫、赤虫、蛲虫等多种寄生虫。
⑫ 处所：处处。
⑬ 丰：今江苏丰县。沛：汉代县名。今江苏沛县东。朝(zhāo 招)歌：汉代县名。今河南淇(qí 旗)县。云：文末语气词。

〔提要〕 本文选自1959年中华书局校点本《三国志·魏书·华佗传》。作者陈寿（公元233～297年），字承祚，巴西安汉（今四川南充）人。曾在蜀汉和晋初担任观阁令史和著作郎，撰有《三国志》。《三国志》反映汉末魏蜀吴三国鼎立的错综复杂的政治形势，记事翔实，评价公允。本文全面记载东汉末年杰出医学家华佗的医学成就及其被曹操处死的不幸结局。作者首先全面记述他在养生、方药、针灸、外科方面的成就，尤长于外科。他发明的"麻沸散"早于欧洲使用麻醉剂一千六百年。作者用大量病案，说明其高明医技。最后记述华佗被杀前后的情形以及他在医学教育和体育保健方面的成就。华佗创造的五禽戏，至今为世界各国人们所研究和运用。

五、华 佗 传

阅 读 实 践（5）

（一）词语注释

①游学 ②（黄琬）辟 ③（不）就 ④辄（愈） ⑤（七八）壮 ⑥应（除） ⑦（某）许 ⑧语（人） ⑨行（差） ⑩刳（割） ⑪须臾 ⑫（四）支 ⑬（共）止 ⑭难（其异） ⑮适（至） ⑯自如常 ⑰卒（头眩） ⑱中宿 ⑲劳事 ⑳交接 ㉑之（厕） ㉒无赖 ㉓卒（可） ㉔（五日）卒 ㉕（所）刻 ㉖向来 ㉗（卖）饼 ㉘县（车边） ㉙逆（见） ㉚（其）货 ㉛属（使） ㉜瞋恚 ㉝不快 ㉞寻（差） ㉟竟（死） ㊱斯须 ㊲食顷 ㊳（生鱼）脍 ㊴（三）期 ㊵苦（头风） ㊶案（脉） ㊷稍（小差） ㊸多（脊痛） ㊹可（尺所） ㊺士人 ㊻当（得） ㊼暂（还） ㊽数（乞期） ㊾敕（郡县） ㊿恃（能） 51食事 52信（病） 53（便）收 54考验 55首服 56含宥 57考竟 58僵死 59将（爱） 60故（当死） 61去（药） 62见（收） 63忽忽 64（使）极 65引挽 66（五）禽 67沾濡 68（为）率 69处所 70（朝歌）云

（二）今译

1．游学徐土，兼通数经。沛相陈珪举孝廉，太尉黄琬辟，皆不就。

2．若病结积在内，针药所不能及，当须刳割者，便饮其麻沸散，须臾便如醉死，无所知，因破取。

3．即如佗言，立吐蛇一枚，县车边，欲造佗。佗尚未还，小儿戏门前，逆见，自相谓曰："似逢我公，车边病是也。"

4．佗语普曰："人体欲得劳动，但不当使极尔。动摇则谷气得消，血脉流通，病不得生，譬犹户枢不朽是也。是以古之仙者为导引之事，熊颈鸱顾，引挽腰体，动诸关节，以求难老。"

（三）阅读

　　史称华佗以恃能厌事为曹公所怒荀文若请曰佗术实工人命系焉宜议能以宥曹公曰忧天下无此鼠辈邪遂考竟佗至仓舒病且死见医不能生始有悔之之叹嗟乎以操之明略见几然犹轻杀材能如是文若之智力地望以的然之理攻之然犹不能返其恚执柄者之恚真可畏诸亦可慎诸原夫史氏之书于册也是使后之人宽能者之刑纳贤者之谕而惩暴者之轻杀故自恃能至有悔悉书焉后之惑者复用是为口实悲哉夫贤能不能无过苟置之理矣或必有宽之之请彼壬人皆曰忧天下无材邪曾不知悔之日方痛材之不可多也或必有惜之之叹彼壬人皆曰譬彼死矣将若何曾不知悔之日方痛生之不可再也可不谓大哀乎（唐·刘禹锡《刘宾客文集·华佗论》）

要求：

（1）给上文断句

（2）注释文中加点号的词语

（3）今译文中加横线的句子

六、皇甫谧传

　　皇甫謐，字士安，幼名靜，安定朝那人①，漢太尉嵩之曾孫也②。出後叔父③，徙居新安④。年二十，不好學，游蕩無度，或以爲癡。嘗得瓜果，輒進所後叔母任氏。任氏曰："《孝經》云：'三牲之養⑤，猶爲不孝。'汝今年餘二十，目不存教，心不入道，無以慰我。"因歎曰："昔孟母三徙以成仁⑥，曾父烹豕以存教⑦，豈我居不卜鄰⑧，教有所闕？何爾魯鈍之甚也！修身篤學，自汝得之，於我何有？"因對之流涕。謐乃感激⑨，就鄉人席坦受書，勤力不怠。居貧，躬自稼穡，帶經而農，遂博綜典籍百家之言。沈靜寡欲，始有高尚之志⑩，以著述爲務，自號玄晏先生。著《禮樂》、《聖眞》之論⑪。後得風痹疾，猶手不輟卷。

① 安定：郡名。汉置，在今甘肃灵台。朝(zhū 朱)那：县名。今灵台朝那。
② 汉太尉嵩：即皇甫嵩。东汉灵帝时为北地太守，以破黄巾功，领冀州牧，拜太尉。
③ 出后叔父：过继给叔父。出后，犹"出继"，即过继。
④ 徙：迁移。新安：郡名。汉丹阳郡地，三国吴分置新都郡，晋太康元年（公元280年）改名新安郡。在今浙江淳安西。
⑤ 三牲：牛、羊、猪。后亦用鸡、鱼、猪。
⑥ 孟母三徙：相传孟轲幼年时，所居环境不好，孟母为教育孟轲，三次迁居。事见《列女传·母仪》和赵岐《孟子题辞》。后喻母教之德。
⑦ 曾父烹豕(shǐ 史)：曾参妻携子到市场，其子啼哭，母亲说回家后为子杀猪。回家后，曾参将杀猪，其妻说与儿戏言，曾参认为不能失信于子，终杀猪以取信。事见《韩非子·外储说左上》。
⑧ 卜：选择。
⑨ 感激：感动激发。
⑩ 高尚之志：高洁自守，不愿卑屈求仕的志向。此指著述之志。
⑪ 礼乐、圣真：皇甫谧早年著作，已佚。清吴士鉴《补晋书经籍志》有载。

　　或勸謐修名廣交①。謐以爲非聖人孰能兼存出處②，居田里之中亦可以樂堯舜之道，何必崇接世利，事官鞅掌③，然後爲名乎？作《玄守論》以答之，曰："或謂謐曰：'富貴，人之所欲，貧賤，人之所惡，何故委形待於窮而不變乎④？且道之所貴者，理世也；人之所美者，及時也。先生年邁齒變，饑寒不瞻⑤，轉死溝壑，其誰知乎？'謐曰：'人之所至惜者，命也；道之所必全者，形也；性形所不可犯者，疾病也。若擾全道以損性命⑥，安得去貧賤存所欲哉？吾聞食人之祿者懷人之憂，形強猶不堪，況吾之弱疾乎！且貧者，士之常，賤者，道之實⑦，處常得實，沒齒不憂⑧，孰與富貴擾神耗精者乎⑨？又生爲人所不知，死爲人所不惜，至矣！喑聾之徒⑩，天下之有道者也。夫一人死而天下號者，以爲損也；一人生而四海笑者，以爲益也。然則，號笑非益死損生也。是以至道不損，至德不益。何哉？體足也⑪。如迴天下之念⑫，以追損生之禍，運四海之心，以廣非益之病，豈道德之至乎！夫唯無損，則至堅矣；夫唯無益，則至厚矣。堅，故終不損；厚，故終不薄。苟能體堅厚之實⑬，居不薄之眞⑭，立乎損益之外，游乎形骸之表⑮，則我道全矣。'"遂不仕。耽翫典籍⑯，忘寢與食，時人謂之"書淫"。或有箴其過篤⑰，將損耗精神。謐曰："朝聞道，夕死可矣⑱，況命之修短分定懸天乎⑲！"

叔父有子既冠⑳，謐年四十喪所生後母，遂還本宗。

① 修名：端正名分。《国语·周语上》："有不贡则修名。"韦昭注："名，谓尊卑职贡之名号也。"此谓出仕任职。
② 出处（chǔ 楚）：出世为官和处家为民。本传下文删节《释劝论》中有"进者享天禄，处者安丘陵"句。
③ 鞅掌：烦劳。语出《诗经·小雅·北山》。
④ 委形：委屈自身。
⑤ 赡（shàn 善）：富足。
⑥ 扰全道：扰乱保全身体之道。
⑦ 实：本质；实质。
⑧ 没齿：终身。
⑨ 孰与：与……相比，哪一种更好？耗："耗"的异体字。
⑩ 喑聾之徒：哑口不言和耳聋不闻之人。语出《墨子·尚贤下》。喑，哑。
⑪ 体：指道德。
⑫ 迴：与下句"运"义同，运转。
⑬ 体：体察；领悟。
⑭ 居：安心。
⑮ 表：外。
⑯ 耽翫：酷爱。翫，"玩"的异体字，喜爱。
⑰ 箴（zhēn 针）：规劝；劝告。过笃：过于深爱（读书著述）。
⑱ "朝闻"二句：早晨得知真理，就是晚间死去也满足了。语出《论语·里仁》。
⑲ 分（fèn 奋）定：寿分确定。
⑳ 既冠：已经成人。古代男子二十岁举行冠礼，标志已成人。

城陽太守梁柳①，謐從姑子也②，當之官③，人勸謐餞之④。謐曰："柳爲布衣時過吾⑤，吾送迎不出門，食不過鹽菜，貧者不以酒肉爲禮。今作郡而送之，是貴城陽太守而賤梁柳，豈中古人之道⑥？是非吾心所安也⑦。"

其後武帝頻下詔敦逼不已。謐上疏自稱草莽臣，曰："臣以尪弊⑧，迷於道趣⑨，因疾抽簪⑩，散髮林阜，人綱不閑⑪，鳥獸爲羣。陛下披榛採蘭⑫，並收蒿艾⑬。是以皐陶振褐⑭，不仁者遠。臣惟頑蒙⑮，備食晉粟，猶識唐人擊壤之樂⑯，宜赴京城,稱壽闕外⑰。而小人無良,致災速禍⑱,久嬰篤疾,軀半不仁,右脚偏小,十有九載。又服寒食藥,違錯節度,辛苦茶毒⑲,於今七年。隆冬裸袒食冰,當暑煩悶,加以欷逆,或若温瘧,或類傷寒,浮氣流腫,四肢酸重。於今困劣,救命呼噏⑳,父兄見出㉑,妻息長訣㉒。仰迫天威㉓,扶輿就道,所苦加焉,不任進路,委身待罪,伏枕歎息。臣聞韶衞不並奏,雅鄭不兼御㉔,故郤子入周,禍延王叔㉕,虞丘稱賢,樊姬掩口㉖。君子小人,禮不同器㉗,況臣穅䵃㉘,䅇之彫胡㉙!庸夫錦衣,不稱其服也。竊聞同命之士㉚,咸以畢到,唯臣疾疢,抱釁牀蓐㉛,雖貪明時㉜,懼斃命路隅。設臣不疾,已遭堯舜之世,執志箕山㉝,猶當容之。臣聞上有明聖之主,下有輸實之臣㉞,上有在寬之政,下有委情之人㉟。唯陛下留神垂恕㊱,更旌瓌俊㊲,索隱於傅巖㊳,收釣於渭濱㊴,無令泥滓久濁清流㊵。"謐辭切言至,遂見聽許㊶。

太康三年卒㊷,時年六十八㊸。謐所著詩賦誅頌論難甚多,又撰《帝王世紀》、《年曆》、《高士》、《逸士》、《列女》等傳、《玄晏春秋》,並重於世。門人摯虞、張軌、牛綜、席純,皆爲晉名臣。

① 城阳:郡名。故址在今山东莒县。
② 从姑:父亲的堂姊妹。
③ 之:去;往。
④ 饯之:为他饯行。饯,用酒食送行。
⑤ 布衣:平民的代称。过:拜访。
⑥ 中(zhòng 众):符合。
⑦ 以下删节1660字。
⑧ 尪(wāng 汪)弊:指风痹。尪,"尩"的异体字,羸弱。弊,疑"痹"字同音而误。
⑨ 道趣:学术旨趣。
⑩ 抽簪:簪,连冠于发的簪子,仕宦所用。故称弃官引退为抽簪。此谓屡荐不仕。
⑪ 闲:通"娴"。熟悉。
⑫ 披榛采兰:喻选拔人才。
⑬ 蒿艾:野草。自喻不才。
⑭ 皋陶(gāo yáo 高摇):传说舜之臣,掌刑狱之事。皋,"皐"的异体字。振褐:抖掉布衣上的尘土。喻从百姓到朝廷任官。
⑮ 惟:虽然。
⑯ "犹识"句:还记得唐尧时老人击壤的歌曲。传说唐尧时,有老人歌曰:"日出而作,日入而息,凿井而饮,耕田而食,帝何力于我哉?"后成为歌颂太平盛世的典故。
⑰ 称寿阙外:臣子在宫廷门楼下呼颂万岁。
⑱ 速:招来。
⑲ 辛苦荼毒:痛苦于寒食散的火邪毒害。
⑳ 呼噏:即"呼吸"。喻时间短促。此谓急迫。噏,"吸"的异体字。
㉑ 见出:犹"见弃"。此谓嫌弃我。

㉒ 妻息：妻子儿女。
㉓ 仰迫天威：敬仰地迫于皇帝的威严。
㉔ "臣闻"二句：韶乐，相传舜所作乐曲名，喻高雅之乐。卫乐，喻低俗之乐。卫献公好淫乐，曾鞭笞强迫歌者为其演唱淫乐。事见《史记·卫康叔世家》。雅郑，雅乐和郑声，意同"韶卫"。
㉕ "郤子"二句：鲁成公十六年(公元前 575 年)晋师在鄢陵大败楚军。晋厉公委派郤至入周报功。郤至归功于己，并重赂周大夫王叔简公。王叔即唆使在朝公卿上言简王擢升郤至为上卿。郤至返晋，即于次年被晋厉公处死。王叔因此而受到牵累。事见《国语·周语中》。
㉖ "虞丘"二句：春秋虞丘子任楚相十余年，从未举贤良斥不肖，楚庄王却称其为贤相，遂遭致夫人樊姬嘲笑。事见汉刘向《列女传·楚庄樊姬》。
㉗ "君子"二句：君子和小人，按照礼制是不能同才使用的。
㉘ 穬麷(gǒng 拱)：谷糠麦麸。喻贫民百姓。穬，"糠"的异体字。
㉙ 糅：混杂。彤胡：菰(gū 孤)米。古代六米之一。
㉚ 同命之士：同时拜官之人。
㉛ 抱衅：犹"负罪"。衅，罪过。
㉜ 明时：政治清明的时代。古时多用以称颂本朝。
㉝ 箕(jī 鸡)山：古代传说许由避世，隐于箕山。后以箕山为退隐的典故。
㉞ 输实：竭尽忠诚。
㉟ 委情：倾注全心。
㊱ 唯：希望。
㊲ 更旌(jīng 精)瓌(guī 归)俊：再选拔怀才俊杰之士。旌，识别。瓌，"瑰"的异体字。
㊳ "索隐"句：到傅岩去求贤。傅巖，古地名。传说傅说版筑于傅岩之野，殷高宗求贤举傅说为相。巖，"岩"的异体字。
㊴ "收钓"句：到渭水之滨访求隐士。传说隐士姜子牙垂钓于渭滨，周文王访贤得之，后佐武王灭殷。
㊵ "无令"句：不要让泥滓长期地把清水弄混浊。泥滓，喻自己。清流，喻贤才。
㊶ 遂见听许：晋武帝于是听从批准他的请求。以下删节 1185 字。
㊷ 太康：晋武帝司马炎年号(公元 280~289 年)。
㊸ 以下删节 10 字。

〔提要〕 本文节选自 1959 年中华书局校点本《晋书·皇甫谧传》。《晋书》为唐代房玄龄等二十一人编撰。房玄龄(公元 578~648 年)，临淄(今属山东淄博)人。唐初名相，居相位十五年，举贤兴教，佐理朝政，后封梁国公。《晋书》一百三十卷，记载两晋封建王朝的兴衰史。本文记述魏晋时期的医学家和文史学家皇甫谧的生平事迹。皇甫谧少时家贫，常"带经而农"，博览典籍，以著述为务。中年患风痹，婴沉疾三十年，仍手不释卷，笃守著述。文中以大量篇幅记述他屡荐不仕，频诏不就，不慕名利，唯道是奋的高尚品格。他病后潜心医学，撰成《黄帝针灸甲乙经》，对我国针灸学的发展，作出了杰出贡献。

阅读实践（6）

（一）词语注释

①出后　②三牲　③卜(邻)　④尔(鲁钝)　⑤感激　⑥稼穑　⑦锲(卷)　⑧修名　⑨出处　⑩鞅掌　⑪(不)赡　⑫没齿　⑬孰与　⑭喑(聋)　⑮体(足)　⑯迥(天下)　⑰体(坚厚)　⑱(之)表　⑲耽玩　⑳箴(其)　㉑修短　㉒分(定)　㉓(既)冠　㉔饯(之)　㉕过(吾)　㉖中(古人)　㉗抽簪　㉘(不)闲　㉙蒿艾　㉚振褐　㉛惟(顽蒙)　㉜速(祸)　㉝(久)婴　㉞辛苦　㉟荼毒　㊱呼嗡　㊲见(出)　㊳(妻)息　㊴韶卫　㊵楝㯸　㊶糠(之)　㊷彤胡　㊸抱衅　㊹明时　㊺箕山　㊻输实　㊼委情　㊽唯(陛下)　㊾(更)旌

（二）说明下列成语典故的含义

①孟母三徙　②曾父烹豕　③披榛采兰　④皋陶振褐　⑤唐人击壤　⑥虞丘称贤，樊姬掩口　⑦执志箕山　⑧索隐傅巗　⑨收钓渭滨

（三）今译

1．居贫，躬自稼穑，带经而农，遂博综典籍百家之言。沈静寡欲，始有高尚之志，以著述为务，自号玄晏先生。

2．人之所至惜者，命也；道之所必全者，形也；性形所不可犯者，疾病也。若扰全道以损性命，安得去贫贱存所欲哉？

3．柳为布衣时过吾，吾送迎不出门，食不过盐菜，贫者不以酒肉为礼。今作郡而送之，是贵城阳太守而贱梁柳，岂中古人之道？是非吾心所安也。

4．臣以尫弊，迷于道趣，因疾抽簪，散发林皋，人纲不闲，鸟兽为群。

（四）阅读

是以支伯以幽疾距唐李老寄迹于西邻颜氏安陋以成名原思娱道于至贫荣期以三乐感尼父黔娄定谥于布衾干木偃息以存魏荆莱志迈于江岑君平因蓍以道著四皓潜德于洛滨郑真躬耕以致誉幼安发令乎今人皆持难夺之节执不迥之意遭拔俗之主全彼人之志故有独定之计者不借谋于众人守不动之安者不假虑于羣宾故能弃外亲之华通内道之真去显显之明路入昧昧之埃尘宛转万情之形表排託虚寂以委身居无事之宅交释利之人轻若鸿毛重若泥沈损之不得测之愈深真吾徒之师表余追疾而不能及者也子议吾失宿而骇众吾亦怪子较论而不折中也夫才不周用众所斥也寝疾弥年朝所弃也是以胥克之废丘明列焉伯牛有疾孔子斯叹若黄帝创制于九经岐伯剖腹以蠲肠扁鹊造虢而尸起文挚徇命于齐王医和显术于秦晋仓公发秘于汉皇华佗存精于独识仲景垂妙于定方徒恨生不逢乎若人故乞命诉乎明王求绝编于天篆亮我躬之辛苦冀微诚之降霜故俟罪而穷处（《晋书·皇甫谧传·释劝论》）

要求：

(1) 给上文断句

(2) 注释文中加点号的词语

(3) 今译文中加横线的句子

七、东垣老人传

　　東垣老人李君諱杲字明之其先①世居眞定②富於金財大定③初校籍④眞定河間⑤戶冠兩路⑥君之幼也異於羣兒及長忠信篤敬⑦愼交游與人相接無戲言衢間⑧衆人以爲懽洽處⑨足跡未嘗到蓋天性然也朋儕頗疾⑩之密議一席使妓戲狎⑪或引其衣卽怒罵解衣焚之由鄉豪接待國使⑫府尹聞其妙齡有守⑬也諷⑭妓強之酒不得辭稍飲遂大吐而出其自愛如此受論語孟子於王內翰⑮從之受春秋於馮內翰叔獻宅有隙地建書院延待儒士或不給⑯者盡周⑰之泰和⑱中歲饑民多流亡君極力賑捄⑲全活者甚衆母王氏寢疾⑳命里中數醫拯之溫涼寒熱其說異同㉑百藥備嘗以水濟水㉒竟莫知爲何證而斃君痛悼不知醫而失其親有願㉓曰若遇良醫當力學以志㉔吾過聞易水潔古老人張君元素醫名天下捐金帛詣㉕之學數年盡得其法進納得官㉖監㉗濟源㉘稅彼中㉙民感時行疫厲㉚俗呼爲大頭天行㉛醫工遍閱方書無與對證者出己見妄下之不效復下之比比㉜至死醫不以爲過病家不以爲非君獨惻然於心廢寢食循流討源察標求本製一方與服之乃效特壽之於木㉝刻揭㉞於耳目㉟聚集之地用之者無不效時以爲僊㊱人所傳而鑒㊲之於石碣㊳君初不以醫爲名人亦不知君之深於醫也君避兵汴梁㊴遂以醫游公卿間其明效大驗具載別書㊵壬辰㊶北渡寓東平㊷至甲辰㊸還鄉里一日謂友人周都運德父曰吾老欲遺傳後世艱㊹其人奈何德父曰廉臺㊺羅天益謙父㊻性行敦樸嘗㊼恨㊽所業未精有志於學君欲傳道斯人其㊾可也他日偕往拜之君一見曰汝來學覓錢醫人乎學傳道醫人乎謙父曰亦㊿傳道耳遂就學日用飲食仰給㉛於君學三年嘉其久而不倦也予之白金二十兩曰吾知汝活計㉜甚難恐汝動心半途而止可以此給妻子㉝謙父力辭不受君曰吾大者不惜何吝乎細汝勿復辭君所期者可知矣臨終平日所著書檢勘卷帙㉞以類相從列於几前囑謙父曰此書付汝非爲李明之羅謙父蓋爲天下後世愼勿湮沒推而行之行年七十有二實㉟辛亥㊱二月二十五日也君歿迨今十有七年謙父言猶在耳念之益新噫嘻君之學知㊲所託矣

① 先：祖先。
② 真定：元代设真定路,治在今河北正定。
③ 大定：金世宗完颜雍的年号（公元 1161～1189 年）。
④ 校(jiào 叫)籍：核定户籍。
⑤ 河间：宋、金时属真定府所辖县,元时改为河间路。今属河北。
⑥ 户冠两路：李家（财富）在真定、河间两个地区居首位。冠,居首位,用作动词。路,宋元时的地方行政区域名,相当于现在的行政地区。
⑦ 忠信笃敬：忠心、诚信、朴实、有礼。

⑧ 衢(qú 渠)间：此指社会上。衢，四通八达的道路。
⑨ 懽恰处：欢乐惬意的场所。懽，"欢"的异体字。
⑩ 疾：通"嫉"。妒忌。
⑪ 戏狎(xiá 侠)：轻浮地开玩笑。狎，亲昵而不庄重。
⑫ 国使：国家使者。此指南宋派往金朝的使者。
⑬ 守：操守；品行。
⑭ 讽：用言语暗示。
⑮ 内翰：唐、宋、元代翰林的别称。
⑯ 不给(jǐ 己)：生活不丰足。
⑰ 周：通"赒"。周济。
⑱ 泰和：金章宗完颜璟的年号(公元1201～1208年)。
⑲ 捄："救"的异体字。
⑳ 寝疾：卧病不起。
㉑ 异同：不同。偏义复词，义偏在"异"。
㉒ 以水济水：喻无益于救治。语出《左传·昭公二十年》。
㉓ 有愿：立下志愿。
㉔ 志：记住。
㉕ 诣：拜访。
㉖ 进纳得官：向国家交纳钱财而买到官职。
㉗ 监：主管。
㉘ 济源：地名。今属河南。
㉙ 彼中：那里。
㉚ 疠：通"疬"。灾疫。
㉛ 大头天行：病名。即大头瘟、大头风、大头伤寒。天行，流行病。
㉜ 比比：一个接着一个；连续不断。
㉝ 寿之于木：在书上把它永久保存下来。寿，久，此谓永久保存，用作动词。
㉞ 刻揭：刻印并张贴。
㉟ 耳目：指代人群。
㊱ 僊："仙"的异体字。
㊲ 錾(zàn 赞)：凿刻。
㊳ 石碣(jié 杰)：石碑。圆顶的石碑叫碣。
㊴ 汴梁：今河南开封。
㊵ 别书：指《元史·李杲传》。该传中载李杲的病案五则。
㊶ 壬辰：此指公元1232年。其年蒙军南下，大举攻金，围困汴梁，李杲从汴梁逃出，北渡黄河。
㊷ 东平：今属山东。
㊸ 甲辰：此指公元1244年。
㊹ 艰：难寻。用作动词。
㊺ 廉台：廉州。今河北藁城。

㊻ 谦父：天一阁抄本作“谦甫”。一般书载皆作“谦甫”。罗天益的表字。
㊼ 尝：通“常”。常常。
㊽ 恨：遗憾。
㊾ 其：大概。
㊿ 亦：只是。
(51) 仰给：依赖。
(52) 活计：生计。此指家里生活。
(53) 妻子：妻子儿女。
(54) 检勘卷帙(zhì 志)：清检校勘后，整理成一函函的书。帙，书套。
(55) 实：当为“时”，同音而误。
(56) 辛亥：此指公元 1251 年。
(57) 知：得到。

〔**提要**〕 本文选自中医研究院图书馆珍藏余云岫手抄本李濂《医史》。作者砚坚，即砚弥坚，一名贤，字伯固，应城(今属湖北)人。元初名士，被招致北上，定居真定，后擢真定路儒学教授，又拜国子监司业。著有《郧城集》。李濂《医史》收载历代名医传记 72 篇。本文着重记述了金元时期著名医家李杲的高贵品格。忠信笃敬，自重自爱。岁饥，则极力赈救；疠行，则制方普治。他认为医生不应以“觅钱”为目的，要作“传道医人”，并以此为标准，选择罗天益为继承人。李杲的这些高贵品格，对后代医家深有教益，也是值得我们好好学习的。本传中对李杲的医学理论和病案略而不书，可参阅《元史·李杲传》。

阅读实践(7)

(一) 词语注释

①(其)先 ②冠(两路) ③忠信笃敬 ④衢(间) ⑤朋侪 ⑥疾(之) ⑦戏狎 ⑧(有)守 ⑨讽(妓) ⑩(不)给 ⑪周(之) ⑫寝疾 ⑬异同 ⑭以水济水 ⑮(有)愿 ⑯志(吾过) ⑰诣(之) ⑱(疫)厉 ⑲比比(至死) ⑳寿(之) ㉑(刻)揭 ㉒耳目(聚集) ㉓鬻(之) ㉔石碣 ㉕艰(其人) ㉖尝(恨) ㉗(尝)恨 ㉘其(可) ㉙亦(传道) ㉚仰给 ㉛活计 ㉜给(妻子) ㉝妻子 ㉞行年 ㉟迨(今) ㊱知(所托)

(二) 今译

1．君之幼也异于群儿及长忠信笃敬慎交游与人相接无戏言衢间众人以为懽洽处足迹未尝到盖天性然也

2．朋侪颇疾之密议一席使妓戏狎或引其衣即怒骂解衣焚之

3．母王氏寝疾命里中数医拯之温凉寒热其说异同百药备尝以水济水竟莫知为何证而毙

4．君一见曰汝来学觅钱医人乎学传道医人乎谦父曰亦传道耳遂就学日用饮食仰给于君

(三) 阅读

西台掾萧君瑞二月中病伤寒发热医以白虎汤投之病者面黑如墨本证不复见脉沉细小便

不禁杲初不知用何药及诊之曰此立夏前误用白虎汤之过白虎汤大寒非行经之药止能寒腑脏不善用之则伤寒本病隐曲于经络之间或更以大热之药救之以苦阴邪则他证必起非所以救白虎也有温药之升阳行经者吾用之有难者曰白虎大寒非大热何以救君之治奈何杲曰病隐于经络间阳不升则经不行经行而本证见矣本证又何难焉果如其言而愈冯叔献之侄栎年十五六病伤寒目赤而顿渴脉七八至医欲以承气汤下之已煮药而杲适从外来冯告之故杲切脉大骇曰几杀此儿内经有言在脉诸数为热诸迟为寒今脉八九至是热极也而会要大论云病有脉从而病反者何也脉至而从按之不鼓诸阳皆然此传而为阴证矣令持姜附来吾当以热因寒用法处之药未就而病者爪甲变顿服者八两汗寻出而愈（节选自《元史·李杲传》）

要求：
(1) 给上文断句
(2) 注释文中加点号的词语
(3) 今译文中加横线的句子

八、《本草纲目》六则

（一）香　　薷

　　世醫治暑病，以香薷飲爲首藥①。然暑有乘涼飲冷，致陽氣爲陰邪所遏，遂病頭痛，發熱惡寒，煩躁口渴，或吐或瀉，或霍亂者，宜用此藥，以發越陽氣，散水和脾。若飲食不節，勞役作喪之人傷暑，大熱大渴，汗泄如雨，煩躁喘促，或瀉或吐者，乃勞倦內傷之證，必用東垣清暑益氣湯、人參白虎湯之類②，以瀉火益元可也，若用香薷之藥，是重虛其表，而又濟之以熱矣。蓋香薷乃夏月解表之藥③，如冬月之用麻黃，氣虛者尤不可多服。而今人不知暑傷元氣，不拘有病無病，槩用代茶④，謂能辟暑，眞癡前說夢也⑤。且其性温，不可熱飲，反致吐逆。飲者惟宜冷服，則無拒格之患。

　　其治水之功果有奇效⑥。一士妻自腰以下胕腫⑦，面目亦腫，喘急欲死，不能伏枕⑧，大便溏泄，小便短少，服藥罔效。時珍診其脈沉而大，沉主水，大主虛，乃病後胃風所致⑨，是名風水也。用《千金》神秘湯加麻黃⑩，一服喘定十之五，再以胃苓湯吞深師薷朮丸⑪，二日小便長，腫消十之七，調理數日全安。益見古人方皆有至理，但神而明之，存乎其人而已⑫。

　　① 香薷饮：方名。《和剂局方》方。原为散剂，名香薷散，后多用作汤剂。功用发汗解表，祛暑化湿，和中。
　　② 清暑益气汤：方名。《脾胃论》方。功用清暑益气。人参白虎汤：方名。《金匮要略》方，即白虎加人参汤。功用清解暑热，益气生津。

③ 蓋:推原之词。因为。
④ 槩:"概"的异体字。一概。
⑤ 痴前说梦:语出北宋释惠洪《冷斋夜话》卷九。本谓对痴人说梦话而痴人信以为真,后谓愚昧之人说妄诞之言。亦作"痴人说梦"。
⑥ 竒:"奇"的异体字。
⑦ 胕(fú 扶)肿:肿满。胕,浮肿。
⑧ 伏枕:谓睡眠。
⑨ 冐:"冒"的异体字。冲犯;冒犯。
⑩ 神秘汤:方名。《千金要方》方。功用顺气安神。
⑪ 胃苓汤:方名。《丹溪心法》方,又名对金饮子。功用健脾和中利湿深师:南朝宋齐间医家。亦称深公。僧人,故又作释深、释僧深。善疗脚弱脚气,曾著《僧深药方》(或作《释僧深集方》、《深师方》)三十卷,已佚。佚文多保存于《外台秘要》、《医心方》等书内。蘑术丸:方名。深师方,见《外台秘要》卷三十。功用利水。
⑫ "神而明之"八字:语出《周易·系辞上》。

(二) 菊

　　菊春生夏茂,秋花多實,備受四氣,飽經露霜,葉枯不落,花槁不零,味兼甘苦,性稟平和。昔人謂其能除風熱,益肝補陰,蓋不知其得金水之精英尤多,能益金水二臟也。補水所以制火,益金所以平木;木平則風息,火降則熱除。用治諸風頭目①,其旨深微。黃者入金水陰分,白者入金水陽分,紅者行婦人血分,皆可入藥。神而明之,存乎其人。其苗可蔬,葉可啜,花可餌,根實可藥,囊之可枕②,釀之可飲,自本至末,罔不有功。宜乎前賢比之君子③,神農列之上品,隱士采入酒斝④,騷人餐其落英⑤。費長房言九日飲菊酒,可以辟不祥⑥。《神仙傳》言康風子、朱孺子皆以服菊花成仙⑦。《荊州記》言胡廣久病風羸,飲菊潭水多壽⑧。菊之貴重如此,是豈群芳可伍哉⑨?

① 诸风头目:指因各种风邪所致头目疾患。
② 囊:装入口袋。用作动词。
③ "前贤"六字:三国魏·钟会所撰《菊花赋》有"早植晚发,君子德也"句,故云。
④ "隐士"句:晋代陶渊明诗文常并言菊与酒,故云。斝(jiǎ 甲),古代铜制酒器,似爵而较大。
⑤ "骚人"句:屈原《离骚》有"夕餐秋菊之落英"句,故云。骚人,诗人,指屈原。英,花。
⑥ "费长房"二句:据南朝梁·吴均《续齐谐记》载:费曾告桓景,九月九日汝家中将有灾,宜急去,全家人各作绛囊,盛茱萸以系臂,登高饮菊花酒,此祸可除。费长房,东汉方士,《后汉书·方术列传》载其事。九日,指农历九月初九,亦称重九、重阳。
⑦ 神仙传:书名。晋代葛洪撰。康风子、朱孺子未见于该书。唐·李汾《续神仙传》卷上言朱孺子为三国时人,服饵黄精十余年,后煮食根形如犬、坚硬如石之枸杞,遂升云而去。
⑧ "荆州记"二句:据《荆州记》载,胡广之父患风羸,饮菊水而愈。荆州记,晋代盛弘之

撰。胡广，东汉太尉，封育阳安乐乡侯。

⑨ 伍：同列。

（三）蔓陀罗花

曼陀羅生北土，人家亦栽之。春生夏長，獨莖直上，高四五尺，生不旁引①。綠莖碧葉，葉如茄葉。八月開白花，凡六瓣，狀如牽牛花而大，攢花中折②，駢葉外包③，而朝開夜合。結實圓而有丁拐④，中有小子。八月采花，九月采實。

相傳此花笑采釀酒飲，令人笑；舞采釀酒飲，令人舞。予常試之⑤，飲須半酣，更令一人或笑或舞引之，乃驗也。八月采此花，七月采火麻子花⑥，陰乾，等分爲末，熱酒調服三錢，少頃昏昏如醉。割瘡灸火，宜先服此，則不覺苦也。

① 引：伸引。
② 攢（cuán）：聚合。
③ 駢：并列。
④ 丁拐：指芒刺。
⑤ 常：通"尝"。曾经。
⑥ 火麻：即大麻。

（四）牵牛子

牽牛治水氣在肺，喘滿腫脹，下焦鬱遏①，腰背脹重，及大腸風祕氣祕②，卓有殊功。但病在血分，及脾胃虛弱而痞滿者，則不可取快一時，及常服③，暗傷元氣也。一宗室夫人④，年幾六十，平生苦腸結病，旬日一行，甚於生產。服養血潤燥藥，則泥膈不快⑤；服硝黃通利藥，則若罔知。如此三十餘年矣。時珍診其人體肥膏梁⑥，而多憂鬱，日吐酸痰盌許乃寬⑦，又多火病。此乃三焦之氣壅滯，有升無降，津液皆化爲痰飲，不能下滋腸腑，非血燥比也⑧。潤劑留滯，硝黃徒入血分，不能通氣，俱爲痰阻，故無效也。乃用牽牛末、皂莢膏丸與服⑨，即便通利。自是但覺腸結，一服就順，亦不妨食，且復精爽。蓋牽牛能走氣分，通三焦，氣順則痰逐飲消，上下通快矣。

① 鬱："鬱（郁）"的异体字。
② 风祕：病证名。因风邪引起的便秘。祕，"秘"的异体字。气祕：病证名。因气滞引起的便秘。
③ 及：如果。
④ 宗室：皇族。
⑤ 泥：凝滞。
⑥ 膏梁：即膏粱。梁，通"粱"。
⑦ 盌："碗"的异体字。

⑧ 比：类例。
⑨ 皂荚膏丸：方名。即皂荚丸。《金匮要略》方。功用开窍逐痰。

（五）五　倍　子

　　此木生叢林處者，五六月有小蟲如蟻，食其汁，老則遺種，結小毬於葉間①，正如蛅蟖之作雀甕、蠟蟲之作蠟子也②。初起甚小，漸漸長堅，其大如拳，或小如菱，形狀圓長不等。初時青綠，久則細黃③，綴於枝葉，宛若結成。其殼堅脆，其中空虛，有細蟲如蠛蠓④。山人霜降前采取⑤，蒸殺貨之，否則蟲必穿壞，而殼薄且腐矣。皮工造爲百藥煎⑥，以染皂色⑦，大爲時用。他樹亦有此蟲毬，不入藥用，木性殊也。
　　鹽麩子及木葉皆酸鹹寒涼，能除痰飲、咳嗽，生津，止渴，解熱毒、酒毒，治喉痹、下血、血痢諸病。五倍子乃蟲食其津液結成者，故所主治與之同功。其味酸鹹，能斂肺、止血、化痰、止渴、收汗；其氣寒，能散熱毒、瘡腫；其性收，能除泄痢、濕爛。

① 毬："球"的异体字。
② 蛅蟖(zhān sī 占斯)：一种毛虫，戟(cì 次)属。蟖，"蟴"的异体字。雀甕：蛅蟴所作窠。又称蛅蟴房。蜡虫：寄生于蜡树上的虫。蜡子：蜡虫所作窠。又称蜡种。
③ 细黄：淡黄。
④ 蠛蠓(miè měng 灭猛)：一种飞虫，似蚋。
⑤ 山人：指生活在山区的人。
⑥ 皮工：制造皮革的人。百药煎：五倍子同茶叶等经过发酵制成的块状物，能染色。
⑦ 皂：黑色。

（六）白　花　蛇

　　花蛇湖、蜀皆有，今惟以蘄蛇擅名。然蘄地亦不多得，市肆所貨、官司所取者，皆自江南興國州諸山中來①。其蛇龍頭虎口，黑質白花，脇有二十四個方勝文②，腹有念珠班③，口有四長牙，尾上有一佛指甲，長一二分，腸形如連珠。多在石南藤上食其花葉④，人以此尋獲。先撒沙土一把，則蟠而不動，以叉取之。用繩懸起，劙刀破腹去腸物⑤，則反尾洗滌其腹，蓋護創爾。乃以竹支定，屈曲盤起，紮縛炕乾。出蘄地者，雖乾枯而眼光不陷，他處者則否矣。

① 兴国州：今湖北阳新。
② 脇："脅（胁）"的异体字。方胜文：斜方格子花纹。方胜，方形的彩胜，古代妇女饰物，用彩绸等制作，由两个斜方形部分叠合而成。
③ 念珠班：佛珠一样的斑纹。念珠，佛珠。班，通"斑"。
④ 石南：即石楠，蔷薇科植物，亦称千年红。
⑤ 劙(lí 离)刀：此指快刀。劙，分割。

〔提要〕 本文选自1993年上海科学技术出版社影印明万历二十四年(公元1596年)金陵初刻本。作者李时珍(公元1518～1593年),字东璧,号濒湖,蕲州(今湖北蕲春)人,明代著名的医药学家、伟大的科学家。本文所选第一则为卷十四《香薷》"发明",指出香薷虽为解表辟暑之良药,但元气虚损者不可服用,并通过一则医案,证实香薷化湿祛水的功效。第二则为卷十五《菊》"发明",依据菊的生长特点,阐明它的功效主治,并旁征博引,介绍菊可充蔬、品茗、酿酒、塞枕等多方面的作用。第三则为卷十七《曼陀罗花》"集解""发明",在详尽描绘曼陀罗的形态后,说明曾亲身试验,证实曼陀罗花具有解痉效用。第四则为卷十八《牵牛子》"发明",通过临床实践和深入研究,认为滥用牵牛子治血分证会"暗伤元气",而慎用牵牛子治气分证却"卓有殊功"。第五则为卷三十九《五倍子》"集解""发明",阐述五倍子为小虫所造的详细过程及其多方面的功效。第六则为卷四十三《白花蛇》"集解",全面描绘白花蛇形态、色泽等方面的特征,并介绍捕捉、清洗、制作的方法。值得指出的是,这六则短文都是作者经过实地调查研究或结合自己的医疗实践写就的。

阅读实践(8)

(一)词语注释

①痴前说梦 ②拒格 ③胕肿 ④伏枕 ⑤(不)零 ⑥囊(之) ⑦(酒)畢 ⑧骚人 ⑨(落)英 ⑩(可)伍 ⑪(旁)引 ⑫攒(花) ⑬骿(叶) ⑭常(试) ⑮等分 ⑯及(常服) ⑰宗室 ⑱泥(膈) ⑲(血燥)比 ⑳细(黄) ㉑宛若 ㉒山人 ㉓货(之) ㉔皮工 ㉕百药煎 ㉖皂(色) ㉗(市)肆 ㉘方胜 ㉙念珠 ㉚劚(刀)

(二)今译

1．益见古人方皆有至理,但神而明之,存乎其人而已。

2．其苗可蔬,叶可啜,花可饵,根实可药,囊之可枕,酿之可饮,自本至末,罔不有功。

3．相传此花笑采酿酒饮,令人笑;舞采酿酒饮,令人舞。予常试之,饮须半酣,更令一人或笑或舞引之,乃验也。

4．一宗室夫人,年几六十,平生苦肠结病,旬日一行,甚于生产。

(三)文意填空

1．在"且其性温,不可热饮,反致吐逆"中,"不可热饮"后寓有_____之意。

2．"补水所以制火,益金所以平木;木平则风息,火降则热除。"从文意上来理解,该句的顺序应为:_____。

3．在"他树亦有此虫毬,不入药用,木性殊也"中,"木性殊也"用以说明上文的_____。

(四)阅读

艾叶生则微苦太辛熟则微辛太苦生温熟热纯阳也可以取太阳真火可以回垂绝元阳服之则走三阴而逐一切寒湿转肃杀之气为融和灸之则透诸经而治百种病邪起沉疴之人为康泰其功亦大矣苏恭言其生寒苏颂言其有毒一则见其能止诸血一则见其热气上冲遂谓其性寒有毒误矣盖不知血随气而行气行则血散故久服致火上冲之故尔夫药以治病中病则止若素有虚寒痼冷妇人湿郁带漏之人以艾和归附诸药治其病夫何不可<u>而乃妄意求嗣服艾不辍助以辛热药性久偏致使火燥是谁之咎欤</u>于艾何尤艾附丸治心腹少腹诸痛调女人诸病颇有深功胶艾汤

治虚痢及妊娠产后下血尤著奇效老人丹田气弱脐腹畏冷者以熟艾入布袋兜其脐腹妙不可言寒湿脚气亦宜以此夹入袜内(《本草纲目》卷十五《艾》"发明")

要求:
(1) 给上文断句
(2) 今译文中加横线的句子

九、医案六则

（一）

齊王侍醫遂病①，自練五石服之②。臣意往過之。遂謂意曰："不肖有病③，幸診遂也。"臣意即診之，告曰："公病中熱④。論曰⑤：'中熱不溲者，不可服五石。'石之爲藥精悍，公服之不得數溲，亟勿服，色將發臃⑥。"遂曰："扁鵲曰：'陰石以治陰病⑦，陽石以治陽病⑧。'夫藥石者，有陰陽水火之齊⑨。故中熱，即爲陰石柔齊治之；中寒，即爲陽石剛齊治之。"臣意曰："公所論遠矣⑩。扁鵲雖言若是，然必審診⑪，起度量，立規矩，稱權衡，合色脈、表裏、有餘不足、順逆之法，參其人動靜與息相應⑫，乃可以論。論曰：'陽疾處內、陰形應外者⑬，不加悍藥及鑱石。'夫悍藥入中，則邪氣辟矣⑭，而宛氣愈深⑮。診法曰⑯：'二陰應外、一陽接內者⑰，不可以剛藥。'剛藥入則動陽，陰病益衰，陽病益著，邪氣流行，爲重困於俞，忿發爲疽⑱。"意告之後百餘日，果爲疽發乳，上入缺盆⑲，死。此謂論之大體也⑳，必有經紀㉑。拙工有一不習，文理陰陽失矣。

① 侍医：王侯的保健医官。
② 练：通"炼"。五石：指丹砂、雄黄、白矾、曾青、磁石。说见《抱朴子·金丹》。
③ 不肖：自谦之词。
④ 中热：内热。
⑤ 论：此指古代医学论著。
⑥ 臃："癰（痈）"的异体字。
⑦ 阴石：寒性矿物药。阴病：阴虚。证见内热。
⑧ 阳石：热性矿物药。阳病：阳虚。证见形寒。
⑨ 水火：即下文所言柔剂、刚剂。
⑩ 远：谓差错大。
⑪ 审：详细；周密。
⑫ 息：脉息。
⑬ "阳疾"八字：里热表寒，即真热假寒。

⑭ 辟(bì 必)：闭阻。
⑮ 宛气：郁气。宛，通"郁"，郁结。
⑯ 诊法：指古代诊断学著作。
⑰ "二阴"八字：表寒里热，即假寒真热。二阴，少阴经，此指少阴病，多寒。一阳，少阳经，此指少阳病，多热。
⑱ 怱发：怒发；暴发。
⑲ 缺盆：人体部位名。在两侧前胸壁的上方，锁骨上缘的凹陷处。
⑳ 大体：大法。
㉑ 经纪：纲纪。

（二）

　　世言氣中者①，雖不見於方書，然暴喜傷陽，暴怒傷陰，憂愁不意，氣多厥逆，往往多得此疾，便覺涎潮昏塞，牙關緊急。若概作中風候，用藥非止不相當，多致殺人。元祐庚午②，母氏親遭此禍，至今飲恨③。母氏平時食素，氣血羸弱，因先子捐館憂惱④，牙噤涎潮。有一里醫便作中風，以大通圓三粒下之⑤，大下數行⑥，一夕而去。予常痛恨⑦。每見此症，急化蘇合香圓四五粒⑧，灌之便醒，然後隨其虛實寒熱而調治之，無不愈者。《經》云："無故而瘖，脈不至，不治自已⑨。"謂氣暴逆也，氣復則已。審如是⑩，雖不服藥亦可。

① 气中：证候名。中风之属于气者。由七情内伤、气机猝阻所致。
② 元祐庚午：公元1090年。元祐，宋哲宋赵煦年号。
③ 饮恨：受屈抱恨而无由申诉。
④ 先子：指已死的父亲。捐馆：捐弃所居之屋舍。死的委婉语。亦作"捐馆舍"。
⑤ 大通圆：方名。《千金要方》治五劳七伤方。圆，丸。
⑥ 行(háng 杭)：次。量词。
⑦ 痛恨：悲伤怨恨。
⑧ 苏合香圆：方名。《和剂局方》方。功用开窍辟秽，理气止痛。
⑨ "无故"三句：《素问·大奇论》有"脉不至，若瘖，不治自已"句。引语盖本此。瘖，"喑"的异体字，哑。
⑩ 审：确实。

（三）

　　葉先生名儀①，嘗與丹溪俱從白雲許先生學。其記病云：
　　歲癸酉秋八月②，予病滯下③，痛作，絕不食飲。既而困憊，不能起床，乃以袵席及薦闕其中④，而聽其自下焉。時朱彥修氏客城中，以友生之好⑤，日過視予，飲予藥，但日服而病日增。朋游譁然議之⑥，彥修弗顧也。浹旬病益甚⑦，痰窒咽如絮，呻吟亘晝夜⑧。私自虞⑨，與二子訣，二子哭，道路相傳謂予死矣。彥修聞之,曰:"吁!此必傳者之妄也。"翌日天甫明,來視予脈,贅小承氣湯飲予。藥下咽,覺所苦者自上下,凡一再行,意泠然⑩。越日遂進粥,漸愈。

朋游因問彥修治法。答曰:"前診氣口脈虛,形雖實而面黃稍白。此由平素與人接言多,多言者中氣虛,又其人務竟已事,恆失之饑而傷於飽,傷於飽,其流爲積⑪,積之久爲此證。夫滯下之病,謂宜去其舊而新是圖,而我顧授以參、朮、陳皮、芍藥等補劑十餘貼⑫,安得不日以劇?然非此浹旬之補,豈能當此兩貼承氣哉?故先補完胃氣之傷,而後去其積,則一旦霍然矣⑬。"衆乃斂衽而服⑭。

① 葉儀:字景翰,元明之際金華(今屬浙江)人,著有《南陽雜稿》。
② 癸酉:此指公元1333年。
③ 滯下:古病名。即痢疾。
④ 衽(rèn 認)席:床席。衽,床席。荐:墊席。闕(quē 缺):空缺。此使動義。
⑤ 友生:朋友。此指同學。
⑥ 譁:"嘩(哗)"的異體字。大聲。
⑦ 浹(jiā 佳)旬:一旬;十天。
⑧ 亙(gèn):貫串。
⑨ 虞:忧慮。
⑩ 泠(líng 零)然:清凉貌。
⑪ 流:向坏的方面变化。
⑫ 顧:反而。貼:通"帖"。量詞。
⑬ 一旦:忽然。霍然:消散貌。多用以形容病愈之速。
⑭ 斂衽:提起衣襟夾在带间,表示敬意。

(四)

不肖體素豐,多火善渴①,雖盛寒,床頭必置茗碗②,或一夕盡數甌③,又時苦喘急。質之先生④,爲言此屬鬱火證,常令服茱連丸⑤,無恙也。丁巳之夏⑥,避暑檀州⑦,酷甚,朝夕坐冰盤間⑧,或飲冷香薷湯⑨,自負清暑良劑⑩。孟秋痢大作⑪,初三晝夜下百許次,紅白相雜,絕無渣滓,腹脹悶,絞痛不可言。或謂宜下以大黃。先生弗顧也,竟用參、术、薑、桂漸愈。猶白積不止,服感應丸而瘥⑫。後少嘗蟹螯⑬,復瀉下委頓⑭,仍服八味湯及補劑中重加薑、桂而愈⑮。夫一身歷一歲間耳,黃連苦茗,曩不輟口,而今病以純熱瘥。向非先生⑯,或授大黃涼藥下之,不知竟作何狀。又病室孕時⑰,喘逆不眠,用逍遙散立安⑱,又患便血不止,服補中黑薑立斷⑲,不再劑。種種奇妙,未易殫述。噫!先生隔垣見人,何必飲上池水哉?聞之善贈人者以言⑳,其永矢勿諼者亦以言㉑。不肖侏儒未足爲先生重㉒,竊以識明德云爾㉓。

四明弟子徐陽泰頓首書狀㉔。

① 善：多。
② 茗：茶。
③ 瓯(ōu 欧)：盆盂类瓦器。
④ 质：询问。
⑤ 茱连丸：方名。《证治准绳》方茱连散研丸。功用泻火，降逆止呕。
⑥ 丁巳：此指公元1617年。
⑦ 檀州：地名。今之北京密云。
⑧ 盘：古代沐浴器。
⑨ 香　汤：方名。《和剂局方》方香薷散水煎取汁。功用发汗解表，祛暑化湿，和中。
⑩ 自负：自恃。
⑪ 孟秋：农历七月。孟，农历每季第一个月。
⑫ 感应丸：方名。《和剂局方》方。功用温补脾胃，消积导滞。
⑬ 螯(áo 熬)：节肢动物变形的步足。末端两歧，开合如钳。
⑭ 委顿：疲乏困顿。
⑮ 八味汤：方名。《杨氏家藏方》方。功用温补脾肾，顺气固涩。
⑯ 向：如果。
⑰ 室：妻子。
⑱ 逍遥散：方名。《方剂局方》方。功用疏肝解郁，健脾和营。
⑲ 黑姜：即炮姜。
⑳ "善赠"六字：语本《荀子·非相》。
㉑ "永矢"八字：语本《诗·卫风·考槃》。矢，通"誓"。谖(xuān 宣)，忘记。
㉒ 侏儒：身材特别矮小的人。此用为自谦之词。亦作"朱儒"。
㉓ 识：通"誌(志)"。记住。明德：完美的德性。
㉔ 四明：宁波府的别称。

（五）

沈明生治孫子南媳，賦質瘦薄，脈息遲微，春末患吐紅，以爲脾虛不能攝血，投歸脾數劑而止①。慮後復作，索丸方調理，仍以歸脾料合大造丸數味與之②。復四五日後，偶值一知醫者談及，乃驟曰："諸見血爲熱，惡可用參、耆、河車溫補耶？血雖止，不日當復來矣。"延診，因亟令停服，進以花粉、知母之屬。五六劑後，血忽大來，勢甚危篤。此友遂斂手不治③，以爲熱毒已深，噬臍無及④。子南晨詣，慍形於色，咎以輕用河車，而盛稱此友先識，初不言曾服涼藥⑤，且欲責效於師⑥，必愈乃已。沈自訟曰⑦："既係熱症，何前之溫補如鼓應桴，今祇增河車一味，豈遂爲厲如是⑧？且斤許藥中，乾河車僅用五錢，其中地黃、龜板滋陰之藥反居大半，纔服四五日，每服三錢，積而計之，河車不過兩許耳。"遂不復致辨⑨。往診其脈，較前轉微，乃笑曰："無傷也，仍當大補耳。"其家咸以爲怪，然以爲繫鈴解鈴⑩,姑聽之。因以歸脾料倍用參、耆,一劑而熟睡,再劑而紅止。於是始悟血之復來,由於寒涼速之也。

因嘆曰:"醫道實難矣。某固不敢自居識者⑪,然舍症從脈,得之先哲格言,血脫益氣,亦非妄逞臆見。今人胸中每持一勝算⑫,見前人用涼,輒曰:'此寒症也,宜用熱。'見前人用熱,則曰:'此火症也,應用涼。'因攻之不靈,從而投補;因補之不效,隨復用攻。立意翻新,初無定見。安得主人、病人一一精醫察理,而不爲簧鼓動搖哉⑬?在前人,蒙謗之害甚微;在病者,受誤之害甚鉅⑭。此張景岳'不失人情'之論所由作也。"

① 归脾:指归脾汤。方名。《济生方》方。功用健脾益气,补血养心。
② 大造丸:方名。又名河车大造丸。《景岳全书》方。功用补肾填精,益气养血。
③ 敛手:缩手,表示不敢有所作为。
④ 噬(shì 士)脐:比喻后悔不及。噬,咬。
⑤ 初:本来;从来。
⑥ 责:求。
⑦ 讼:辩解。
⑧ 厉:祸害。
⑨ 致:尽。辨:通"辩"。
⑩ 系铃解铃:佛教禅宗语。谓虎项金铃唯系者能解。比喻谁作的事有了问题,仍须由谁去解决。亦作"解铃系铃"。
⑪ 某:自称之词。
⑫ 胜算:能够制胜的计谋。
⑬ 簧鼓:此指动听的言语。簧,乐器中有弹性的薄片,吹之则振动发声。
⑭ 鉅:"巨"的异体字。

(六)

素來擾虧根本,不特病者自嫌,即操醫師之術者,亦跋前疐後之時也①。值風木適旺之候②,病目且黃,已而遺精淋濁,少間則又膝脛腫痛不能行。及來診時,脈象左弦數,右搏而長,面沉紫,而時時作嘔。靜思其故,從前紛紛之病,同一邪也,均爲三病,次第纏綿耳③,由上而下,由下而至極下,因根本久撥之體,復蒸而上爲胃病,是腎胃相關之故也。倘不稍爲戢除一二④,但取回陽返本,竊恐劍關苦拒,而陰平非復漢有也⑤。謹擬一法,略效丹溪,未識如何。

① 跋前疐(zhì 至)后:比喻进退两难。语本《诗·豳风·狼跋》。跋,踩。疐,同"踬",绊倒。
② "风木"六字:此指农历二月。风木,指春天。
③ 缠绵:纠缠。
④ 戢(jí 及):止息。

⑤"剑关"十一字：景元四年（公元 263 年），蜀帅姜维固守剑阁，魏镇西将军邓艾自阴平道，经江油、绵竹，直趋成都灭蜀。以此比喻一味治本之不当。剑关，剑阁道，古道路名，为诸葛亮所筑，在今四川剑阁县东北大小剑山之间，为川陕间的主要通道。阴平，古道路名，自今甘肃文县穿越岷山山脉，绕出剑阁之西，直达成都，路虽险阻，但最为径捷。

〔提要〕 本文第一则选自1959年中华书局校点本《史记·扁鹊仓公列传》。作者司马迁，介绍见本教材第四课《扁鹊传》提要。文章记述仓公诊断齐王侍医遂"病中热"，劝告不可服用五石，并阐明其危害性。第二则选自日本享保二十年（公元 1735 年）向井八三郎刊本《普济本事方·中风肝胆筋骨诸风》。作者许叔微（公元 1079～约 1154 年），字知可，曾任集贤院学士，又称许学士，真州白沙（今江苏仪征）人，南宋医学家。文章说明气中不同于一般的中风，介绍苏合香丸疗治气中的效验。第三则选自光绪癸未（公元 1883 年）吴江李龄寿藏版《古今医案按·痢》。编者俞震，字东扶，号惺斋，嘉善（今属浙江）人，清代雍正、乾隆年间名医。文章通过患者自述，说明朱氏以先补后攻之法治愈痢疾，乃洞悉病情之故。第四则选自1959年人民卫生出版社互校本《医贯·痢疾论》。《医贯》作者赵献可，字养葵，号医巫闾子，鄞县（今属浙江）人，明代著名医学家。文章为徐阳泰所撰，自述赵氏辨证精当，治愈其夫妇暴痢、喘逆诸症的过程。第五则选自 1957 年人民卫生出版社影印信述堂藏版《续名医类案·吐血》。编者魏之琇（公元 1722～1772 年），字玉璜，号柳洲，钱塘（今浙江杭州）人，清代医学家。沈明生名时誉，华亭（今上海松江）人，明末清初医家。文章叙述沈氏"舍症从脉"，以"血脱益气"之法治愈吐血的经过。第六则选自 1925 年上海世界书局石印本《薛生白医案·遗精》。作者薛雪（公元 1681～1770 年），字生白，号一瓢，晚年自号牧牛老朽，清代著名医学家。文章论述不取补本之法，而以攻标之法治疗遗精的道理。

阅 读 实 践（9）

（一）词语注释

①(自)练 ②不肖 ③中热 ④(发)臃 ⑤阴石 ⑥阳石 ⑦审(诊) ⑧(与)息 ⑨(邪气)辟 ⑩宛(气) ⑪经纪 ⑫饮恨 ⑬先子 ⑭捐馆 ⑮(数)行 ⑯(而)去 ⑰痛恨 ⑱(而)瘥 ⑲审(如是) ⑳滞下 ㉑衽(席) ㉒(及)荐 ㉓阙(其中) ㉔听(其) ㉕客(城中) ㉖友生 ㉗朋游 ㉘浃旬 ㉙亘(昼夜) ㉚(私自)虞 ㉛泠然 ㉜越日 ㉝接言 ㉞(其)流 ㉟顾(投) ㊱一旦 ㊲霍然 ㊳敛衽 ㊴善(渴) ㊵茗(碗) ㊶(数)瓯 ㊷质(之) ㊸冰盘 ㊹自负 ㊺孟(秋) ㊻委顿 ㊼曩(不) ㊽向(非) ㊾(病)室 ㊿(永)矢 ㉛(勿)谖 ㊾侏儒 ㊿(以)识 ㊾明德 ㊿(吐)红 ㊾敛手 ㊿噬脐 ㊾初(不) ㊿责(效) ㊾(自)讼 ㊿如鼓应桴 ㊾(为)厉 ㊿致(辨) ㊾(致)辨 ㊿系铃解铃 ㊾格言 ㊾臆见 ㊾胜算 ㊾簧鼓 ㊿跋前疐后 ㊾少间 ㊿均(为) ㊾缠绵 ㊿载(除)

（二）今译

1. 夫悍药入中，则邪气辟矣，而宛气愈深。
2. 时朱彦修氏客城中，以友生之好，日过视予，饮予药，但日服而病日增。
3. 夫滞下之病，谓宜去其旧而新是图，而我顾投以参、术、陈皮、芍药十余贴，安得不日以剧?

4．不肖体素丰,多火善渴,虽盛寒,床头必置茗碗,或一夕尽数瓯,又时苦喘急。

5．子南晨诣,愠形于色,咎以轻用河车,而盛称此友先识,初不言曾服凉药,且欲责效于师,必愈乃已。

6．素来扰亏根本,不特病者自嫌,即操医师之术者,亦跋前疐后之时也。

（三）阅读

张子心弱冠病瘵其证咳嗽下午热从两足心起渐至头面夜半乃退面色青形羸气促交睫即梦遗奄奄一息孙诊其脉左寸短弱右关略弦余皆洪大因许可治病者曰医皆谓火起九泉者死大肉尽削者死咳嗽加汗者死脉不为汗衰者死况当夏令肺金将绝先生独言可治何也孙曰证虽危色声脉三者皆有生意两颧不赤心火未焚也声音不哑肺金未痿也耳轮不焦肾水未涸也据面青者忧疑不决左寸短者心神不足关略弦者谋为不遂必因志愿高而不称其心谋为而不遂其欲殆心病非肾病也经曰色脉相得者生故许可治病者恍然曰是矣予因星士决上科必售予仍落第而同窗者中故怏怏至此今亦忘其病源矣乃为定方以人参枣仁龙骨为君丹参石斛贝母麦冬五味子为臣山栀香附为佐二十贴而病起丸方则人参麦冬五味熟地枸杞龟板茯苓蜜丸服三月而精神健肌肉充矣(姚若琴、徐衡之《宋元明清名医类案·孙东宿医案·痨瘵》)

要求:

(1) 给上文标点

(2) 注释文中加点号的词语

(3) 简答孙一奎医师何以诊断张子心属心病而非肾病

十、《黄帝内经》两篇

（一）《素问·宝命全形论》

黄帝问曰:"天覆地载,萬物悉備,莫貴於人。人以天地之氣生,四時之法成①。君王衆庶,盡欲全形,形之疾病,莫知其情,留淫日深②,著於骨髓③,心私慮之。余欲鍼除其疾病,爲之奈何?"岐伯對曰:"夫鹽之味鹹者,其氣令器津泄④；絃絕者⑤,其音嘶敗；木敷者⑥,其葉發⑦。病深者,其聲噦。人有此三者,是謂壞府,毒藥無治⑧,短鍼無取⑨。此皆絕皮傷肉⑩,血氣爭黑⑪。"

① 四时之法成:(顺应)四季变化的规律而成长。法,指客观规律。
② 留淫:停留蔓延。
③ 著(zhuó浊):附着。
④ 令器津泄:使器皿渗出水来。津泄,水分渗出。
⑤ 絃绝:弦断。絃,"弦"的异体字。绝,断。
⑥ 敷:陈;陈旧。

⑦ 发：通"废"。草木枝叶凋零。
⑧ 毒药：泛指祛邪治病的药物。
⑨ 短鍼：原指小针。此泛指治病的针具。
⑩ 绝：此谓损伤。
⑪ "血气"句：意为人体血气交瘁，肤色晦暗。王冰注："以恶血久与肺气交争，故当血见而色黑也。"

帝曰："余念其痛，心爲之亂惑，反甚其病，不可更代①。百姓聞之，以爲殘賊②。爲之奈何？"岐伯曰："夫人生於地，懸命於天③，天地合氣，命之曰人。人能應四時者，天地爲之父母④。知萬物者，謂之天子。天有陰陽，人有十二節⑤；天有寒暑，人有虛實。能經天地陰陽之化者⑥，不失四時；知十二節之理者，聖智不能欺也⑦。能存八動之變⑧，五勝更立⑨，能達虛實之數者⑩，獨出獨入⑪，呿吟至微⑫，秋毫在目。"

① 更代：替代。
② 残贼：残暴不仁。
③ 悬命于天：人的生命系于上天。悬，系。
④ "人能"二句：意为人若能顺应四季阴阳变化，天地间的阴精阳气就能养育人类。
⑤ 十二节：指人体左右两侧肩、肘、腕、髋、膝、踝十二处大关节。《太素·知针石》杨上善注："天有十二时，分为阴阳，子午之左为阳，子午之右为阴；人之左手足六大节为阳，右手足六大节为阴，此为一合也。"一说指人体十二经脉。
⑥ 经：效法。
⑦ 欺：超越。
⑧ 存：察。八动：王冰注："谓八节之风变动。"《灵枢·九针论》："八者，风也。风者，人之股肱八节也，八正之虚风。八风伤人，内舍于骨解腰脊节腠理之间，为深痹也。"
⑨ 五胜更立：五行之气相胜，或衰或旺，循环更替主时。五胜，谓五行之气相胜。
⑩ 数：理。
⑪ 独出独入：指独立的见解和行动。
⑫ 呿(qū 区)吟：泛指人嘘气、呵欠、叹息声。呿，露齿出气。吟，叹息。

帝曰："人生有形，不離陰陽。天地合氣，別爲九野①，分爲四時，月有小大，日有短長，萬物並至，不可勝量②，虛實呿吟，敢問其方③？"岐伯曰："木得金而伐，火得水而滅，土得木而達④，金得火而缺，水得土而絕，萬物盡然，不可勝竭。故鍼有懸布天下者五，黔首共餘食，莫知之也⑤。一曰治神，二曰知養身，三曰知毒藥爲眞⑥，四曰制砭石小大，五曰知府藏血氣之診。五法俱立，各有所先⑦。今末世之刺也⑧，虛者實之，滿者泄之，此皆衆工所共知也。若夫法天則地，隨應而動，和之者若響⑨，隨之者若影。道無鬼神，獨來獨往⑩。"

① 九野：九州地域。据《尚书·禹贡》所载，古代中国设置冀、豫、雍、扬、兖、徐、梁、青、

荆九个州。

② "万物"二句：意为自然界万物并存于世上，它们的阴阳消长变化是不可能一一进行估量的。胜，尽。

③ 方：道。

④ 达：贯通；穿透。

⑤ "黔首"二句：为插入语。意为百姓们都只知饱食终日，而不明阴阳的道理、针刺的妙处。黔首，百姓。共，皆。徐食，饱食。徐，饶，充足。宋·林亿《新校正》引全元起本作"饱食"。

⑥ 为：通"伪"。王念孙《广雅疏证·释诂三》："为、伪，古同声同义。"

⑦ "五法"二句：意为五种方法确立以后，选择运用时还当根据需要有所先后。

⑧ 末世：后世。此指近世。

⑨ 响：回声。

⑩ "道无"二句：意为医道并不神秘，只要掌握规律，针法就能运用自如。独来独往，谓针法神妙、高超。

　　帝曰："願聞其道。"岐伯曰："凡刺之眞①，必先治神，五藏已定，九候已備，後乃存鍼②。衆脈不見，衆凶弗聞③，外內相得，無以形先④，可玩往來⑤，乃施於人。人有虛實，五虛勿近，五實勿遠⑥，至其當發，間不容瞚。手動若務，鍼耀而勻⑦，靜意視義，觀適之變⑧，是謂冥冥⑨，莫知其形。見其烏烏，見其稷稷⑩，從見其飛，不知其誰⑪。伏如橫弩，起如發機⑫。"

① 真：正。正法。

② 存鍼：存意于针刺之法。

③ "众脉"二句：意为医生进针时须全神贯注，尽管周围众目睽睽却视而不见，众口喧闹却听而不闻。脈(mò莫)，通"眿"，视。凶，通"讻"，喧闹之声。

④ "外内"二句：意为外表的症候应与内在的病机相符，不能把外表的症候作为诊断的首要依据。

⑤ 往来：指人体经脉气血循环往来的情况。

⑥ "五虚"二句：意为对虚证病人不可即用泻法；对实证病人不可迟缓不泻。

⑦ "手动"二句：意为运用针刺手法要专心致志，针具要光洁，上下匀称。若，而。务，专一。

⑧ "静意"二句：意为静心观察进针后气至的情况以及所调适经脉的经气变化。

⑨ 冥冥：渺茫而无形象的状态。此谓针刺得气后的细微变化几乎无迹可寻。

⑩ "见其"二句：意为针刺得气，医生手下会感觉到经气的到来。乌乌、稷稷，形容其气有如飞鸟之往来。

⑪ "从见"二句：意为一般医生只感觉到经气往来如鸟之飞，却不知其原因。或疑"从"当作"徒"，形近而误。说见清·于鬯《香草续校书》。

⑫ "伏如"二句：意为在留针候气之时，要象张弓待发般地屏息以待；当经气到来之时，当如拨机发箭似地迅疾神速。横弩，张弓。横，当作"彉"。《广雅·释诂一》："彉，张也。"机，

引弩上的机栝。

帝曰:"何如而虚?何如而實?"岐伯曰:"刺虚者須其實,刺實者須其虚①。經氣已至,慎守勿失,深淺在志,遠近若一②。如臨深淵,手如握虎,神無營於衆物③。"

①"刺虚"二句:意为针刺虚证,要待经气实(阳气至,针下热)才出针;针刺实证,要待经气虚(阴气至,针下凉)才出针。说见《素问·针解》。须,待。

②"深浅"二句:意为针刺的程度或深或浅,在于医生根据病情灵活掌握。针刺的穴位有远有近,而留针候气的道理是一致的。

③ 营:通"荧"。惑乱。

(二)《灵枢·外揣》

黄帝曰:"余聞九鍼九篇,余親授其調①,頗得其意②。夫九鍼者,始於一而終於九③,然未得其要道也。夫九鍼者,小之則無內,大之則無外,深不可爲下,高不可爲蓋,恍惚無窮④,流溢無極。余知其合於天道、人事、四時之變也。然余願雜之毫毛⑤,渾束爲一⑥,可乎?"岐伯曰:"明乎哉問也!非獨鍼道焉,夫治國亦然。"黄帝曰:"余願聞鍼道,非國事也。"岐伯曰:"夫治國者,夫惟道焉。非道,何可小大深淺雜合而爲一乎?"

① 授:通"受"。调:当作"词",形近而误。说见清·顾观光《灵枢校记》。

② 颇:稍。

③ "始于"句:意为九针的理论和法则绵密细微又宏富广博。此句原出《灵枢·九针十二原》。

④ 恍惚:细微。

⑤ 杂:杂合。

⑥ 浑束:全部约束、归纳。浑,全。

黄帝曰:"願卒聞之。"岐伯曰:"日與月焉,水與鏡焉,鼓與響焉。夫日月之明,不失其影;水鏡之察,不失其形;鼓響之應,不後其聲。動搖則應和,盡得其情①。"黄帝曰:"窘乎哉!昭昭之明不可蔽。其不可蔽,不失陰陽也。合而察之,切而驗之,見而得之②,若清水明鏡之不失其形也。五音不彰,五色不明,五藏波蕩③。若是則內外相襲④,若鼓之應桴⑤,響之應聲,影之似形。故遠者,司外揣內;近者,司內揣外⑥。是謂陰陽之極,天地之蓋。請藏之靈蘭之室⑦,弗敢使泄也。"

① "动摇"二句:意为一事物发生变化,即会引起另一事物产生反应。明白此理,则用针之法就全部掌握了。

② "合而"三句:意为用切诊查验脉象,用望诊察得色候,再将脉象、色候参合起来考察。

③"五音"三句：意为病者语声沉滞不清，面色晦暗不明，就说明体内脏腑发生了病变。波荡，谓内脏发生病理变化。

④袭：合；应和。

⑤桴：鼓槌。

⑥"故远"四句：意为从外部而言，诊察外表症候，即可测知体内脏腑的情况；从内部而言，察知内脏的情况，就可推测外在的证候表现。司，通"伺"，窥察。

⑦灵兰之室：又称"灵台兰室"，传说中黄帝藏书之所。《素问·气交变大论》王冰注："灵兰室，黄帝之书府也。"

〔提要〕 本文第一篇选自1956年人民卫生出版社影印明代顾从德翻刻宋本《黄帝内经素问》。第二篇选自1956年人民卫生出版社影印明代赵府居敬堂刊本《灵枢经》。首篇篇名中的"宝"通"保"。宝命，保护生命。全形，健全形体。本篇主要论述人体气血虚实与自然界阴阳五行变化的密切关系。指出人类要保护自己的生命和形体，必须根据自然界阴阳五行的客观规律来养生及防治疾病。此外，还具体论述了针刺的原则和行针的要求。次篇因文中有"司外揣内，司内揣外"句而名篇。本篇以类比的方法，说明自然界各种事物之间都具有密切联系，人体的情况也是如此，内部脏腑的情况与外部声、色、脉的变化息息相关。并着重指出"司外揣内，司内揣外"是临床诊治疾病的要旨。

阅 读 实 践（10）

（一）词语注释

①留淫 ②著（于骨髓） ③私（虑） ④（木）敷 ⑤（叶）发 ⑥毒药 ⑦绝（皮） ⑧经（天地） ⑨（不能）欺 ⑩存（八动之变） ⑪呿吟 ⑫黔首 ⑬馀（食） ⑭为（真） ⑮（若）响 ⑯（众）脉 ⑰（众）凶 ⑱玩（往来） ⑲冥冥 ⑳（发）机 ㉑须（其实） ㉒营（于众物） ㉓（亲）授 ㉔颇（得） ㉕恍惚 ㉖浑束 ㉗波荡 ㉘（相）袭 ㉙（应）桴 ㉚司（外） ㉛揣（内）

（二）今译

1. 夫盐之味咸者，其气令器津泄；絃绝者，其音嘶败；木敷者，其叶发。病深者，其声哕。

2. 若夫法天则地，随应而动，和之者若响，随之者若影。道无鬼神，独来独往。

3. 凡刺之真，必先治神，五藏已定，九候已备，后乃存针。众脉不见，众凶弗闻，外内相得，无以形先，可玩往来，乃施于人。

4. 夫日月之明，不失其影；水镜之察，不失其形；鼓响之应，不后其声。动摇则应和，尽得其情。

（三）阅读

刺虚则实之者针下热也气实乃热也满而泄之者针下寒也气虚乃寒也菀陈则除之者出恶血也邪胜则虚之者出针勿按徐而疾则实者徐出针而疾按之疾而徐则虚者疾出针而徐按之言实与虚者寒温气多少也若无若有者疾不可知也察后与先者知病先后也为虚与实者工勿失其法若得若失者离其法也虚实之要九针最妙者为其各有所宜也补泻之时者与气开阖相合也九

针之名各不同形者针穷其所当补泻也刺实须其虚者留针阴气隆至乃去针也刺虚须其实者阳气隆至针下热乃去针也经气已至慎守勿失者勿变更也深浅在志者知病之内外也近远如一者深浅其候等也如临深渊者不敢堕也手如握虎者欲其壮也神无营于众物者静志观病人无左右视也（节选自《素问·针解》）

要求：
(1) 给上文断句
(2) 注释文中加点号的词语
(3) 今译文中加横线的句子

十一、《素问》注文四则

（一）

《四氣調神大論》："所以聖人春夏養陽，秋冬養陰，以從其根。"

陽氣根於陰①，陰氣根於陽。無陰則陽無以生，無陽則陰無以化②。全陰則陽氣不極，全陽則陰氣不窮。春食涼，夏食寒，以養於陽；秋食温，冬食熱，以養於陰。滋苗者③，必固其根；伐下者，必枯其上。故以斯調節，從順其根。二氣常存，蓋由根固。百刻曉暮④，食亦宜然。

① 根：寄寓。
② 化：生。
③ 滋：滋潤。
④ 百刻曉暮：晝夜晨昏。百刻，古代以漏壺計時，一晝夜水下百刻，故以百刻指晝夜。

（二）

《六微旨大論》："故曰：無形無患。此之謂也。"

夫喜於遂①，悦於色，畏於難，懼於禍，外惡風寒暑濕，內繁飢飽愛欲②，皆以形無所隱，故常嬰患累於人間也③。若便想慕滋蔓④，嗜欲無厭⑤，外附權門，內豐情僞⑥，則動以牢網⑦，坐招燔燼⑧，欲思釋縛，其可得乎？是以身為患階爾⑨。《老子》曰："吾所以有大患者，為吾有身；及吾無身，吾有何患⑩？"此之謂也。夫身形與太虚釋然消散，復未知生化之氣為有而聚耶？為無而滅乎？

① 遂：順利。
② 繁：多。
③ 嬰：遭受。
④ 滋蔓：滋生蔓延。亦作"孳蔓"。

⑤ 厌：同"餍"。满足。
⑥ 情伪：犹情弊。弄虚作假。
⑦ 以：有。
⑧ 燔(fán 凡)炳(ruò 若)：烧灼。
⑨ 阶：凭借。
⑩ "吾所以"四句：语出《老子》第十三章。及，如果。无身，晋·王弼注为"归之自然"。

（三）

《至眞要大論》："故《大要》曰①：謹守病機，各司其屬。有者求之，無者求之，盛者責之②，虛者責之，必先五勝，疎其血氣③，令其調達，而致和平。此之謂也。"

深乎，聖人之言！理宜然也。有無求之④，虛盛責之⑤，言悉由也⑥。夫如大寒而甚，熱之不熱，是無火也⑦；熱來復去，晝見夜伏，夜發晝止，時節而動，是無火也⑧。當助其心⑨。又如大熱而甚，寒之不寒，是無水也；熱動復止，候忽往來，時動時止，是無水也。當助其腎⑩。內格嘔逆，食不得入，是有火也⑪；病嘔而吐，食久反出，是無火也。暴速注下，食不及化，是無水也⑫；溏泄而久，止發無恆，是無火也。故心盛則生熱，腎盛則生寒，腎虛則寒動於中，心虛則熱收於內。又熱不得寒，是無水也；寒不得熱，是無火也。夫寒之不寒，責其無水；熱之不熱，責其無火。熱之不久，責心之虛；寒之不久，責腎之少。有者寫之，無者補之，虛者補之，盛者寫之。適其中外⑬，疎其壅塞，令上下無礙，氣血通調，則寒熱自和，陰陽調達矣。是以方有治熱以寒，寒之而水食不入⑭；攻寒以熱，熱之而昏躁以生⑮。此則氣不疎通，壅而爲是也。紀於水火⑯，餘氣可知。故曰有者求之，無者求之，盛者責之，虛者責之，令氣通調。妙之道也。五勝，謂五行更勝也⑰，先以五行寒暑溫涼濕、酸鹹甘辛苦相勝爲法也。

① 大要：古代医经名。已佚。
② 责：推求。
③ 疎："疏"的异体字。疏通。
④ 有无求之：即有者求之，无者求之。此谓推求病机之属热属寒。
⑤ 虚盛责之：即盛者责之，虚者责之。此谓推求病机之属实属虚。
⑥ 由：此指病机。
⑦ "大寒而甚"三句：意为用温热药治寒证，但寒象不去，是由于阳虚不能温养。
⑧ "热来复去"五句：意为用温热药治寒证，但热象来而复去，寒象仍不时出现，也是由于阳虚所致。见，同"现"，呈现。
⑨ 当助其心：意为应当温阳补火。
⑩ 当助其肾：意为应当滋补肾阴。因为上述两种热象，系阴虚阳亢，阴液过损所致。
⑪ "内格"三句：意为胃气上逆，因而食不得下，是由于胃有邪热。内格，病证名，表现为

食入不下或食入即吐。语出《素问·四气调神大论》。

⑫ "暴速"三句：意为暴泄注下，完谷不化，是由于寒邪直中肠胃。注下，病证名，腹泻如水之喷射。无，疑当作"有"。

⑬ 中外：指表里。

⑭ "寒之"句：意为服用寒药过度，伤败胃气，因而不思饮食。

⑮ "热之"句：意为服用热药过度，耗伤津液，因而昏蒙烦躁。

⑯ 纪于水火：意为诊断病证宜以辨别寒热为准则。纪，准则，用如动词。

⑰ 更：交替。

（四）

《至眞要大論》："諸寒之而熱者取之陰①，熱之而寒者取之陽②，所謂求其屬也③。"

言益火之源，以消陰翳④，壯水之主，以制陽光⑤，故曰求其屬也。夫粗工褊淺，學未精深，以熱攻寒，以寒療熱。治熱未已，而冷疾已生；攻寒日深，而熱病更起。熱起而中寒尙在，寒生而外熱不除；欲攻寒則懼熱不前，欲療熱則畏寒又止。進退交戰，危亟已臻⑥。豈知藏府之源，有寒熱溫涼之主哉？取心者不必齊以熱，取腎者不必齊以寒，但益心之陽，寒亦通行，強腎之陰，熱之猶可⑦。觀斯之故，或治熱以熱，治寒以寒，萬舉萬全，孰知其意⑧，思方智極⑨，理盡辭窮。嗚呼，人之死者豈謂命，不謂方士愚昧而殺之耶⑩？

① "寒之"八字：意为用寒药而热象仍在，应当滋补肾阴。

② "热之"句：意为用热药而寒象仍在，应当温养心阳。

③ 属：此指病证之属性。即属阴（如"寒之"句）或属阳（如"热之"句）。

④ "益火"八字：意为用温养心阳法消除阴寒之气。火，指心阳。阴翳(yì 意)，指阴寒之气。

⑤ "壮水"二句：意为用滋补肾阴法抑制阳亢之象。水，指肾阴。阳光，此指阴虚所致虚火内热。

⑥ 危亟(jí 及)：危急。亟，急。臻：达到。

⑦ "取心者"六句：意为温养阳气不必全用热药，只要扶助心阳，里寒即化；滋补阴液不必全用寒药，只要扶助肾阴，虚热自退。"益心之阳，寒亦通行"上承"取心者不必齐以热"，"强肾之阴，热之犹可"上承"取肾者不必齐以寒"。齐，全。

⑧ 孰：同"熟"。深入。

⑨ 方：周全。

⑩ 方士：指医生。

〔提要〕 本文选自 1956 年人民卫生出版社影印明代顾从德翻刻宋本《黄帝内经素问》，并参考守山阁刊本。作者王冰，自号启玄子，唐代中期著名医学家，生平不详。据北宋林亿等新校正引《唐人物志》云："冰仕唐为太仆令，年八十余，以寿终。"后世亦称其为王太仆。王

十一、《素问》注文四则

冰次注《黄帝内经素问》成于唐代宗宝应元年(公元762年)。本文所选第一则阐述阴阳互为其根,即阳之所生依乎阴,阴之所化赖乎阳。说明唯有固其根本,方能阴平阳秘,强身常年。第二则论说无欲无求方能无患,反映了作者的道家思想。第三则探讨病机的寒热虚实。认为无论正治反治,都应透过病之表象,辨明病机所在,从而使气血疏通,阴阳调适。第四则根据《素问》"诸寒之而热者取之阴,热之而寒者取之阳"的论点,提炼出"益火之源,以消阴翳,壮水之主,以制阳光"这一精辟论断,对因不明此理而致严重后果的粗工予以批评。

阅 读 实 践 (11)

(一) 词语注释

①根(于阴) ②(无以)化 ③全(阴) ④滋(苗) ⑤百刻 ⑥(喜于)遂 ⑦(内)繁 ⑧婴(患) ⑨滋蔓 ⑩(无)厌 ⑪情伪 ⑫(动)以 ⑬燔燃 ⑭(患)阶 ⑮及(吾) ⑯太虚 ⑰释然 ⑱(各)司 ⑲责(之) ⑳和平 ㉑倏忽 ㉒内格 ㉓注下 ㉔写(之) ㉕中外 ㉖纪(于) ㉗更(胜) ㉘阴翳 ㉙阳光 ㉚粗工 ㉛褊浅 ㉜交(战) ㉝危亟 ㉞(已)臻 ㉟齐(以热) ㊱孰(知) ㊲(思)方 ㊳方士

(二) 今译

1. 滋苗者,必固其根;伐下者,必枯其上。

2. 若便想慕滋蔓,嗜欲无厌,外附权门,内丰情伪,则动以牢网,坐招燔燃,欲思释缚,其可得乎?是以身为患阶尔。

3. 深乎,圣人之言!理宜然也。有无求之,虚盛责之,言悉由也。

4. 观斯之故,或治热以热,治寒以寒,万举万全,孰知其意,思方智极,理尽辞穷。

(三) 阅读

阳气已降阴气复升气爽风劲故生燥也<u>夫岩谷青埃川源苍翠烟浮草木远望氤氲此金气所生燥之化也</u>夜起白蒙轻如微雾遐迩一色星月皎如此万物阴成亦金气所生白露之气也太虚埃昏气郁黄黑视不见远无风自行从阴之阳如云如雾此杀气也亦金气所生霜之气也山谷川泽浊昏如雾气郁蓬勃惨然戚然咫尺不分此杀气将用亦金气所生运之气也天雨大霖和气西起云卷阳曜太虚廓清燥生西方义可征也若西风大起木偃云腾是为燥与湿争气不胜也故当复雨然西风雨晴天之常气假有东风雨止必有西风复雨因雨而乃自晴观是之为则气有往复动有燥湿变化之象不同其用矣由此则天地之气以和为胜暴发奔骤气所不胜则多为复也(《素问·五运行大论》"西方生燥"王冰注)

要求:

(1) 给上文断句

(2) 注释文中加点号的词语

(3) 今译文中加横线的句子

十二、《素问》校诂四则

(一)

《生氣通天論》:"味過於辛,筋脈沮弛①,精神乃央。"王注曰②:"央,久也。辛性潤澤,散養於筋,故令筋緩脈潤,精神長久。何者?辛補肝也。"《新校正》云③:"按此論味過所傷,難作精神長久之解。央乃殃也,古文通用④。"樾謹按⑤:王注固非,《校正》謂是殃字,義亦未安⑥。央者,盡也。《楚辭·離騷》"時亦猶其未央兮"王逸注曰⑦:"央,盡也。"《九歌》"爛昭昭兮未央"注曰:"央,已也。"已與盡同義。精神乃央,言精神乃盡也。

① 沮弛:败坏;废弛。弛,"弛"的异体字。
② 王:指唐代王冰。
③ 新校正:北宋高保衡、林亿等奉诏整理《素问》所撰的校勘记。
④ 古文:指先秦两汉古文字。
⑤ 樾:俞樾(公元1821~1907年),字荫甫,号曲园居士。浙江德清人。清道光三十年进士,曾任翰林院编修、河南学政。俞氏师事江苏高邮王念孙、王引之父子,研治经、子、小学。晚年主讲苏州紫阳书院和杭州诂经精舍,门生遍布海内。所著《春在堂全书》凡250卷。其中《读书余录》有《素问》校记四十余条。
⑥ 安:妥贴;稳妥。
⑦ 离骚:《楚辞》篇名。战国时楚国诗人屈原所作。西汉刘向将其编入《楚辞》。下《九歌》同。王逸:东汉南郡宜城人,字叔师。汉安帝元初中为校书郎。所著《楚辞章句》行于世。

(二)

《生氣通天論》:"汗出偏沮, 使人偏枯。"王注曰:"夫人之身常偏汗出而潤沮者,宋本作沮潤,此從熊本、藏本①。久久偏枯,半身不隨②。"林校曰③:"按'沮',《千金》作'祖',全元起本作'恆'④。"樾案⑤:王本並注是也。《一切經音義》卷十引《倉頡篇》曰⑥:"沮,漸也。"《廣雅》曰⑦:"沮、潤、漸、洳,溼也。"《魏風》⑧:"彼汾沮洳。"毛傳曰⑨:"沮洳,其漸洳者。"《王制》⑩:"山川沮澤。"何氏《隱義》曰⑪:"沮澤,下溼地也。"是"沮"爲潤溼之象。曩樾在西安縣署,見侯官林某⑫,每動作飲食,左體汗泄,濡潤透衣,雖冬月猶爾,正如經注所云。則經文本作"沮"字無疑。且"沮"與"枯"爲韻也。孫本作"祖"⑬,乃偏旁之譌。《說文》古文示作丌,與篆書川字相似,故"沮"誤爲"祖"。全本作"恆",則全體俱誤矣。"沮"之左畔譌從心,《小雅·采薇》正義引鄭氏《易》注,所謂古書篆作立心,與水相近者也。其右畔譌作"亙","亙"與"且"今字亦相近,故合譌而爲"恆"⑭。

① "宋本"二句:为本篇作者的自注语。原书以小字双行夹注的形式插入正文。宋本,指宋刊本《素问》。熊本,指明成化十年熊氏种德堂刻本《素问》。藏本,指明正统道藏本《素问》。

② 随:通"遂"。

③ 林校:即宋·林亿《新校正》。

④ 全元起:南朝齐、梁时医家。曾为《素问》八卷作训解,今佚。其书北宋尚存,林亿等校注《素问》时曾参考引用。

⑤ 澍:胡澍(公元1825~1872年),字荄甫,又字甘伯,号石生,安徽绩溪人。清咸丰九年举人。中年多病,改治医术。得宋本《素问》,悉心校勘,撰《黄帝内经素问校义》一卷,未完而病逝。

⑥ 一切经音义:书名。唐释慧琳撰。一百卷。以古代字书释佛经字义,共释佛经一千三百部。一切经,佛教经书的总称。仓颉篇:古代字书。秦·李斯等人著。包括李斯《苍颉篇》、赵高《爰历》、胡毋敬《博学篇》。又合称《三苍》。

⑦ 广雅:古代训诂书。三国魏·张揖著。引文见该书卷一《释诂》。

⑧ 魏风:《诗经》十五国风之一。

⑨ 毛传:西汉·毛亨为《诗经》作的注解。毛氏所注《诗经》又称《毛诗故训传》。

⑩ 王制:《礼记》的篇名。

⑪ 何氏隐义:指南朝梁·何胤《礼记隐义》。

⑫ 侯官:旧县名。即今福建福州。

⑬ 孙本:指孙思邈《千金方》。

⑭ "沮之"七句:原书双行小字注文,意在说明"沮"讹为"恒"的原委。

(三)

《陰陽別論篇第七》:"三陽三陰發病,爲偏枯痿易,四支不舉。"注云:"易爲變易常用,而痿弱無力也。"又《大奇論篇》:"跛易偏枯。"注云:"若血氣變易,爲偏枯也。"案①:易,並當讀爲"施"②。《湯液醪醴論篇》云:"是氣拒於內,而形施於外。""施"亦作"弛"。《生氣通天論篇》云:"大筋緛短,小筋弛長。緛短爲拘,弛長爲痿。"又云:"筋脈沮弛。"注云:"弛,緩也。"《痿論篇》云:"宗筋弛縱。"《刺要論篇》云:"肝動則春病熱而筋弛。"《皮部論篇》云:"熱多則筋弛骨消。"蓋痿跛之病,皆由筋骨解弛③,故云"痿易"、"跛易"。"易"即"弛"也。王如字釋之④,非經恉也⑤。《毛詩·何人斯篇》:"我心易也。"《釋文》:"易,《韓詩》作施。"《爾雅·釋詁》:"弛,易也。"《釋文》:"弛,本作施。"是易、施、弛古通之證⑥。

① 案:本篇作者孙诒让的按语。孙诒让(公元1848~1908年),字仲容,号籀庼。浙江瑞安人。清同治举人,官刑部主事,后因疾归里,悉心研治经、子、小学。撰有《契文举例》、

《周礼正义》、《墨子间诂》、《札迻》等著作。其中《札迻》载有《素问》校记十余条。

② 竝:"并"的异体字。

③ 解弛:松懈;松散。

④ 如字:训诂学术语。多音字读本音用本义。

⑤ 恉:"旨"的异体字。

⑥ "毛诗"十二句:例举先秦文献中"易"、"施"、"弛"互通之证。《释文》,唐·陆德明所撰《经典释文》。此书是隋以前群经音义总汇。《韩诗》,西汉·韩婴作注的《诗经》传本。分内、外二传,现仅存《韩诗外传》。

（四）

《寶命全形論》:"木敷者,其葉發。"邑案①:敷與陳義本相通。《漢書·宣帝紀》顏注引應劭云②:"敷,陳也。"《韋玄成傳》注云:"陳,敷也。"敷爲陳布之陳,亦爲久舊之陳。凡一字之有分別義,悉由一義之通轉而得③。訓詁之法,頗無泥滯。然則,"木敷者,其葉發",即林校引《太素》云"木陳者,其葉落"也。木陳,謂木久舊也。《漢書·文帝紀》顏注云"陳,久舊也"是也,則木敷亦若是義矣。發當讀爲廢。《論語·微子篇》陸釋引鄭本"廢"作"發"④。《莊子·列禦寇篇》陸釋引司馬本"發"作"廢"⑤。《文選·江文通雜體詩》李注云⑥:"凡草木枝葉彫傷謂之廢⑦。"此其義也。故其葉發者,其葉廢也。其葉廢,即其葉落矣。王注云:"敷,布也。言木氣散布,外榮於所部者,其病當發於肺葉之中。"此說甚戾⑧。木既敷榮,何爲病發?《靈樞·五變篇》云:"春霜烈風,則花落而葉萎。"是謂蚤花先生葉。今止一敷字,亦不足以盡此義。且《素問》止言其葉發,不言其葉發病,安得增設而爲是說也⑨?林校正謂《太素》三字與此經不同,而注意大異。不知字雖不同,而意實無別也。林言三字不同,陳與敷也,落與發也,其一乃指上文嘶敗之敗字,王本原作嗄。說見俞蔭甫太史《餘錄》⑩。今浙局本於下文"血氣爭黑"之黑字作異⑪,當屬刊誤,不得爲林指三字之一也。

① 邑:于邑(公元 1854~1910 年),字醴尊,号香草。江苏南汇(今属上海市)人。清末经学家。曾师事晚清著名学者王先谦和张文虎。著有《香草校书》、《香草续校书》。校释古书颇多发明。《香草续校书》中载有《素问》校记百余条。

② 颜:颜师古。唐初万年人,名籀,以字行。祖颜之推,父颜思鲁,少传家学,精于训诂。太宗时官中书侍郎,曾奉诏校五经,又注《汉书》。应劭:汉末汝南人,字仲远。灵帝时曾任泰山太守。博学多识,平生著作凡十一种。现存者有《汉官仪》、《风俗通义》等,颜氏所注《汉书》,征引颇多。

③ 通转:训诂学术语。多用于古韵通假,此指字义的转训。

④ 陆释:即陆德明《经典释文》。郑本:指东汉·郑玄《论语》注本。

⑤ 司马本:指晋·司马彪《庄子》注本。

⑥ 文选:书名。南朝梁·昭明太子萧统编,故又名《昭明文选》。选录先秦至梁的各体诗文,分为三十七类,凡三十卷。此书是我国现存最早的文学总集。李:指李善。唐代扬州人,曾任崇贤馆学士、兰台郎。学问博洽,注《文选》成六十卷。

⑦ 淍:"凋"的异体字。
⑧ 戾:违背。此谓违背经文原义。
⑨ "增设"六字:即谓增字为训。此乃训诂之大忌。
⑩ 余录:即俞樾所著《读书余录》。
⑪ 浙局本:浙江官书局刻本。清同治、光绪年间,在江苏、浙江、广东、湖北等省设立官书局,刻板印书,通称局板或局本。

〔提要〕 本文选录清儒《素问》校记四则。第一则选自清光绪九年刊本《春在堂全书·读书余录》,作者俞樾。第二则选自清光绪五年世泽楼刊本《黄帝内经素问校义》,作者胡澍。第三则选自清光绪二十四年刊本《札迻》,作者孙诒让。第四则选自1963年中华书局《香草续校书》(下册),作者于鬯。有清一代,在考据学风影响下,清儒对我国古代文献进行大规模的总结性整理,取得丰硕的成果。随着研究的深入,学者在研治经、史古籍之余,将研究范围扩大到子、集部古籍。作为子部古籍的《黄帝内经素问》,以其丰富的语言现象,引起清代学者们极大的兴趣。从清初的顾炎武、姚际恒,逮乾嘉时期的段玉裁、王念孙,以至晚清的俞樾、孙诒让等,对《素问》的研治绵延不辍。他们以深厚的文字、音韵、训诂的功力和严谨的治学态度,对《素问》探赜索隐,辨讹正误,突破前人校注的局限,取得了许多超轶前人的成果。对中医学术界产生较大的影响。本文所选四则校记,考证严密,行文简朴,校诂信实有据,大致体现了清儒校释古籍的风格和方法,对于今天阅读、整理古医籍具有一定的启示和借鉴作用。

阅 读 实 践 (12)

(一) 词语注释
①沮驰 ②(乃)央 ③古文 ④(未)安 ⑤(偏)沮 ⑥宋本 ⑦藏本 ⑧(不)随 ⑨痿易 ⑩(形)施 ⑪解弛 ⑫如字 ⑬通转 ⑭读为 ⑮谓之 ⑯(甚)戾 ⑰止(一) ⑱注意 ⑲浙局本 ⑳刊误

(二) 今译
1 王注固非,《校正》谓是殃字,义亦未安。央者,尽也。
2 曩澍在西安县署,见侯官林某,每动作饮食,左体汗泄,濡润透衣,虽冬月犹尔,正如经注所云。
3 盖痿跛之病,皆由筋骨解弛,故云"痿易"、"跛易"。"易"即"弛"也。王如字释之,非经恉也。

(三) 阅读
玉版论要篇第十五其色见浅者汤液主治十日已其见深者必齐主治二十一日已其见大深者醪酒主治百日已案前汤液醪醴论篇云必齐毒药攻其中镵石针艾治其外也必齐之义王氏无注盖以为决定之辞齐即和剂也齐剂古今字俞读齐为资未塙此常义自无劳诂释然止可通于汤液醪醴论若此篇云必齐主治于文为不顺矣窃谓此篇必齐对汤液醪酒为文汤液醪醴论必齐毒药对镵石针艾为文必字皆当为火篆文二字形近因而致误史记仓公传云饮以火齐汤火齐汤即谓和煮汤药此云汤液主治者治以五谷之汤液见汤液醪醴论篇火齐主治者治以和煮之毒药

也移精变气论篇云中古之治病病至而治之汤液十日以去八风五痹之病十日不已治以草苏草
荄之枝此火齐即草苏之类韩非子喻老篇扁鹊曰疾在腠理汤熨之所及也在肌肤针石之所及也
在肠胃火齐之所及也亦可证之(《札迻》卷十一)

要求：
(1) 给上文标点
(2) 注释文中加点号的词语

十三、《雷公炮炙论》六则

（一）白　矾

凡使須以瓷盆盛於火中煅令內外通赤用鉗揭起蓋旋安石蜂窠①於赤瓶子中燒蜂窠盡爲度將鉗夾出放冷敲碎入鉢中研如粉後於屋下掘一坑可②深五寸却③以紙裹留坑中一宿取出再研每修事④十兩用石蜂窠六兩盡爲度又云凡使要光明如水精⑤酸鹹澀味全者研如粉於瓷盆中盛其瓶盛得三升以來⑥以六一泥⑦泥於火畔炙之令乾置研了⑧白礬於瓶內用五方草⑨紫背天葵二味自然汁各一鎰⑩旋旋⑪添白礬於中下火逼令藥汁乾用蓋子幷⑫瓶口更以泥泥上下用火⑬一百斤煅從巳⑭至未⑮去火取白礬瓶出放冷敲破取白礬若經大火一煅色如銀自然伏火⑯銖銾⑰不失搗細研如輕粉⑱方用之

① 石蜂窠：蜂窠的一种。大如拳，色苍黄，内居青色蜂十四至二十一只。
② 可：大约。
③ 却：再。
④ 修事：炮制。
⑤ 水精：即水晶。又称石英。精，通"晶"。
⑥ 以来：以上。
⑦ 六一泥：蚯蚓泥的别名。
⑧ 了：毕。
⑨ 五方草：马齿苋的全草。
⑩ 镒(yì 逸)：古代重量单位，一般重二十两或二十四两。但据雷敩《论合药分剂料理法则》文，为十二两。
⑪ 旋旋：缓缓。
⑫ 幷：合上。
⑬ 火：指柴禾。
⑭ 巳：九至十一时。
⑮ 未：十三至十五时。

⑯ 伏火：火候调伏。
⑰ 铢絫：古代重量单位。《汉书·律历志》颜师古注："十黍为絫，十絫为铢。"此喻极小的分量。絫，后作"累"。
⑱ 轻粉：汞粉。

（二）代　　赭

凡使不計多少用臘水①細研盡重重②飛③過水面上有赤色如薄雲者去之然後用細茶④脚湯煑之一伏時⑤了取出又研一萬匝⑥方入用淨鐵鐺⑦一口著火得鐺熱底赤即下白蠟一兩於鐺底逡巡⑧間便投新汲水⑨沖之於中沸一二千度⑩了如此放冷取出使之

① 腊水：冬雪化成的水。
② 重重（chóng chóng 崇崇）：一遍又一遍。
③ 飞：谓用水飞法。即将研过的药粉放入水中搅拌，把漂浮细粉的混液取出，除去水分，使药粉干燥，再加细研。
④ 细茶：雨前茶的别名。
⑤ 一伏时：一昼夜。
⑥ 方匝：环绕一周叫一匝。
⑦ 铛（chēng 撑）：平底的铁锅。
⑧ 逡（qūn 囷）巡：片刻；一会儿。
⑨ 新汲水：刚打上来的井泉水。
⑩ 度：次。量词。

（三）昌　　蒲

凡使勿用泥昌夏昌①其二件相似如竹根鞭②形黑氣穢味腥不堪用凡使采石上生者根條嫩黃緊硬節稠③長一寸有九節者是眞也采得後用銅刀刮上黃黑硬節皮一重④了用嫩桑枝條相拌蒸出暴⑤乾去桑條剉⑥用

① 泥昌夏昌：即泥菖蒲、夏菖蒲，与石菖蒲品种有别。昌，通"菖"。
② 竹根鞭：即竹鞭。某些竹类的根状茎横卧地下，时日一久，节上有芽和不定根。
③ 节稠：谓石菖蒲茎节稠密。古代文献记载菖蒲以一寸有九节者为良，故处方每写作"九节菖蒲"，但如今北方所用九节菖蒲的原植物，系毛茛科阿尔泰银莲花（菊形双瓶梅）的根茎，科属功用均不同，应注意区别。
④ 一重（chóng 崇）：一层。
⑤ 暴（pù）：同"曝"。晒干。
⑥ 剉："锉"的异体字。切碎。

（四）附　　子

凡使先須細認勿誤用①夫修事十兩於文武火②中炮令皴坼③者去之用刀刮上孕子④並去底尖微細劈破於屋下平地上掘一坑可深一尺安於中一宿至明取出焙乾用夫欲炮者灰火勿用雜木火祇用柳木最妙若陰制⑤使卽生去尖皮底了薄切用東流水⑥並黑豆⑦浸五六夜然後漉出於日中㬠⑧令乾用凡使須陰制去皮尖了每十兩用生烏豆五兩東流水六升

① 以下略去有关附子与乌头、乌喙、天雄、侧子、木鳖子形态差异的内容百余字。
② 文武火：文火与武火。火力小而缓的叫文火，火力大而猛的称武火。
③ 皴坼(cūn chè 村彻)：裂开。同义词复用。
④ 孕子：指附生的小块根。
⑤ 阴制：指不经过炮法加工的制附子法。
⑥ 东流水：指江河溪涧中的流水。
⑦ 黑豆：指黑大豆，亦称乌豆。前人认为黑大豆水浸附子，可减少或解除附子的毒性。
⑧ 㬠："曬(晒)"的俗体字。

（五）枳　　殻

凡使勿用枳實緣①性效不同②若使枳殼取辛苦腥並有隙③油能消一切瘋④要塵久⑤年深者爲上用時先去瓤⑥以麩炒過待麩焦黑遂出用布拭上焦黑然後單搗如粉用

① 缘：因为。
② 性效不同：因枳实具有较强的破气作用，能消积除痞，枳壳破气作用较缓，能行气除胀，故云。
③ 隙：同"隙"。指果皮上的微孔。
④ 瘋(wán 顽)：痹证。
⑤ 尘久：长久。尘，久。
⑥ 去瓤：明代陈嘉谟《本草蒙筌》有"去瓤者免胀"之说。瓤，指枳实中包着种子和瓣的果肉。

（六）鱉　　甲

凡使要綠色九肋多裙①重七兩者爲上治氣破塊消癥定心藥中用之每個鱉甲以六一泥固濟甋②子底了乾於大火以物揭③於中與頭醋下火煎之盡三升醋爲度乃去裙並肋骨了方炙乾然入藥中用又治勞去熱藥中用依前泥用童子小便煮晝夜盡小便一斗二升爲度後去裙留骨於石上搥石臼中搗成粉了以雞肶④皮裹之取東

流水三两斗盆盛阁⑤於盆上一宿至明任用力有万倍也

① 裙：鳖甲边缘的肉质部分。
② 瓯(fǒu 否)：瓦质罐。
③ 搘(zhī 支)：支撑。
④ 肶(pí 皮)：同"脾"。肶。
⑤ 阁：同"搁"。

〔提要〕 本文辑自1957年人民卫生出版社影印晦明轩金刊本《重修政和经史证类备用本草》。作者雷敩(xiào 效)，南朝宋时医药学家，生活在公元五世纪。所著《炮炙论》三卷，是我国首部制药专书，记载十七种炮制药物法，述药凡三百种。原书已佚，内容散见于历代本草，《证类本草》收录多达二百四十余条。本文所选六则短文，按《证类本草》所录先后次序排列。白矾的煅炙，代赭的水飞，菖蒲的蒸曝，附子的炮制与水制，枳壳的麸炒，鳖甲的煎炙和水浸，都是古人在与疾病作斗争的实践中积累起来的宝贵经验，反映我国药物学在一千五百多年前就已达到相当高的科学水平。许多制法，经后世不断改进和提高，至今仍被采用。

阅 读 实 践（13）

（一）词语注释

①可(深) ②却(以) ③修事 ④(水)精 ⑤以来 ⑥六一泥 ⑦(研)了 ⑧(一)镒 ⑨旋旋 ⑩铫䥥 ⑪轻粉 ⑫腊水 ⑬重重 ⑭飞(过) ⑮细茶 ⑯一伏时 ⑰(万)匝 ⑱逡巡 ⑲新汲水 ⑳(千)度 ㉑一重 ㉒暴(干) ㉓剉(用) ㉔文火 ㉕武火 ㉖皱㘰 ㉗(皱)㘰 ㉘孕子 ㉙东流水 ㉚(日中)晾 ㉛缘(性效) ㉜臁(油) ㉝(一切)痛 ㉞尘(久) ㉟(多)裙 ㊱搘(于中) ㊲(鸡)肶 ㊳阁(于)

（二）今译

1．其瓶盛得三升以来以六一泥泥于火畔炙之令干
2．用净铁铫一口著火得铫热底赤即下白蜡一两于铫底逡巡间便投新汲水冲之于中沸一二千度了
3．采得后用铜刀刮上黄黑硬节皮一重了用嫩桑枝条相拌蒸出暴干去桑条剉用
4．夫修事十两于文武火中炮令皱㘰者去之
5．后去裙留骨于石上搥石臼中捣成粉了以鸡肶皮裹之取东流水三两斗盆盛阁于盆上一宿

（三）阅读

凡使宜须细认取诸般尚有百等不可一一论之有妙硫砂如拳许大或重一镒有十四面面如镜若遇阴沉天雨即镜面上有红浆汁出有梅柏砂如梅子许大夜有光生照见一室有白庭砂如帝珠子许大面上有小星现有神座砂又有金座砂玉座砂不经丹灶服之而自延寿命次有白金砂澄水砂阴成砂辰锦砂芙蓉砂镜面砂箭镞砂曹末砂土砂金星砂平面砂神末砂已上不可一一细述也夫修事朱砂先于一静室内焚香斋沐然后取砂以香水浴过了拭干即碎捣之后向钵中更研三伏时竟取一瓷锅子着研了砂于内用甘草紫背天葵五方草各剉之著砂上下以东流水煮亦三伏时勿令水火阙失时候满去三件草又以东流水淘令净干晾又研如粉用小瓷瓶子盛又入青芝草

山须草半两盖之下十斤火煅从巳至子时方歇候冷再研似粉如要服则入熬蜜丸如细麻子许大空腹服一丸如要入药中用则依此法凡煅自然住火五两朱砂用甘草二两紫背天葵一镒五方草自然汁一镒若东流水取足(《雷公炮炙论·朱砂》)

要求:
(1) 给上文断句
(2) 注释文中加点号的词语
(3) 今译文中加横线的句子

十四、医话四则

(一)

國家徵賦單曰易知① 良將用兵法云貴速我儕之治病亦然嘗見一醫方開小草市人不知爲遠志之苗而用甘草之細小者又有一醫方開蜀漆市人不知爲常山之苗而令加乾漆者凡此之類如寫玉竹爲葳蕤乳香爲薰陸天麻爲獨搖草人乳爲蟠桃酒鴿糞爲左蟠龍竈心土爲伏龍肝者不勝枚舉但方書原有古名而取用宜乎通俗若圖立異② 矜奇致人眼生不解危急之際保無誤事又有醫人工於草書者醫案人或不識所係尚無輕重③ 至於藥名則藥鋪中人豈能盡識草書乎孟浪者約略撮之而貽誤小心者往返詢問而羈延可否相約同人凡書方案字期④清爽藥期共曉

① 易知: 即易知由单。交纳田赋的通知书。单上写明田地等级、人口多少、应征款项和起交存留等。亦称由帖、由单。
② 立异: 标异于众。
③ 轻重: 义偏于"重"。紧要。
④ 期: 必定。

(二)

左傳云三折肱知爲良醫① 也從未有人註及三折肱之意予謂古之醫者自備藥籠至病家診治後向籠取藥或君臣未配或輕重失宜取而復置置而復取總以鄭重爲事此爲三折肱也又禮記云醫不三世不服其藥② 後註者多以世業之謂非也醫必父而子子而孫如是其業則精始服其藥若傳至曾元③ 更爲名醫矣其間賢者不待言其不肖④ 者若何因其世業而安心服其藥設爲所誤生死攸關雖愚者不爲也況醫道可通仙道遠數十百年偶出一豪傑之士聰明好學貫微徹幽然而上世並非醫者捨是人而必求所謂三世者有是理乎凡醫者必讀上古神農本草黃帝素問靈樞經及仲景傷

寒論三世之書方爲有本之學從而服藥庶無誤人三世者三世之書也漢儒謂神農本草黃帝素問元女脈訣爲三世之書⑤聊記以質博學之君子

① "三折肱"七字：语出《左传·定公十三年》。三，多次。对三折肱的理解，历来多有不同。
② "医不三世"八字：语出《礼记·曲礼下》。
③ 元："玄"的避讳字。指玄孙。以自身为第一代，玄孙则为第五代。
④ 不肖：不才；不正派。
⑤ "汉儒"二十字：唐代孔颖达为此句作疏时，曾引用前人的一种说法："三世者，一曰《黄帝针灸》，二曰《神农本草》，三曰《素女脉诀》，又云《夫子脉诀》。"《黄帝针灸》与《素女脉诀》或《夫子脉诀》已亡佚。

（三）

太平①崔默庵醫多神驗有一少年新娶未幾出痘徧身皆腫頭面如斗諸醫束手延默庵診之默庵診症苟不得其情必相對數日沈思反覆診視必得其因而後已診此少年時六脈平和惟稍虛耳驟不得其故時因肩輿②道遠腹餓卽在病者榻前進食見病者以手擘目觀其飮啖蓋目眶盡腫不可開合③也問思食否曰甚思之奈爲醫者戒余勿食何崔曰此症何礙於食遂命之食飮啖甚健愈不解久之視其室中牀榻桌椅漆器熏人忽大悟曰余得之矣亟命別遷一室以螃蟹數觔④生搗徧敷其身不一二日腫消痘現則⑤極順之症也蓋其人爲漆所咬他醫皆不識云

① 太平：地名。今安徽当涂。
② 肩舆：轿子。亦称平肩舆。此谓坐轿。
③ 开合：义偏于"开"。睁开。
④ 觔："斤"的异体字。
⑤ 则：乃是。

（四）

余初讀靈素諸書覺其經義淵深脈理錯雜每若望洋①意沮繼復併心壹志徧覽前賢註釋有所疑則鎮日②默坐苦思而力索之乃漸通五運六氣陰陽應象③之理每調氣度脈浪④決人生死亦時或有驗憶昔避兵鄉里對巷有吳某晨起方灑掃忽仆地不語移時⑤始醒延余診視仍能起坐接談按脈則勢急而銳眞有發如奪索⑥者蓋腎氣敗也危期當不越宿遽辭以出人咸不之信詎⑦日未昃⑧而氣絕矣又布商周某偶感微疾就余診視余曰今所患勿藥可愈惟按心脈⑨獨堅濕痰阻氣氣有餘卽是火火鬱不散當發癰時周腦後生細瘡累累若貫珠余曰君以⑩此無所苦一旦勃發爲害非淺亟宜愼之彼終不爲意及明春果以腦後毒發而死據此則憑脈決症似乎如響斯應矣豈知脈理微茫又有不可臆斷者余有戚某過余齋形色困憊詢知患咳經月⑪行動

氣喘故來求治診其脈至而不定如火薪然⑫ 竊訝其心精已奪草枯當死戚固寒士余以不便明言特贈二金⑬ 惟令安養時已秋半及霜寒木⑭落往探之而病已痊細思其故得毋來診時日已西沉行急而咳亦甚因之氣塞脈亂乃有此象歟然惟⑮ 於此而愈不敢自信矣

① 望洋：仰視貌。喻力不从心，无可奈何。亦作"望羊"、"望阳"等。
② 镇日：犹整天。
③ 阴阳应象：谓人体脏腑阴阳与四时五行阴阳的现象对应联系。
④ 浪：轻率。
⑤ 移时：过了一会。
⑥ 夺索：争夺之绳索。喻引长而坚劲之死肾脉。语出《素问·平人气象论》。
⑦ 讵(jù 巨)：至；到。
⑧ 昃(zè 仄)：日西斜。
⑨ 心脉：左手寸脉。
⑩ 以：有。
⑪ 经月：一个月。太阴历月亮经过一次朔望的标准时间。
⑫ 如火薪然：如同刚燃烧的火焰摇晃不定。《素问·大奇论》有"脉见如火薪然，是心精之予夺也，草干而死"句。薪，《太素》、《甲乙经》并作"新"，当是。然，同"燃"。
⑬ 二金：白银二两。
⑭ 木：树叶。
⑮ 惟：思。

〔提要〕 医话是中医著述载体之一，属于医学小品文。它随手笔录，不拘一格，形式多样，短小活泼，或夹叙夹议地说理，或扼要生动地述事，往往含义深刻，意味隽永。本文第一则节选自乾隆壬子(公元1792年)刊本《吴医汇讲·书方宜人共识说》。《吴医汇讲》由清代乾隆年间医家唐大烈主编。《书方宜人共识说》作者顾文烜，字雨田，号西畴，吴县(今属江苏)人，乾隆年间医家。文章要求医生书写药方医案，"字期清爽，药期共晓"，以免耽误病情。第二则选自1937年上海大东书局《中国医学大成》本《友渔斋医话》第二种《橘旁杂论·三折肱医不三世不服其药辨》。作者黄凯钧(公元1752～1820年)，字南薰，号退庵居士，嘉善(今属浙江)人，清代医家。文章对著名医学成语"三折肱知为良医"和"医不三世，不服其药"提出一家之言。第三则选自《中国医学大成》本《冷庐医话》卷二。作者陆以湉，字薪安，一字定圃，桐乡(今属浙江)人，晚清医家。文章说明唯有周密观察，用心思考，方能准确把握病因。第四则选自《中国医学大成》本《对山医话》卷一。作者毛对山，字祥麟，上海人，清末医家。文章通过自身经历，说明脉诊是决症的手段之一，但不可作为唯一的依据。

阅读实践 (14)

(一) 词语注释
①(我)侪 ②立异 ③矜奇 ④轻重 ⑤孟浪 ⑥(字)期 ⑦三折肱 ⑧(曾)元 ⑨

不肖 ⑩聊(记) ⑪未几 ⑫束手 ⑬骤(不得) ⑭肩舆 ⑮擘(目) ⑯开合 ⑰则(极顺) ⑱望洋 ⑲(意)沮 ⑳镇日 ㉑阴阳应象 ㉒浪(决人) ㉓移时 ㉔讵(日) ㉕(未)艮 ㉖以(此) ㉗经月 ㉘(薪)然 ㉙木(落) ㉚惟(于此)

（二）今译
1. 又有医人工于草书者医案人或不识所系尚无轻重
2. 医必父而子子而孙如是其业则精始服其药若传至曾元更为名医矣
3. 见病者以手擘目观其饮啖盖目眶尽肿不可开合也
4. 细思其故得毋来诊时日已西沉行急而咳亦甚因之气塞脉乱乃有此象欤然惟而愈不敢自信矣

（三）文意填空
1. 书写药方医案要求＿＿＿＿＿＿＿＿＿＿。
2. 作者认为三折肱的意思是＿＿＿＿＿＿，三世的意思是＿＿＿＿＿＿。
3. "默庵诊症苟不得其情必相对数日沈思反复诊视必得其因而后已诊此少年时六脉平和惟稍虚耳骤不得其故"其中表示病因的词语有＿＿＿＿、＿＿＿＿、＿＿＿＿。
4. "如火薪然"描绘＿＿＿＿＿＿脉象。

（四）阅读

尝读古方每有药味之下不注分两而于末一味下注各等分者今人误认为一样分两余窃不能无疑焉夫一方之中必有君臣佐使相为配合况药味有厚薄药质有轻重若分两相同吾恐驾驭无权难于合辙也即如地黄饮子之熟地菖蒲分两可同等乎天真丹之杜仲牵牛分两可同等乎诸如此类不一而足岂可以各等分为一样分两哉或曰子言是矣然则古人之不为注定而云各等分者何谓耶愚曰各者各别也古人云用药如用兵药有各品犹之将佐偏裨各司厥职也等者类也分类得宜如节制之师不致越伍而哗也分者大小不齐各有名分也惟以等字与上各字连读其为各样分两意自显然今以等字与下分字连读则有似乎一样分两耳千里之错失于毫厘类如是耳窃意先哲之不以分两明示后人者盖欲令人活泼泼地临证权衡毋胶柱而鼓瑟也窃以为古人之用心如此不揣愚陋敢以质诸高明（《吴医汇讲》卷八朱升恒《方药等分解》）

要求：
(1) 给上文标点
(2) 注释文中加点号的词语
(3) 文意填空
作者认为各等分的意思是＿＿＿＿＿＿＿＿＿＿。

十五、《汉书·艺文志》序及方技略

昔仲尼沒而微言絶①，七十子喪而大義乖②。故《春秋》分爲五③，《詩》分爲四④，《易》有數家之傳⑤。戰國從衡⑥，真僞分爭，諸子之言紛然殽亂⑦。至秦患之⑧，乃燔滅文章，以愚黔首。漢興，改秦之敗⑨，大收篇籍，廣開獻書之路。迄孝武世⑩，書缺簡脫，禮壞樂崩，聖上喟然而稱曰："朕甚閔焉⑪！"於是建藏書之策⑫，置寫書之官，下及諸子傳說，皆充秘府。至成帝時⑬，以書頗散亡，使謁者陳農求遺書於天下⑭。詔光祿大夫劉向校經傳、諸子、詩賦⑮，步兵校尉任宏校兵書⑯，太史令尹咸校數術⑰，侍醫李柱國校方技。每一書已，向輒條其篇目⑱，撮其指意⑲，錄而奏之。會向卒，哀帝復使向子侍中奉車都尉歆卒父業⑳。歆於是總羣書而奏其《七略》㉑，故有《輯略》，有《六藝略》，有《諸子略》，有《詩賦略》，有《兵書略》，有《術數略》，有《方技略》。今刪其要㉒，以備篇籍。

① 没：通"殁"。死亡。微言：含义深远精要的言论。

② 七十子：指孔子门下才德出众的一部分学生。传说孔子学生有三千人，其中七十二（一说七十七）人最优秀。七十子系举其成数而言。大义：指有关六经的要义。

③ "春秋"句：指注解《春秋》的有左丘明、公羊高、谷梁赤、邹氏、夹氏五家，今存前三家。

④ 诗分为四：指传解《诗经》的有鲁人毛亨及齐人辕固生、鲁人申培、燕人韩婴四家。今存毛氏一家，世称《毛诗》。

⑤ "易有"句：传注《易经》的有施仇、孟喜、梁丘贺等数家，今俱佚。

⑥ 从衡：同"纵横"。指战国时代七国之间纵横错杂的政治形势。

⑦ 诸子：指先秦的各派学者。殽乱：混乱。殽，"淆"的异体字。

⑧ 患：忧虑。

⑨ 败：弊。指秦始皇焚书等弊政。

⑩ 孝武：汉武帝刘彻。公元前141～前87年在位。

⑪ 闵：忧虑；担心。

⑫ 建策：公布。《周礼·天官·小宰》："小宰之职，掌建邦之宫刑。"郑玄注"建明布告之。"古代君王发布教令的文书。

⑬ 成帝：汉成帝刘骜，公元前32～前7年在位。成帝河平三年（公元前26年）八月，令陈农向天下求遗书。

⑭ 谒者：秦汉官名。主管接待宾客事宜。

⑮ 光禄大夫：秦汉官名。担任顾问应对等事。

⑯ 步兵校尉：汉代武官官名。管辖宫城卫队。

⑰ 数术：又称"术数"。此指天文、历法、占卜等书籍。

⑱ 条：分条列举。用作动词。

⑲ 指意：意向；要旨。刘向的这部分著作为《别录》，相当于后世的书目解题，原书已佚。

⑳ 侍中奉车都尉：汉代官名，皇帝近侍。掌御乘舆马，皇帝出巡时要随从奉侍。歆：刘歆。刘向之子。

㉑ 七略：刘歆所著，为我国最早的图书目录分类书。内容分：辑略（诸书的总要）、六艺略（经学、史学类）、诸子略（诸子百家类）、诗赋略（诗歌辞赋类）、兵书略（军事类）、数术略（天文、历法和占卜类）及方技略（医药卫生类）。原书已佚，其内容保存在班固的《汉书·艺文

㉒ 删：取；选取。

《黃帝內經》十八卷　　　　　《外經》三十七卷
《扁鵲內經》九卷　　　　　　《外經》十二卷
《白氏內經》三十八卷　　　　《外經》三十六卷
《旁篇》二十五卷

右醫經七家，二百一十六卷①。

醫經者，原人血脈、經落、骨髓、陰陽、表裏②，以起百病之本③，死生之分，而用度箴石湯火所施④，調百藥齊和之所宜⑤。至齊之得⑥，猶慈石取鐵⑦，以物相使。拙者失理，以瘉爲劇，以生爲死。

① 二百一十六卷：今计为一百七十五卷，与上列卷数不合。当是年代久远，传写脱误所致。
② 原：推原；探究根源。落，通"络"。
③ 起：阐发。
④ 用：用来。度（duó 夺）：揣度；估量。箴：同"针"。火：指灸法。
⑤ 齐（jì 剂）和：调配和洽。
⑥ 至齐之得：最好的药剂的功能。得，指取得的效果、作用。
⑦ 慈：通"磁"。

《五藏六府痹十二病方》三十卷　　《五藏六府疝十六病方》四十卷
《五藏六府癉十二病方》四十卷①　《風寒熱十六病方》二十六卷
《泰始黃帝扁鵲俞拊方》二十三卷　《五藏傷中十一病方》三十一卷
《客疾五藏狂顛病方》十七卷　　　《金瘡瘲瘛方》三十卷
《婦人嬰兒方》十九卷　　　　　　《湯液經法》三十二卷
《神農黃帝食禁》七卷

右經方十一家②，二百七十四卷③。

經方者，本草石之寒溫，量疾病之淺深，假藥味之滋④，因氣感之宜⑤，辯五苦六辛⑥，致水火之齊⑦，以通閉解結，反之於平⑧。及失其宜者，以熱益熱，以寒增寒，精氣內傷，不見於外，是所獨失也。故諺曰："有病不治，常得中醫⑨。"

① 癉（dān 单）：热病。
② 经方：古代对医药方书的统称。
③ 二百七十四卷：今计为二百九十五卷，与上列卷数不合。
④ 滋：汁液。指（药物）作用。
⑤ "因气感"句：依据气候感应的适宜（用药）情况。谓用药要考虑气候的不同，如天热要慎用热药，天寒当慎用寒药之类。参见《素问·六元正纪大论》。因，依据。
⑥ 辩：通"辨"。五苦六辛：指五脏六腑所适用的各种性味的药物。参见《儒门事亲·攻

⑦ 水火之齐：指寒凉与温热的药剂。
⑧ 反：同"返"。此谓恢复。平：正常。
⑨ 中医：中等水平的医生。

《容成陰道》二十六卷①　　　《務成子陰道》三十六卷
《堯舜陰道》二十三卷　　　　《湯盤庚陰道》二十卷
《天老雜子陰道》二十五卷②　《天一陰道》二十四卷③
《黃帝三王養陽方》二十卷　　《三家內房有子方》十七卷
右房中八家，百八十六卷④。

房中者，情性之極，至道之際⑤，是以聖王制外樂以禁內情⑥，而爲之節文⑦。傳曰⑧："先王之作樂，所以節百事也。"樂而有節，則和平壽考⑨。及迷者弗顧⑩，以生疾而殞性命。

① 容成阴道：房中术书名。容成，相传为黄帝的大臣，最早发明历法。阴道，古代房中术。
② 天老：相传为黄帝三公之一。
③ 天一：即天乙。成汤之名。
④ 百八十六卷：今计为一百九十一卷。以上所列八家之书均亡佚。
⑤ 际：会合。
⑥ 外乐：室外的音乐。内情：房中的情欲。
⑦ 节文：节制修饰。
⑧ 传：指《左传》。下文语见《左传·昭公元年》。
⑨ 和平寿考：气血平和，寿命长久。考，老。
⑩ 迷者：沉迷于声色的人。

《宓戲雜子道》二十篇①　　　《上聖雜子道》二十六卷
《道要雜子》十八卷　　　　　《黃帝雜子步引》十二卷
《黃帝岐伯按摩》十卷　　　　《黃帝雜子芝菌》十八卷
《黃帝雜子十九家方》二十一卷　《泰壹雜子十五家方》二十二卷②
《神農雜子技道》二十三卷　　《泰壹雜子黃冶》三十一卷③
右神僊十家④，二百五卷⑤。

神僊者，所以保性命之眞，而游求於其外者也⑥。聊以盪意平心⑦，同死生之域⑧，而無怵惕於匈中⑨。然而或者專以爲務，則誕欺怪迂之文彌以益多⑩，非聖王之所以教也⑪。孔子曰："索隱行怪，後世有述焉，吾不爲之矣⑫。"

① 宓戏：即伏羲。杂子道：神仙家修真养性以求长生的方法。
② 泰壹：即泰一。天神名。
③ 黄冶：冶炼丹砂之法。

④ 神僊：指神仙家养生术。僊，"仙"的异体字。
⑤ 二百五卷：今计为二百零一卷。以上所列十家之书，均亡佚。
⑥ 游求于其外：向身外大自然广求养生之道。
⑦ 盪意平心：净化意念，平定心境。盪，"荡"的异体字，洗涤。
⑧ "同死生"句：把死与生的区域视为相同。
⑨ 怵惕：恐惧。
⑩ 诞欺怪迂：荒诞欺诈怪异迂曲。
⑪ 教：教化。
⑫ "索隐行怪"三句：语出《礼记·中庸》。索隐行怪，求隐暗之事，行怪异之道。述，遵循。

　　凡方技三十六家，八百六十八卷①。
　　方技者，皆生生之具②，王官之一守也③。太古有岐伯、俞拊，中世有扁鹊、秦和，蓋論病以及國，原診以知政④。漢興有倉公。今其技術晻昧⑤，故論其書，以序方技爲四種⑥。

① 按以上所列，医经七家二百一十六卷，经方十一家二百七十四卷，房中八家百八十六卷，神仙十家二百零五卷，合得三十六家八百八十一卷，多十三卷。而按所列各书的卷数，计为三十六家，八百六十二卷，少六卷。
② 生生之具：使生命生长不息的工具。前一"生"字是使动词。
③ 王官：天子之官。守：职守；职务。
④ "论病"二句：谓最高明的医生根据诊察分析国君的病情，可以推论到国情政事。参见《国语·晋语》及《左传·昭公元年》关于医和视晋侯疾病的记载。
⑤ 晻昧：湮没；埋没。晻，"暗"的异体字。
⑥ 序：依次排列。四种：指以上所列医经、经方、房中、神仙四类书籍。

　　〔提要〕　本文选自1959年中华书局校点本《汉书·艺文志》。标题另加。作者班固（公元32～92年），字孟坚，扶风（今陕西咸阳）人，东汉著名史学家。他继承父亲班彪的遗愿，著述《汉书》，历时二十余年完成初稿。死后，由其妹班昭和同郡马续完成《天文志》和八表。《汉书》为我国第一部纪传体断代史，记载西汉自高祖刘邦元年（公元前206年）至王莽地皇四年（公元23年）二百余年间的历史，分十二纪、八表、十志、七十传，是研究西汉历史的重要资料。《艺文志》系据刘向父子的《别录》、《七略》著录而成，是我国现存最早的目录学文献。总序中概述秦汉以来图书典籍的播迁经历，记载刘向父子奉诏校书情况。《方技略》分医经、经方、神仙和房中四种，先列出书目，然后概括阐明其含义。所列书目，现已大都佚失，但从中可窥见当时医学著述已相当丰富。其中神仙、房中两种，应正确对待。

阅 读 实 践（15）

（一）词语注释
①（仲尼）没　②从衡　③燔（灭）　④（之）败　⑤书（缺）　⑥简（脱）　⑦闵（焉）　⑧诏

(光禄大夫) ⑨条(其篇目) ⑩会(向卒) ⑪卒(父业) ⑫删(其要) ⑬右(医经) ⑭原(人血脉) ⑮起(百病) ⑯用(度) ⑰度(箴石) ⑱假(药味) ⑲因(气感) ⑳辩(五苦) ㉑反(之) ㉒及(失) ㉓中医 ㉔(之)际 ㉕节文 ㉖寿考 ㉗怵惕 ㉘(怪)迂 ㉙索隐行怪 ㉚(有)述 ㉛(一)守 ㉜(原)诊 ㉝晻昧 ㉞序(方技)

(二) 今译

1. 战国从衡，真伪分争，诸子之言纷然殽乱。至秦患之，乃燔灭文章，以愚黔首。

2. 每一书已，向辄条其篇目，撮其指意，录而奏之。会向卒，哀帝复使向子侍中奉车都尉歆卒父业。

3. 医经者，原人血脉、经落、骨髓、阴阳、表里，以起百病之本，死生之分，而用度箴石汤火所施，调百药齐和之所宜。

4. 经方者，本草石之寒温，量疾病之浅深，假药味之滋，因气感之宜，辩五苦六辛，致水火之齐，以通闭解结，反之于平。

(三) 文意填空

1. 从本文可知，西汉曾组织人力系统地整理古代书籍。先后全面负责这一工作的是_____和_____。_____汇总群书编写我国最早的目录学著作《七略》，即辑略、_____、_____、_____、_____、_____。但其书已佚，东汉班固在此书的基础上，写出我国现存最早的目录学文献_____。

2. 《方技略》包括_____、_____、_____、_____四种。《术数略》中的"术数"指_____一类的书。

3. 从本文可知，西汉成帝时，奉诏负责校勘医书的人是侍医_____。

4. "至秦患之"的"之"、"朕甚闵焉"的"焉"，均用作指示代词。其中"之"指代_____，"焉"指代_____。

5. "诏"作为共用述语，其意不仅局限于"光禄大夫刘向校经传、诸子、诗赋"句内，而且贯通至_____、_____、_____数句中。

(四) 阅读

顷余之旧契读孟坚汉书艺文志载五苦六辛之说而颜师古辈皆无注解渠特以问余余顾其内经诸书中亦不见其文既相别矣乘蹇且十里外飒然而悟欲复回以告予之旧契已归且远乃令载之以示来者夫五者五脏也脏者里也六者六腑也腑者表也病在里者属阴分宜以苦寒之药涌之泄之病在表者属阳分宜以辛温之剂发之汗之此五苦六辛之意也颜师古不注盖阙其疑也乃知学不博而欲为医难矣余又徐思五积六聚其用药亦不外于是夫五积在脏有常形属里宜以苦寒之药涌之泄之六聚在腑无常形属表宜以辛温之药发之汗之与前五苦六辛亦合亦有表热而可用柴胡之凉者犹宜热而行之里寒而可用姜附之热者犹宜寒而行之余恐来者不明内经发表攻里之旨故并以孟坚五苦六辛之说附于卷末 (金·张从正《儒门事亲·攻里发表寒热殊途笺》)

要求：

(1) 给上文标点
(2) 注释文中加点号的词语
(3) 今译文中加横线的句子

十六、《伤寒论》序

　　余每覽越人入虢之診、望齊侯之色，未嘗不慨然嘆其才秀也①。怪當今居世之士，曾不留神醫藥②，精究方術，上以療君親之疾，下以救貧賤之厄，中以保身長全，以養其生。但競逐榮勢，企踵權豪③，孜孜汲汲④，惟名利是務，崇飾其末⑤，忽棄其本⑥，華其外而悴其內。皮之不存，毛將安附焉⑦？卒然遭邪風之氣，嬰非常之疾，患及禍至，而方震慄。降志屈節，欽望巫祝⑧，告窮歸天⑨，束手受敗。賫百年之壽命⑩，持至貴之重器⑪，委付凡醫，恣其所措。咄嗟嗚呼！厥身已斃，神明消滅，變爲異物⑫，幽潛重泉，徒爲啼泣。痛夫！舉世昏迷，莫能覺悟，不惜其命，若是輕生，彼何榮勢之云哉？而進不能愛人知人⑬，退不能愛身知己，遇災值禍，身居厄地，蒙蒙昧昧，惷若游魂⑭。哀乎！趨世之士，馳競浮華，不固根本，忘軀徇物⑮，危若冰谷⑯，至于是也！

① 才秀：才能出众。
② 曾(zēng 增)：竟然。
③ 企踵：踮起脚跟。意为仰慕。
④ 孜孜汲汲：急急忙忙迫不及待的样子。孜孜，亦作"孳孳"、"滋滋"，努力不倦的样子。
⑤ 崇饰：修饰。末：枝节。此指名利荣势。
⑥ 忽弃：轻弃。本：根本。此指身体。
⑦ "皮之不存"二句：语出《左传·僖公十四年》。
⑧ 巫祝：古代从事所谓通鬼神的职业者。
⑨ 归天：归属命运。
⑩ 赍(jī 肌)：持。
⑪ 重器：宝贵的器物。此喻身体。
⑫ 异物：指死亡的人。
⑬ 进：谓居官位。下文"退"义反此。
⑭ 惷："蠢"的异体字。游魂：游荡的鬼魂。喻苟延残喘的无用之人。
⑮ 徇物：追求身外之物。徇，营求。
⑯ 冰谷：薄冰和深谷。喻险境。语本《诗·小雅·小宛》。

　　余宗族素多，向餘二百。建安紀年以來①，猶未十稔②，其死亡者，三分有二，傷寒十居其七。感往昔之淪喪，傷橫夭之莫救③，乃勤求古訓④，博采衆方，撰用《素問》、《九卷》、《八十一難》、《陰陽大論》、《胎臚藥錄》⑤，并平脈辨證⑥，爲《傷寒雜病論》，合十六卷。雖未能盡愈諸病，庶可以見病知源。若能尋余所集⑦，思過半矣⑧。

① 建安:汉献帝刘协的年号(公元196~219年)。纪年:即纪元。从汉武帝开始,我国历代封建王朝均以帝皇的年号记算年代。
② 稔(rěn 忍):本义为谷物成熟。古代谷物一年一熟,所以也以"稔"为"年"。
③ 横夭:意外早死。亦作"夭横"。
④ 古训:前代圣王留下的著作。亦作"故训"。此指古代留下的医学著作。
⑤ 撰:通"选"。选择。九卷:又名《针经》,今指《灵枢》。八十一难:古医经名,今指《难经》。阴阳大论:古医经名,今佚。胎胪药录:古医经名,今佚。
⑥ 平:通"辨"。辨别。
⑦ 寻:探究。
⑧ 思过半:谓收益多。语出《周易·系辞下》。

夫天布五行,以運萬類;人稟五常①,以有五藏。經絡府俞②,陰陽會通;玄冥幽微③,變化難極。自非才高識妙④,豈能探其理致哉⑤?上古有神農、黃帝、岐伯、伯高、雷公、少俞、少師、仲文⑥,中世有長桑、扁鵲,漢有公乘陽慶及倉公。下此以往,未之聞也。觀今之醫,不念思求經旨,以演其所知⑦,各承家技,終始順舊。省病問疾,務在口給⑧;相對斯須,便處湯藥。按寸不及尺,握手不及足;人迎趺陽⑨,三部不參⑩;動數發息,不滿五十⑪。短期未知決診⑫,九候曾無髣髴⑬;明堂闕庭⑭,盡不見察。所謂窺管而已。夫欲視死別生⑮,實爲難矣!

孔子云:生而知之者上,學則亞之⑯。多聞博識,知之次也⑰。余宿尚方術,請事斯語。

① 五常:五行之常气。
② 府俞:气府腧穴。府,经气聚会之处。俞,通"腧",脉气灌注之处。
③ 玄冥幽微:指人体生理和病理变化的玄妙隐晦、幽深奥秘。
④ 自非:如果不是。
⑤ 理致:道理要旨。
⑥ 岐伯:岐伯及伯高等六人,相传都是黄帝时名医。
⑦ 演:推衍;扩大。
⑧ 口给(jǐ 己):口才敏捷。给,足,谓言辞不穷。
⑨ 人迎:在结喉两侧,指颈动脉。趺阳:指足背前胫动脉。
⑩ 三部:指寸口、人迎和趺阳三部脉象。
⑪ "动数发息"二句:谓诊察脉象时,候脉的搏动次数不满五十动。古代认为诊脉不满五十动为失诊。参见《灵枢·根结》。
⑫ 短期:病危将死之期。
⑬ 九候:据《素问·三部九候论》,指头部两额、两颊和耳前,中部寸口、合谷和神门,下部内踝后、大趾内侧和大趾与次趾之间等九处的动脉。据《难经·十八难》,又指寸、关、尺三

部以浮、中、沉取,合称九候。髣髴:又作彷佛、仿佛。谓印象模糊。

⑭ 明堂:指鼻子。阙:两眉之间。庭:额。

⑮ 视:辨别。

⑯ "生而"二句:语本《论语·季氏》。

⑰ "多闻"二句:语本《论语·述而》。博识(zhī 志),广记。知,通"智"。

〔提要〕 本文选自明代赵开美本《伤寒论》。作者张机(约公元 150～219 年),字仲景,南郡涅阳(今河南南阳)人,东汉末著名医学家,相传曾任长沙太守,世称"张长沙"。东汉末年,战乱频仍,疫病流行。张仲景"伤横夭之莫救",于是"勤求古训,博采众方",结合自己的临床实践,撰写著名的《伤寒杂病论》。序文首先指出医药的重大作用,严肃批评当时士大夫轻视医药,务求名利而舍本逐末的错误倾向;接着说明自己撰写《伤寒杂病论》的原因、经过和愿望;最后谆谆规劝医生要重视医德修养,技术应精益求精,切忌固步自封,草率从事。表达了作者强烈的爱憎感情和"多闻博识"致力于医学的决心。寓意深远,发人深思。

阅 读 实 践 (16)

(一) 词语注释

①(才)秀 ②曾(不) ③企踵 ④孜孜汲汲 ⑤卒然 ⑥婴(非常) ⑦钦(望) ⑧赍(百年) ⑨厥(身) ⑩异物 ⑪重泉 ⑫举(世) ⑬进(不能) ⑭退(不能) ⑮游魂 ⑯徇(物) ⑰冰谷 ⑱向(余) ⑲(十)稔 ⑳沦(丧) ㉑横夭 ㉒撰(用) ㉓平(脉) ㉔庶(可以) ㉕寻(余) ㉖思过半 ㉗自非 ㉘理致 ㉙演(其) ㉚口给 ㉛相(对) ㉜短期 ㉝髣髴 ㉞见(察) ㉟窥管 ㊱视(死) ㊲亚(之) ㊳(博)识 ㊴尚(方术) ㊵事(斯语)

(二) 今译

1. 卒然遭邪风之气,婴非常之疾,患及祸至,而方震栗。降志屈节,钦望巫祝,告穷归天,束手受败。

2. 虽未能尽愈诸病,庶可以见病知源。若能寻余所集,思过半矣。

3. 经络府俞,阴阳会通;玄冥幽微,变化难极。自非才高识妙,岂能探其理致哉?

4. 孔子云:生而知之者上,学则亚之。多闻博识,知之次也。余宿尚方术,请事斯语。

(三) 文意填空

1. 在"崇饰其末,忽弃其本,华其外而悴其内。皮之不存,毛将安附焉"中,"末"、"外"、"毛"表示_____,"本"、"内"、"皮"表示_____。

2. "感往昔之沦丧,伤横夭之莫救"表明张仲景撰写《伤寒杂病论》的_____。

3. "余宿尚方术,请事斯语"中的"斯语"具体指_____。

(四) 阅读

脉理精微其体难辨弦紧浮芤展转相类在心易了指下难明谓沉为伏则方治永乖以缓为迟则危殆立至况有数候俱见异病同脉者乎夫医药为用性命所系和鹊至妙犹或加思仲景明审亦

候形证一毫有疑则考校以求验故伤寒有承气之戒呕哕发下焦之问而遗文远旨代寡能用旧经秘述奥而不售遂令末学昧于原本互滋偏见各逞己能致微痾成膏肓之变滞固绝振起之望良有以也今撰集岐伯以来逮于华佗经论要诀合为十卷百病根原各以类例相从声色证候靡不赅备其王阮傅戴吴葛吕张所传异同咸悉载录诚能留心研穷究其微赜则可以比踪古贤代无夭横矣（晋·王叔和《脉经·序》）

要求：
(1) 给上文标点
(2) 注释文中加点号的词语
(3) 今译文中加横线的句子

十七、《内经知要》序

古云：爲人子者，不可以不知醫。此言似乎專指孝友中之一端而言之者也。何也？夫人之稟體毋論，其他六淫戕其外，七情賊其中，苟不知節，鮮不病且殆也。爲人子者，可以父母、伯叔、兄弟、妻子及諸眷屬付之庸醫之手乎？故不可不自知之。然知之爲知之則可，若強不知以爲知，不如無知。從來僨事①，皆屬一知半解之流。而不知奴隸之夫、乳臭之子，一朝而苟得權勢，徵倖而世擁多貲②，便肆其驕慢之氣，役醫如吏，藐醫如工，家有病人，遂促其調治，並以生死之權責成之，初不聞扁鵲有云"臣能使之起，不能使之復生"乎？在醫者亦不思往古分醫爲十四科，使其各治一科爲專科，志在濟人。今則率皆相習成風，趨炎奔競，其志不過噉名謀食而已③，豈不卑哉？要知此道之源，出自軒皇君臣，以羲皇一畫之旨，終日詳論世人疾病之所以然，垂教天下後世以治法之所當然。而藥物則又出乎炎帝，躬行閱歷④，察四時山川水土之宜，考五金八石之性⑤，嘗水陸草木之味，以定其有毒無毒、寒熱溫平、攻補緩急之用。相傳各有遺書，軒皇者曰《素問》，曰《靈樞》，炎帝者曰《本草》。《素問》自王冰註後，嗣出者不下數十餘家；《本草》自陶氏《別錄》外，歷代以來，何止汗牛充棟？無奈時師心喜實身於時路⑥，茫茫然朝值衙門，退候縉紳，酬應鄉黨，惟恐一人不悅，則謗端百出，飛禍無窮，所以無日不卑躬屈節，寢食俱廢，豈有餘日孳孳於誦讀者哉⑦？以故卷帙繁多，如李時珍、張介賓之所集，罔弗望涯而退⑧，奚能念及此言似乎專指孝友中之一端而發者，捫心惝怳⑨，務必旁通一貫，由親親而兼及於仁民耶⑩？

① 僨（fèn 奋）事：败事。
② 貲："资"的异体字。
③ 噉名：好名；贪名。噉，"啖"的异体字。
④ 躬行阅历：亲自实践。阅历，经历。

⑤ 八石：道家炼丹的八种石质原料：丹砂、雄黄、雌黄、空青、硫黄、云母、戎盐、硝石。
⑥ "无奈"句：无奈当时学医的人都喜欢追随当时风尚流习。时师，当世的儒者。寘，"置"的异体字。时，时尚。
⑦ 孳孳：同"孜孜"。勤勉不懈的样子。
⑧ "罔弗"句：没有不沾边就走的。意为望卷退缩，不肯就读。罔，无。涯，边。
⑨ 惝怳(chǎng huǎng 敞谎)：亦作"惝恍"。模糊不清。
⑩ "亲亲"八字：意为从爱护父母同时扩及到爱护人民。语本《孟子·尽心上》。前一"亲"字用作动词。

　　余久遭老憊，自丙子歲後①，竟作退院老僧②，絕口不談此道矣。一日偶然憶及雲間李念我先生所輯諸書③，惟《內經知要》比余向日所輯《醫經原旨》尤覺近人，以其僅得上下兩卷，至簡至要，方便時師之不及用功於雞聲燈影者④，亦可以稍有準則於胸中也。叩之書賈，僉云其板已沒久矣⑤，遂嗾余爲之重刊⑥。惜乎書可補讀，理可漸明，其如籠中藥物悉非古之道地所產、及時採取者矣！醫豈易知而易爲者哉？然亦不可不知者也。
　　乾隆甲申夏日⑦，牧牛老朽薛雪書，時年八十又四。
① 丙子岁：此指公元1756年。
② 退院老僧：薛氏晚年曾以山林隐逸被征入京，可见其老年隐退之实。退，离开。
③ 云间：松江(今属上海市)的古称。
④ 鸡声灯影：指代早晚。
⑤ 佥(qiān 千)：众；皆。
⑥ 嗾(sǒu 叟)：怂恿。
⑦ 乾隆甲申：指乾隆二十九年，即公元1764年。

〔提要〕　本文选自光绪十二年(公元1886年)江阴宝文堂版《内经知要》。作者薛雪(公元1681～1770年)，字生白，号一瓢，晚年自号牧牛老朽，吴县(今属江苏)人，清代著名医学家。本序劝人知医。先言孝敬父母、友爱兄弟者当知医；次论学医者宜戒置身"时路"，当由"亲亲"而扩及"仁民"；后述欲知医者，当读"至简至要"的《内经知要》。

阅 读 实 践（17）

（一）词语注释
①孝友　②(一)端　③偾事　④一朝　⑤初(不)　⑥率(皆)　⑦啜名　⑧躬行　⑨嗣(出)　⑩时师　⑪时(路)　⑫茫茫　⑬缙绅　⑭乡党　⑮孳孳　⑯惝怳　⑰亲亲　⑱鸡声灯影　⑲佥(云)　⑳嗾(余)

（二）今译
1. 夫人之禀体毋论，其他六淫戕其外，七情贼其中，苟不知节，鲜不病且殆也。
2. 今则率皆相习成风，趋炎奔竞，其志不过啜名谋食而已，岂不卑哉？

3. 无奈时师心喜寘身于时路，茫茫然朝值衙门，退候缙绅，酬应乡党，惟恐一人不悦，则谤端百出，飞祸无穷，所以无日不卑躬屈节，寝食俱废，岂有余日孳孳于诵读者哉？

（三）阅读

李先生士材博异之士也隐于岐黄家号为能生死人其弟子惧其业不见于后也请论立一家之言以垂示智者士材曰我何论哉病之出也如人面之不同约而取其源上士见之则轶而独出中材者守而流绝矣繁而理其委上士苦其盘碎中材者炫其歧绪则智由此惑矣其害皆足以杀人我何论哉虽然尝求之于往始自黄帝内经以至东垣丹溪操笔下意者无虑数百家人人之言殊是何为者有读之而未必行行之而不合者矣此殆非作者之失而后师不知习业者之失也夫内经者原本情性参合阴阳视晚近为约而其引源未始不烦譬之前识既立而后智力从之内经之言识也虽不及智力然而识之所及者广矣（节选自《医宗必读》明·夏元彝序）

要求：
(1) 给上文标点
(2) 注释文中加点号的词语
(3) 今译文中加横线的句子

十八、《新修本草》序

盖闻天地之大德曰生①，运阴阳以播物②；含灵之所保曰命，资亭育以尽年③。蛰穴栖巢，感物之情盖寡④；范金揉木⑤，逐欲之道方滋。而五味或爽⑥，时昧甘辛之节；六气斯沴⑦，易愆寒燠之宜⑧。中外交侵⑨，形神分战。饮食伺衅⑩，成肠胃之眚⑪；风湿候隙，遘手足之灾⑫。几缠肤腠⑬，莫知救止⑭；渐固膏肓⑮，期於夭折。暨炎晖纪物⑯，识药石之功；云瑞名官⑰，穷诊候之术。草木咸得其性，鬼神无所遁情。刳麝剌犀⑱，驱泄邪恶；飞丹炼石⑲，引纳清和⑳。大庇苍生，普济黔首。功侔造化㉑，恩迈财成㉒。日用不知㉓，於今是赖。岐、和、彭、缓㉔，腾绝轨於前㉕；李、华、张、吴㉖，振英声於後。昔秦政燔燧，兹经不预㉗，永嘉丧乱㉘，斯道尚存。

①"天地"七字：语出《周易·系辞下》。生：谓化生万物。
② 播：播种。此谓繁殖。
③ 资：凭借；依靠。亭育：抚育。亭，养育。年：自然的寿数。
④ 感物之情：谓对物质生活的需求。
⑤ 范金揉木：用模子浇铸金属，使木材弯曲以制造耕具。谓人类已能从事农耕和使用金属。范，用模型铸造，用作动词。揉，使木变形，直木使曲，曲木使直，皆为揉。
⑥ 或：句中语气词，无义。爽：败坏；伤害。
⑦ 六气斯沴(lì 利)：六气不和。即"六沴"。斯，句中语气词，无义。沴，相克相乱。
⑧ 愆(qiān 千)：失去。燠(yù 欲)：热。

⑨ 中外：指内邪和外邪。
⑩ 釁：间隙；缝隙。
⑪ 眚(shěng 省)：指病患。
⑫ 遘：通"构"。造成。
⑬ 幾：始。
⑭ 救止：拯救；救疗。止，已，疗。
⑮ 渐：始。固：执着。谓深入。
⑯ 暨：及；到。炎晖：神农氏。纪物：记录药物。指撰写《神农本草》。纪，通"记"。
⑰ 云瑞名官：相传黄帝出，有祥云相应，遂以云命名百官。见《左传·昭公十七年》及《史记·五帝本纪》。此谓黄帝与岐伯等众官研讨医事。云瑞，指黄帝。
⑱ 刳麝剸(tuán 团)犀：挖取麝香，截断犀角。今临床禁用麝香与犀角。
⑲ 飞丹炼石：水飞丹砂，火炼金石。泛指炮制药物。
⑳ 引纳清和：收纳清静平和之气。
㉑ 侔(móu 谋)：等同。造化：指创造化育万物的天地。
㉒ 迈：超越。财成：指筹谋成全万物的帝王。语出《周易·泰卦》。财，通"裁"，筹划。
㉓ 日用不知：谓天天用它却不知它的功效。语出《周易·系辞上》。
㉔ 彭：指上古名医巫彭。相传巫彭创制丸药。
㉕ "腾绝轨"句：在前代创造了优异卓绝的事业。绝轨，义同"绝迹"，指卓绝的功绩。
㉖ 李：似指东汉时蜀医李助，号翁君，与郭玉齐名，著有《经方颂说》，已佚。吴：指吴普。
㉗ 预：参预；牵涉。
㉘ 永嘉：西晋怀帝司马炽的年号。永嘉五年（公元 311 年）匈奴贵族刘聪举兵攻破晋都洛阳，俘怀帝，烧掠宫殿和图籍，史称"永嘉之乱"。

梁陶宏景雅好攝生①，研精藥術。以爲《本草經》者，神農之所作，不刊之書也②。惜其年代浸遠③，簡編殘蠹，與桐、雷衆記④，頗或踳駁⑤。興言撰緝⑥，勒成一家⑦，亦以雕琢經方，潤色醫業。然而時鍾鼎峙⑧，聞見闕於殊方⑨；事非僉議⑩，詮釋拘於獨學⑪。至如重建平之防己⑫，棄槐里之半夏⑬。秋采榆人⑭，冬收雲實⑮。謬梁米之黃、白⑯，混荆子之牡、蔓⑰。異繁縷於雞腸⑱，合由跋於鳶尾⑲。防葵、狼毒，妄曰同根⑳；鉤吻、黃精，引爲連類㉑。鉛錫莫辨，橙柚不分。凡此比例㉒，蓋亦多矣。自時厥後㉓，以迄於今，雖方技分鑣㉔，名醫繼軌，更相祖述㉕，罕能釐正㉖。乃復採杜蘅於及己㉗，求忍冬於絡石㉘；捨陟釐而取荓藤㉙，退飛廉而用馬薊㉚。承疑行妄，曾無有覺，疾瘵多殆，良深慨嘆。

① 雅好：一向爱好。雅，平素。
② 不刊：不能改动。刊，削除。古人书于竹简，有误即以刀删削。
③ 浸：逐渐。
④ 桐、雷众记：指桐君、雷公等人的著述。相传桐、雷两人都是黄帝时医官，分别著有《药录》和《药对》，均已佚。

⑤ 踳(chǔn 蠢)驳：错误杂乱。
⑥ 兴言：立言。缉：补缀。
⑦ 勒：刻；编写。一家：有独到见解、自成体系的学术著作。这里指《神农本草经集注》。
⑧ 锺：当。鼎峙：指南北朝时天下不统一，如鼎足峙立。
⑨ 阙于殊方：当时陶宏景偏处江南，不谙北方的药物，故云。殊方，异域。
⑩ 佥：众人。
⑪ 独学：个人的学识。
⑫ 重：推崇。建平：郡名。今四川巫山。防己：药名。有汉防己、木防己之分。此指木防己。因陶氏未见产于汉中郡的防己。
⑬ 槐里：地名。今陕西兴平东南。
⑭ 榆人：即榆树的果实榆仁。榆实三月成熟即坠落，陶氏误以八月采实。人，通"仁"。
⑮ 云实：豆科植物。晚秋采摘，陶氏误为冬收。
⑯ "谬梁米"句：梁米有黄白之分。黄梁米食之香美，人称竹根黄，而陶氏误以襄阳竹根黄为白梁米。
⑰ "混荆子"句：牡荆实和蔓荆实的功效不同，而陶氏误认为牡荆子即小的蔓荆子。
⑱ "异繁缕"句：繁缕又名鸡肠草，即鹅儿不食草，民间通谓鸡肠，文士总称繁缕。陶氏误分为两种。
⑲ "合由跋"句：陶氏误把莺尾科植物莺尾根，说成是天南星科植物由跋。
⑳ "防葵"二句：陶氏误认为伞形科植物防葵与瑞香科植物狼毒属同一根类。又说置水中沉者为狼毒，浮者是防葵。
㉑ "钩吻"二句：马钱科植物钩吻与百合科植物黄精，初生时叶子和茎、花都不同，陶氏未加细别。连类，同类。
㉒ 比例：近似的事例。
㉓ 自时：自此；从此。时，通"是"。
㉔ 方技分镳(biāo 标)：谓医学与本草学的研究分头进行。分镳，犹言分道扬镳。镳，马勒口。
㉕ 祖述：师法前人，加以陈述。
㉖ 釐正：订正；改正。釐，"厘"的异体字。
㉗ "采杜蘅"六字：杜蘅属马兜铃科植物，别名马蹄香。《新修本草》指出："今俗以及己代之，谬矣。"及己是金粟兰科植物，"殊无芳气，有毒，服之令人吐，惟疗疮疥，不可乱杜蘅也。"
㉘ "求忍冬"句：络石即络石藤，属夹竹桃科藤本植物。《新修本草》指出：忍冬(即金银花)"今人或以络石当之，非也。"
㉙ 陟厘：蕨类植物，又名石发，云可止痢。荊藤：不详。
㉚ 退：去掉。飞廉：菊科植物，形似蓟。《本草纲目》谓飞廉"俗方殆无用"者。马蓟(jì 计)：大蓟、小蓟的别名。

既而朝議郎行右監門府長史騎都尉臣蘇敬①，撫陶氏之乖違②，辨俗用之紕紊，遂表請修定③，深副聖懷④。乃詔太尉揚州都督監修國史上柱國趙國公臣無忌、太中大夫行尙藥奉御臣許孝崇等二十二人⑤，與蘇敬詳撰。竊以動植形生⑥，因方舛性⑦；春秋節變，感氣殊功。離其本土，則質同而效異；乖於采摘，乃物是而時非。名實既爽⑧，寒溫多謬。用之凡庶，其欺已甚；施之君父，逆莫大焉。於是上稟神規⑨，下詢衆議，普頒天下，營求藥物。羽、毛、鱗、介⑩，無遠不臻；根、莖、花、實，有名咸萃⑪。逐乃詳探秘要，博綜方術。《本經》雖闕，有驗必書；《別錄》雖存，無稽必正。考其同異，擇其去取。鉛翰昭章⑫，定羣言之得失；丹青綺煥⑬，備庶物之形容。撰本草幷圖經、目錄等，凡成五十四卷。庶以網羅今古，開滌耳目，盡醫方之妙極，拯生靈之性命，傳萬祀而無昧，懸百王而不朽⑭。

① 朝议郎：唐代官名。正六品上。行：唐代官制，凡官阶品级高于所任职事品级者，在职事官名前加"行"字，反之，则加"守"字。右监门府长史：唐代官名。从七品上。协助管理官殿门卫等事务。骑都尉：唐代第八等军功勋号。苏敬：唐代药物学家。宋代因避宋太祖赵匡胤家讳，改称"苏恭"。

② 摭(zhí 直)：检取。

③ 表：谓上表。给皇帝上奏章。

④ 副：符合。圣怀：指皇帝的心意。

⑤ 太尉：官名。唐代优礼大臣的最高官衔。都督：官名。唐初掌管州内兵马等的官吏。监修国史：领衔编修史书，实际上不参与具体编写工作。上柱国：唐代一等功勋的称号。赵国公：长孙无忌的封爵。他是唐代开国大臣，后因反对唐高宗立武则天为皇后，被放逐于黔州（今四川黔江一带）而自杀。太中大夫：唐代从四品下的文官。尚药奉御：唐代中央官署殿中省下尚药局设尚药奉御二人（正五品下），主管御医。许孝崇：唐代医药学家，著有《箧中方》三卷，已佚。

⑥ 形生：形态和禀性。生，通"性"。

⑦ 方：地方。指产地。

⑧ 爽：不符合。

⑨ 稟：秉承；遵循。神规：指皇帝的意图。

⑩ 羽：指鸟类。毛：指兽类。鱗：指鱼类。介：指甲虫类。

⑪ 萃：聚集；收集。

⑫ 铅翰：书写用的笔墨。此指代文词。铅，指铅粉；翰，指毛笔。昭章：清楚明白。同义词复用。

⑬ 丹青：古代绘画时常用之色。指代图画。《新修本草》附有药物形态的图谱。绮焕：美好鲜明。

⑭ 悬：传布。百王：历代帝王。此指百世。

〔提要〕 本文选自1981年安徽科学技术出版社辑复本《新修本草》。作者孔志约，唐初人，曾任礼部郎中兼弘文馆学士，参加《新修本草》一书的编纂，此外还著有《本草音义》二十卷，已佚。《新修本草》（又称《唐本草》）共收药850种，是世界上最早的国家药典。此书到北宋时渐散佚，但基本内容保存于宋代的《经史证类备急本草》中。序文简述药物学的起源、发展及其重要作用，评价《本草经集注》的成就、不足及其影响，指出后世承疑行妄、用药紊乱的现象亟须纠正,说明本书的编写原则及其过程。此文虽属骈偶文体,但不尚雕琢堆砌,遣词用典也较朴实。

阅 读 实 践 (18)

(一) 词语注释

①播(物) ②亭育 ③范(金) ④(或)爽 ⑤(斯)沴 ⑥(易)愆 ⑦(寒)燠 ⑧(伺)衅 ⑨(之)眚 ⑩遘(手足) ⑪暨(炎晖) ⑫(功)侔 ⑬财(成) ⑭(不)预 ⑮雅(好) ⑯不刊 ⑰浸(远) ⑱踳驳 ⑲勒(成) ⑳(时)钟 ㉑金(议) ㉒(揄)人 ㉓连类 ㉔比例 ㉕(自)时 ㉖分镳 ㉗祖述 ㉘釐正 ㉙撷(陶氏) ㉚(深)副 ㉛(既)爽 ㉜凡庶 ㉝(咸)萃 ㉞铅翰 ㉟丹青 ㊱庶(物) ㊲(万)祀 ㊳悬(百王)

(二) 今译

1. 蛰穴栖巢,感物之情盖寡;范金揉木,逐欲之道方滋。而五味或爽,时昧甘辛之节;六气斯沴,易愆寒燠之宜。

2. 大庇苍生,普济黔首。功侔造化,恩迈财成。日用不知,于今是赖。

3. 梁陶宏景雅好摄生,研精药术。以为《本草经》者,神农之所作,不刊之书也。惜其年代浸远,简编残蠹,与桐、雷众记,颇或踳驳。

4. 庶以网罗今古,开涤耳目,尽医方之妙极,拯生灵之性命,传万祀而无昧,悬百王而不朽。

(三) 文意填空

1. "炎晖纪物,识药石之功"中的"炎晖"指_____。"秦政煨燔,兹经不预"中的"秦政"指_____。

2. 在"羽、毛、鳞、介,无远不臻"中,"羽"指_____类,"毛"指_____类,"鳞"指_____类,"介"指_____类。

3. 在"铅翰昭章,定群言之得失;丹青绮焕,备庶物之形容"中,"铅翰"本指书写用的笔墨,此指_____;"丹青"本指古代绘画常用的两种颜料,后泛指绘画艺术,此指_____。

(四) 阅读

楚蕲阳李君东璧一日过予弇山园谒予留饮数日予窥其人晬然貌也癯然身也津津然谭议也真北斗以南一人解其装无长物有本草纲目数十卷谓予曰时珍荆楚鄙人也幼多羸疾质成钝椎长耽典籍若啖蔗饴遂渔猎群书搜罗百氏凡子史经传声韵农圃医卜星相乐府诸家稍有得处辄著数言古有本草一书自炎皇及汉梁唐宋下迨国朝注解群氏旧矣第其中舛谬差讹遗漏不可枚数乃敢奋编摩之志僭纂述之权岁历三十稔书考八百余家稿凡三易复者芟之阙者缉之讹者绳之旧本一千五百一十八种今增药三百七十四种分为一十六部著成五十二卷虽非集成亦粗大备僭名曰本草纲目愿乞一言以托不朽予开卷细玩每药标正名为纲附释名为目正始也次以集解辨疑正误详其土产形状也次以气味主治附方著其体用也上自坟典下及传奇凡有相关靡不备采如入金谷之园种色夺目如登龙君之宫宝藏悉陈如对冰壶玉鉴毛发可指数也博而不繁详而有要综核究竟直窥渊海兹岂仅以医书觏哉实性理之精微格物之通典帝王之秘箓臣民之重宝也李君用心嘉惠何勤哉(节选自《本草纲目》明·王世贞序)

要求:
(1) 给上文断句
(2) 注释文中加点号的词语
(3) 今译文中加横线的句子

十九、《黄帝内经素问注》序

夫釋縛脫艱，全眞導氣，拯黎元於仁壽①，濟羸劣以獲安者，非三聖道，則不能致之矣。孔安國序《尚書》曰②："伏羲、神農、黄帝之書，謂之三墳，言大道也。"班固《漢書·藝文志》曰："《黄帝内經》十八卷。"《素問》即其經之九卷也，兼《靈樞》九卷，迺其數焉③。雖復年移代革④，而授學猶存。懼非其人⑤，而時有所隱，故第七一卷，師氏藏之⑥，今之奉行，惟八卷爾。然而其文簡，其意博，其理奥，其趣深。天地之象分，陰陽之候列⑦，變化之由表，死生之兆彰。不謀而遐邇自同，勿約而幽明斯契⑧。稽其言有徵，驗之事不忒⑨。誠可謂至道之宗⑩，奉生之始矣。

① 黎元：即"黎民"，百姓。仁寿：长寿。
② 孔安国：西汉经学家，孔子后裔。以研究《尚书》而为汉武帝博士。序：为……作序。
③ 迺："乃"的异体字。
④ 革：更改；变迁。
⑤ 其人：指适合的人。
⑥ 师氏：古代主管贵族子弟教育的教官。此指主管教育的官员。
⑦ 候：指变化的征候。
⑧ 幽明：指无形和有形的事物。契：符合。
⑨ 之：其。忒(tè 特)：差误。
⑩ 宗：本源。

假若天機迅發①，妙識玄通，蔵謀雖屬乎生知②，標格亦資於詁訓③，未嘗有行不由逕④，出不由戶者也。然刻意研精⑤，探微索隱，或識契眞要⑥，則目牛無全。故動則有成，猶鬼神幽贊⑦，而命世奇傑⑧，時時間出焉。則周有秦公，漢有淳于公，魏有張公、華公，皆得斯妙道者也。咸日新其用，大濟蒸人⑨，華葉遞榮⑩，聲實相副。蓋敎之著矣⑪，亦天之假也⑫。

① 天机：天赋的机谋。指天资。迅发：敏捷聪明。
② 蔵(chǎn 产)谋：完备而周密的见解。蔵，完备，完善。生知：指生而知之的人。
③ 标格：风范。此指对经文正确理解的标准。诂训：即训诂。
④ 行不由逕：语出《论语·雍也》。原意为走正道不抄小路。这里指走路却不遵循道

⑤ 刻意：专心致志。
⑥ 真要：指经文的精义要旨。
⑦ 赞：帮助。
⑧ 命世奇杰：指闻名于世的杰出医生。命世，犹"名世"。
⑨ 蒸人：众民。蒸，通"烝"，众多。
⑩ 华叶递荣：像鲜花绿叶递相繁茂。喻事业兴旺不衰。华，同"花"。
⑪ 教：指《素问》理论对历代医家的哺育教化。著：显著。此指显著的成就。
⑫ 假：借助。

冰弱齡慕道①，夙好養生，幸遇眞經，式爲龜鏡②。而世本紕繆，篇目重叠，前後不倫，文義懸隔，施行不易，披會亦難③。歲月既淹④，襲以成弊。或一篇重出，而別立二名⑤；或兩論并吞，而都爲一目⑥；或問答未已，別樹篇題⑦；或脱簡不書，而云世闕⑧。重《經合》而冠《鍼服》⑨，并《方宜》而爲《欬篇》⑩；隔《虚實》而爲《逆從》⑪，合《經絡》而爲《論要》⑫；節《皮部》爲《經絡》⑬，退《至教》以先《鍼》⑭。諸如此流，不可勝數。且將升岱嶽⑮，非徑奚爲？欲詣扶桑⑯，無舟莫適。乃精勤博訪，而并有其人⑰。歷十二年，方臻理要⑱，詢謀得失⑲，深遂夙心。時於先生郭子齋堂⑳，受得先師張公秘本，文字昭晰，義理環周，一以參詳，羣疑冰釋。恐散於末學，絶彼師資㉑，因而撰注，用傳不朽㉒。兼舊藏之卷，合八十一篇二十四卷，勒成一部。冀乎究尾明首，尋注會經，開發童蒙㉓，宣揚至理而已。

① 弱齡：弱冠之年。指男子二十岁左右。古代男子二十岁行冠礼。
② 式：用。龟镜：亦作"龟鉴"。比喻借鉴。龟用以卜吉凶，镜用以鉴美丑。
③ 披会：翻阅领会。
④ 淹：久。
⑤ "或一篇"二句：有同一内容的篇章重复出现，却另立两个篇名。如《离合真邪论》，新校正云："全元起本在第一卷，名《经合》，第二卷重出，名《真邪论》。"
⑥ "或两论"二句：有两论合并在一起，而总括为一个篇名。如据新校正，全元起本将《血气形志篇》并入《宣明五气篇》中，王冰始分出两篇。
⑦ "或问答"二句：有一篇中的问答未毕，就将下文另设篇题。如《阴阳类论》，新校正云："全元起本从'雷公曰：请闻短期'以下别为一篇，名《四时病类》。"
⑧ "或脱简"二句：有因脱简而未能写明，说历代都残缺不全。如《刺腰痛篇》自"腰痛上寒"至"刺足少阴"一百余字，新校正云："按全元起本及《甲乙经》并《太素》并无，乃王氏所添也。"
⑨ "重经合"句：在重出的《经合篇》前加上《针服》的题目。《素问》无《针服》篇名，疑指篇首有"用针之服"句的《八正神明论》。冠，在前面加上，用作动词。
⑩ "并方宜"句：指全元起本将《异法方宜论》与《欬论》都并列于第九卷中，统名为《欬篇》，王氏始分之。
⑪ "隔虚实"句：指全元起本将《四时刺逆从论》割裂成二段。据新校正，"厥阴有余"至

"筋急目痛"(即论述三阴三阳虚实有余不足一段),全元起本在第六卷,"春气在经脉"至篇末,全元起本在第一卷。

⑫ "合经络"句:疑指将《诊要经终论》合并于《玉版论要》。《素问》中《玉版论要》与《诊要经终论》相连。此"经络"似为"经终"之讹。

⑬ "节皮部"句:据新校正,全元起本把《经络论》附在《皮部论》之末,王氏分之。节,分开,分解。

⑭ "退至教"句:指全元起本把记载有"夫上古圣人之教下也"等语的《上古天真论》退置于第九卷,而将论针法的《调经论》、《四时刺逆从论》前置于第一卷。

⑮ 岱嶽:即泰山。岱,泰山之别称。嶽,"岳"的异体字。

⑯ 扶桑:神话中以为日出之处。

⑰ 并:兼。

⑱ 理要:条理要领。

⑲ 得失:义偏在"得"。收获。

⑳ 斋堂:书房。

㉑ 师资:原指能传授知识的人。此指授学的依据。

㉒ 用:用来。

㉓ 童蒙:昧于事理的幼童。此指初次学医的人。

其中簡脫文斷,義不相接者,搜求經論所有,遷移以補其處;篇目墜缺,指事不明者,量其意趣,加字以昭其義;篇論吞并,義不相涉,闕漏名目者,區分事類,別目以冠篇首①;君臣請問,禮儀乖失者,考校尊卑,增益以光其意;錯簡碎文②,前後重疊者,詳其指趣,削去繁雜,以存其要;辭理秘密,難粗論述者,別撰《玄珠》③,以陳其道。凡所加字,皆朱書其文④,使今古必分,字不雜揉。庶厥昭彰聖旨,敷暢玄言⑤,有如列宿高懸⑥,奎張不亂⑦,深泉淨瀅,鱗介咸分。君臣無夭枉之期⑧,夷夏有延齡之望⑨。俾工徒勿誤⑩,學者惟明⑪,至道流行,徽音累屬⑫,千載之後,方知大聖之慈惠無窮。

時大唐寶應元年歲次壬寅序⑬。

① 別目:另立篇名。

② 碎文:零乱的文字。

③ 玄珠:指《玄珠密语》。北宋林亿等指出,传世的《玄珠》十卷,系后人伪托。王氏原著已失传。

④ 朱书:用朱红色书写。

⑤ 敷畅:全面陈述阐发。玄言:指《素问》中深奥的理论。

⑥ 列宿(xiù 秀):众星宿。

⑦ 奎张:二十八宿中的奎宿和张宿。此喻经文篇章字句位次井然有条理。奎,俗作"魁",由十六颗小星组成。张,又称鹑尾,由六颗小星组成。

⑧ 夭枉:即"夭横"。夭折。

⑨ 夷夏:泛指其他民族和中原地区的人。夷,古代原指东方的少数民族。夏,古代汉族

⑩ 工徒：指医生。古代以医生为治病工。
⑪ 惟：句中语气词。表示肯定。
⑫ 徽音：德音。指百姓健康的福音。徽，美。累属(zhǔ嘱)：连续承继。属，接续。
⑬ 宝应元年：公元762年。宝应，唐代宗李豫的年号。次：值。

〔提要〕 本文选自1963年人民卫生出版社校点本《黄帝内经素问注》。作者王冰，介绍见本教材第十一课《〈素问〉注文四则》提要。序文高度评价《内经》的学术价值及其影响，认为它是"至道之宗，奉生之始"。指出"训诂"乃是学通经文的必由之路，历代名医莫不得益于《内经》，从而使医学不断创新发展。说明因年代久远，《素问》世本传抄致误的各种情况，表明整理《素问》的缘由。最后介绍编次整理的具体做法，并希望能广泛流传，发挥其治病救人的作用。

阅 读 实 践（19）

（一）词语注释

①释（缚） ②黎元 ③仁寿 ④赢劣 ⑤三坟 ⑥（代）革 ⑦其人 ⑧趣（深） ⑨（之）候 ⑩遐迩 ⑪（斯）契 ⑫稽（其言） ⑬（不）忒 ⑭（之）宗 ⑮奉生 ⑯葳（谋） ⑰标格 ⑱诂训 ⑲目牛无全 ⑳（幽）赞 ㉑命世 ㉒蒸人 ㉓（天之）假 ㉔弱龄 ㉕凤（好） ㉖式（为） ㉗龟镜 ㉘（不）伦 ㉙披（会） ㉚披会 ㉛（既）淹 ㉜袭（以） ㉝都（为） ㉞（莫）适 ㉟并（有） ㊱得失 ㊲（深）遂 ㊳环周 ㊴师资 ㊵童蒙 ㊶错简 ㊷碎文 ㊸敷畅 ㊹（列）宿 ㊺夷夏 ㊻惟（明） ㊼徽（音） ㊽（累）属

（二）今译

1. 夫释缚脱艰，全真导气，拯黎元于仁寿，济赢劣以获安者，非三圣道，则不能致之矣。
2. 不谋而遐迩自同，勿约而幽明斯契。稽其言有徵，验之事不忒。诚可谓至道之宗，奉生之始矣。
3. 假若天机迅发，妙识玄通，葳谋虽属乎生知，标格亦资于诂训，未尝有行不由迳，出不由户者也。然刻意研精，探微索隐，或识契真要，则目牛无全。
4. 且将升岱嶽，非径奚为？欲诣扶桑，无舟莫适。
5. 凡所加字，皆朱书其文，使今古必分，字不杂揉。庶厥昭彰圣旨，敷畅玄言，有如列宿高悬，奎张不乱，深泉净滢，鳞介咸分。

（三）文意填空

1. "葳谋虽属乎生知，标格亦资于诂训"意在强调_____的重要性。
2. "大济蒸人"中的"蒸人"指_____。
3. "乃精勤博访，而并有其人"中的"其人"指_____的人。
4. "时于先生郭子斋堂"中的"斋堂"指_____。
5. "俾工徒勿误，学者惟明"中的"工徒"指_____，"惟"是_____词。

（四）阅读

昔黄帝作内经十八卷灵枢九卷素问九卷迺其数焉世所奉行唯素问耳越人得其一二而述

难经皇甫谧次而为甲乙诸家之说悉自此始其间或有得失未可为后世法则谓如南阳活人书称咳逆者哕也谨按灵枢经曰新谷气入于胃与故寒气相争故曰哕举而并之则理可断矣又如难经第六十五篇是越人标指灵枢本输之大略世或以为流注谨按灵枢经曰所言节者神气之所游行出入也非皮肉筋骨也又曰神气者正气也神气之所游行出入者流注也井荥输经合者本输也举而并之则知相去不啻天壤之异但恨灵枢不传久矣世莫能究夫为医者在读医书耳读而不能为医者有矣未有不读而能为医者也不读医书又非世业杀人尤毒于梃刃是故古人有言曰为人子而不读医书犹为不孝也仆本庸昧自髫迄壮潜心斯道颇涉其理辄不自揣参对诸书再行校正家藏旧本灵枢九卷共八十一篇增修音释附于卷末勒为二十四卷庶使好生之人开卷易明了无差别除已具状经所属申明外准使府指挥依条申转运司选官详定具书送秘书省国子监令崧专访名医更乞参详免误将来利益无穷功实有自宋绍兴乙亥仲夏望日锦官史崧题（《灵枢》南宋·史崧序）

要求

(1) 给上文断句
(2) 注释文中加点号的词语

二十、《铜人腧穴针灸图经》序

　　臣聞聖人之有天下也，論病以及國，原診以知政①。王澤不流，則姦生於下，故辨淑慝以制治②；眞氣不榮，則疢動於體，故謹醫砭以救民③。昔我聖祖之問岐伯也④，以爲善言天者，必有驗於人⑤。天之數十有二，人經絡以應之⑥；周天之度，三百六十有五⑦，人氣穴以應之。上下有紀⑧，左右有象⑨，督任有會⑩，腧合有數⑪。窮妙於血脈，參變乎陰陽，始命盡書其言⑫，藏於金蘭之室⑬。洎雷公請問其道⑭，迺坐明堂以授之，後世之言明堂者以此⑮。由是鍼灸鍼刺之術備焉⑯，神聖工巧之藝生焉⑰。若越人起死⑱，華佗愈躄⑲，王纂驅邪⑳，秋夫療鬼㉑，非有神哉，皆此法也。

① "论病"二句：语出《汉书·艺文志》。
② 淑：善良。慝（tè 特）：邪恶。
③ 谨：谨守；注重。用作动词。医砭：泛指医术。
④ 圣祖：指黄帝。
⑤ "善言"二句：语见《素问·举痛论》。
⑥ "天之数"二句：指人的十二经脉，与天的十二个月相应。语本《灵枢·阴阳系日月》。有，通"又"。
⑦ 周天：谓地球绕太阳一周。
⑧ 上下：指天地。
⑨ 左右：指四方。

⑩ 督任：督脉、任脉。会：指交会处。
⑪ 腧合：腧穴、合穴。数：定数。
⑫ 其言：指黄帝等有关针灸的言论。
⑬ 金兰之室：古代帝王收藏珍贵文书的地方。
⑭ 洎(jì记)：及；等到。
⑮ 以：依据。
⑯ 關灸：即灸灸。针灸。《史记·扁鹊仓公列传》："形弊者，不当灸灸，馋石及饮毒药也。"關，同"灸"。
⑰ 神圣工巧：谓望、闻、问、切。语本《难经·六十一难》。
⑱ 越人起死：指秦越人用针术使虢太子复生事。见本教材第四课《扁鹊传》。
⑲ 华佗愈躄：指华佗治愈跛足事。见《三国志·华佗传》裴松之注引《佗别传》。躄，跛足。
⑳ 王纂驱邪：传说一女暮宿广陵庙门下，被獭所惑而成病，日渐瘦弱。南朝宋医家王纂为之下针，有獭从女被中逃出，病即愈。见《太平御览》卷722引《异苑》。
㉑ 秋夫疗鬼：传说南朝宋医家徐秋夫，夜闻一鬼，因"患腰痛死，虽为鬼，痛犹难忍，请疗之"。秋夫便扎草人，下针即愈。见《南史·张融传》。

去聖寖遠①，其學難精。雖列在經訣②，繪之圖素③，而粉墨易糅④，豕亥多譌⑤。丸艾而壞肝⑥，投鍼而失胃⑦。平民受弊而莫贖⑧，庸醫承誤而不思。非夫聖人，孰救茲患？洪惟我后⑨，勤哀兆庶⑩，迪帝軒之遺烈⑪，祗文母之慈訓⑫，命百工以脩政令⑬，敕大醫以謹方技。深惟鍼艾之法⑭，舊列王官之守，人命所繫，日用尤急，思革其謬⑮，永濟於民。殿中省尚藥奉御王惟一素授禁方⑯，尤工厲石⑰，竭心奉詔，精意參神⑱。定偃側於人形⑲，正分寸於腧募⑳。增古今之救驗，刊日相之破漏㉑。總會諸說，勒成三篇。

① 寖：同"浸"。逐渐。
② 经诀：指医学经典的方法。
③ 图素：图卷。此指针灸经络图像。
④ 粉墨易糅：图像容易混杂不清。粉墨，本指绘画所用的颜色，此借指绘有经络穴位的图像。
⑤ 豕亥多譌：指在文字上存在很多错误。典出《吕氏春秋·察传》。后把字形相近的错误称为"亥豕"。譌，"讹"的异体字。
⑥ "丸艾"句：谓错用艾灸则伤肝。丸艾，将艾绒捻成艾炷而灸之。丸，用作动词。
⑦ "投针"句：谓误行针刺则损其胃气。
⑧ 赎：弥补。
⑨ 洪惟我后：只有我们皇上。洪，语首助词。后，君主。
⑩ 勤哀：深切同情。兆庶：百姓。兆，极言其多。
⑪ 迪：继承。帝轩：黄帝。烈：业绩；功业。
⑫ 祗(zhī织)：敬奉。文母：文德之母。指文王妃太姒。
⑬ 百工：指众官员。

⑭ 惟：念；思。
⑮ 革：改正；纠正。
⑯ 殿中省：官署名。掌皇帝饮食、服裳、车马等事。
⑰ 厉石：指针灸技术。
⑱ 参神：谓参验针灸的神妙道理。
⑲ "定偃侧"句：在人体前后和两侧标定经络循行路线。偃，仰卧，此指人体前后腹背。
⑳ 腧募：人体穴道。在背脊部的叫腧，在胸腹部的叫募。募，通"膜"。
㉑ 刊：订正。日相：古代针灸取穴的学说。依据日、时的干支来推算某天某时应取某个穴位，如子午流注、灵龟飞腾之类。

　　上又以古經訓詁至精，學者封執多失①，傳心豈如會目②，著辭不若案形③，復令創鑄銅人爲式④。內分腑臟，旁注谿谷⑤，井榮所會⑥，孔穴所安，竅而達中⑦，刻題於側⑧。使觀者爛然而有第⑨，疑者渙然而冰釋。在昔未臻，惟帝時憲⑩，乃命侍臣爲之序引⑪，名曰《新鑄銅人腧穴鍼灸圖經》。肇頒四方，景式萬代⑫，將使多瘠咸詔⑬，巨刺靡差⑭。案說蠲痾⑮，若對談於涪水⑯；披圖洞視，如舊飲於上池⑰。保我黎烝⑱，介乎壽考⑲。昔夏后敘六極以辨疾⑳，帝炎問百藥以惠人，固當讓德今辰㉑，歸功聖域者矣。
　　時天聖四年歲次析木秋八月丙申謹上㉒。

① 封執：拘泥；固执。
② "传心"句：传于心哪如会于目。意思是对于针灸取穴的深奥内容，靠口传心授不如利用模型作直观了解。
③ 案形：查考图形。
④ 式：模式；模型。
⑤ 谿(xī吸)谷：泛指针灸穴位。
⑥ 井荥：井穴、荥穴。均属五腧穴。此处与下句"孔穴"对举，泛指针灸穴位。
⑦ 窍：凿成孔窍。用作动词。
⑧ 刻题于侧：谓在孔穴的旁边，刻写出穴位的名称。
⑨ 烂然：鲜明的样子。第：次第；次序。
⑩ 时宪：谓应时确立了针灸的教令。宪，法，用作动词。
⑪ 侍臣：指作者自己。序引：作序。用作动词。引，义同"序"。
⑫ 景式：做最好的模式。用作动词。景，大。
⑬ 多瘠：指多病的人。咸诏：全受教诲。诏，教诲。
⑭ 巨刺：本指针刺方法之一。此泛指针灸治疗。
⑮ 案：按照。
⑯ "若对谈"句：如同在涪水边向涪翁求教针术。事见《后汉书·方术列传》。
⑰ "如旧饮"句：就象扁鹊饮了上池之水，而能尽见体内疾病。事见本书《扁鹊传》。旧，久。
⑱ 黎烝：黎民百姓。烝，众多。
⑲ 介：佐助。寿考：长寿。

⑳ 夏后：指夏禹。六极：六种凶恶的事。《尚书·洪范》："六极：一曰凶短折，二曰疾，三曰忧，四曰贪，五曰恶，六曰弱。"

㉑ 让：给予。德：福；利。

㉒ 天圣四年：公元1026年。天圣，宋仁宗赵祯的年号。岁次析木：按岁星纪年法，正值岁星运行到析木。析木，十二星次之一。丙申：丙申日。

〔提要〕 本文选自清·宣统元年贵池刘氏玉海堂影刻金大定本《铜人腧穴针灸图经》。作者夏竦，宋仁宗时翰林学士。《铜人腧穴针灸图经》是我国宋代著名的针灸学家王惟一（又作王惟德，公元987～1067年）所撰。序文概述针灸经络学说的源流及其救世济民的社会功用，说明王氏编著此书并主持铸造针灸铜人的原因和经过，赞扬此举必将对医疗事业的发展产生积极的影响。

阅 读 实 践（20）

（一）词语注释
①（不）流 ②淑慝 ③洎（雷公）④明堂 ⑤以（此）⑥寖（远）⑦图素 ⑧粉墨 ⑨豕亥 ⑩（莫）赎 ⑪（我）后 ⑫兆庶 ⑬迪（帝轩）⑭祗（文母）⑮革（其谬）⑯偃（侧）⑰封执 ⑱案（形）⑲（为）式 ⑳（有）第 ㉑（时）宪 ㉒（序）引 ㉓肇（颁）㉔景（式）㉕（咸）诏 ㉖蠲（疴）㉗披（图）㉘黎烝 ㉙介（乎）㉚寿考

（二）今译

1．王泽不流，则奸生于下，故辨淑慝以制治；真气不荣，则疢动于体，故谨医砭以救民。

2．穷妙于血脉，参变乎阴阳，始命尽书其言，藏于金兰之室。洎雷公请问其道，迺坐明堂以授之。

3．去圣寖远，其学难精。虽列在经诀，绘之图素，而粉墨易糅，豕亥多讹。

4．案说蠲疴，若对谈于涪水；披图洞视，如旧饮于上池。保我黎烝，介乎寿考。

（三）文意填空

1．”原诊以知政"、"谨医砭以救民"、"穷妙于血脉"，其中"原"、"谨"、"穷"均用作_____词，分别意为_____、_____、_____。

2．文中引用的"越人起死，华佗愈躄"，"王纂驱邪，秋夫疗鬼"等典故，并非为了宣扬荒诞的鬼神，也不仅是为了赞扬古代医家的医术神奇，而是意在说明_____
_____。

（四）阅读

夫医道所兴其来久矣上古神农始尝草木而知百药黄帝咨访岐伯伯高少俞之徒内考五藏六府外综经络血气色候参之天地验之人物本性命穷神极变而针道生焉其论至妙雷公受业传之于后伊尹以亚圣之才撰用神农本草以为汤液中古名医有俞跗医缓扁鹊秦有医和汉有仓公其论皆经理识本非徒诊病而已汉有华佗张仲景华佗性恶矜技终以戮死仲景论广伊尹汤液为数十卷用之多验近代太医令王叔和撰次仲景遗论甚精皆可施用按七略艺文志黄帝内经十八卷今有针经九卷素问九卷二九十八卷即内经也亦有所亡失其论遐远然称述多而切事少有不编次比按仓公传其学皆出于素问素问论病精微九卷是原本经脉其义深奥不易览也又有明堂

孔穴针灸治要皆黄帝岐伯遗事也三部同归文多重复错互非一甘露中吾病风加苦聋百日方治要皆浅近乃撰集三部使事类相从删其浮辞除其重复论其精要至为十二卷易曰观其所聚而天地之情事见矣况物理乎事类相从聚之义也夫受先人之体有八尺之驱而不知医事此所谓游魂耳若不精通于医道虽有忠孝之心仁慈之性君父危困赤子涂地无以济之此固圣贤所以精思极论尽其理也由此言之焉可忽乎其本论其文有理虽不切于近事不甚删也若必精要俟其闲暇当撰核以为教经云尔（节选自晋·皇甫谧《甲乙经·序》）

要求：
(1) 给上文标点
(2) 注释文中加点号的词语
(3) 今译文中加横线的句子

二十一、《类经》序

　　《內經》者，三墳之一。蓋自軒轅帝同岐伯、鬼臾區等六臣互相討論①，發明至理，以遺教後世。其文義高古淵微，上極天文，下窮地紀，中悉人事。大而陰陽變化②，小而草木昆蟲、音律象數之肇端、藏府經絡之曲折③，靡不縷指而臚列焉④。大哉至哉！垂不朽之仁慈，開生民之壽域。其爲德也，與天地同，與日月并，豈直規規治疾方術已哉⑤？

　　按晉皇甫士安《甲乙經》序曰："《黃帝內經》十八卷。今《針經》九卷，《素問》九卷，卽《內經》也。"而或者謂《素問》、《針經》、《明堂》三書，非黃帝書，似出於戰國。夫戰國之文能是乎？宋臣高保衡等敘業已辟之⑥。此其臆度無稽，固不足深辨。而又有目醫爲小道，并是書且弁髦置之者⑦，是豈巨慧明眼人歟？觀坡仙《楞伽經》跋云⑧："經之有《難經》，句句皆理，字字皆法。"亦豈知《難經》出自《內經》，而僅得其什一。《難經》而然⑨，《內經》可知矣。夫《內經》之生全民命，豈殺於《十三經》之啓植民心⑩？故玄晏先生曰："人受先人之體，有八尺之軀，而不知醫事，此所謂游魂耳！雖有忠孝之心，慈惠之性，君父危困，赤子塗地⑪，無以濟之。此聖賢所以精思極論盡其理也。"繇此言之，儒其可不盡心是書乎？奈何今之業醫者，亦置《靈》《素》於罔聞，昧性命之玄要，盛盛虛虛，而遺人夭殃⑫，致邪失正，而絕人長命。所謂業擅專門者，如是哉！此其故，正以經文奧衍⑬，研閱誠難。其於至道未明⑭，而欲冀夫通神運微，仰大聖上智於千古之邈，斷乎不能矣。

① 六臣：指黃帝時代十三位名醫中的岐伯、鬼臾區、雷公、少俞、伯高、少師。
② 而：通"如"。象似。
③ 曲折：原委。
④ 臚列：一条条地陈列。

⑤ 规规：浅陋、拘泥的样子。亦作瞡瞡。
⑥ 辟：(bì 必)：彰明。
⑦ 弁(biàn 变)髦：喻无用之物。弁，缁布冠；髦，幼童垂于眉际之发。古代男子成年后，去弁剃髦。
⑧ 楞伽经：佛经名。全称《楞伽阿跋多罗宝经》。
⑨ 而：尚且。
⑩ 杀(shài 晒)：少。
⑪ 赤子：指百姓。涂地：犹"涂炭"。烂泥与炭火。比喻灾难困苦。此段引文语出《甲乙经》序。
⑫ 夭殃：灾祸。
⑬ 衍：繁多。
⑭ 其：如果。

　　自唐以來，雖賴有啓玄子之註，其發明玄秘盡多，而遺漏亦復不少。蓋有遇難而默者，有於義未始合者，有互見深藏而不便檢閱者①。凡其闡揚未盡，《靈樞》未註，皆不能無遺憾焉。及乎近代諸家，尤不過順文敷演，而難者仍未能明，精處仍不能發，其何裨之與有？
　　余初究心是書，嘗為摘要，將以自資。繼而繹之久②，久則言言金石，字字珠璣，竟不知孰可摘而孰可遺。因奮然鼓念，冀有以發隱就明，轉難為易，盡啓其秘而公之於人。務俾後學了然，見便得趣，由堂入室③，具悉本源，斯不致誤己誤人，咸臻至善。於是乎詳求其法，則唯有盡易舊制，顛倒一番，從類分門，然後附意闡發，庶晰其韞④。然懼擅動聖經，猶未敢也。
　　粵稽往古，則周有扁鵲之摘《難》，晉有玄晏先生之類分⑤，唐有王太僕之補削，元有滑攖寧之撮鈔⑥，鑒此四君子而後意決。且此非《十三經》之比，蓋彼無須類，而此欲醒瞶指迷，則不容不類，以求便也。由是徧索兩經，先求難易，反復更秋⑦，稍得其緒。然後合兩為一，命曰《類經》。"類"之者，以《靈樞》啓《素問》之微，《素問》發《靈樞》之秘，相為表裏，通其義也。

① 互见深藏：谓同类问题分散于多篇论述。
② 绎：探究。
③ 由堂入室：从堂屋进入内室。喻逐步深入。
④ 韫(yùn 运)蕴藏。此指蕴藏的含义。
⑤ 类分：按类分辑。
⑥ 滑撄宁：即滑寿，字伯仁。著有《读素问钞》等。
⑦ 更(gēng 耕)秋：经年。

　　兩經既合，乃分為十二類：夫人之大事，莫若死生，能葆其真①，合乎天矣，故首曰攝生類。生成之道，兩儀主之②，陰陽既立，三才位矣③，故二曰陰陽類。人之有生,藏氣爲本,五內洞然④,三垣治矣⑤,故三曰藏象類。欲知其內,須察其外,脈色通神,吉凶判矣,故四曰脈色類。藏府治內⑥,經絡治外,能明終始,四大安矣⑦,故五曰經絡類。萬事萬殊,必有本末,知所先後⑧,握其要矣,故六曰標本類。人之所賴,藥食爲天,氣味得宜,五宮強矣,故七曰氣味類。駒隙百年⑨,誰保無恙?治之弗失,危者安矣,故八曰論治類。疾之中人,變態莫測,明能燭幽,二豎遁矣⑩,故九曰疾病類。藥餌不及,古有鍼砭,九法搜玄,道超凡矣,故十曰鍼刺類。至若天道茫茫,運行今古,苞無窮⑪,協惟一⑫,推之以理,指諸掌矣,故十一曰運氣類。又若經文連屬,難以強分,或附見於別門,欲求之而不得,分條索隱,血脈貫矣,故十二曰會通類。匯分三十二卷。此外復附著《圖翼》十五卷。蓋以義有深邃,而言不能該者⑬,不拾以圖,其精莫聚;圖象雖顯,而意有未達者,不翼以說⑭,其奧難窺。自是而條理分,綱目舉,晦者明,隱者見,巨細通融,歧貳畢徹⑮,一展卷而重門洞開,秋毫在目。不惟廣裨乎來學,即凡志切尊生者⑯,欲求茲妙,無不信手可拈矣。

① 葆:通"保"。
② 两仪:句中指阴阳。
③ 三才:指天、地、人。位:位置确定。用如动词。
④ 五內:又称"五中"。指五脏。
⑤ 三垣:人体内上中下三焦。
⑥ 治:主;主宰。
⑦ 四大:指身体。
⑧ 先后:即《素问·标本病传论》所言先治后治。
⑨ 驹隙百年:谓人生百年如同白驹过隙。喻人生短暂。语本《庄子·知北游》。
⑩ 二豎:指病魔。语出《左传·成公十年》。豎,"竖"的异体字。
⑪ 苞:通"包"。
⑫ 协:和谐。一:指天地自然。
⑬ 该:通"賅"。包括;尽备。
⑭ 翼:辅助。
⑮ 歧貳:分歧。
⑯ 切:重视。

是役也①,余誠以前代諸賢註有未備,間多舛錯,掩質埋光,俾至道不盡明於世者,迨四千餘祀矣。因敢忘陋效矉②,勉圖蚊負③,固非敢弄斧班門,然不屑沿街持鉢④。故凡遇駁正之處,每多不諱,誠知非雅。第以人心積習既久,訛以傳訛,即決長波猶虞難滌⑤,使辨之不力,將終無救正日矣。此余之所以載思而不敢避也⑥。

吁!余何人斯,敢妄正先賢之訓?言之未竟,知必有闚余之謬而隨議其後者⑦。其是其非,此不在余,而在乎後之明哲矣。雖然,他山之石,可以攻玉⑧;斷流之水,可以鑒形;即壁影螢光⑨,能資志士;竹頭木屑,曾利兵家⑩。是編者倘亦有千慮之一得,將見擇於聖人矣,何幸如之! 獨以應策多門,操觚隻手⑪,一言一字,偷隙毫端⑫。凡歷歲者三旬,易稿者數四,方就其業。所謂河海一流,泰山一壤,蓋亦欲共掖其高深耳⑬。後世有子雲其憫余勞而錫之斤正焉⑭,豈非幸中又幸? 而相成之德,謂孰非後進之吾師云。

時大明天啓四年⑮,歲次甲子黃鍾之吉⑯,景岳子自序於通一齋。

① 役:事。
② 效矉:喻不善模仿,弄巧成拙。语出《庄子·天运》。矉,同"颦",皱眉。
③ 蚊负:蚊子背负山,喻能力小而责任重。语出《庄子·应帝王》。
④ 沿街持钵:乞讨。此谓一味依赖他人。钵,"鉢"的异体字,僧尼的食器。
⑤ 虞:担心。
⑥ 载:通"再"。
⑦ 阚(kàn看):看到;发现。其:我。
⑧ "他山"二句:语出《诗·小雅·鹤鸣》。意为借助外力辅助自己。
⑨ 壁影:指匡衡凿壁借光苦读事,典出《西京杂记》卷二。萤光:指车胤囊萤苦读事。典出《晋书·车胤传》。
⑩ "竹头"二句:意为如竹头木屑般无用之物,也可对军事家有利。典出《世说新语·政事》。
⑪ 操觚(gū孤):执简。谓写文章。觚,木简,古人用以书写。
⑫ 毫:指代笔。
⑬ 掖:扶持;助。
⑭ 锡:通"赐"。
⑮ 天启四年:公元1624年。天启,明熹宗朱由校的年号。
⑯ 黄钟:十二律之一,配以仲冬,即农历十一月。吉:每月初一。

〔提要〕 本文选自1959年上海科学技术出版社影印本《类经》。作者张介宾(公元1563～1640年),字会卿,号景岳,别号通一子,山阴(今浙江绍兴)人,明代著名医学家。本文概述编著《类经》的宗旨、过程及其分类情况。在指出王冰而下注家不足的同时,突出类编《内经》的重要性与必要性。文中将原注互见深藏、不便检阅,与类编后见便得趣、由堂入室相对应,尤能说明分类编排的作用。全文气势壮阔,论理清彻,足见作者文医二途的功力。

阅 读 实 践 (21)

(一) 词语注释

①(大)而 ②肇端 ③曲折 ④胪列 ⑤规规 ⑥辟(之) ⑦臆度 ⑧弁髦 ⑨而(然) ⑩杀(于) ⑪赤子 ⑫涂地 ⑬夭殃 ⑭(奥)衍 ⑮究心 ⑯绎(之久) ⑰由堂入室 ⑱(其)韫 ⑲粤(稽) ⑳(之)比 ㉑更(秋) ㉒(其)绪 ㉓两仪 ㉔三才 ㉕五内 ㉖三垣 ㉗治(内) ㉘四大 ㉙(为)天 ㉚五宫 ㉛驹隙百年 ㉜二竖 ㉝苞(无穷) ㉞协(惟一) ㉟指诸掌 ㊱(不能)该 ㊲翼(以说) ㊳通(融) ㊴歧贰 ㊵(志)切

㊶(余)祀　㊷效矉　㊸蚊负　㊹沿街持钵　㊺(犹)虞　㊻载(思)　㊼(何人)斯　㊽阙(余)
㊾他山之石，可以攻玉　㊿壁影　㉑萤光　㉒操觚　㉓毫(端)　㉔河海一流，泰山一壤
㉕(共)披　㉖锡(之)　㉗(之)吉

(二) 今译

1. 其为德也，与天地同，与日月并，岂直规规治疾方术已哉？
2. 而又有目医为小道，并是书且弁髦置之者，是岂巨慧明眼人欤？
3. 及乎近代诸家，尤不过顺文敷演，而难者仍未能明，精处仍不能发，其何神之与有？
4. 第以人心积习既久，讹以传讹，即决长波犹虞难涤，使辨之不力，将终无救正日矣。此余之所以载思而不敢避也。
5. 是编者倘亦有千虑之一得，将见择于圣人矣，何幸如之！

(三) 阅读

人情莫不欲寿恒讳疾而忌医孰知延寿之方匪药石不为功得病之由多半服食不审致庸医之悮人曰药之不如其勿药是由因噎废食也原夫天地生物以好生为心草木金石飞潜溲渤之类皆可已病听其人之自取古之圣人又以天地之心为己心著为素问难经定为君臣佐使方旨待其人善用之用之善出为良医药石方旨惟吾所使寿夭荣谢之数自我操之如执左券皆稽古之力也庸医反是执古方泥古法罔然不知病所自起为表为里为虚为实一旦杀人不知自反反归咎于食忌洗其耻于方册此不善学者之过也故曰肱三折而成良医言有所试也不三世不服其药言有所受之也假试之知而不行受之传而不习已先病矣己之不暇何暇于已人之病是无怪乎忌医者之纷纷也(节选自《景岳全书》清·贾棠序)

要求：
(1) 给上文断句
(2) 注释文中加点号的词语
(3) 今译文中加横线的句子

二十二、《外台秘要》序

昔者农皇之治天下也，尝百药，立九候，**以正阴阳之变沴**①，以救性命之昏札②，俾厥土宇用能康宁③，广矣哉！泊周之王④，亦有冢卿⑤，格於医道⑥，掌其政令，聚毒药以供其事焉，岁终稽考而制其食，十全爲上，失四下之⑦。我国家率由兹典⑧，动取厥中⑨，置医学，颁良方，亦所以极元气之和也⑩。夫圣人之德，又何以加於此乎⑪？故三代常道，百王不易，又所从来者远矣。自雷、岐、仓、缓之作，彭、扁、华、张之起，迨兹厥後⑫，仁贤间出，岁且数千，方逾万卷，专车之不受⑬，广厦之不容。然而载祀绵远⑭，简编齾替⑮，所详者虽广，所略者或深。讨简则功倍力烦⑯，取舍则论甘忌苦⑰。永言笔削⑱，未暇尸之⑲。

① 正：考证；考定。变沴(lì力)：变乱。

② 昏札：夭折。昏，"殙"的异体字。出生后未起名而死。札，遭疫病而死。
③ 俾厥土宇：使其领土上的人民。土宇，领土。用：由此；因此。
④ 王(wàng 旺)：成就王业。用作动词。
⑤ 冢卿：冢宰。周代官职，为六卿之首。
⑥ 格：探究。
⑦ "掌其政令"五句：语本《周礼·天官·冢宰》。食，俸禄。全，通"痊"。
⑧ 率由：遵循。
⑨ 动：常常。厥中：其中。
⑩ "极元气"句：使人的元气和谐达到最佳境界。极，使动用法。
⑪ 加：超过。
⑫ 追兹厥后：从此以后。
⑬ 受：容纳。与下文"容"对举。
⑭ 载祀：年代。绵远：久远。
⑮ 亏替：残缺不全。替，废弃。
⑯ 讨简：探求简册。
⑰ 论甘忌苦：义偏在"忌苦"。
⑱ 笔削：古代书写竹简、木简时，遇有讹误，则以刀削去，然后用笔改正之，后世因称修改文字为笔削。此谓整理修正古医籍。
⑲ 尸：主持。

　　余幼多疾病，長好醫術，遭逢有道①，遂躡亨衢②。七登南宫③，兩拜東掖④，便繁臺閣二十餘載⑤，久知弘文館圖籍方書等⑥。繇是覩奧升堂⑦，皆探其秘要。以婚姻之故，貶守房陵⑧，量移大寧郡⑨，提攜江上⑩，冒犯蒸暑，自南徂北⑪，既僻且陋，染瘴嬰痾，十有六七。死生契闊⑫，不可問天，賴有經方，僅得存者。神功妙用，固難稱述，遂發憤刊削，庶幾一隅⑬。凡古方纂得五六十家，新撰者向數千百卷⑭，皆研其總領⑮，覈其指歸⑯。近代釋僧深、崔尚書、孫處士、張文仲、孟同州、許仁則、吳昇等十數家⑰，皆有編録，幷行於代⑱。美則美矣，而未盡善。何者？各擅風流⑲，遞相矛盾。或篇目重雜，或商較繁蕪⑳。今並味精英㉑，鈐其要妙㉒，俾夜作晝，經之營之㉓。捐衆賢之砂礫㉔，掇群才之翠羽㉕，皆出入再三㉖，伏念旬歲。上自炎昊㉗，迄於聖唐，括囊遺闕，稽考隱秘，不愧盡心焉。

① 有道：指政治清明。
② 躡(niè 聂)：登；迈入。亨衢：四通八达的大道。此喻官运亨通。
③ 七登南宫：七次在尚书省供职。南宫，即尚书省。南宫本为南方别宿，汉代用以比拟尚书省，后沿用之。
④ 拜：授官。东掖：门下省的别称。掖，两旁。唐时门下、中书两省在宫中左右掖（即东西两旁），故称门下省为东掖。
⑤ 便繁：多次。此指多次供职。用作动词。台阁：通常指尚书省。此当指尚书、门下两省。

⑥ 知:主持;执掌。弘文馆:唐代门下省所属职官,又称昭文馆、修文馆。设置学士,掌管校正图书、教授生徒,参议朝廷制度礼仪的沿革等。

⑦ 繇:通"由"。覘奥升堂:即升堂睹奥。入门先升堂,升堂而后入室,室的西南角为奥。此喻深入查考医书的奥理。覘,"睹"的异体字。

⑧ 贬守房陵:被贬任房陵太守。守,太守,也称刺史,此用作动词。房陵,郡名,今属湖北。

⑨ 量移:唐宋时被贬远方的官吏,遇赦酌情移近安置,称为量移。大宁郡:郡名,今属山西。

⑩ 提携:牵扶;携带。

⑪ 徂(cú):往;到。

⑫ 契阔:聚散;离合。

⑬ 一隅:谓举一反三。此喻能由此而识彼。语出《论语·述而》。

⑭ 向:接近。

⑮ 总领:主旨。

⑯ 覈:"核"的异体字。指归:意旨。

⑰ 释僧深:即深师。崔尚书:指崔知悌。唐高宗时任中书侍郎、户部尚书,著有《产图》《纂要方》、《骨蒸病灸方》等,均佚。孙处士:指孙思邈。因其多次不受隋唐王朝的任命,故称孙处士。张文仲:武后时御医,著有《随身备急方》等。孟同州:即唐医家孟诜,曾任同州刺史,著有《食疗本草》、《必效方》等,均佚。许仁则:唐医家,著有《子母秘录》,已佚。吴昇:唐医家,著有《新修钟乳论》等,已佚。

⑱ 代:世。避唐中韦。

⑲ 擅:任意;随便。风流:有才而不拘礼法的气派。

⑳ 商较:研究比较。

㉑ 并味:汇总研究。

㉒ 钤(qián钳):关键。此为握持、掌握之义。用作动词。玅:"妙"的异体字。

㉓ 经之营之:语出《诗·大雅·灵台》。本谓建筑、营造,此谓对各家文献进行分析整理。

㉔ 捐:除去。砂砾(lì立):细碎的石子。喻无用之物。

㉕ 掇:选取。翠羽:翠鸟的羽毛。喻精华。

㉖ 出入再三:谓反复筛选。

㉗ 炎昊(hào浩):炎帝和太昊。即神农氏和伏羲氏。

客有見余此方曰:"嘻,博哉!學乃至於此邪!"余答之曰:"吾所好者,壽也,豈進於學哉①!至於遁天倍情②,懸解先覺③,吾常聞之矣④。投藥治疾,庶幾有瘳乎!"又謂余曰:"稟生受形,咸有定分⑤,藥石其如命何?"吾甚非之。請論其目:"夫喜怒不節,饑飽失常,嗜慾攻中,寒溫傷外,如此之患,豈由天乎?夫爲人臣,爲人子,自家刑國⑥,由近兼遠,何談之容易哉?則聖人不合啓金縢⑦,賢者曷爲條玉版⑧?斯言之玷⑨,竊爲吾子羞之⑩。"客曰:"唯唯。"

① "岂进"句：或许比学问更进一步吧。岂，表揣度语气的副词。
② 遁天倍情：违反天理背弃真情。语出《庄子·养生主》。倍，违背，违反。
③ 悬解：意谓超越生死之忧虑，使外物束缚之苦得到自然的解脱。语出《庄子·养生主》等篇。
④ 常：通"尝"。曾经。
⑤ 定分：一定的数。此指一定的气数、命运。
⑥ 自家刑国：从治家到治国。刑，治理。
⑦ 则：如果。合：应该。金滕（téng 腾）：金属缄封的匣子。《尚书·金滕》记载武王患重病，周公作册书向先王祈祷，愿以身代死。史官把册书放于金滕匣中。武王死后，成王继位，周公摄政。因管叔、蔡叔流言，周公避居东都。后来成王开匣得知其祝文，乃明周公之忠勤，遂出郊亲迎周公。滕，封缄。
⑧ 曷为：即为何。条玉版：谓将周公祝文分条刻于玉版之上，使其流传。玉版，刊刻重要文字的白石板。
⑨ 玷（diàn 店）：本指玉的斑点。此指缺点、过失。
⑩ 吾子：对人相亲爱的称呼。

　　嗚呼！齊梁之間①，不明醫術者，不得爲孝子。曾閔之行，宜其用心②。若不能精究病源，深探方論，雖百醫守疾，衆藥聚門，適足多疑③，而不能一愈之也。主上尊賢重道④，養壽祈年，故張、王、李等數先生繼入⑤，皆欽風請益⑥，貴而邇之。故鴻寶金匱、青囊綠帙⑦，往往而有，則知日月所照者遠，聖人所感者深⑧。至於嗇神養和、休老補病者⑨，可得聞見也。余敢採而錄之，則古所未有，今並繕緝，而能事畢矣。若乃分天地至數⑩，別陰陽至候⑪，氣有餘則和其經渠以安之⑫，志不足則補其復溜以養之⑬，溶溶液液，調上調下⑭，吾聞其語矣，未遇其人也⑮。不誣方將⑯，請俟來哲。其方凡四十卷，名曰《外臺秘要方》。非敢傳之都邑，且欲施於後賢。如或詢謀，亦所不隱。

　　是歲天寶十一載⑰，歲在執徐月之哉生明者也⑱。

① 齐梁：指南朝齐、梁时期。
② "曾闵"二句：意思是即使象曾参、闵损那样有孝行的人，也须用心于医术。曾参和闵损都是孔子弟子，均以孝行著称。
③ 适（chì 赤）：通"啻"。仅仅。
④ 主上：指唐玄宗。
⑤ 张王李：不详。因玄宗尚老庄，可能是方士。入：入朝。
⑥ 钦风请益：以钦敬之情向众先生请教。请益，泛指向别人请教。
⑦ "鸿宝"八字：泛指保存完好的养生、卜筮、医药等各类书籍。鸿宝，也作"洪宝"，道家书籍，此指养生书。金匮，以金属制成的藏书匣，用以藏珍贵图书。青囊，本为卜筮人盛书之囊，此指卜筮和医术之书。绿帙（zhì 至），绿色的书套，用以藏珍贵图书。
⑧ "圣人"句：指皇上的"尊贤重道"，对人们的感化作用是深远的。
⑨ 休老补病：使老人休养安适，使病人得到救治。休、补，均为使动用法。

⑩ 若乃：至于。天地至数：天地大数，指自然界普遍规律。
⑪ 阴阳至候：指病症的阴阳、表里、寒热、虚实属性。
⑫ 和：调和。经渠：手太阴肺经穴位名。
⑬ 志不足：谓肾气不足。因肾藏志，故云。复溜：足少阴肾经穴位名。
⑭ "溶溶"二句：根据病人体内阴阳虚实变化不定的情况，采用适当的针法进行调理。溶溶，本指水流动不定的样子，此指病邪入身变化不定。液液，义同"溶溶"。
⑮ 其人：指上述用针刺方法治愈病人的高明医生。王焘对针刺疗法持怀疑态度，他在《外台秘要》中，只取灸法而摈弃针刺。
⑯ 诬：欺骗。方将：表示行为正在进行。此指正在学医的人。
⑰ 天宝十一载：公元752年。天宝，唐玄宗年号。
⑱ 岁在执徐：《尔雅·释天》："(太岁)在辰曰执徐。"执徐为十二支中辰的别称。公元752年为壬辰年，故云。又《说文·辰部》："辰，震也。三月阳气动，雷电振，民农时也，物皆生。"是知当指壬辰年三月。哉生明：指初三日。夏历每月初三，月亮开始有光。哉，通"才"，开始。

〔提要〕　本文选自1955年人民卫生出版社影印明崇祯十三年(1604年)新安程衍道重刊本《外台秘要》。作者王焘(约公元670～755年)，郿(今陕西郿县)人，唐代医学家。序文赞扬古代医家创立和发展医学事业的功绩，简介自己"久知弘文馆图籍方书"的经历，说明编撰《外台秘要》的原因和经过，并用主客问难的形式，驳斥轻视医药而信奉天命的观点，最后强调"精究病源，深探方论"的作用，并说明编写本书的取舍原则和目的。

阅读实践（22）

（一）词语注释

①(变)沴　②昏札　③土宇　④用(能)　⑤(之)王　⑥格(于)　⑦(制其)食　⑧率由　⑨动(取)　⑩加(于)　⑪(不)受　⑫载祀　⑬(亏)替　⑭笔削　⑮尸(之)　⑯亨衢　⑰便繁　⑱(久)知　⑲繇(是)　⑳靓奥升堂　㉑徂(北)　㉒契阔　㉓刊削　㉔一隅　㉕向(数千百卷)　㉖味(精英)　㉗钤(其要妙)　㉘捐(众贤)　㉙倍(情)　㉚悬解　㉛刑(国)　㉜则(圣人)　㉝(不)合　㉞条(玉版)　㉟(斯言之)玷　㊱吾子　㊲唯唯　㊳适(足)　㊴请益　㊵若乃　㊶(不)诬　㊷方将　㊸询谋　㊹哉(生明)

（二）今译

1．洎周之王，亦有冢卿，格于医道，掌其政令，聚毒药以供其事焉，岁终稽考而制其食，十全为上，失四下之。

2．然而载祀绵远，简编亏替，所详者虽广，所略者或深。讨简则功倍力烦，取舍则论甘忌苦。永言笔削，未暇尸之。

3．各擅风流，递相矛盾。或篇目重杂，或商较繁芜。今并味精英，钤其要妙，俾夜作昼，经之营之。

（三）文意填空

1．"遭逢有道，遂蹑亨衢"的意思是_____。

2. "上自炎昊,迄于圣唐"中的"炎昊"指_____。
3. "鸿宝金匮、青囊绿帙"泛指唐代保存完好的_____。
4. "不诬方将,请俟来哲"中的"方将"指_____,"来哲"指_____。

(四) 阅读

余沐休林下习程公敬通公之里先有玠公者成进士于轩岐之术靡不精公尤博学补诸生以余闲从事于养生家言遂抉其奥得禁方参伍而用之活人甚众业擅一时四方造庐而请者车填咽门公以次按行东之西怨南之北怨病者望之如望岁焉间与余论方技言人秉阴阳既薄蚀于寒暑风霾又侵夺于饥饱嗜欲复戕伐于喜怒女谒身非木石何得不病巨室力易于致医若瓮牖绳枢之子与逆旅迁客不幸惹恙于时仓皇则简之笥中而医师自足是方书重矣外台秘要已验之良法不下于肘后百一欲广布之海内藉余弁首而行余谓病之需良医犹治之待良相美哉越人之言曰上医医国其次医家其次医身夫和静则寿域戾扰则亡征药有养命者有养性者察其虚实审其寒热时其补泄能防于未然导养得理性命自尽何夭枉之有观于身而知国未有不均于哲士而偾于庸人者公妙于上池而推重司马之书因知秘要盖方略之善者也推端见委证治较然卓越群识与素问灵枢合辙推公之志欲使人人得以尽年其仁心为质乎虽然神而明之存乎其人有不拘于秘要也者斯善读秘要者也(《外台秘要》明·吴士奇序)

要求:
(1) 给上文断句
(2) 注释文中加点号的词语
(3) 简答玠公认为人得病的原因是什么

二十三、《串雅》序

周禮分醫爲四有食醫疾醫瘍醫獸醫後乃有十三科① 而未聞有走方之名也物原② 記岐黃以來有鍼灸厥後巫彭製藥丸伊尹創煎藥而未聞有禁截諸法③ 也晉王叔和纂脈經敘陽陰內外辨部候經絡臟腑之病爲最詳金張子和以吐汗下三法風寒暑濕火燥六門爲醫之關鍵終未聞有頂串諸名也有之自草澤醫始世所謂走方是也人每賤薄④ 之謂其游食江湖貨藥吮舐⑤ 迹類丐挾技劫病貪利恣睢⑥ 心又類盜剽竊醫緒倡爲詭異敗草毒劑悉曰仙遺剜滌魘迷⑦ 詫爲神授輕淺之證或可貪天⑧沉痼之疾烏能起廢雖然誠有是焉亦不可概論也爲問今之乘華軒繁徒衞者胥能識證知脈辨藥通其元妙⑨者乎儼然⑩峨高冠竊虛譽矣今之游權門食厚奉⑪者胥能決死生達內外定方劑十全無失者乎儼然踞高座侈⑫ 功德矣是知笑之爲笑而不知非笑之爲笑也予幼嗜岐黃家言讀書自靈素難經而下旁及道藏⑬ 石室⑭ 考穴自銅人內景圖而下更及太素奇經⑮ 傷寒則仲景之外遍及金鞞木索⑯ 本草則綱目而外遠及海錄⑰ 丹房⑱ 有得輒鈔撮忘倦不自知結習至此老而靡倦然聞走方醫中有頂串諸術操技最神而奏效甚捷其徒侶多動色相戒秘不輕授詰其所習大率知其所以

二十三、《串雅》序

而不知其所以然鮮有通貫者以故欲宏覽而無由嘗引以爲憾有宗子[19]柏雲者挾是術徧游南北遠近震其名今且[20]老矣戊寅[21]航海歸過予譚[22]藝質其道頗有奧理不惇於古而利於今與尋常搖鈴求售者迥異顧其方旁涉元禁瑣及游戲不免誇新鬪異爲國醫[23]所不道因錄其所授重加芟訂存其可濟於世者部居[24]別白都成一編名之曰串雅使後之習是術者不致爲庸俗所詆毀殆亦柏雲所心許焉昔歐陽子暴利幾絕乞藥於牛醫[25]李防禦治嗽得官傳方於下走[26]誰謂小道不有可觀者歟亦視其人善用斯術否也乾隆己卯[27]十月既望[28]錢塘趙學敏恕軒譔

① 十三科：详见本教材附篇〔一〕"医学教育"。
② 物原：书名。明代罗顾编著，内容为探求事物的起源。
③ 禁截诸法：即走方医顶串禁截四种治疗方法。
④ 贱薄：鄙视。
⑤ 吮舐(shǔn shì)：吮痈舐痔。舐，舔。
⑥ 恣睢(suī虽)：无所拘束。
⑦ 厣(yǎn掩)迷：用画符喷水之类迷信手段治病。
⑧ 贪天："贪天之功"的节缩语。语出《左传·僖公二十四年》。此谓疾病不治自愈。
⑨ 元妙：玄妙。"玄"字因避康熙皇帝玄烨讳而改。
⑩ 俨然：庄严貌。此谓一本正经地。
⑪ 奉：同"俸"。俸禄。
⑫ 侈：夸大。
⑬ 道藏：道教经书的总集。
⑭ 石室：疑为《石室秘录》。明末傅山遗著，清代陈士铎整理。
⑮ 奇经：疑为李时珍所著《奇经八脉考》。
⑯ 金鎞(bī比)木索：疑为明代卢之颐所著《伤寒金鎞疏钞》和《摩索金匱》。
⑰ 海录：疑为宋代叶廷珪所编《海录碎事》。
⑱ 丹房：疑为唐代独孤滔所著《丹房镜源》。
⑲ 宗子：嫡长子。此指同宗兄弟中最长者。
⑳ 今且：犹"今夫"。如今。
㉑ 戊寅：此指公元1758年。
㉒ 谭：通"谈"。
㉓ 国医：指国内名医。
㉔ 部居：按部类编次。
㉕ "欧阳子"十二字：事见南宋张杲《医说》卷六《车前止暴下》。言欧阳修患暴下，国医不能治愈，后从走方医处得到车前子末，用米汤饮服而愈。牛医，本指治牛病的兽医，此指走方医。
㉖ "李防御"十二字：事见《医说》卷四《治痰嗽》。言宋徽宗宠妃患痰嗽证，彻夜不寐，面肿如盘，李防御久治不愈，后从走方医处购得蚌粉、青黛，宠妃服后，随即嗽止肿消。防御，官名。下走，原为自称的谦词，此指走方医。
㉗ 乾隆己卯：此指公元1759年。

㉘ 既望：望日以后，即月半后至下弦前，约一周期限。望，农历每月月中。

〔提要〕 本文选自光绪十四年（公元 1888 年）榆园刊本《串雅》。作者赵学敏（公元 1719—1805 年），字恕轩，号依吉，钱塘（今浙江杭州）人，清代医学家。本序旨在为走方医正名。作者认为走方医术来自民间，虽有非"雅"之处，但不乏"操技最神，奏效甚捷"的宝贵经验，绝非不屑一顾的"小道"。因而在编写此书时，注意去芜存精。作者还以辛辣的笔墨，揭露和批判蔑视走方医而没有真才实学的所谓"国医"。

阅 读 实 践 (23)

(一) 词语注释
①贱薄 ②吮舐 ③恣睢 ④(医)绪 ⑤诡异 ⑥(仙)遗 ⑦魇迷 ⑧诧(为) ⑨贪天 ⑩繁(徒卫) ⑪胥(能) ⑫元妙 ⑬俨然 ⑭峨(高冠) ⑮(厚)奉 ⑯侈(功德) ⑰(无)由 ⑱宗子 ⑲今且 ⑳谭(艺) ㉑质(其道) ㉒顾(其方) ㉓国医 ㉔既望

(二) 今译
1. 为问今之乘华轩繁徒卫者胥能识证知脉辨药通其元妙者乎俨然峨高冠窃虚誉矣
2. 是知笑之为笑而不知非笑之为笑也
3. 因录其所授重加芟订存其可济于世者部居别白都成一编名之曰串雅使后之习是术者不致为庸俗所诋毁殆亦柏云所心许焉
4. 谁谓小道不有可观者欤亦视其人善用斯术否也

(三) 阅读
负笈行医周游四方俗呼为走方其术肇于扁鹊华佗继之故其所传诸法与国医少异治外以针刺蒸灸胜治内以顶串禁截胜取其速验不计万全也走医有三字诀一曰贱药物不取贵也二曰验以下咽即能去病也三曰便山林僻邑仓卒即有能守三字之要者便是此中之杰出者也药上行者曰顶下行者曰串故顶药多吐串药多泻顶串而外则曰截截绝也使其病截然而止按此即古汗吐下三法也然有顶中之串串中之顶妙用入神则又不可以常格论也药有异性不必医皆知之而走医不可不知脉有奇经不必医尽知之而走医不可不知用奇乘间一时之捷径也得心应手平日之功用也古人出则行道入则读书盖医学通乎性命知医则知立命而一切诊疾不能中之可以却病延年否则己身之危不能免又焉能救人之危耶（节选自《串雅内编·绪论》）

要求：
(1) 给上文断句
(2) 注释文中加点号的词语
(3) 今译文中加横线的句子

二十四、《温病条辨》叙

　　昔淳于公①有言人之所病病病多醫之所病病方少夫病多而方少未有甚於溫病者矣何也六氣之中君相兩火無論已風濕與燥無不兼溫惟寒水與溫相反然傷寒者必病熱天下之病孰有多於溫病者乎方書始於仲景仲景之書專論傷寒此六氣中之一氣耳其中有兼言風者亦有兼言溫者然所謂風者寒中之風所謂溫者寒中之溫以其書本論傷寒也其餘五氣概未之及是以後世無傳焉雖然作者謂聖述者謂明②學者誠能究其文通其義化而裁之推而行之③以治六氣可也以治內傷可也亡如④世鮮知十⑤之才士以闕如⑥為恥不能舉一反三惟務按圖索驥蓋自叔和而下大約皆以傷寒之法療六氣之疴禦風以絺⑦指鹿為馬迨試而輒困亦知其術之疏也因而沿習故方略變藥味沖和⑧解肌⑨諸湯紛然著錄至陶氏之書⑩出遂居然以杜撰之傷寒治天下之六氣不獨仲景之書所未言者不能發明並仲景已定之書盡遭竄易世俗樂其淺近相與宗之而生民之禍亟矣又有吳又可者著瘟疫論其方本治一時之時疫而世誤以治常候⑪之溫熱最後若方中行喻嘉言諸子雖列溫病於傷寒之外而治法則終未離乎傷寒之中惟金源⑫劉河間守貞氏者獨知熱病超出諸家所著六書分三焦論治而不墨守六經庶幾幽室一鐙⑬中流一柱⑭惜其人樸而少文其論簡而未暢其方時亦雜而不精承其後者又不能闡明其意裨補其疏而下士聞道⑮若張景岳之徒方且怪而訾之於是其學不明其說不行而世之俗醫遇溫熱之病無不首先發表雜以消導繼則峻投攻下或妄用溫補輕者以重重者以死倖免則自謂己功致死則不言己過即病者亦但知膏肓難挽而不悟藥石殺人父以授子師以傳弟舉世同風牢不可破肺腑無語寃鬼夜嗥二千餘年略同一轍可勝慨哉我朝治洽學明名賢輩出咸知溯原靈素問道長沙自吳人葉天士氏溫病論溫病續論⑯出然後當名辨物⑰好學之士咸知向方⑱而貪常習故之流猶且各是師說惡聞至論其粗工則又略知疏節未達精旨施之於用罕得十全吾友鞠通吳子懷救世之心秉⑲超悟之哲⑳嗜學不厭㉑研理務精抗志㉒以希㉓古人虛心而師百氏病斯世之貿貿㉔也述先賢之格言擴㉕生平之心得窮源竟委作為是書然猶未敢自信且懼世之未信之也藏諸笥㉖者久之予謂學者之心固無自信時也然以天下至多之病而竟無應病之方幸而得之亟宜出而公之譬如拯溺救焚豈待整冠束髮況乎心理無異大道不孤是書一出子雲其人必當旦暮遇之且將有闡明其意裨補其疏使夭札之民咸登仁壽者此天下後世之幸亦吳子之幸㉗也若夫折楊皇荂㉘听㉙然而笑陽春白雪和僅數人自古如斯知我罪我一任當世豈不善乎吳子以為然遂相與評騭㉛而授之梓嘉慶十有七年㉜壯月㉝既望同里愚弟汪廷珍謹序

① 淳于公：指西汉名医淳于意。以下引语并非淳于意所言，而是《史记·扁鹊仓公列传》在叙述扁鹊的事迹后作者所写的文字。见本教材《扁鹊传》。
② "作者"八字：首创者叫做圣，传述者叫做明。语本《礼记·乐记》。
③ "化而裁之"八字：意为加以变通。《周易·系辞上》："化而裁之谓之变，推而行之谓之通。"
④ 亡如：无奈。亡，通"无"。
⑤ 知十："闻一以知十"的节缩语。语出《论语·公冶长》。意为触类旁通。
⑥ 阙如：缺而不言。《论语·子路》："君子于其所不知，盖阙如也。"
⑦ 绤(chī 痴)：细葛布。
⑧ 冲和：方剂名。指加减冲和汤。为明代陶华化裁张元素九味羌活汤而成。
⑨ 解肌：方剂名。即柴葛解肌汤，又名干葛解肌汤。陶华《伤寒六书·杀车槌法》方。
⑩ 陶氏之书：即陶华的《伤寒六书》，亦名《陶氏伤寒全书》。
⑪ 常候：一定的季节。
⑫ 金源："金朝"的别称。
⑬ 镫：同"灯"。
⑭ 中流一柱：河南三门峡东有一石岛，屹立于黄河的中流。比喻能担当大事，支撑危局的人。
⑮ 下士闻道：语出《老子》第四十一章。本谓下愚之人听了高明的理论。
⑯ "温病论"七字：指叶桂门人顾景文记录整理而成的《温热论》。
⑰ 当名辨物：语出《周易·系辞下》。谓按照事物的名称求取事物的内容。名，此指温病之名。物，此指温病之实。
⑱ 向方：趋向正道。
⑲ 秉：持；具有。
⑳ 哲：聪慧。
㉑ 厌：同"餍"。满足。
㉒ 抗志：立下高尚的志向。
㉓ 希：仰慕。
㉔ 贸贸：同"眊眊"。昏愦不明的样子。
㉕ 摅(shū 书)：抒发。
㉖ 笥(sì 肆)：竹箱。此指书箱。
㉗ 幸：希望。
㉘ 折杨皇荂：古代通俗乐曲名。语出《庄子·天地》。荂，同"华"。
㉙ 听(yín 引)：张开嘴。《龙龛手镜》卷二："听，宜引反，口大貌。"
㉚ 知我罪我：语出《孟子·滕文公下》。
㉛ 评骘(zhì 至)：评定。
㉜ "嘉庆"六字：指公元1812年。
㉝ 壮月：农历八月的别称。

二十四、《温病条辨》叙

〔提要〕 本文选自清同治九年（公元 1870 年）六安求我斋重刻本《温病条辨》。作者汪廷珍（公元 1757～1827 年），字瑟庵，山阳（今江苏淮安）人，清乾隆五十四年进士，官至礼部尚书，卒谥文端，著有《实事求是斋诗文集》。本叙首先分析温病"病多而方少"的原因，接着概述历代"以伤寒之法疗六气之疴"的严重后果，最后赞扬吴瑭"嗜学不厌，研理务精"的可贵精神，说明《温病条辨》是一部既"述先贤之格言"，又"摅生平之心得"的医学理论与临证实践相结合的著作。

阅 读 实 践（24）

（一）词语注释
①（无论）已 ②亡如 ③知十 ④阙如 ⑤按图索骥 ⑥（以）缔 ⑦（辄）困 ⑧杜（撰） ⑨宗（之） ⑩亟（矣） ⑪常候 ⑫中流一柱 ⑬訾（之） ⑭膏肓 ⑮（治）洽 ⑯当名辨物 ⑰向方 ⑱犹且 ⑲（疏）节 ⑳秉（超悟） ㉑（不）厌 ㉒抗志 ㉓希（古人） ㉔贸贸 ㉕摅（生平） ㉖（藏）诸 ㉗笥（者） ㉘亟（宜） ㉙（吴子之）幸 ㉚折杨皇荂 ㉛听（然） ㉜评骘 ㉝（之）梓 ㉞壮月

（二）今译
1．盖自叔和而下大约皆以伤寒之法疗六气之疴<u>御风以缔指鹿为马追试而辄困</u>
2．无不首先发表杂以消导继则峻投攻下或妄用温补轻者以重重者以死
3．好学之士咸知向方而贪常习故之流犹且各是师说恶闻至论其粗工则又略知疏节未达精旨施之于用罕得十全
4．病斯世之贸贸也述先贤之格言<u>摅生平之心得穷源竟委作为是书</u>

（三）阅读
天以五运六气化生万物不能无过不及之差于是有六淫之邪非谓病寒不病温病温不病寒也后汉张仲景著伤寒论发明轩岐之奥旨如日星河岳之丽天地任百世之钻仰而义蕴仍未尽也然其书专为伤寒而设未尝遍及六淫也奈后之医者以治伤寒之法应无穷之变势必至如凿枘之不相入至明陶节庵六书大致仲景之法后之学者苦张之艰深乐陶之简易莫不奉为蓍蔡而于六淫之邪混而为一其死于病者十二三死于医者十八九而仲景之说视如土苴矣余来京师获交吴子鞠通见其治病一以仲景为依归而变化因心不拘常格往往神明于法之外而究不离乎法之中非有得于仲景之深者不能久之乃出所著温病条辨七卷自温而热而暑而湿而燥一一条分缕析莫不究其病之所从生推而至于所终极其为方也约而精其为论也闳而肆俾二千余年之尘雾豁然一开昔人谓仲景为轩岐之功臣鞠通亦仲景之功臣也<u>余少时颇有志于医年逾四十始知其难乃废然而返今读鞠通之书目识心融若有脯其明而启其秘者不诚学医者一大快事哉爰不辞而为之序</u>嘉庆辛未四月既望宝应朱彬序（《温病条辨·序》）

要求：
(1) 给上文断句
(2) 注释文中加点号的词语
(3) 今译文中加横线的句子

二十五、与崔连州论石钟乳书

宗元白①：前以所致石鍾乳非良②，聞子敬所餌與此類，又聞子敬時憒悶動作③，宜以爲未得其粹美④，而爲麤礦燥悍所中⑤，懼傷子敬醇懿⑥，仍習謬誤⑦，故勤勤以云也⑧。

① 白：禀告；陈述。
② 石钟乳：即钟乳石。系含碳酸钙的水溶液从岩石裂隙滴下，经水分蒸发后淀积而成，自上而下逐渐增长，倒垂于洞顶。《神农本草经》："主咳逆上气，明目，益精，安五藏，通百节，利九窍，下乳汁。"
③ 愦闷：烦闷。愦，昏乱。动作：发作。
④ 宜：似；大概。
⑤ 麤矿：粗糙的矿石（石钟乳）。麤，"粗"的异体字。燥悍：干燥猛烈的药性。
⑥ 醇懿：淳朴的美德。这里意为贵体。
⑦ 仍：频频。
⑧ 勤勤：恳切。

再獲書辭，辱徵引地理證驗多過數百言①，以爲土之所出乃良②，無不可者。是將不然③。夫言土之出者，固多良而少不可，不謂其咸無不可也。

艸木之生者依於土，然卽其類也，而有居山之陰陽④，或近水，或附石，其性移焉。又況鍾乳直產於石，石之精麤疏密，尋尺特異⑤，而穴之上下、土之薄厚、石之高下不可知，則其依而產者，固不一性。然由其精密而出者，則油然而清，熌然而輝⑥，其竅滑以夷⑦，其肌廉以微⑧，食之使人榮華溫柔⑨，其氣宣流⑩，生胃通腸⑪，壽善康寧，心平意舒，其樂愉愉⑫。由其麤疏而下者⑬，則奔突結澀⑭，乍大乍小，色如枯骨，或類死灰，淹瀸不發⑮，叢齒積纇⑯，重濁頑璞，食之使人偃蹇壅鬱⑰，泄火生風，戟喉癢肺⑱，幽關不聰⑲，心煩喜怒，肝舉氣剛⑳，不能和平，故君子愼焉。取其色之美，而不必唯土之信，以求其至精，凡爲此也。幸子敬餌之近，不至於是，故可止禦也。

必若土之出無不可者㉑，則東南之竹箭㉒，雖旁歧揉曲，皆可以貫犀革；北山之木，雖離奇液瞞、空中立枯者㉓，皆可以梁百尺之觀㉔，航千仞之淵㉕；冀之北土，馬之所生㉖，凡其大耳短脰、拘攣踠跌、薄蹄而曳者㉗，皆可以勝百鈞㉘，馳千里；雍之塊璞㉙，皆可以備砥礪㉚；徐之糞壤㉛，皆可以封大社㉜；荆之茅㉝，皆可以縮酒㉞；九江之元龜㉟，皆可以卜；泗濱之石㊱，皆可以擊攷。若是而不大謬者少矣。其在人也，則魯之晨飲其羊、關轂而輠輪者㊲，皆可以爲師儒；盧之沽名者㊳，皆可以爲太醫;西子之里㊴,惡而臏者㊵,皆可以當侯王㊶;山西之冒沒輕儳、沓貪而忍者㊷,皆可以鑿凶門㊸,制閫外㊹;山東之稚騃樸鄙、力農桑、啖棗栗者㊺,皆可以謀謨於廟堂之上㊻。若是則反倫悖道甚矣。何以異於是物哉!

是故《經》中言丹砂者㊼,以類芙蓉而有光;言當歸者,以類馬尾蠶首㊽,言人參者,以人形㊾;黃芩以腐腸㊿;附子八角[51];甘遂赤膚[52]。類不可悉數。若果土宜乃善[53],則云生某所,不當又云某者良也。又,《經》注曰[54]:始興爲上[55],次乃廣、連[56],則不必服。正爲始興也[57]。

① 辱:谦词。犹言"承蒙"。
② 土:产地。
③ 将:殆。大概;恐怕。
④ 山之阴阳:山的南北。山南为阳,山北为阴。
⑤ 寻尺:形容距离很近。寻,八尺。
⑥ 焟然:明亮的样子。焟,"炯"的异体字。
⑦ 夷:平。
⑧ 肌:表皮。廉:洁净。
⑨ 荣华:谓气血旺盛。温柔:皮肤细嫩。
⑩ 宣流:和畅。
⑪ 生:养。膓:"肠"的异体字。
⑫ 愉愉:和悦的样子。
⑬ 下:出。
⑭ 奔突结澁:言劣质石钟乳的形状毫无规则。结澁,疙瘩粗糙。澁,"涩"的异体字。
⑮ 淹顇:败坏。顇,"悴"的异体字。发:生长。
⑯ 丛:聚结。齿:指齿形。纇(lèi 类):丝上的结。引申为疙瘩。
⑰ 偃蹇(yǎn jiǎn 演简):困顿。
⑱ 戟(jǐ 己):刺激。痒:刺激。
⑲ 幽关:听力。
⑳ 肝举:肝火旺盛。
㉑ 必若:如果。同义词复用。
㉒ 竹箭:小竹。《尔雅·释地》:"东南之美者,有会稽之竹箭焉。"
㉓ 离奇:木根盘屈的样子。液㙔:当为"液横"。脂液渗出。
㉔ 梁:制作栋梁。用如动词。观(guàn 贯):楼台。
㉕ 仞:古代长度单位。陶方琦《说文仞字八尺考》:周制一仞为八尺,汉制为七尺,东汉末为五尺六寸。
㉖ "冀之北土"二句:语出《左传·昭公四年》。冀之北土,相当今河北与山西北部。古代认为这里是良马的产地。
㉗ 脰(dòu 豆):颈项。踠:屈曲。趺:脚掌。曳(yè 夜):拖。
㉘ 胜(shēng 声):堪任。钧:古代重量单位。一钧为三十斤。
㉙ 雍:雍州。今陕西、甘肃和青海额济纳之地。古九州之一。

㉚ 砥砺：磨刀石。细者为砥，粗者为砺。

㉛ 徐：徐州。今江苏、山东、安徽的部分地区。古九州之一。粪壤：秽土。

㉜ 封：建筑。社：祭土神的地方，即社宫、社庙。

㉝ 荆：荆州。今湖北、湖南的部分地区。古九州之一。

㉞ 缩酒：古代祭祀，束茅立于祭前，沃酒于茅上，酒渗而下，如神饮酒，故称缩酒。

㉟ 九江：一般指浔阳，今湖北广济、黄梅一带。元龟：大龟。古代用以占卜。

㊱ 泗滨：泗水岸边。泗，河流名，也叫泗水或泗河，在山东省中部。《尚书·禹贡》有“泗滨浮磬”句，意为泗水岸边有可作磬的石，故下言“击考”。

㊲ 晨饮其羊：《孔子家语·相鲁》：“鲁之贩羊有沈犹氏者，常朝饮其羊，以诈市人。及孔子为政，沈犹氏不敢朝饮其羊。”后泛指欺诈牟利。亦省作“饮羊”。关毂(gǔ 谷)而輠(huì 慧)轮：语出《礼记·杂记下》，孔颖达疏：“关，穿也。輠，回也。谓作轮之人以扶病之杖关穿车毂中而回转其轮。”毂，车轮中心的圆木，周围与车辐的一端相接，中有圆孔。因孔子是鲁国人，故下文云“皆可以为师儒”。

㊳ 卢：春秋时齐地。今山东省长清县西南。因扁鹊是卢人，世称“卢医”，故下文言“皆可以为太医”。

㊴ 西子：西施。春秋时越国美女，是吴王夫差最宠爱的妃子。

㊵ 恶：丑陋。矉(pín 贫)：同“颦”。皱眉。此谓“效颦”。事见《庄子·天运》。

㊶ 当：匹配。

㊷ 山西：指函谷关以西地区，即关西。冒没：同“冒昧”。莽撞。轻儳(chán 蝉)：轻率。儳，不齐。沓贪：贪婪。忍：残忍。

㊸ 凶门：古代将领出征时，凿一扇向北的门，由此出发，以示必死的决心。

㊹ 阃(kǔn 捆)外：郭门之外。阃，郭门的门槛。古以阃外为将军所制。

㊺ 山东：指函谷关以东地区。即关东。騃：“呆”的异体字。

㊻ 谋谟：计谋；策划。同义词复用。庙堂：朝廷。《汉书·赵充国传赞》：“秦汉以来，山西出将，山东出相。”故上文言“山西”、“山东”云云。

㊼ 经：指《神农本草经》和《本草经集注》、《新修本草》等。《新修本草》言丹砂分土砂和石砂两种。石砂中最好的叫光明砂，其砂“形似芙蓉，破之如云母，光明照彻”。

㊽ 马尾蚕首：《新修本草》说当归“宕州(今甘肃宕昌)最胜，细叶者名蚕当归，大叶者名马尾当归”，故云。

㊾ 人形：《名医别录》：参“如人形者有神”。

㊿ 腐肠：黄芩的别名。《本草经集注》：“圆者名子芩，为胜；破者名宿芩，其腹中皆烂，故名腐肠。”

(51) 附子八角：《本草经集注》：“附子以八月上旬采八角者良。”

(52) 甘遂赤肤：《本草经集注》谓甘遂“赤皮者胜”。

(53) 土宜：不同性质的土壤适宜于不同种类生物的生长，故称。此指产地上生长的药物。

(54) 经注：以下十二字意引自《新修本草·石钟乳》。

(55) 始兴：郡名。今广东连江、滃江流域以北地区。

(56) 广：广州。相当于今广东、广西大部分地区。连：连州。今广东连县、连山、阳山等地。
⑰ 为：通"谓"。

　　今再三爲言者，唯欲得其英精①，以固子敬之壽，非以知藥石角技能也②。若以服餌不必利己，姑勝務人而誇辯博③，素不望此於子敬。其不然明矣，故畢其說。宗元再拜。
① 英精：精华。此指优质的石钟乳。
② 角(jué 厥)：较量。
③ 胜务：一本为"务胜"，当是。务，求。胜，取胜。辩博：广博；周遍。同义词复用。

〔提要〕　本文选自宋代世采堂刻本《河东先生集》卷三十二。作者柳宗元（公元773～819年），字子厚，河东（今山西永济）人，世称柳河东。21岁中进士，31岁为监察御史。他曾参加王叔文集团的革新运动，任礼部员外郎，失败后，被贬为永州司马，后改为柳州刺史，卒于柳州。他与韩愈倡导古文运动，同被列为唐宋八大家。他长文工诗，著有《河东先生集》，今人辑有《柳宗元集》。崔连州，名简，字子敬，是柳宗元的表姐夫，曾任连州刺史，故称崔连州。本文针对崔简认为石钟乳"土之所出乃良，无不可"的看法，广征博引，多方论证了"不必唯土之信"的观点，阐明了即使同一产地，质地也有优劣之分，功用即有好坏之别，并反复申明写信目的是"固子敬之寿"。文情并茂，语言凝练，逻辑性强，富有说服力。

阅读实践（25）

（一）词语注释
①(宗元)白　②(所)致　③动作　④醇懿　⑤勤勤　⑥辱(征引)　⑦将(不然)　⑧寻尺　⑨(以)夷　⑩廉(以)　⑪(以)微　⑫愉愉　⑬午(大)　⑭偃蹇　⑮戟(喉)　⑯必若　⑰贯(犀革)　⑱离奇　⑲梁(百尺)　⑳(之)观　㉑(千)仞　㉒短朒　㉓(而)曳　㉔(百)钧　㉕备(砥砺)　㉖封(大社)　㉗元(龟)　㉘关(毂)　㉙輠(轮)　㉚恶(而)　㉛当(侯王)　㉜冒没　㉝轻儳　㉞沓贪　㉟制阃外　㊱谋谟　㊲庙堂　㊳(正)为　㊴角(技能)　㊵辩博

（二）今译
1．艸木之生者依于土，然即其类也，而有居山之阴阳，或近水，或附石，其性移焉。
2．取其色之美，而不必唯土之信，以求其至精，凡为此也。
3．其在人也，则鲁之晨饮其羊、关毂而輠轮者，皆可以为师儒。
4．始兴为上，次乃广、连，则不必服。正为始兴也。

（三）阅读
别录曰石钟乳生少室山谷及太山采无时普曰生太山山谷阴处岸下溜汗所成如乳汁黄白色空中相通二月三月采阴干宏景曰第一出始兴而江陵及东境名山石洞亦皆有惟通中轻薄如鹅翎管碎之如爪甲中无雁齿光明者为善长挺乃有一二尺者色黄以苦酒洗刷则白仙经少用而俗方所重恭曰第一始兴其次广连澧朗郴等州者虽厚而光润可爱饵之并佳今陕州青溪房州三洞出者亚于始兴其余非其土地不可轻服多发淋渴止可捣筛白练裹之合诸药草浸酒服之陶云

有一二尺者谬说也思邈曰乳石必须土地清白光润罗纹鸟翩蝉翼一切皆成白者可用其非土地者慎勿服之杀人甚于鸩毒志曰别本注云凡乳生于深洞幽穴皆龙蛇潜伏或龙蛇毒气或洞口阴阳不均或通风气雁齿涩或黄或赤乳无润泽或煎炼火色不调一煎已后不易水则生火毒服即令人发淋又乳有三种石乳者其山洞纯石以石津相滋阴阳交备蝉翼纹成其性温竹乳者其山洞遍生小竹以竹津相滋乳如竹状其性平茅山之乳者其出有土石相杂遍生茅草以茅津相滋为乳乳色稍黑而滑润其性微寒一种之中有上中下色皆以光泽为好余处亦有不可轻信炳曰如蝉翅者上爪甲者次鹅管者下明白而薄者可服颂曰今道州江华县及连英韶阶陕州山中皆有之生嵓穴阴处溜山液而成空中相通长者六七寸如鹅翎管状色白微红唐李补阙炼乳法云取诏州钟乳无问厚薄但令颜色明净光泽者即堪入炼惟黄赤二色不任用柳宗元书亦云取其色之美而已不必惟土之信是此药所重惟在明白者不必如上所说数种也今医家但以鹅管中空者为最又本经中品载殷蘖云钟乳根也孔公蘖殷蘖根也石花石床并与殷蘖同又有石脑亦钟乳之类凡此五种医家亦复稀用但用钟乳尔时珍曰按范成大桂海志所说甚详明云桂林接宜融山洞穴中钟乳甚多仰视石脉涌起处即有乳床白如玉雪石液融结成者乳床下垂如倒数峰小山峰端渐锐且长如冰柱柱端轻薄中空如鹅翎乳水滴沥不已且滴且凝此乳之最精者以竹管仰承取之炼治家又以鹅管之端尤轻明如云母爪甲者为胜（《本草纲目·石钟乳·集解》）

要求:
(1) 给上文标点
(2) 注释文中加点号的词语
(3) 今译文中加横线的句子
(4) 文意填空
① 从本文中诸家对石钟乳的论述，你认为鉴别石钟乳是否优质的标准是＿＿＿＿＿＿＿＿＿＿＿＿＿＿＿。
② 以本文对石钟乳的观点，分析《与崔连州论石钟乳书》中柳宗元和崔连州对石钟乳的看法，＿＿＿＿＿＿正确，＿＿＿＿＿＿错误。

二十六、赠贾思诚序

同里张君以书来谓濂曰："壬辰之秋①，兵发中原，大江之南，所在皆绎骚②，时惟伯嘉纳公持部使者节来涖浙东③，慎简羣材④，官而任之，以保障乎一方。余虽不敏，公不以为无似⑤，俾摄录事判官⑥。判官职在抚治一城生聚⑦，凡其捍禦绥辑之策⑧，不惮昼夜而勤行之，以酬公知遇之万一。然节宣之功不加，日积月深，以劳而致疾。疾之初作，大热发四体中⑨，继之以昏仆。迨其瘳也，双目运眩⑩，耳中作秋蝉鸣，神思恍惚，若孑孑然离羣而独立⑪，若御惊飙而游行太空⑫，若乘不系之舟以簸荡於三峡四溟之间⑬，殊不能自禁。闻丹溪朱先生彦修醫名徧四方，亟延治之。先生至，既脉曰：'内摇其真，外劳其形，以瘠其阴，以耗其生，宜收視返聽於太虛之庭⑭，不可專藉藥而已之也。'因屬其高第弟子賈君思誠留以護治之⑮。賈君即視余如手足之親，無所不致其意：慮余怒之過也，則治之以悲；悲之過也，則治之以喜；喜之過也，則治之以恐；恐之過也，則治之以思；思之過也，則治之以怒。左之右之⑯，扶之掖之，又從而調柔之。不特此也，其逆厥也⑰，則藥其湧泉以窨之⑱；其怔忡也⑲，則按其心俞而定之⑳。如是者數年，不可一朝夕離去。寧食不鮮羞，衣不褻裘㉑，何可一日以無賈君？寧士不魯鄒㉒，客不公侯㉓，何可一日以無賈君？余疾於是乎告瘳，而賈君有功於余者甚大矣！子幸賜之一言，多賈君之善㉔，而昭余之不敢忘德於賈君，不識可不可乎？"

① 壬辰：公元1352年，农民起义军徐寿辉部先后攻下汉阳、武昌、兴国、江阴、安庆等地。

② 绎骚：扰动。

③ 伯嘉纳：人名。部使者：官名。节：符节。古时使臣执以示信之物。

④ 简：通"柬"。选择。材：通"才"。

⑤ 无似：不肖。谦词。

⑥ 摄：代理。 录事判官：官名。掌管文书的属官。

⑦ 生聚：繁殖人口，聚积物资。

⑧ 捍御：防御。绥辑：安抚。同义词复用。

⑨ 四体：四肢。

⑩ 运眩：昏花。

⑪ 孑孑(jié jié 洁洁)然：孤单的样子。

⑫ 惊飙(biāo 标)：暴风。

⑬ 三峡四溟：泛指峡湾海流。溟，海。

⑭ 收视返听：谓无视无听。太虚之庭：指清静虚无的境界。

⑮ 属：同"嘱"。贾君思诚：即贾思诚。宋濂《赠医师贾某序》："贾思诚，濂外弟也，性醇介，有君子之行，尝同濂师事城南闻先生，学治经。久之，思诚复去受医说于彦修朱先生之门。诸儒家所著，无所不窥。出而治病，往往有奇验。"

⑯ 左右：同"佐佑"。帮助。

⑰ 逆厥：谓突然昏倒，不省人事。

⑱ 湧泉：穴位名。位于足底中。湧，"涌"的异体字。

⑲ 怔忡：自觉心跳剧烈的证候。

⑳ 心俞：穴位名。位于第五胸椎棘突下两旁相去脊各1.5寸。

㉑ 褐(xī 西)裘：此谓穿漂亮的衣服。用作动词。褐，裘上所加的外衣。

㉒ 鲁邹：谓做孔孟那样的圣人。用作动词。因孔子是鲁国人，孟子是邹国人。

㉓ 客：客卿。

㉔ 多：赞扬。

余發張君之書①，重有感焉。世之爲民宰者，恆飽食以嬉，其視吾民之顛連②，漠然若秦越肥瘠之不相維繫③，非惟不相維繫，又鹽其髓、剝其膏而不知止④,孰有如張君勤民成疾者乎？世之醫者,酬接之繁，不暇雍容⑤，未信宿輒謝去⑥，至有視不暇脈,脈不暇方,而不可挽留者,孰有如賈君調護數年之久而不生厭者乎？是皆可書。余方執筆以從文章家之後,此而不書,烏乎書？

虽然,今之官政苛虐,敲扑椎擊,惟日不足,我民病此久矣。我瞻四方,何林林乎⑦！州邑之間,其有賢牧宰能施刀圭之劑以振起之者乎⑧？設有是，余雖不敏,猶能研墨濡毫大書而不一書。是為序。

① 发：开启。
② 颠连：困顿不堪。
③ 秦越：春秋时，秦国在西北，越国在东南，相去极远，故常以秦越比喻疏远。
④ 盬(gǔ古)：吸饮。
⑤ 雍容：形容态度大方，从容不迫。此谓从容不迫地诊病。
⑥ 信宿：过两夜。信，再宿。
⑦ 林林：众多的样子。
⑧ 牧宰：泛指官吏。

〔提要〕 本文选自中华书局《四部备要》影印本《宋文宪公全集》卷四十四。作者宋濂（公元1310年～1381年），字景濂，号潜溪，又号白牛生，浦江（今属浙江）人，元末明初著名文学家。官至翰林学士,《元史》主编。明初许多典章制度，他都参与制订。洪武十年辞官，闭门著作。洪武十三年，因长孙牵连左丞相胡惟庸谋反案，举家被流放茂州，次年死于流放途中的夔州（今四川奉节）。正德年间追谥文宪。著有《宋学士全集》七十五卷。本文赞扬张君"勤民成疾"的美德，并以诸多笔墨表彰贾思诚待患者"如手足之亲"的高尚医德，借此抨击苛虐的官政和庸俗的医风。

阅 读 实 践（26）

（一）词语注释
①绎骚 ②（慎）简 ③无似 ④摄（录事判官）⑤生聚 ⑥知遇 ⑦四体 ⑧孑孑然 ⑨惊飙 ⑩收视返听 ⑪左（之）右（之）⑫客（不公侯）⑬多（贾君之善）⑭发（张君之书）⑮颠连 ⑯秦越 ⑰盬（其髓）⑱雍容 ⑲信（宿）⑳谢（去）㉑乌（乎书）㉒林林 ㉓濡毫

（二）今译
1．双目运眩,耳中作秋蝉鸣,神思恍惚,若孑孑然离羣而独立,若御惊飙而游行太空,若乘不系之舟以簸荡于三峡四溟之间,殊不能自禁。
2．其视吾民之颠连,漠然若秦越肥瘠之不相维系,非惟不相维系,又盬其髓、刳其膏而不知止,孰有如张君勤民成疾者乎？
3．我瞻四方,何林林乎！州邑之间,其有贤牧宰能施刀圭之剂以振起之者乎？

（三）阅读
古之医师必通于三世之书所谓三世者一曰鍼灸二曰神农本草三曰素女脉诀脉诀所以察

证本草所以辨药鍼灸所以祛疾非是三者不可以言医故记礼者有云医不三世不服其药也传经者既明载其说复斥其非而以父子相承三世为言何其惑欤夫医之为道必志虑渊微机颖明发然后可与于斯虽其父不能必传其子也吾乡有严生者三世业医矣其为医专事乎大观之方他皆愦愦绝弗之省又有朱聘君家世习儒至聘君始以医鸣医家諸书无不精览一少年病肺气上喀喀鸣喉中急则唾唾血成缕严曰此瘵也后三月死聘君曰非也气升而脾中失其枢火官司令烁金于炉是之谓肺痿治之生已而果成生夫严生之医三世矣聘君则始习为之而优劣若是者医其可以世论否耶嗟夫昔之名医众矣未暇多论若华元化若张嗣伯若许智藏其治证皆入神初不闻其父子相传也自传经者惑于是非使礼经之意晦而不白三千年矣世之索医者不问其通书与否见久于其业者则謷謷焉从之人问其故则曰是记礼者云尔也其可乎哉葛生某淮之鉅族也明于医三世之书皆尝习而通之出而治疾决死生验差剧若烛照而龟卜无爽也者士或不能具药辄注之不索其偿士君子翕然称誉之名上丞相府赐七品服俾提举诸医官有疾者遂倚以为命呜呼若葛生者其无愧古之医师者欤（节选自《宋文宪公全集·赠医师葛某序》）

要求：
(1) 给上文标点
(2) 注释文中加点号的词语
(3) 今译文中加横线的句子
(4) 文意填空
① 本文作者主张＿＿＿＿＿＿＿＿＿＿观点，批驳＿＿＿＿＿＿＿＿＿＿看法。
② 从严生与聘君诊病水平优劣的对比和葛某的医术，说明为医者必须＿＿＿＿＿＿＿＿＿＿＿＿＿＿＿＿＿＿。

二十七、养　生　论

世或有謂神仙可以學得，不死可以力致者；或云上壽百二十，古今所同，過此以往，莫非妖妄者。此皆兩失其情①。請試粗論之。

夫神仙雖不目見，然記籍所載，前史所傳，較而論之②，其有必矣。似特受異氣，稟之自然，非積學所能致也。至於導養得理③，以盡性命，上獲千餘歲，下可數百年，可有之耳。而世皆不精，故莫能得之。

① 此：指代上文的两种说法。兩：并；皆。情：实情。
② 較：通"皎"。明显；明白。
③ 导养：导气养性。道家的养生之术。

何以言之？夫服藥求汗，或有弗獲；而愧情一集，渙然流離①。終朝未餐②，則囂然思食③；而曾子銜哀，七日不飢④。夜分而坐⑤，則低迷思寢⑥；內懷殷憂⑦，則達旦不瞑。勁刷理鬢⑧，醇醴發顏⑨，僅乃得之；壯士之怒，赫然殊觀⑩，植髮衝冠。由此言之,精神之於形骸,猶國之有君也。神躁於中,而形喪於外,猶君昏於上,國亂於下也。

夫爲稼於湯之世⑪,偏有一漑之功者⑫,雖終歸於燋爛,必一漑者後枯。然則,一漑之益固不可誣也⑬。而世常謂一怒不足以侵性,一哀不足以傷身,輕而肆之,是猶不識一漑之益,而望嘉穀於旱苗者也。是以君子知形恃神以立,神須形以存,悟生理之易失⑭,知一過之害生。故修性以保神,安心以全身,愛憎不棲於情⑮,憂喜不留於意,泊然無感⑯,而體氣和平⑰,又呼吸吐納⑱,服食養身,使形神相親,表裏俱濟也。

夫田種者⑲,一畝十斛⑳,謂之良田,此天下之通稱也。不知區種可百餘斛㉑。田、種一也㉒,至於樹養不同㉓,則功效相懸。謂商無十倍之價,農無百斛之望,此守常而不變者也。

① 浹然流离:大汗淋漓。浹,水盛的样子。流离,犹"淋漓",沾湿,流滴。
② 终朝:整个早晨。
③ 嚣然:饥饿之意。嚣,通"枵"。
④ 曾子衔哀,七日不饥:《礼记·檀弓上》:"曾子谓子思曰:'伋,吾执亲之丧也,水浆不入口者七日。'"曾子,名参,字子舆,孔子的学生,以孝著称。衔,含,引申为藏在心中。
⑤ 夜分:半夜。
⑥ 低迷:昏昏沉沉;模模糊糊。
⑦ 殷忧:深忧。
⑧ 劲刷:发梳。
⑨ 醇醴:厚味酒。
⑩ 赫然:盛怒的样子。殊观:此谓面容大变。
⑪ 汤:商代开国的国君。传说商汤时曾大旱七年。
⑫ 偏:独。
⑬ 诬:轻视。
⑭ 生理:养生之理。
⑮ 栖:停留。
⑯ 泊:恬静;淡泊。
⑰ 体气和平:即体平气和。身体健康,气血调和。
⑱ 吐纳:从口中徐徐呼出浊气,由鼻中缓缓吸入清气。古代养生方法。
⑲ 田种(zhòng 众):散播漫种的耕作方法。
⑳ 斛(hú 胡):量器名,亦容量单位。古代以十斗为一斛,南宋末改为五斗。
㉑ 区种:相传商汤时,伊尹创"区种"法。把作物种在带状低畦或方形浅穴的小区内,精耕细作,集中施肥、灌水,适当密植。
㉒ 种(zhǒng 肿):种子。
㉓ 树养:种植管理的方法。

二十七、养生论

　　且豆令人重①，榆令人瞑②，合歡蠲忿③，萱草忘憂④，愚智所共知也。薰辛害目⑤，豚魚不養⑥，常世所識也。虱處頭而黑⑦，麝食柏而香⑧，頸處險而癭⑨，齒居晉而黃⑩。推此而言，凡所食之氣，蒸性染身⑪，莫不相應。豈惟蒸之使重而無使輕，害之使暗而無使明，薰之使黃而無使堅，芬之使香而無使延哉⑫？

　　故神農曰"上藥養命，中藥養性"者，誠知性命之理，因輔養以通也。而世人不察，惟五穀是見，聲色是眈，目惑玄黃⑬，耳務淫哇⑭。滋味煎其府藏，醴醪鬻其腸胃⑮，香芳腐其骨髓，喜怒悖其正氣，思慮銷其精神，哀樂殃其平粹⑯。夫以蕞爾之軀⑰，攻之者非一塗⑱；易竭之身，而外內受敵。身非木石，其能久乎？

① 且：语气助词。重：身重。《神农本草经》言黑大豆"久服，令人身重"。
② 榆：亦称白榆。《神农本草经》言其皮、叶皆能"疗不眠"。
③ 合欢：一名马缨花。《神农本草经》言其"安五脏，和心志，令人欢乐无忧"。蠲(juān捐)：消除。
④ 萱草：同"谖草"。古人以为可以使人忘忧的一种草。又名鹿葱、忘忧、宜男、金针花等。
⑤ 薰辛：此指大蒜。"薰"，同"荤"。李善注引《养生要》曰："大蒜多食，荤辛害目。"
⑥ 豚鱼：即河豚鱼。李时珍言其"不中食"，因其卵巢、血液和肝脏有剧毒。
⑦ 虱处头而黑：《抱朴子》认为头虱著身则渐白，身虱著头则渐黑。
⑧ 麝食柏而香：《名医别录》："麝香形似獐，常食柏叶，五月得香。"
⑨ 颈处险而瘿：意为生活在山区的人，颈部易生瘿。因山区多轻水。《吕氏春秋·尽数》："轻水所，多秃与瘿人。"险，通"岩"，山崖。瘿，颈项部长肿瘤，类似甲状腺肿大一类病。
⑩ 齿居晋而黄：意为生活在晋地(今山西一带)的人，牙齿易变黄。因晋地产枣。李时珍言"啖枣多，令人齿黄生䘌"，可参。
⑪ 蒸性染身：熏陶情志，沾染形体。
⑫ 延：据黄省曾注，当为"脠(shān山)"，生肉酱。此指其腥味。
⑬ 玄黄：《周易·坤卦·文言》："天玄而地黄。"此泛指自然界的事物。
⑭ 淫哇：淫邪之声。
⑮ 鬻："煮"的异体字。伤害。
⑯ 平粹：宁静纯粹的情绪。
⑰ 蕞(zuì最)：小的样子。尔：词尾。
⑱ 涂：通"途"。道路。

　　其自用甚者①，飲食不節，以生百病，好色不倦，以致乏絕，風寒所災，百毒所傷，中道夭於衆難②。世皆知笑悼③，謂之不善持生也。至於措身失理④，亡之於微，積微成損，積損成衰，從衰得白，從白得老，從老得終，悶若無端⑤。中智以下，謂之自然。縱少覺悟，咸歎恨於所遇之初，而不知愼衆險於未兆。是由桓侯抱將死之疾，而怒扁鵲之先見⑥，以覺痛之日，爲受病之始也。害成於微，而救之於著，故有無功之治；馳騁常人之域，故有一切之壽⑦。仰觀俯察，莫不皆然。以多自證，以同自慰，謂天地之理，盡此而已矣。縱聞養生之事，則斷以所見，謂之不然；其次狐疑，雖少庶幾⑧，莫知所由；其次自力服藥，半年一年，勞而未驗，志以厭衰，中路復廢。或益之以畎澮⑨，而泄之以尾閭⑩，欲坐望顯報者；或抑情忍欲，割棄榮願，而嗜好常在耳目之前，所希在數十年之後，又恐兩失，內懷猶豫，心戰於內，物誘於外，交賒相傾⑪，如此復敗者。

夫至物微妙，可以理知，難以目識。譬猶豫章生七年⑫，然後可覺耳，今以躁競之心，涉希靜之塗⑬，意速而事遲，望近而應遠，故莫能相終。

夫悠悠者既以未效不求⑭，而求者以不專喪業，偏恃者以不兼無功，追術者以小道自溺。凡若此類，故欲之者萬無一能成也。

① 自用：只凭自己主观意图行事，不听劝告。
② 中道：中途；半路上。此指生命的中途。
③ 笑悼：讥笑哀叹。李善注："谓笑其不善养生，而又哀其促龄也。"
④ 措身：安身；置身。
⑤ 闷若无端：迷迷糊糊地不明衰亡的原因。闷若，闷闷然，愚昧的样子。若，词尾。无端，无因。
⑥ "是由"二句：事见本教材《扁鹊传》。由，通"犹"，好比。
⑦ 一切：一时；短时。
⑧ 庶：庶慕。幾：微。此指养生的精妙。
⑨ 畎澮（quǎn kuài 犬快）：田间水沟。喻少。畎，田中小沟。澮，田间水沟。
⑩ 尾闾：传说海水所归之处。喻多。
⑪ 交：近。此指物质嗜好之近。赊：远。此指养生效验之远。倾：排挤。
⑫ 豫章：豫，枕木。章，樟木。《史记·司马相如列传》张守节《正义》："二木生至七年，枕、章乃可分别。"
⑬ 希静：无声。此指清心寡欲的修养。
⑭ 悠悠：疑虑不定。

善養生者則不然也，清虛靜泰①，少私寡欲。知名位之傷德，故忽而不營，非欲而彊禁也；識厚味之害性，故棄而弗顧，非貪而後抑也。外物以累心不存②，神氣以醇泊獨著③。曠然無憂患④，寂然無思慮⑤。又守之以一⑥，養之以和，和理日濟，同乎大順⑦。然後蒸以靈芝，潤以醴泉⑧，晞以朝陽⑨，綏以五絃⑩，無爲自得，體妙心玄，忘歡而後樂足，遺生而後身存⑪。若此以往，庶可與羨門比壽⑫，王喬爭年⑬，何爲其無有哉！

① 清虛靜泰：心地清净，行动安和。
② 累：带累；使受害。
③ 醇泊：淳朴恬静。醇，淳朴，淳厚。原文"泊"作"白"，据《文选旁证》卷四十三改。
④ 旷：开朗。

⑤ 寂：心神安静，无杂念。
⑥ 一：指纯一。
⑦ 大顺：指安定境界。语见《老子》第六十五章。
⑧ 醴泉：甘美的泉水。
⑨ 晞：晒。
⑩ 绥：安；安抚。五絃：泛指音乐。
⑪ 遗生：摆脱生命。谓不要人为的干扰生命，要听其自然。
⑫ 羡门：神话人物。事见《史记·秦始皇本纪》等。
⑬ 王乔：即王子乔。神话人物。一说名晋，字子晋，相传为周灵王太子，喜吹笙作凤凰鸣声，为浮丘公引往嵩山修炼，三十余年后升天而去。事见《列仙传》。

〔提要〕 本文选自明嘉靖四年（公元1525年）黄省曾刻本《嵇中散集》卷三，参校《昭明文选》。作者嵇康（公元223～263年），字叔夜，谯郡铚（今安徽宿县西南）人，因曾任中散大夫，世称"嵇中散"。他崇尚老庄之学，信奉服食养生之道，主张回归自然，厌恶虚伪的封建礼教，不满当时黑暗政治，触犯了司马昭一伙，被诬害处死。他是著名的思想家和文学家，为"竹林七贤"之一，能诗善文，以文见长。今传《嵇中散集》十卷。鲁迅辑校的《嵇康集》较善。本文围绕"导养得理"可获长寿的观点，多方论述形与神相互依存的关系，认为修性保神和服食养生结合的养生方法，若能持之以恒，即可延年益寿。文章波澜起伏，峻切直陈，含义清远，感染力强。

阅 读 实 践（27）

（一）词语注释
①两（失） ②较（而） ③涣（然） ④流离 ⑤嚣（然） ⑥衔（哀） ⑦殷（忧） ⑧醇醴 ⑨赫然 ⑩植（发） ⑪偏（有） ⑫（不可）诬 ⑬（不）栖 ⑭（相）亲 ⑮玄黄 ⑯淫哇 ⑰平粹 ⑱蕞（尔） ⑲（一）涂 ⑳自用 ㉑措（身） ㉒闷若 ㉓（无）端 ㉔一切 ㉕自力 ㉖眄洽 ㉗尾闾 ㉘交（赊） ㉙（交）赊 ㉚应（远） ㉛悠悠 ㉜累（心） ㉝醇泊 ㉞旷（然） ㉟寂（然） ㊱晞（以） ㊲绥（以） ㊳遗生

（二）今译
1. 世人不察，惟五谷是见，声色是耽，目惑玄黄，耳务淫哇。
2. 夫以蕞尔之躯，攻之者非一涂；易竭之身，而外内受敌。身非木石，其能久乎？
3. 纵少觉悟，咸欢恨于所遇之初，而不知慎众险于未兆。是由桓侯抱将死之疾，而怒扁鹊之先见，以觉痛之日，为受病之始也。
4. 若此以往，庶可与羡门比寿，王乔争年，何为其无有哉！

（三）文意填空
1. 本文提出＿＿＿＿＿可以长寿的观点，善养生者必须要＿＿＿＿＿。
2. 在形与神的关系上，"精神之于形骸，犹国之有君"说明＿＿＿＿＿

，"形恃神以立，神须形以存"说明＿＿＿＿＿＿＿＿＿＿＿＿。

3．本文列举"措身失理"诸多方面，概括起来有＿＿＿＿＿＿＿＿＿＿＿＿＿＿＿＿＿＿＿＿＿＿。

（四）阅读

夫养性者欲所习以成性性自为善不习无不利也性既自善内外百病皆悉不生祸乱灾害亦无由作此养性之大经也善养性者则治未病之病是其义也故养性者不但饵药飡霞其在兼于百行百行周备虽绝药饵足以遐年德行不克纵服玉液金丹未能延寿故夫子曰善摄生者陆行不遇虎兕此则道德之祜也岂假服饵而祈遐年哉圣人所以药饵者以救过行之人也故愚者抱病历年而不修一行缠痾没齿终无悔心此其所以岐和长逝彭跗永归良有以也嵇康曰养生有五难名利不去为一难喜怒不除为二难声色不去为三难滋味不绝为四难神虑精散为五难五者必存虽心希难老口诵至言咀嚼英华呼吸太阳不能不迴其操不夭其年也五者无于胸中则信顺日跻道德日全不祈善而有福不求寿而自延此养生之大旨也然或有服膺仁义无甚泰之累者抑亦其亚欤（节选自《备急千金要方·养性序》）

要求：

(1) 给上文标点
(2) 注释文中加点号的词语
(3) 今译文中加横线的句子

二十八、极　　言

或问曰："古之仙人者，皆由学以得之？将特禀异氣耶①？"

抱朴子答曰："是何言歟？彼莫不负笈随师②，积其功勤，蒙霜冒险，櫛风沐雨③，而躬亲灑掃，契闊劳藝④，始见之以信行，终被试以危困，性篤行贞，心无怨貳⑤，乃得升堂以入於室。或有怠厭而中止，或有怨恚而造退⑥，或有诱於荣利而還修流俗之事，或有败於邪说而失其淡泊之志，或朝為而夕欲其成，或坐修而立望其效。若夫覩财色而心不戰⑦，闻俗言而志不沮者，萬夫之中有一人為多矣。故為者如牛毛，获者如麟角也。

"夫毅劲弩者⑧，効力於发箭；涉大川者，保全於既濟。井不達泉，则猶不掘也；一步未至，则猶不往也。修塗之累⑨，非移晷所臻⑩；淩霄之高，非一簣之積⑪。然升峻者，患於垂上而力不足⑫；為道者，病於方成而志不遂。千仓万箱，非一耕所得；干天之木，非旬日所长。不测之淵起於汀瀅⑬，陶朱之资必積百千⑭。若乃人退已進，陰子所以窮至道也⑮；敬卒若始，羡門所以致雲龍也⑯。我志诚坚，彼何人哉？"

① 将：还是。选择连词。

二十八、极　言

② 笈：竹制的书箱。
③ 栉(chì 至)风沐雨：以风梳发，以雨洗头。喻不避风雨，奔波劳苦。
④ 契阔劳艺：勤苦地劳动。契阔，勤苦。艺，劳作。
⑤ 怨贰：怨恨怀疑。
⑥ 造：急忙。
⑦ 心不战：心不为之所动。战，通"颤"。
⑧ 彀(gòu 构)：张满弓弩。
⑨ 修：长。
⑩ 移晷(guǐ 鬼)：一会儿。晷，日影。
⑪ 篑(kuì 溃)：盛土的竹筐。
⑫ 垂：将近。
⑬ 汀濴(tīng yìng 听映)：小水流。
⑭ 陶朱：春秋时的富商范蠡。见《史记·货殖列传》。
⑮ "人退"十一字：据《神仙传》载，阴子从马鸣生学道。马终日高谈当世之事，而不传授度世之法，如此十余年。同时共事鸣生者十二人皆离去，唯阴子执礼益恭，鸣生以其"真能得道"，授以《太清神丹经》。阴子，阴长生，东汉新野人。
⑯ 云龙：即龙。此谓羡门成仙，驾龙而去。

　　抱朴子曰："俗民既不能生生，而務所以煞生①。夫有盡之物，不能給無已之耗；江河之流，不能盈無底之器也。凡人利入少而費用多者，猶不供也，況無錙銖之來②，而有千百之往乎？人無少長，莫不有疾，但輕重言之耳。而受氣各有多少，多者其盡遲，少者其竭速。其知道者，補而救之，必先復故，然後方求量表之益③。若令服食終日，則肉飛骨騰④，導引改朔⑤，則羽翮參差⑥，則世間無不信道之民也。患乎升勺之利未堅⑦，而鐘石之費相尋⑧；根柢之據未極，而冰霜之毒交攻。不知過之在己，而反云道之無益，故捐丸散而罷吐納矣。故曰：非長生難也，聞道難也；非聞道難也，行之難也；非行之難也，終之難也。良匠能與人規矩，不能使人必巧也；明師能授人方書，不能使人必爲也。夫修道猶如播穀也，成之猶收積也。厥田雖沃，水澤雖美，而爲之失天時，耕鋤又不至，登稼被壟⑨，不穫不刈⑩，頃畝雖多，猶無獲也。凡夫不徒不知益之爲益也，又不知損之爲損也。夫損易知而速焉，益難知而遲焉，人尚不悟其易，安能識其難哉？夫損者，如燈火之消脂，莫之見也，而忽盡矣；益之者，如苗禾之播殖，莫之覺也，而忽茂矣。故治身養性，務謹其細。不可以小益爲不平而不修，不可以小損爲無傷而不防。凡聚小所以就大，積一所以至億也。若能愛之於微，成之於著，則幾乎知道矣⑪。"

① 煞：通"杀"。损伤；杀伤。
② 锱铢：锱、铢都是古代很小的重量单位。喻极微小的数量。锱为一两的四分之一，铢为一两的二十四分之一。
③ 表：指体表。

④ 肉飞骨腾：喻身体轻捷，能飞腾上天。肉、骨，都指身体。
⑤ 改朔：一个月时间。朔，农历每月初一。
⑥ 羽翮（hé 核）：鸟翼。
⑦ 升勺：古容量单位。此言其少。勺，十分之一合。
⑧ 钟石（shí 时）：古容量单位。此言其多。钟，说法不一，杜预说一钟为"六斛四斗"。寻：连续不断。
⑨ 登：成熟。
⑩ 刈（yì 义）：割。
⑪ 几乎：接近于。"矣"字后删去993字。

或问曰："世有服食藥物，行氣導引，不免死者，何也？"

抱朴子答曰："不得金丹①，但服草木之藥及修小術者，可以延年遲死耳，不得仙也。或但知服草藥，而不知還年之要術②，則終無久生之理也③。夫木槿楊柳④，斷、殖之更生⑤，倒之亦生，橫之亦生。生之易者，莫過斯木也。然埋之既淺，又未得久，乍刻乍剝，或搖或拔，雖壅以膏壤⑥，浸以春澤⑦，猶不脫於枯瘁者，以其根荄不固⑧，不暇吐其萌芽，津液不得遂結其生氣也。人生之爲體，易傷難養，方之二木不及遠矣⑨。而所以攻毀之者，過於刻剝，劇乎搖拔也。濟之者鮮，壞之者衆，死其宜也。

"夫吐故納新者，因氣以長氣，而氣大衰者，則難長也；服食藥物者，因血以益血，而血垂竭者，則難益也。夫奔馳而喘逆，或欬或滿，用力役體，汲汲短乏者⑩，氣損之候也；面無光色，皮膚枯臘⑪，脣焦脈白，腠理萎瘁者，血減之證也。二證既衰於外，則靈根亦凋於中矣⑫。如此則不得上藥，不能救也。凡爲道而不成，營生而得死者，其人非不有氣血也，然身中之所以爲氣爲血者，根源已喪，但餘其枝流也。譬猶入水之爐⑬，火滅而煙不即息，既斷之木，柯葉猶生⑭。二者非不有煙，非不有葉，而其所以爲煙爲葉者，已先亡矣。世人以覺病之日，始作爲疾，猶以氣絕之日，爲身喪之候也。唯怨風冷與暑濕，不知風冷暑濕不能傷壯實之人也。徒患體虛氣少者，不能堪之，故爲所中耳。

"何以較之？設有數人，年紀老壯既同，服食厚薄又等，俱造沙漠之地，並冒嚴寒之夜，素雪墮於上，玄冰結於下⑮，寒風摧條而宵駭，欬唾凝沍於脣吻⑯，則其中將有獨中冷者，而不必盡病也。非冷氣之有偏，蓋人體有不耐者耳。故俱食一物，或獨以結病者，非此物之有偏毒也；鈞器齊飲⑰，而或醒或醉者，非酒勢之有彼此也；同冒炎暑，而或獨以暍死者⑱，非天熱之有公私也；齊服一藥，而或昏瞑煩悶者，非毒烈之有愛憎也。是以衝風赴林⑲，而枯柯先摧；洪濤淩崖⑳，而拆隙首頹㉑；烈火燎原，而燥卉前焚；龍椀墜地㉒，而脆者獨破。由茲以觀，則人之無道，體已素病，因風寒暑濕者以發之耳。苟能令正氣不衰，形神相衛，莫能傷也。凡爲道者，常患於晚，不患於早也。恃年紀之少壯、體力之方剛者，自役過差㉓，

二十八、极　言

百病兼結,命危朝露,不得大藥,但服草木,可以差於常人,不能延其大限也㉔。故仙經曰㉕:養生以不傷爲本。此要言也。神農曰:百病不愈,安得長生?信哉斯言也!"

① 金丹:古代方士所炼金石之药。认为服之可以长生。
② 还年:返老还童。
③ 以下删去204字。
④ 木槿(jǐn仅):木名。落叶灌木,夏秋开红、白或紫色花,朝开暮敛。杨柳:杨与柳均木名,同科异属,但古诗文中杨柳常通用。
⑤ 殖:种植。
⑥ 壅:用土壤或肥料培在植物根部。
⑦ 浸:灌溉。
⑧ 根荄(gāi该):根部;树根。荄,草根。
⑨ 方:比拟;比方。
⑩ 汲汲:心情急切。此形容呼吸急促的样子。
⑪ 腊(xī西):谓皮肤干燥皲裂。
⑫ 灵根:本根。此指气血生化的基础。
⑬ 烬:物体燃烧后剩下的部分。此指燃烧着的物体。
⑭ 柯:草木的枝茎。
⑮ 玄冰:厚冰。
⑯ 冱(hù护):"冱"的异体字。冻结。
⑰ 钧器:用同等的饮器。钧,通"均",同等。
⑱ 暍(yē椰):中暑;受暴热。
⑲ 冲风:猛烈的风。
⑳ 凌(líng灵):疾驰;急行。
㉑ 拆隙:裂缝。拆,通"坼",裂开。
㉒ 龙:当作"笼"。椀:"碗"的异体字。
㉓ 过差:过度。
㉔ 大限:寿数。
㉕ 仙经:指道教之经典。

或問曰:"所謂傷之者,豈非淫慾之閒乎?"

抱朴子曰:"亦何獨斯哉?然長生之要,在乎還年之道。上士知之,可以延年除病,其次不以自伐者也。若年尚少壯而知還年,服陰丹以補腦①,采玉液於長谷者②,不服藥物,亦不失三百歲也,但不得仙耳。不得其術者,古人方之於冰盃之盛湯,羽苞之蓄火也③。且又才所不逮而困思之,傷也;力所不勝而強舉之,傷也;悲哀憔悴,傷也;喜樂過差,傷也;汲汲所欲,傷也;久談言笑,傷也;寢息失時,傷也;挽弓引弩,傷也;沈醉嘔吐,傷也;飽食卽臥,傷也;跳走喘乏,傷也;歡呼哭泣,傷也;陰陽不交④,傷也。積傷至盡則早亡,早亡非道也。是以養生之方,唾不及遠,行不疾步,耳不極聽,目不久視,坐不至久,臥不及疲,先寒而衣,先熱而解。不欲極飢而食,食不過飽;不欲極渴而飲,飲不過多。凡食過則結積聚,飲過則成痰癖⑤。不欲甚勞甚逸,不欲起晚,不欲汗流,不欲多睡,不欲奔車走馬,不欲極目遠望,不欲多啖生冷,不欲飲酒當風,不欲數數沐浴⑥,不欲廣志遠願,不欲規造異巧⑦。冬不欲極溫,夏不欲窮涼,不露臥星下,不眠中見肩。大寒大熱,大風大霧,皆不欲冒之。五味入口不欲偏多,故酸多傷脾,苦多傷肺,辛多傷肝,鹹多則傷心,甘多則傷腎,此五行自然之理也。凡言傷者,亦不便覺也,謂久則壽損耳。是以善攝生者,臥起有四時之早晚,興居有至和之常制,調利筋骨有偃仰之方,杜疾閑邪有吞吐之術⑧,流行榮衛有補瀉之法,節宣勞逸有興奪之要⑨。忍怒以全陰氣,抑喜以養陽氣⑩,然後先將服草木以救虧缺,後服金丹以定無窮,長生之理盡於此矣。若有欲決意任懷,自謂達識知命,不泥異端,極情肆力,不營久生者,聞此言也,雖風之過耳,電之經目,不足諭也。雖身枯於流連之中⑪,氣絕於紈綺之閒⑫,而甘心焉,亦安可告之以養生之事哉?不惟不納,乃謂妖訛也,而望彼信之,所謂以明鑑給矇瞽,以絲竹娛聾夫也。"

① 阴丹:即金丹。
② 玉液:此指玉醴。见《抱朴子·金丹》。 长谷:深山岩谷。
③ 羽苞:羽毛的包。苞,通"包"。
④ 阴阳不交:此谓禁绝房事。
⑤ 痰癖:水饮久停,化而为痰,流移两胁之间,以致胁痛的病证。
⑥ 数数:频繁。
⑦ 规:谋画。
⑧ 闲:防御。
⑨ 节宣:劳逸有节,以宣散其气。与夺:谓调制。
⑩ "忍怒"二句:《素问·阴阳应象大论》:"暴怒伤阴,暴喜伤阳。"
⑪ 流连:乐而忘返。
⑫ 纨绮:指美女。纨,细绢。绮,有花纹的丝织品。

〔提要〕 本文节选自1985年中华书局《新编诸子集成》(第一辑)《抱朴子·内篇》。作者葛洪(约公元281～341年),字稚川,自号抱朴子,丹阳句容(今属江苏)人,东晋著名的医药学家、炼丹术家。《抱朴子》内篇二十卷,主要讲"神仙方药,鬼怪变化,养生延年,禳邪祛祸之事";外篇五十卷,言"人间得失,世事臧否"。据史书记载,葛洪的医学著作有七种,现仅存《肘后备急方》一书。本文认为人可以长生不老、自致神仙(多已删节),无疑是荒谬的;认为经过长期不懈、持之以恒地内修外养可以延长寿命的观点是正确的,其中叙述的一些养生方法也有现实意义。

二十八、极　言

阅 读 实 践（28）

（一）词语注释

①将(特)　②(负)笈　③栉风沐雨　④契阔　⑤(怨)贰　⑥造(退)　⑦(不)戢　⑧榖(劲弩)　⑨修(涂)　⑩移晷　⑪(一)篑　⑫垂(上)　⑬干(天)　⑭汀滢　⑮煞(生)　⑯锱铢　⑰无(少长)　⑱肉飞骨腾　⑲改朔　⑳羽翻　㉑(相)寻　㉒登(稼)　㉓几乎　㉔还年　㉕根荄　㉖方(之)　㉗汲汲　㉘脉白　㉙灵根　㉚柯(叶)　㉛钧(器)　㉜暍(死)　㉝冲风　㉞凌(崖)　㉟折隙　㊱过差　㊲大限　㊳(盛)汤　㊴数数　㊵广志远愿　㊶规(造)　㊷闲(邪)　㊸与夺　㊹流连　㊺纨绮

（二）今译

1．夫榖劲弩者，効力于发箭；涉大川者，保全于既济。井不达泉，则犹不掘也；一步未至，则犹不往也。修涂之累，非移晷所臻；凌霄之高，非一篑之积。

2．俗民既不能生生，而务所以煞生。夫有尽之物，不能给无已之耗；江河之流，不能盈无底之器也。凡人利入少而费用多者，犹不供也，况无锱铢之来，而有千百之往乎？

3．凡夫不徒不知益之为益也，又不知损之为损也。夫损易知而速焉，益难知而迟焉，人尚不悟其易，安能识其难哉？

4．虽身枯于流连之中，气绝于纨绮之闲，而甘心焉，亦安可告之以养生之事哉？不惟不纳，乃谓妖讹也，而望彼信之，所谓以明鉴给朦瞽，以丝竹娱聋夫也。

（三）文意填空

1．本文论述只要持之以恒地坚持＿＿＿＿＿＿＿＿＿＿可以延长寿命的养生观。

2．"我志诚坚，彼何人哉"的"我"指＿＿＿＿＿＿＿＿＿＿，"彼"指＿＿＿＿＿＿＿＿＿＿。

3．"俗民"之所以"煞生"是由于＿＿＿＿＿＿＿＿＿＿。

4．文中"夫有尽之物，不能给无已之耗；江河之流，不能盈无底之器"意喻＿＿＿＿＿＿＿＿＿＿。

5．本文以木槿杨柳之易生、易枯之理喻＿＿＿＿＿＿＿＿＿＿。

6．本文认为"长生之要"在于要知＿＿＿＿＿＿＿＿＿＿。

7．本文说"善摄生者"要＿＿＿＿＿＿＿＿＿＿。

（四）阅读

真人曰虽常服饵而不知养性之术亦难以长生也养性之道常欲小劳但莫大疲及强所不能堪耳且流水不腐户枢不蠹以其运动故也养性之道莫久行久立久坐久卧久视久听盖以久视伤血久卧伤气久立伤骨久坐伤肉久行伤筋也仍莫强食莫强酒莫强举重莫忧思莫大怒莫悲愁莫大惧莫跳踉莫多言莫大笑勿汲汲于所欲勿悁悁怀忿恨皆损寿命若能不犯者则得长生也故善摄生者常少思少念少欲少事少语少笑少愁少乐少喜少怒少好少恶行此十二少者养性之都契也多思则神殆多念则志散多欲则志昏多事则形劳多语则气乏多笑则藏伤多愁则心慑多乐则

意溢多喜则忘错昏乱多怒则百脉不定多好则专迷不理多恶则憔悴无憺此十二多不除则荣卫失度血气妄行丧生之本也惟无多无少者几于道矣是知勿外缘者真人初学道之法也若能如此者可居温疫之中无忧疑矣<u>既屏外缘会须守五神①从四正②言最不得浮思妄念心想欲事恶邪大起</u>故孔子曰思无邪也（节选自《备急千金要方·道林养性》）

  注：①五神：指肝、心、脾、肺、肾。

    ②四正：指言、行、坐、立。

要求：

(1) 给上文标点

(2) 注释文中加点号的词语

(3) 今译文中加横线的句子

二十九、本　　生

  始生之者①，天也；养成之者，人也。能养天之所生而勿撄之②，谓之天子③。天子之动也④，以全天为故者也⑤，此官之所自立也⑥。立官者，以全生也⑦。

① 始：开端；最初。

② 撄(yīng 英)：违反。

③ 天子：君主。古以君权为神授，故称。

④ 动：动作。此指所作所为。

⑤ 全：顺从。天：性。故：事。

⑥ 官：官职。自：从。

⑦ 生：通"性"。

  今世之惑主①，多官而反以害生②，则失所为立之矣。譬之若修兵者③，以备寇也；今修兵而反以自攻，则亦失所为修之矣。夫水之性清，土者抇之④，故不得清；人之性寿，物者抇之，故不得寿。物也者，所以养性也，非所以性养也⑤。

  今世之人惑者，多以性养物，则不知轻重也⑥。不知轻重，则重者为轻，轻者为重矣。若此，则每动无不败。以此为君，悖⑦；以此为臣，乱；以此为子，狂⑧。三者，国有一焉，无幸必亡。

① 主：古时对诸侯、天子之称。

② 官：立官，即设立官职。

③ 修兵：建立军队。

④ 抇(gǔ 古)：搅乱。

⑤ 性养：即性养物。省略宾语"物"字。

⑥ 轻：喻物质。重：喻身体。

⑦ 悖：谬误。此谓昏庸。
⑧ 狂：纵情任性或放荡骄恣的态度。

今有聲於此，耳聽之必慊①，已聽之則使人聾②，必弗聽；有色於此，目視之必慊，已視之則使人盲，必弗視；有味於此，口食之必慊，已食之則使人瘖，必弗食。是故聖人之於聲色滋味也，利於性則取之，害於性則舍之，此全性之道也。

世之貴富者，其於聲色滋味也多惑者，日夜求，幸而得之 則遁焉③；遁焉，性惡得不傷？萬人操弓，共射其一招④，招無不中；萬物章章⑤，以害一生，生無不傷，以便一生⑥，生無不長。

① 慊（qiè 怯）：满足；惬意。
② 已：太；过。
③ 遁：通"循"。流逸。
④ 招：箭靶。
⑤ 章章：明美。
⑥ 便：利。

故聖人之制萬物也，以全其天也①。天全，則神和矣，目明矣，耳聰矣，鼻臭矣，口敏矣，三百六十節皆通利矣②。若此人者，不言而信，不謀而當，不慮而得，精通乎天地，神覆乎宇宙③，其於物無不受也，無不裹也④，若天地然。上為天子而不驕，下為匹夫而不惛⑤，此之謂全德之人。

貴富而不知道，適足以為患，不如貧賤。貧賤之致物也難，雖欲過之奚由？出則以車，入則以輦⑥，務以自佚⑦，命之曰招蹷之機⑧；肥肉厚酒，務以相彊，命之曰爛腸之食；靡曼皓齒⑨，鄭衛之音⑩，務以自樂，命之曰伐性之斧。三患者，貴富之所致也，故古之人有不肎貴富者矣⑪，由重生故也。非夸以名也，為其實也⑫，則此論之不可不察也。

① 天：指身体。
② 三百六十节：泛指全身所有关节。
③ 宇宙：空间和时间。意即古今中外。《淮南子·齐俗》："往古来今谓之宙，四方上下谓之宇。"
④ 裹：囊括。
⑤ 惛：通"闷"。忧闷。
⑥ 輦（niǎn 捻）：用人推挽的车。
⑦ 佚：通"逸"。骄逸。
⑧ 蹷：瘘蹷。机：关键。
⑨ 靡曼皓齿：喻美色。靡曼，细理弱肌。皓齿，雪白的牙齿。
⑩ 郑卫之音：春秋战国时郑国、卫国的民间音乐。此作淫靡之乐的代称。
⑪ 肎："肯"的异体字。

⑫"非夸"二句：汉·高诱注："非以为轻富贵求虚名也，以为其可以全生保性之实也。"

〔提要〕 本文选自中华书局《诸子集成》影印本《吕氏春秋》卷一，参校《四部丛刊》本。《吕氏春秋》是秦相吕不韦召其门客集体撰写而成，又名《吕览》。吕不韦(公元前？～前235年)，战国秦阳翟(今河南禹县)人，在赵国经商时结识抵押在赵的秦王子楚,用计花巨款资助子楚归秦，立为太子。后来子楚即位为庄襄王，用吕不韦为丞相，封文信侯。庄襄王死后，政即位为秦始皇，尊吕不韦为仲父。后被免职，迁徙蜀郡，途中自杀。《吕氏春秋》二十六卷，集儒、道、墨诸家观点为一体，而以儒、道为主，世称"杂家"。本文以生动易晓的事例，从"物"与"性"的关系，阐述"全生"、"保性"的养生观。认为声色滋味，"利于性则取之，害于性则舍之"，不能太过，过则害生，以此告喻统治者，切勿骄佚穷欲，否则将有杀身灭国之灾。言简旨宏，促人深省。

阅 读 实 践（29）

（一）词语注释
①撄(之) ②全(天) ③(全)生 ④修(兵) ⑤扣(之) ⑥(君)悖 ⑦(子)狂 ⑧(必)慊 ⑨已(听) ⑩遁(焉) ⑪(一)招 ⑫章章 ⑬(鼻)臭 ⑭宇宙 ⑮(无不)裹 ⑯(不)怊 ⑰(以)辇 ⑱(自)佚 ⑲(之)机 ⑳靡曼

（二）今译
1．天子之动也，以全天为故者也，此官之所自立也。
2．今有声于此，耳听之必慊，已听之则使人聋，必弗听。
3．世之贵富者，其于声色滋味也多；惑者日夜求，幸而得之，则遁焉，遁焉，性恶得不伤？
4．靡曼皓齿，郑卫之音，务以自乐，命之曰伐性之斧。

（三）文意填空
1．本文提出了＿＿＿＿和＿＿＿＿的养生观。
2．本文认为对声色滋味的正确态度应该＿＿＿＿＿＿＿＿＿＿＿＿＿＿＿。
3．本文所指"三患者"是：①＿＿＿＿＿＿＿＿＿＿＿＿；②＿＿＿＿＿＿＿＿＿＿＿＿；③＿＿＿＿＿＿＿＿＿＿＿＿。
4．"古之人有不肯贵富者"的原因是＿＿＿＿＿＿＿＿＿＿＿＿。

（四）阅读
倕至巧也人不爱倕之指而爱己之指有之利故也人不爱昆山之玉江汉之珠而爱己之一苍璧小玑有之利故也今吾生之为我有而利我亦大矣论其贵贱爵为天子不足以比焉论其轻重富有天下不可以易之论其安危一曙失之终身不复得此三者有道者之所慎也有慎之而反害之者不达乎性命之情也不达乎性命之情慎之何益是师者之爱子也不免乎枕之以糠是聋者之养婴儿也方雷而窥之于堂有殊弗知慎者夫弗知慎者是死生存亡可不可未始有别也未始有别者其所谓是未尝是其所谓非未尝非其所谓非非其所谓是此之谓大惑若此人者天之所祸也以此治身必死必殃以此治国必残必亡夫死殃残亡非自至也惑召之也寿长至常亦然故有道者不察所召而察其召之者则其至不可禁矣此论不可不熟使乌获疾引牛尾尾绝力勯而牛不可行逆也

使五尺竖子引其棬而牛恣所以之顺也世之人主贵人无贤不肖莫不欲长生久视而日逆其生欲之何益凡生之长也顺之也使生不顺者欲也故圣人必先适欲室大则多阴台高则多阳多阴则蹶多阳则痿此阴阳不适之患也是故先王不处大室不为高台味不众珍衣不燀热燀热则理塞理塞则气不达味众珍则胃充胃充则中大鞔中大鞔而气不达以此长生可得乎昔先圣王之为苑囿园池也足以观望劳形而已矣其为宫室台榭也足以辟燥湿而已矣其为舆马衣裘也足以逸身煖骸而已矣其为饮食酏醴也足以适味充虚而已矣其为声色音乐也足以安性自娱而已矣五者圣王之所以养性也非好俭而恶费也节乎性也（《吕氏春秋·重己》）

要求：
(1) 给上文标点
(2) 注释文中加点号的词语
(3) 今译文中加横线的句子
(4) 文意填空
① 文中提出的养生观点是_____。
② "此三者，有道者之所慎也"的"三者"即：_____。
③ "圣王""养性"的五个方面，即：_____。

三十、与薛寿鱼书

談何容易① 天生一不朽之人而其子若② 孫必欲推而納之於必朽之處此吾所爲悁悁③而悲也夫所謂不朽者非必周孔④而後不朽也羿⑤之射秋⑥之弈俞跗之醫皆可以不朽也使必待周孔而後可以不朽則宇宙間安得有此紛紛之周孔哉子之大父⑦一瓢先生醫之不朽者也高年不祿⑧僕方思輯其梗概以永其人而不意寄來墓志⑨無一字及醫反託於陳文恭⑩公講學云云嗚呼自是而一瓢先生不傳矣朽矣夫學在躬行⑪不在講也聖學莫如仁先生能以術仁其民使無夭札是即孔子老安少懷之學⑫也素位⑬而行學孰大於是而何必捨之以他求陽明⑭勳業爛然⑮胡世寧⑯笑其多⑰一講學文恭公亦復爲之於余心猶以爲非然而文恭相公⑱也子之大父布衣也相公借布衣以自重則名高而布衣挾相公以自尊則甚陋今⑲執途之人⑳而問之曰一瓢先生非名醫乎雖子之仇無異詞也又問之曰一瓢先生其理學乎雖子之戚有異詞也子不以人所共信者傳㉑先人而以人所共疑者傳先人得毋以藝成而下㉒之說爲斤斤㉓乎不知藝卽道之有形者也精求之何藝非道貌襲㉔之道藝兩失燕噲㉕子之何嘗不託堯舜以鳴高㉖而卒爲梓匠輪輿所笑醫之爲藝尤非易言神農始之黃帝昌之周公使冢宰㉗領之其道通於神聖今天下醫絕矣惟講學一流轉㉘未絕者何也醫之效立見故名醫百無一人學之講無稽故村儒㉙舉目皆是子不尊先人於百無一人之上而反賤之於舉目皆是之中過矣卽或衰年無俚㉚有此附會則亦當牽連書之而不可盡沒㉛有所由來僕昔疾病性命危篤爾時雖十周㉜程㉝張㉞朱㉟何益

而先生獨能以一刀圭活之僕所以心折㊱而信以爲不朽之人也慮此外必有異案良方可以拯人可以壽世者輯而傳焉當高出語錄㊲陳言萬萬而乃諱而不宣甘捨神奇以就臭腐在理學中未必增一僞席而方伎中轉失一眞人矣豈不悖哉豈不惜哉

① 谈何容易：谓谈说论议岂可轻易。意谓薛雪子孙对薛雪的评价不可轻率。何容，犹言岂可。语出《汉书·东方朔传》。

② 若：其。

③ 悁悁(yuān yuān 冤冤)：忧闷貌。

④ 周孔：指周公、孔子。

⑤ 羿(yì 艺)：即后羿，善射。

⑥ 秋：即弈秋，善弈。

⑦ 大父：祖父。

⑧ 不禄：古代士死的委婉语。

⑨ 墓志：放在墓中刻有死者传记的石刻。此指抄文。

⑩ 陈文恭：陈宏谋，字汝咨，清代广西临桂人。累官东阁大学士，兼工部尚书，曾为苏省巡抚，卒谥文恭。早年治宋代周敦颐、程颢、程颐、张载、朱熹五子之学，著有《培远堂文集》。

⑪ 躬行：身体力行；亲身实践。

⑫ 老安少怀：《论语·公冶长》："老者安之，朋友信之，少者怀之。"安，安宁；怀，归向。皆使动用法。

⑬ 素位：不居官位。

⑭ 阳明：王守仁，字伯安，曾筑室于故乡余姚(今属浙江)阳明洞中，世称阳明先生。明代哲学家、教育家，官至南京兵部尚书，卒谥文成。著作由门人辑成《王文成公全集》。他创立的阳明学派影响很大，并远传日本。

⑮ 烂然：光采的样子。

⑯ 胡世宁：明代仁和(今浙江余杭)人，字永清，弘治年间进士，官至南京兵部尚书，卒谥端敏。有《胡端敏奏议》。

⑰ 多：只；只是。

⑱ 相公：丞相。明代废丞相之职，清代因之。陈宏谋所任东阁大学士为文臣最高官职，位同前代之丞相，故云。

⑲ 今：犹"若"。如果。

⑳ 途之人：路人。指一般人。

㉑ 传(zhuàn 赚)：为……立传。

㉒ 艺成而下：谓技艺取得成就而居下位。语出《礼记·乐记》。

㉓ 斤斤：拘谨的样子。此谓拘泥。

㉔ 袭：仿效。

㉕ 燕(yān 烟)哙：燕王哙。战国时燕国国君，公元前320～前318年在位，在位的第三年把君位让给相国子之。

㉖ 鸣高：表示清高。

㉗ 冢宰：周代官名，为六卿之首。又称大宰。
㉘ 转：反而。
㉙ 村儒：指才学浅陋的文人。
㉚ 无俚：无聊。
㉛ 没：湮没。
㉜ 周：指北宋理学家周敦颐。
㉝ 程：指程颢、程颐兄弟。两人同学于周敦颐，为北宋理学的奠基者，世称二程。
㉞ 张：指北宋哲学家张载。
㉟ 朱：指南宋理学家朱熹。
㊱ 心折：佩服。
㊲ 语录：指二程与朱熹等人的《语录》。

〔提要〕　本文选自《四部备要》本《小仓山房文集》卷十九。作者袁枚（公元1716～1798年），字子才，号简斋，世称随园先生，钱塘（今浙江杭州）人，清代文学家。乾隆进士，曾任溧水、江浦等地知县。三十三岁辞官退居于南京附近的小仓山自建的随园，直至逝世。他与当时垄断文坛的复古主义开展论争，反对盲目崇拜，提出"性灵说"。著有《小仓山房诗文集》、《随园诗话》等。薛雪字生白，晚号一瓢，清代著名的温病学家，与袁枚交往甚深。薛雪去世后，他的孙子写就墓志寄袁枚。袁枚认为墓志妄置薛雪于理学一流，而竟"无一字及医"，是"甘舍神奇以就臭腐"。针对薛寿鱼轻医学而重理学的错误认识，以"学在躬行，不在讲"立论，阐述了道艺的关系，说明医术"当高出语录陈言万万"。语言简洁刚劲，论证精辟周详，字里行间洋溢着作者对薛雪的无限敬仰之思，抒发了内心的激愤之情。

阅 读 实 践 （30）

（一）词语注释

①何容　②若（孙）　③悁悁　④（秋之）弈　⑤大父　⑥不禄　⑦永（其人）　⑧躬行　⑨夭札　⑩老安少怀　⑪素位　⑫烂然　⑬多（一）　⑭挟（相公）　⑮今（执）　⑯传（先人）　⑰斤斤　⑱袭（之）　⑲鸣高　⑳昌（之）　㉑转（未绝）　㉒村儒　㉓举（目）　㉔衰年　㉕无俚　㉖（尽）没　㉗刀圭　㉘心折　㉙虑（此外）　㉚寿（世）

（二）今译

1. 天生一不朽之人而其子若孙必欲推而纳之于必朽之处此吾所为悁悁而悲也
2. 圣学莫如仁先生能以术仁其民使无夭札是即孔子老安少怀之学也
3. 子不以人所共信者传先人而以人所共疑者传先人得毋以艺成而下之说为斤斤乎
4. 虑此外必有异案良方可以拯人可以寿世者辑而传焉当高出语录陈言万万

（三）文意填空

1. 本文作者认为_____的人是不朽的。
2. 本文以燕哙让位子之事，喻指_____。
3. 在"甘舍神奇以就臭腐"中，"神奇"指_____，因为_____，"臭腐"指_____，因为_____。

（四）阅读

1. 吴门名医薛雪自号一瓢性孤傲公卿延之不肯往而予有疾则不招自至乙亥春余在苏州庖人王小余病疫不起将掩棺而君来天已晚烧烛照之笑曰死矣然吾好与疫鬼战恐得胜亦未可知出药一丸捣石菖蒲汁调和命舆夫有力者用铁箸铗其齿灌之小余目闭气绝喉汩汩然似咽似吐薛嘱曰好遣人视之鸡鸣时当有声已而果然再服二剂而病起乙酉冬余又往苏州有厨人张庆者得狂易之疾认日光为雪啖少许肠痛欲裂诸医不效薛至袖手向张脸上下视曰此冷痧也一刮而愈不必诊脉如其言身现黑瘢如掌大亦即霍然余奇赏之先生曰我之医即君之诗纯以神行所谓人居屋中我来天外是也（节选自《随园诗话》卷五）

2. 纪称德成而先艺成而后似乎德重而艺轻不知艺也者德之精华也德之不存艺于何有人但见先生①艺精伎绝而不知其平素之事亲孝与人忠葬枯恤乏造修舆梁见义必为是据于德而后游于艺者也宜其得心应手驱遣鬼神呜呼岂偶然哉（节选自《小仓山房诗文集·徐灵胎先生传》）

注：①先生：指清代名医徐大椿。

要求：
(1) 给上文标点
(2) 注释文中加点号的词语
(3) 今译文中加横线的句子

三十一、汗下吐三法该尽治病诠

人身不過表裏，氣血不過虛實。表實者裏必虛，裏實者表必虛，經實者絡必虛，絡實者經必虛，病之常也。良工之治病，先治其實，後治其虛，亦有不治其虛時。粗工之治病，或治其虛，或治其實，有時而幸中，有時而不中。謬工之治病，實實虛虛，其誤人之迹常著，故可得而罪也。惟庸工之治病，純補其虛，不敢治其實，舉世皆曰平穩，誤人而不見其迹。渠亦不自省其過①，雖終老而不悔，且曰："吾用補藥也，何罪焉？"病人亦曰："彼以補藥補我，彼何罪焉？"雖死而亦不知覺。夫粗工之與謬工，非不誤人，惟庸工誤人最深，如鯀湮洪水②，不知五行之道。

夫補者人所喜，攻者人所惡，醫者與其逆病人之心而不見用，不若順病人之心而獲利也，豈復計病者之死生乎？嗚呼！世無眞實，誰能別之？今予著此吐汗下三法之詮，所以該治病之法也，庶幾來者有所憑藉耳。

① 渠：他。
② 鯀(gǔn滚)：夏禹之父。奉唐尧之命治理洪水。他采取筑堤防水之法，九年未能治平，被虞舜处死于羽山。　湮：堵塞。

夫病之一物，非人身素有之也。或自外而入，或由內而生，皆邪氣也。邪氣加諸身，速攻之可也，速去之可也，攬而留之①，可乎？雖愚夫愚婦，皆知其不可也。及其聞攻則不悅，聞補則樂之。今之醫者曰："當先固其元氣，元氣實，邪自去。"世間如此妄人，何其多也！

夫邪之中人，輕則傳久而自盡，頗甚則傳久而難已，更甚則暴死。若先論固其元氣，以補劑補之，眞氣未勝，而邪已交馳橫鶩而不可制矣②。惟脈脫、下虛、無邪、無積之人，始可議補；其餘有邪積之人而議補者，皆鯀湮洪水之徒也。

今予論吐、汗、下三法，先論攻其邪，邪去而元氣自復也。況予所論之三法，識練日久，至精至熟，有得無失，所以敢爲來者言也。

① 攬：挽。
② 交馳橫鶩：交相馳騁，橫暴狂奔。謂邪氣盛實擴散。鶩，亂跑。

天之六氣，風、暑、火、濕、燥、寒；地之六氣，霧、露、雨、雹、冰、泥；人之六味，酸、苦、甘、辛、鹹、淡。故天邪發病，多在乎上；地邪發病，多在乎下；人邪發病，多在乎中。此爲發病之三也。處之者三①，出之者亦三也。諸風寒之邪，結搏皮膚之間，藏於經絡之內，留而不去，或發疼痛走注②，麻痺不仁，及四肢腫癢拘攣，可汗而出之；風痰宿食，在膈或上脘，可涌而出之；寒濕固冷③，熱客下焦，在下之病，可泄而出之。《內經》散論諸病④，非一狀也；流言治法⑤，非一階也。《至眞要大論》等數篇言運氣所生諸病，各斷以酸苦甘辛鹹淡以總括之。其言補，時見一二；然其補，非今之所謂補也，文具於《補論》條下⑥，如辛補肝，鹹補心，甘補腎，酸補脾，苦補肺⑦。若此之補，乃所以發腠理，致津液，通血氣。至其統論諸藥⑧，則曰：辛甘淡三味爲陽，酸苦鹹三味爲陰。辛甘發散，淡滲泄，酸苦鹹涌泄。發散者歸於汗，涌者歸於吐，泄者歸於下。滲爲解表，歸於汗；泄爲利小溲，歸於下。殊不言補⑨。乃知聖人止有三法，無第四法也。

然則，聖人不言補乎？曰：蓋汗下吐，以若草木治病者也⑩。補者，以穀肉果菜養口體者也⑪。夫穀肉果菜之屬，猶君之德教也⑫；汗下吐之屬，猶君之刑罰也。故曰：德教，興平之粱肉⑬；刑罰，治亂之藥石。若人無病，粱肉而已；及其有病，當先誅伐有過⑭。病之去也，粱肉補之，如世已治矣，刑措而不用⑮。豈可以藥石爲補哉？必欲去大病大療⑯，非吐汗下末由也已⑰。

① 处：居止。
② 走注：即风痹，又称行痹。证见游走性疼痛。
③ 固冷：即痼冷。指真阳不足，阴寒之邪久伏体内所致病证。
④ 散：分散；分别。
⑤ 流：水流动。引申为分散、分别。
⑥ 具：陈述。 补论：《儒门事亲》卷三中篇名。
⑦ "辛补肝"五句：按中医五行理论，辛味入肺，肺属金，肝属木，金能克木。因作者认为祛邪即所以扶正，故云。其余"咸补心"等仿此。此说与《素问·藏气法时论》等有异。

⑧ 至:至于。统:概括。
⑨ 殊:绝;完全。
⑩ 若:此。
⑪ 口体:义偏于"体"。身体。
⑫ 德教:道德教化。
⑬ 兴平:兴盛太平。
⑭ 过:过失。此指病邪。
⑮ 措:搁置。
⑯ 瘵(zhài债):病。
⑰ 末由:无从;没有别的途径。

然今之醫者,不得盡汗下吐法,各立門牆①,誰肯屈己之高而一問哉?且予之三法,能兼衆法,用藥之時,有按有蹻,有揣有導②,有減有增,有續有止。今之醫者,不得予之法,皆仰面傲笑曰:"吐者,瓜蒂而已矣;汗者,麻黃、升麻而已矣;下者,巴豆、牽牛、朴硝、大黃、甘遂、芫花而已矣。"既不得其術,從而誣之,予固難與之苦辯,故作此詮。

所謂三法可以兼衆法者,如引涎、漉涎、嚏氣、追淚③,凡上行者,皆吐法也;灸、蒸、熏、渫、洗、熨、烙、針刺、砭射、導引、按摩④,凡解表者,皆汗法也;催生下乳、磨積逐水、破經泄氣⑤,凡下行者,皆下法也。以余之法,所以該衆法也。然予亦未嘗以此三法,遂棄衆法,各相其病之所宜而用之。以十分率之⑥,此三法居其八九,而衆法所當纔一二也。

或言《內經》多論鍼而少論藥者,蓋聖人欲明經絡。豈知鍼之理,即所謂藥之理。即今著吐汗下三篇,各條藥之輕重寒溫於左⑦。仍於三法之外,別著《原補》一篇⑧,使不預三法。恐後之醫者泥於補,故置之三篇之末,使用藥者知吐中有汗,下中有補,止有三法。《內經》曰⑨:"知其要者,一言而終。"是之謂也!

① 门墙:犹"门户"。
② 揣(jiǎn剪):揣摭;按摩。导:导引。
③ 漉(lù禄)涎:使唾液渗出。漉,渗出,润湿。嚏(tì替)气:以药取嚏,以通气开窍。追泪:搐药入鼻以取泪。追,逐出。
④ 渫(xiè屑):除去污秽。
⑤ 磨积:消除积滞。
⑥ 率(lǜ律):比例。
⑦ 条:分条列举。左:下。
⑧ 原补:即《儒门事亲》卷二之《推原补法利害非轻说》。该篇居《凡在上者皆可吐式》、《凡在表者皆可汗式》、《凡在下者皆可下式》三篇之后。
⑨ 内经:以下引文见《素问·六元正纪大论》等篇。

三十一、汗下吐三法该尽治病诠

〔提要〕 本文选自嘉靖辛丑（公元1541年）步月楼本《儒门事亲》卷二，校以《四库医学丛书》本。作者张从正（约公元1156～1228年），字子和，号戴人，睢州考城（今河南兰考）人，金代著名医学家，为金元四大家之一，攻下派的倡导者。本文阐述作者"祛邪所以扶正"的论点，力驳庸医滥用温补的谬论，论述汗下吐三法的理论根据，集中地反映了张氏的学术思想。这对滥用补法的现象具有针砭作用。

阅 读 实 践（31）

（一）词语注释

①纯（补） ②渠（亦） ③终老 ④（鲧）湮 ⑤（之）诠 ⑥该（治病） ⑦（加）诸 ⑧揽（而） ⑨颇（甚） ⑩处（之） ⑪客（下焦） ⑫散（论） ⑬流（言） ⑭（一）阶 ⑮（文）具 ⑯至（其） ⑰统（论） ⑱殊（不） ⑲止（有） ⑳（以）若 ㉑口体 ㉒德教 ㉓及（其） ㉔（有）过 ㉕（刑）措 ㉖（大）瘵 ㉗门墙 ㉘相（其病） ㉙率（之） ㉚条（药） ㉛（于）左 ㉜（不）预

（二）今译

1. 谬工之治病，实实虚虚，其误人之迹常著，故可得而罪也。

2. 夫补者人所喜，攻者人所恶，医者与其逆病人之心而不见用，不若顺病人之心而获利也，岂复计病者之死生乎？

3. 即今著吐汗下三篇，各条药之轻重寒温于左。仍于三法之外，别著《原补》一篇，使不预三法。

（三）阅读

夫人之好补则有无病而补者有有病而补者无病而补者谁与上而缙绅之流次而豪富之子有金玉以荣其身刍豢以悦其口寒则衣裘暑则台榭动则车马止则裀褥味则五辛饮则长夜故年半百而衰也然则奈何以药为之补矣有病而补之者谁与上而仕宦豪富之家微而农商市庶之辈呕而补吐而补泄而补痢而补疟而补咳而补劳而补产而补殊不知呕得热而愈酸吐得热而愈暴泄得热而清浊不分痢得热而休息继止疟得热而进不能退咳得热而湿不能除劳得热而火益烦产得热而血愈崩盖如是而死者八九生者一二死者枉生者幸幸而一生憔悴之态人之所不堪也予请为言补之法大抵有余者损之不足者补之是则补之义也阳有余而阴不足则当损阳而补阴阴有余而阳不足则当损阴而补阳热则芒硝大黄损阳而补阴也寒则干姜附子损阴而补阳也岂可以热药而云补乎哉而寒药亦有补之义也（节选自《儒门事亲·补论》）

要求：

(1) 给上文标点
(2) 注释文中加点号的词语
(3) 今译文中加横线的句子

三十二、按　　摩

　　可按可摩，時兼而用，通謂之按摩。按之弗摩，摩之弗按。按止以手，摩或兼以藥。曰按曰摩，適所用也①。《血氣形志論》曰②："形數驚恐，經絡不通，病生於不仁，治之以按摩。"此按摩之通謂也。《陰陽應象論》曰③："其慓悍者④，按而收之。"《通評虛實論》曰⑤："癰不知所，按之不應，乍來乍已。"此按不兼於摩也。華佗曰⑥："傷寒始得一日在皮膚，當膏摩火灸卽愈。"此摩不兼於按，必資之藥也。世之論按摩，不知析而治之⑦，乃合導引而解之。夫不知析而治之，固已疎矣；又合以導引，益見其不思也。

① 适：适应。所用：指施治的疾病。
② 血气形志论：《素问》卷七篇名。
③ 阴阳应象论：《素问》卷二篇名。
④ 慓悍：迅疾凶猛。
⑤ 通评虚实论：《素问》卷八篇名。
⑥ 华佗曰：以下引文见《外台秘要》卷一。
⑦ 析：分开。治：研究。

　　大抵按摩法，每以開達、抑遏爲義。開達則壅蔽者以之發散，抑遏則慓悍者有所歸宿①。是故按一法也，有施於病之相傳者，有施於痛而痛止者，有施於痛而無益者，有按之而痛甚者，有按之而快然者，槩得陳之②。風寒客於人③，毫毛畢直，皮膚閉而爲熱，或痹不仁而腫痛，旣傳於肝，脅痛出食④，斯可按也。肝傳之脾，名曰脾風⑤，發癉⑥，腹中熱，煩心出黃⑦，斯可按也。脾傳之腎，名曰疝瘕，少腹冤熱而痛⑧，出白⑨，一名爲蠱⑩，斯可按也。前所謂施於病之相傳有如此者。寒氣客於脈外⑪，則脈寒，寒則縮踡，縮踡則脈絡急，外引小絡，卒然爲痛，又與熱氣相薄⑫，則脈滿而痛，脈滿而痛，不可按也。寒氣客於腸胃之間、膜原之下⑬，血不得散，小絡急引，是痛也，按之則血氣散而痛止。迨夫客於俠脊之脈⑭，其藏深矣，按不能及，故按之爲無益也。風雨傷人⑮，自皮膚入於大經脈，血氣與邪幷客於分腠間，其脈堅大，若可按也，然按之則痛甚。寒濕中人，皮膚不收⑯，肌肉堅緊，榮血泣⑰，衞氣除，此爲虛也，虛則聶辟氣乏⑱，惟按之則氣足以溫之，快然而不痛。前所謂按之痛止、按之無益、按之痛甚、按之快然，有如此者。夫可按不可按若是，則摩之所施，亦可以理推矣。

① 归宿：谓病邪收敛。
② 槩："概"的异体字。一概。陈：陈述。

③ 此句至"一名为蛊,斯可按也"语本《素问·玉机真藏论》。
④ 出食:呕吐食物。
⑤ 脾风:脾受风邪之症。
⑥ 瘅:通"疸"。黄疸。
⑦ 出黄:大小便色黄。
⑧ 冤热:郁热。冤,"冤"的异体字,郁。
⑨ 出白:小便白浊。
⑩ 蛊:王冰注:"冤热内结,消铄脂肉,如虫之食,日内损削,故一名曰蛊。"
⑪ 此句至"故按之无益也"语本《素问·举痛论》。
⑫ 薄:通"搏"。
⑬ 膜原:膈膜之原系,附着于脊之第七椎处。
⑭ 侠:通"夹"。
⑮ 此句至"快然而不痛"语本《素问·调经论》。
⑯ 不收:不仁;无知觉。
⑰ 泣:通"涩"。滞涩不利。
⑱ 聂(zhé 哲)辟气乏:谓气短。聂辟,短,同义词复用。

養生法:凡小有不安,必按摩挼捺①,令百節通利,邪氣得泄。然則,按摩有資於外,豈小補哉?摩之別法,必與藥俱,蓋欲浹於肌膚②,而其勢駃利③。若瘵傷寒以白膏摩體④,手當千徧,藥力乃行。則摩之用藥,又不可不知也。

① 挼捺:揉搓按压。挼,"捼"的异体字,两手相切摩。捺,手按。
② 浹:通透。
③ 駃:"快"的异体字。
④ 瘵:"疗"的异体字。

〔提要〕 本文选自1962年人民卫生出版社排印本《圣济总录》卷四。《圣济总录》二百卷,宋徽宗时朝廷出御府所藏禁方秘论,集海内名医,纂集而成。本文对历史悠久的按摩疗法进行了系统的论述。首先指出"按"与"摩"是两种方法,可以兼而用之,也可以分而用之;其次指出按摩的机理在于"开达"与"抑遏",及其适应病症;最后指出按摩疗法的意义及注意事项。这是一篇有关按摩的重要文献。

阅读实践(32)

(一) 词语注释

①适(所用) ②(形)数 ③不仁 ④慓悍 ⑤(必)资 ⑥(析而)治 ⑦客(于人) ⑧出食 ⑨(发)瘅 ⑩出黄 ⑪冤(热) ⑫出白 ⑬(脉络)急 ⑭(相)薄 ⑮侠(脊) ⑯分腠 ⑰(荣血)泣 ⑱聂辟 ⑲按挼 ⑳(有)资 ㉑(与药)俱 ㉒浹(于)

(二) 今译

1. 夫不知析而治之,固已疎矣;又合以导引,益见其不思也。

2. 大抵按摩法,每以开达、抑遏为义。开达则壅蔽者以之发散,抑遏则慓悍者有所归宿。

3. 风寒客于人,毫毛毕直,皮肤闭而为热,或痹不仁而肿痛,既传于肝,胁痛出食,斯可按也。

4. 养生法:凡小有不安,必按摩按捺,令百节通利,邪气得泄。然则,按摩有资于外,岂小补哉?

（三）文意填空

1. 按摩有三种情况:《血气形志论》所谓"治之以按摩",此_____;《阴阳应象论》所谓"按而收之",此_____;华佗所谓"当膏摩火灸",此_____,_____。

2. 按摩对于疾病,有_____者,有_____者,有_____者,有_____者,有_____者。

3. 疾病相传,可按者有_____,_____,_____。

（四）阅读

夫手法者谓以两手安置所伤之筋骨使仍复于旧也但伤有重轻而手法各有所宜其痊可之迟速有遗留残疾与否皆关乎手法之所施得宜或失其宜或未尽其法也盖一身之骨体既非一致而十二经筋之罗列序属又各不同故必素知其体相识其部位一旦临症机触于外巧生于内手随心转法从手出或曳之离而复合或推之就而复位或正其斜或完其阙则骨之截断碎断斜断筋之弛纵卷挛翻转离合虽在肉里以手扪之自悉其情法之所施使患者不知其苦方称为手法也况所伤之处多有关于性命者如七窍上通脑髓膈近心君四末受伤痛苦入心者即或其人元气素壮败血易于流散可以克期而愈手法亦不可乱施若元气素弱一旦被伤势已难支设手法再误则万难挽回矣此所以尤当审慎者也盖正骨者须心明手巧既知其病情复善用夫手法然后治自多效诚以手本血肉之体其宛转运用之妙可以一己之卷舒高下疾徐轻重开合能达病者之血气凝滞皮肉肿痛筋骨挛折与情志之苦欲也较之以器具从事于拘制者相去甚远矣是则手法者诚正骨之首务哉(清·吴谦等《医宗金鉴·正骨手法总论》)

要求:

(1) 给上文断句

(2) 注释文中加点号的词语

(3) 今译文中加横线的句子

三十三、病　机　论

"諸熱瞀瘛①,皆屬於火。"熱氣勝,則濁亂昏昧也。瞀,視乃昏也。《經》所謂"病筋脈相引而急名曰瘛"者②,故俗謂之"搐"是也。熱勝風搏,併於經絡,故風主動而不寧③。風火相乘④,是以熱瞀瘛而生矣。治法袪風滌熱之劑,折其火勢⑤，熱瘛可立愈。若妄加灼火⑥，或飲以發表之藥，則取死不旋踵。

① 诸热瞀(mào 贸)瘛：众多发热、昏闷、抽搐。
② 经：指《素问·玉机真藏论》。"病筋脉"十字：王冰注："筋脉受热而自跳掣，故名曰瘛。"
③ 寍："宁"的异体字。
④ 相乘：相加；相凌。
⑤ 折：摧挫。治病五法之一。如病热极重者，以大寒之剂折其焰而救其急。
⑥ 灼火：指艾灸等。

"諸禁鼓慄①，如喪神守②，皆屬於火。"禁慄驚惑，如喪神守，悸動怔忪③，皆熱之內作，故治當以制火，制其神守，血榮而愈也。

① 禁：口噤。即牙关紧闭。鼓慄：谓鼓颔而战栗。由于战栗而上下牙齿相击。慄，"栗"的异体字。
② 丧神守：神不守舍；神志不宁。
③ 悸动：因惊怖而心跳加剧。怔忪(zhēng zhōng 争忠)：惶恐，惊惧。

"諸逆衝上①，皆屬於火。"衝，攻也。火氣炎上②，故作嘔涌，溢食不下也。

① 逆冲上：气逆上攻。
② 炎上：火气上腾。

"諸脹腹大，皆屬於熱。"肺主於氣，貴乎通暢。若熱甚則鬱於內，故肺脹而腹大。是以火主長而高茂①。形現彰顯②，升明舒榮③，皆腫之象也。熱去則見白利也。

① 火主长：火为夏，夏主长。
② 彰显：彰著显明。
③ 舒荣：舒展荣华。

"諸躁狂越①，皆屬於火。"火實則四肢實而能登高也。故"四肢者，諸陽之本②"。《經》所謂"陰不勝陽，則脈流薄疾，病乃狂③"，是以"陽盛則使人妄言罵詈，不避親疏④"，神明之亂也。故上善若水⑤，下愚若火，此之謂也。治之以補陰瀉陽，奪其食則病已⑥。

① 狂越：发狂而越出常度。
② "四肢"七字：语出《素问·阳明脉解》。王冰注："阳受气于四肢，故四肢为诸阳之本也。"
③ "阴不胜阳"十二字：语出《素问·生气通天论》。薄疾，急数。薄，迫。病乃狂，经文原作"并乃狂"。王冰注："并，谓盛实也。狂，谓狂走或妄攀登也。"
④ "阳盛"十三字：语出《素问·阳明脉解》。詈，骂。

⑤ 上善若水：语出《老子》第八章。该章下文云："水善利万物而不争，处众人之所恶，故几于道也。"

⑥ 夺其食：谓泻下宿食。夺，失。

"諸病有聲，鼓之如鼓①，皆屬於熱。"腹脹大而鼓之有聲如鼓者，熱氣甚則然也。《經》所謂"熱勝則腫②"，此之類也。是以熱氣內鬱，不散而聚，所以叩之如鼓也。諸腹脹大，皆爲裹證。何以明之？仲景曰③："少陰病腹脹，不大便者，急下之，宜大承氣湯。"所謂"土堅勝水則乾，急與大承氣湯下之，以救腎水④"。故知無寒，其熱明矣。

① 鼓之如鼓：叩之如鼓有声。前"鼓"用作动词，敲击。
② 热胜则肿：语出《素问·阴阳应象大论》。王冰注："热胜则阳气内郁，故洪肿暴作，甚则荣气逆于肉理，聚为痈脓之肿。"
③ 仲景曰：以下引文见《伤寒论·辨少阴病脉证并治》。
④ "土坚"十八字：语出《伤寒论·辨少阴病脉证并治》成无己注。土坚胜水，成注作"土胜肾水"。

"諸病胕腫①，疼酸驚駭，皆屬於火。"胕腫，熱勝內，則陽氣滯故也。疼酸，由火實制金②，不能平木，則木王而爲酸③。酸者，肝之味也。故《經》所謂"二陽一陰發病，主驚駭④"。王注曰："肝主驚。"然肝主之，原其本也⑤。自心火甚則善驚，所以驚則心動而不盗也。故火衰木平⑥，治之本也。

① 胕（fú 扶）肿：肿满，按之不起。胕，浮肿。
② 火实制金：心火炽盛，耗伤肺金。
③ 木王（wàng 旺）：肝木之火旺盛。王，通"旺"。
④ "二阳"九字：语出《素问·阴阳别论》。二阳，指阳明，包括手阳明大肠经与足阳明胃经。一阴，指厥阴，包括手厥阴心经与足厥阴肝经。
⑤ 原：推求。
⑥ 木：原作"水"。据《四库医学丛书》本改。

"諸轉反戾①，水液渾濁②，皆屬於熱。"熱氣燥爍於筋③，故筋轉而痛，應風④，屬於肝也。甚則吐不止。暍熱之氣⑤，加之以泄，溼勝也。若三氣雜⑥，乃爲霍亂⑦。故仲景曰⑧："嘔吐而利，名爲霍亂。"故有乾霍亂，有溼霍亂。得其吐利，邪氣得出，名曰溼霍亂也，十存八九；若不得吐利，揮霍撩亂⑨，邪無由出，名曰乾霍亂，十無一生。二者皆以冒暑中熱，飲食不節，寒熱氣不調，清濁相干，陰陽乖隔，則爲此病。若妄言寒者，大悞矣⑩。故熱則小便渾而不清，寒則潔而不濁。故井水煎湯沸，則自然渾濁也。

① 转：谓筋转。反戾：身体反曲。
② 水液：指小便。

③ 烁(shuò朔)：通"铄"。烧灼。
④ 应风：合于风邪。
⑤ 喝(yē椰)热：暑热。喝，中暑。
⑥ 三气：指风、热、湿。
⑦ 霍乱：病症名。以其见证挥霍撩乱，故名。
⑧ 仲景曰：以下引文见《伤寒论·辨霍乱病脉证并治》。
⑨ 挥霍撩乱：挥霍之间，便成缭乱。挥霍，疾速貌。撩乱，同"缭乱"，纷乱貌。
⑩ 悞："误"的异体字。

"諸嘔吐酸，暴注下迫①，皆屬於熱。"流而不腐，動而不蠹。故吐嘔酸者，胃鬲熱甚②，則鬱滯於氣，物不化而爲酸也。酸者，肝木之味。或言吐酸爲寒者，誤也。暴注者，是注泄也，乃腸胃熱而傳化失常。《經》所謂"清氣在下，則生飧泄③"。下迫者，後重裏急，窘迫急痛也。火性急速，而能燥物故也④。俗云虛坐弩責而痛也⑤。

① 暴注：猝然注泄。下迫：急欲泄下，而排便不畅。
② 胃鬲：胃脘与隔膜之间。鬲，通"膈"。
③ "清气"八字：语出《素问·阴阳应象大论》。清气，指热气。王冰注："热气在下则谷不化，故飧泄。"飧(sūn孙)泄，完谷不化的泄泻，又名水谷利。
④ 燥物：原作"造物"。据《四库医学丛书》本改。燥，使动用法。
⑤ 虚坐弩责：登厕努挣而难以排便。弩，通"努"，用力。

〔提要〕 本文选自1923年中华医学社刻《医统正脉全书》本《素问病机气宜保命集》卷上，校以《四库医学丛书》本。其作者有说刘完素，有说张元素，姑从前说。刘完素（公元1120～1200年），字守真，河间（今属河北）人，金代著名医学家，为金元四大家之一，寒凉派的倡导者。本文就《素问·至真要大论》所论病机十九条逐条进行发挥，并增加"诸涩枯涸，干劲皴揭，皆属于燥"一条，是作者"火热为病"的理论根据。本文节选其中属火热者九条。

阅 读 实 践 (33)

（一）词语注释
①瘛(瘲) ②相乘 ③折(其火势) ④不旋踵 ⑤(诸)禁 ⑥悸动 ⑦怔忪 ⑧彰显 ⑨舒荣 ⑩狂越 ⑪薄疾 ⑫(骂)詈 ⑬夺(其食) ⑭鼓(之) ⑮胕(肿) ⑯(诸)转 ⑰反戾 ⑱(燥)烁 ⑲喝(热) ⑳霍乱 ㉑挥霍 ㉒撩乱 ㉓暴注 ㉔下迫 ㉕(不)蠹 ㉖飧泄 ㉗虚坐弩责

（二）今译
1．《经》所谓"病筋脉相引而急名曰瘛"者，故俗谓之"搐"是也。
2．是以阳盛则使人妄言骂詈，不避亲疏，神明之乱也。
3．疼酸，由火实制金，不能平木，则木王而为酸。酸者，肝之味也。

4．热则小便浑而不清，寒则洁而不浊。故井水煎汤沸，则自然浑浊也。

（三）文意填空

1．本文所选病机，属于热者有＿＿＿＿、＿＿＿＿、＿＿＿＿、＿＿＿＿等条。

2．本文所选病机，属于火者有＿＿＿＿、＿＿＿＿、＿＿＿＿、＿＿＿＿、＿＿＿＿等条。

3．霍乱有干霍乱、湿霍乱之分，＿＿＿＿，＿＿＿＿，名湿霍乱；＿＿＿＿，＿＿＿＿，＿＿＿＿，名干霍乱。

（四）阅读

夫人禀天地阴阳而生者盖天有六气人以三阴三阳而上奉之地有五行人以五藏五府而下应之于是资生皮肉筋骨精髓血脉四肢九窍毛发齿牙唇舌总而成体外则气血循环流注经络喜伤六淫内则精神魂魄志意思喜伤七情六淫者寒暑燥湿风热是七情者喜怒忧思悲恐惊是若将护得宜怡然安泰役冒非理百痾生焉病症既成须寻所自故前哲示教谓之病源经不云乎治之极于一一者因得之闭户塞牖系之病者数问其情以从其意是欲知致病之本也然六淫天之常气冒之则先自经络流入内合于藏府为外所因七情人之常性动之则先自藏府郁发外形于肢体为内所因其如饮食饥饱叫呼伤气尽神度量疲极筋力阴阳违逆乃至虎狼毒虫金疮踒折疰忤附着畏压溺等有背常理为不内外因金匮有言千般疢难不越三条以此详之病源都尽如欲救疗就中寻其类例别其三因或内外兼并淫情交错推其深浅断其所因为病源然后配合诸证随因施治药石针灸无施不可（宋·陈言《三因极一病证方论·三因论》）

要求：

(1) 给上文断句

(2) 注释文中加点号的词语

(3) 今译文中加横线的句子

三十四、大 医 精 诚

張湛曰①："夫經方之難精②，由來尚矣③。"今病有內同而外異，亦有內異而外同，故五藏六腑之盈虛，血脈榮衞之通塞④，固非耳目之所察，必先診候以審之⑤。而寸口關尺，有浮沈絃緊之亂；俞穴流注，有高下淺深之差；肌膚筋骨，有厚薄剛柔之異。唯用心精微者，始可與言於茲矣。今以至精至微之事，求之於至麤至淺之思，其不殆哉？若盈而益之，虛而損之，通而徹之，塞而壅之，寒而冷之，熱而溫之，是重加其疾。而望其生，吾見其死矣。故醫方卜筮⑥，藝能之難精者也⑦，既非神授，何以得其幽微？世有愚者，讀方三年，便謂天下無病可治；及治病三年，乃知天下無方可用。故學者必須博極醫源，精勤不倦，不得道聽途說，而言醫道已了，深自誤哉！

① 张湛：字处度，高平（今山东金乡西北）人，东晋学者，撰《养生集要》和《列子注》。

② 经方：《汉书·艺文志》载"经方"十一家。后世通常指《伤寒论》中方剂。此泛指

三十四、大医精诚

③ 尚:久远。
④ 荣:通"营"。
⑤ 候:指脉候。
⑥ 卜筮(shì 誓):用龟甲占吉凶曰卜,用蓍草算吉凶曰筮。
⑦ 艺能:技能。

凡大醫治病,必當安神定志,無欲無求,先發大慈惻隱之心①,誓願普救含靈之苦。若有疾厄來求救者,不得問其貴賤貧富,長幼妍蚩②,怨親善友③,華夷愚智④,普同一等,皆如至親之想,亦不得瞻前顧後,自慮吉凶,護惜身命。見彼苦惱,若己有之,深心悽愴,勿避嶮巇、晝夜、寒暑、飢渴、疲勞⑤,一心赴救,無作功夫形迹之心⑥。如此可爲蒼生大醫,反此則是含靈巨賊。自古名賢治病,多用生命以濟危急,雖曰賤畜貴人,至於愛命,人畜一也。損彼益己,物情同患⑦,況於人乎⑧!夫殺生求生,去生更遠。吾今此方所以不用生命爲藥者,良由此也。其虻蟲、水蛭之屬,市有先死者,則市而用之⑨,不在此例。只如雞卵一物,以其混沌未分⑩,必有大段要急之處⑪,不得已隱忍而用之⑫。能不用者,斯爲大哲,亦所不及也。其有患瘡痍、下痢,臭穢不可瞻視,人所惡見者,但發慙愧悽憐憂恤之意⑬,不得起一念蔕芥之心⑭,是吾之志也。

① 大慈:佛教用语。谓心肠极其慈善。恻隐:怜悯;不忍心。
② 妍(yán 研)蚩(chī 痴):美丑。妍,姣美。蚩,通"媸",丑陋。
③ 善:谓交往一般者。友:谓过从密切者。
④ 华夷:中外。夷,古代对异族的通称。
⑤ 嶮巇:艰险崎岖。嶮,同"险"。
⑥ 作:起;产生。功夫:同"工夫"。形迹:世故;客气。此谓婉言推托。
⑦ 物情同患:生物之情共同憎恶。
⑧ 於人:《医心方》引作"圣人"。
⑨ 市:购买。用作动词。
⑩ 混沌:天地未分时的状态。此指鸡雏成形前的状态。
⑪ 大段:重要。
⑫ 隐忍:内心忍痛。
⑬ 慙:"惭"的异体字。
⑭ 蔕芥:同"蒂芥"。微小梗阻。喻郁积在胸中的怨恨或不快。又作"芥蒂"。

夫大醫之體①,欲得澄神內視②,望之儼然,寬裕汪汪③,不皎不昧。省病診疾,至意深心;詳察形候,纖毫勿失;處判針藥,無得參差④。雖曰病宜速救,要須臨事不惑。唯當審諦覃思⑤,不得於性命之上,率爾自逞俊快⑥,邀射名譽⑦,甚不仁矣!又到病家,縱綺羅滿目⑧,勿左右顧眄,絲竹湊耳,無得似有所娛,珍羞迭薦⑨,食如無味,醽醁兼陳⑩,看有若無。所以爾者,夫壹人向隅,滿堂不樂,而况病人苦楚,不離斯須。而醫者安然懽娛,傲然自得,兹乃人神之所共恥,至人之所不爲⑪。斯蓋醫之本意也。

① 体:风度。
② 澄神:澄清神志。内视:此谓目不旁视。
③ 宽裕:气度宽宏。汪汪:水广大貌。此喻胸怀宽广。
④ 参差:不齐貌。此指差错。
⑤ 审谛覃思:详审深思。审,详。谛,审察。覃,深。
⑥ 俊快:才能出众,行动快捷。
⑦ 邀射:求取;追求。
⑧ 綺羅:指绫罗绸缎。綺,"绮"的异体字,有花纹的丝织品。
⑨ 珍羞:贵重珍奇的食品。亦作珍馐。迭:交替。荐:进;献。
⑩ 醽醁(líng lù 灵录):美酒名。
⑪ 至人:道德境界最高的人。

夫爲醫之法,不得多語調笑,談謔諠譁①,道說是非,議論人物,衒燿聲名②,訾毀諸醫,自矜己德,偶然治差一病,則昂頭戴面③,而有自許之貌,謂天下無雙,此醫人之膏肓也④。

老君曰⑤:"人行陽德⑥,人自報之;人行陰德⑦,鬼神報之。人行陽惡,人自報之;人行陰惡,鬼神害之。"尋此貳途⑧,陰陽報施⑨,豈誣也哉⑩?所以醫人不得恃己所長,專心經略財物⑪,但作救苦之心,於冥運道中⑫,自感多福者耳。又不得以彼富貴,處以珍貴之藥,令彼難求,自衒功能,諒非忠恕之道。志存救濟⑬,故亦曲碎論之⑭,學者不可恥言之鄙俚也⑮。

① 谈谑(xuè 血):谈笑。谑,开玩笑。諠譁:即喧哗。大声吵闹。諠,"喧"的异体字。譁,"哗"的异体字。
② 燿:"耀"的异体字。
③ 戴面:谓仰面。
④ 膏肓:指不治之证。此喻致命的恶习。
⑤ 老君:即老子。姓李,名耳,字伯阳,谥曰聃,春秋时思想家,道家学派的创始人。以下引文不见于今本《老子》。
⑥ 阳德:指公开有德于人的行为。
⑦ 阴德:指暗中有德于人的行为。
⑧ 寻:探求。
⑨ 阴阳报施:即上文所云阳施则有阳报,阴施则有阴报。
⑩ 诬:欺骗。
⑪ 经略:谋取。
⑫ 冥运道中:迷信者所谓阴间世界。
⑬ 救济:救世济民。
⑭ 曲碎:琐细。

⑮ 耻:“耻”的异体字。耻辱。意动用法。鄙俚:粗俗。

〔**提要**〕 本文选自1955年人民卫生出版社影印宋刊本《备急千金要方》卷一。作者孙思邈(公元581～682年),京兆华原(今陕西耀县人),唐代著名医学家。本文论述有关医德修养的两个问题:一是“精”,即技术要精湛。认为医道是“至精至微之事”,习医之人必须“博极医源,精勤不倦”。二是“诚”,即品德要高尚。做到“见彼苦恼,若己有之”,只能存“大慈恻隐”、“普救含灵”之心,不得起“邀射名誉”、“经略财物”之念。这些看法至今仍有借鉴作用。

阅读实践(34)

(一)词语注释

①(由来)尚 ②今(病) ③(诊)候 ④艺能 ⑤道听途说 ⑥(已)了 ⑦大医 ⑧大慈 ⑨恻隐 ⑩疾厄 ⑪妍蚩 ⑫华夷 ⑬崄巇 ⑭生命 ⑮混沌 ⑯大段 ⑰隐忍 ⑱蒂芥 ⑲(之)体 ⑳内视 ㉑俨然 ㉒宽裕 ㉓汪汪 ㉔(不)皎 ㉕(不)昧 ㉖参差 ㉗审谛 ㉘覃思 ㉙率尔 ㉚邀射 ㉛绮罗 ㉜顾眄 ㉝丝竹 ㉞凑(耳) ㉟珍羞 ㊱迭(荐) ㊲(迭)荐 ㊳(所以)尔 ㊴向隅 ㊵谈谑 ㊶戴面 ㊷(自)许 ㊸膏肓 ㊹阴(德) ㊺寻(此) ㊻诬(也) ㊼经略 ㊽谅(非) ㊾忠恕 ㊿救济 (51)曲碎 (52)鄙俚

(二)今译

1. 今以至精至微之事,求之于至麤至浅之思,其不殆哉?

2. 自古名贤治病,多用生命以济危急,虽曰贱畜贵人,至于爱命,人畜一也。

3. 又到病家,纵绮罗满目,勿左右顾眄,丝竹凑耳,无得似有所娱,珍羞迭荐,食如无味,醽醁兼陈,看有若无。

4. 志存救济,故亦曲碎论之,学者不可耻言之鄙俚也。

(三)文意填空

1. 本文论医德修养必须注重“精”“诚”二字,“精”指__________,“诚”指__________。

2. 五脏六腑、血气营卫的病变,必先诊候以审之。诊候又有________、________、________等种种不同情况。

3. 在“诚”方面,作者从__________、__________、__________三方面提出要求。

(四)阅读

凡欲为大医必须谙素问甲乙黄帝针经明堂流注十二经脉三部九候五藏六腑表里孔穴本草药对张仲景王叔和阮河南范东阳张苗靳邵等诸部经方又须妙解阴阳禄命诸家相法及灼龟五兆周易六壬并须精熟如此乃得为大医若不尔者如无目夜游动致颠殒次须熟读此方寻思妙理留意钻研始可与言于医道者矣又须涉猎群书何者若不读五经不知有仁义之道不读三史不知有古今之事不读诸子睹事则不能默而识之不读内经则不知有慈悲喜舍之德不读庄老不能任真体运则吉凶拘忌触涂而生至于五行休王七耀天文并须探赜若能具而学之则于医道无所滞碍尽善尽美矣(《千金要方·大医习业》)

要求:

(1) 给上文断句
(2) 注释文中加点号的词语
(3) 今译文中加横线的句子

三十五、察　　弊

　　醫爲性命之學，生成之主①，道大任鉅。自《唐書》列之方技，而縉紳名士每每不譚②。宋太保林億公云：以至精至微之理，而付於至卑至賤之人③。求其能起人之疾者鮮矣。故世遞降而術益尠④，率多市井亡賴⑤，空門孽禿⑥，略識字畫⑦，素饒利辯者爲之⑧。是人之辱醫，非醫之辱人也。若輩學醫，初只挾脈訣捷徑、湯頭歌括，不一二帙，乃就業於庸流之竊有虛名者⑨，奉爲明師，教習記誦，稍知浮沉遲數四綱，頗明温涼寒熱各性⑩，遠則一年，近則半載，遂以爲道盡傳矣，詣已超矣。大開舖肆⑪，高揭榜額⑫，不曰"某某精傳"，則曰"某某心授"，又則曰"世傳神秘"。離經叛道，執方待病，輕淺偶中，自恃神奇。如是情迷壟斷⑬，計熟蠅頭⑭，而攀援之心萌矣⑮。念以爲非奉二三貴人爲我提掇⑯，何由虛聲日播乎？思得當道尊官踐任之後⑰，豈乏延醫？乃預謀之胥役隸卒之流⑱，賄託吹薦⑲。及當道有請，何識賢愚？便信然從之。豈知此輩百凡布置⑳，復密通消息於官衙從僕，備詢何人何證，預得病機，了了心中。及一入診，語言脗合，依病處藥，治或得驗，儔不艷服爲果精良乎㉑？其始也介下役以爲進身㉒，今也奉尊官而爲廣揚。徽有題額㉓，高懸戶外。往來見者，承風趣影㉔，亦爭傳曰："彼名醫也。"甚至士大夫高慧㉕，不免亦墮彀中㉖，疊見疑難重恙㉗，被其枉戕者多矣㉘。一遇識者燭破肺府㉙，詞遁計拙㉚，破綻方彰。嗚呼！如此競逐邪流，心如青黑之混，指若鋒刃之險，初亦何事不可度活，乃至輕易冒醫，殺人無算乎！此古今之通弊也。

① 生成：出生成长。主：主宰。
② "自唐书"二句：《素问》林亿序："惜乎唐令列之医学，付之执技之流，而荐绅先生罕言之。"是林氏本论《素问》，而萧氏用来论"医学"；林氏本作"唐令"，而萧氏引为《唐书》。
③ "以至精"二句：语本《素问》林亿序。
④ 遞："递"的异体字。尠："鲜"的异体字。
⑤ 市井：街市。亡赖：即无赖。亡，通"无"。
⑥ 空门：指佛门。孽秃：背叛佛教戒律的和尚。
⑦ 字画：指文字的笔画。
⑧ 素饶利辩：平素善于利口巧辩。饶，多。
⑨ "庸流"八字：窃据虚名的庸庸之辈。
⑩ 颇：稍微。

⑪ 铺肆:指药铺。
⑫ 揭:举。此谓悬挂。榜额:匾额。指招牌。
⑬ 情迷垄断:幻想独霸一方。垄断,本指高而不相连的土墩。站在高处,便于观察,了解行情,谋取高利。后谓把市场置于自己掌握之中。
⑭ 计熟蝇头:熟计蝇头小利。
⑮ 攀援:此谓巴结上层。
⑯ 念:考虑。提掇(duō 多):提携。
⑰ 当道:当权者。践任:到任;上任。
⑱ 胥役隶卒:指官府差役。胥,书办之类的小吏。
⑲ 贿托:贿赂请托。
⑳ 百凡:犹"百般"。
㉑ 俦(chóu 仇):谁。艳服:艳羡佩服。
㉒ 介:借助。
㉓ 徼(jiāo 交):求。题额:匾额。
㉔ 承风趋影:跟着风向走,追着影子跑。
㉕ 高慧:高明聪慧。
㉖ 堕彀(gòu 够)中:落入圈套。彀中,弓矢所及范围,喻圈套。
㉗ 叠见:犹"屡见"。叠,"叠"的异体字,累,屡。
㉘ 歾:"死"的异体字。
㉙ 烛破肺府:看破他的内心。烛,照,用如动词。
㉚ 词遁计拙:谓语言支吾,计谋拙劣。

致昔劉伯温公言曰①:"杭有賣果者,善藏柑,涉寒暑不潰,出之燁然②,玉質而金色③。置於市,價十倍,人爭鬻之④。予買得其一,剖之,如有煙撲口鼻⑤,視其中,則乾若敗絮。予怪而問之曰:'若所市於人者⑥,將以實邊豆、奉祭祀、供賓客乎⑦?將衒外以惑愚瞽也?甚矣哉,爲欺也⑧!'賣者笑曰:'吾業是有年矣⑨。吾業賴是以食吾軀⑩。吾售之,人取之,未嘗有言,而獨不足子所乎⑪?世之爲欺者不少矣,而獨我也乎?'"此伯温公憤世嫉邪之言也⑫。今醫者既衒外以售柑矣,而病者可愚瞽而受戮乎?

① 刘伯温:名基,字伯温,元末明初人。曾投朱元璋,对明朝的建立有功,官御史中丞兼太史令,封诚意伯。后辞官归隐。著作有《诚意伯文集》传世。引文见《卖柑者言》篇,文字略有出入。
② 烨(yè 叶)然:光彩照耀貌。
③ 玉质:质地如玉。金色:颜色如金。
④ 鬻(yù 玉):买。
⑤ 煙:"烟"的异体字。指烟雾。
⑥ 若:你。市:卖。
⑦ 实边豆:摆在盘中。实,充实,用作动词。边豆,古代盛食品的器皿。边,通"笾"。

⑧"甚矣"二句：行欺太甚了！
⑨ 业是：以是为业。业，意动用法。有年：多年。
⑩ 食(sì 四)：养活。
⑪ 不足子所：不能使您处满意。
⑫ 愤世嫉邪：愤恨社会，憎恶邪恶。

〔提要〕 本文选自1983年中医古籍出版社影印清初刊本《轩岐救正论》卷六。作者萧京，字万舆，别号通隐子，晋江(今属福建)人，明末医家。生卒年不详。本文论述医学"道大任巨"，然而却难得其人。士人以其为方技而不屑顾及，以致"至精至微之理而付于至卑至贱之人"，使高尚的医学沦为市井无赖度活谋生之技俩。这便是古今之通弊。诚所谓"悬诸医贞邪之鉴，醒病家从违之方"，发人深省。

阅 读 实 践 （35）

（一）词语注释
①(之)主 ②(任)钜 ③缙绅 ④每每 ⑤递(降) ⑥亡赖 ⑦空门 ⑧(素)饶 ⑨利辩 ⑩颇(明) ⑪诣(已超) ⑫(高)揭 ⑬榜额 ⑭离经叛道 ⑮情迷 ⑯垄断 ⑰蝇头 ⑱攀援 ⑲提掇 ⑳虚声 ㉑(日)播 ㉒践任 ㉓胥役 ㉔百凡 ㉕了了 ㉖传(不) ㉗艳服 ㉘介(下役) ㉙进身 ㉚徼(有) ㉛承风趋影 ㉜高慧 ㉝縠中 ㉞烛破 ㉟词遁计拙 ㊱无算 ㊲涉(寒暑) ㊳烨然 ㊴鬻(之) ㊵市(于人) ㊶将(炫外) ㊷愚瞽 ㊸业(是) ㊹有年 ㊺食(我躯) ㊻愤世嫉邪

（二）今译
1．如此竞逐邪流，心如青黑之混，指若锋刃之险，初亦何事不可度活，乃至轻易冒医，杀人无算乎？
2．若所市于人者，将以实笾豆、奉祭祀、供宾客乎？将炫外以惑愚瞽也？甚矣哉，为欺也！
3．今医者既衒外以售柑矣，而病者可愚瞽而受戮乎？

（三）阅读
夫人之大事莫逾生死百年之内谁保无恙乃一旦有疾付之庸手甘心受害枉死无怨不谓至灵者人而至愚者亦人也病固不得不求医而医之明脉者盖千百不一二数也将谓不治无以愈病将听妄治又恐丧生余以为具慧鉴者方别妍媸凭荐扬者亦须勉受唯有试之一法庶几酌择匪谬耳患者延医到家切勿豫言病症当先举手令他诊脉察色闻声诊毕静默听他何说或是属寒属热属虚属实或是血虚气虚血实气实或是外感内伤之异经络脏腑之别主阴主阳此病之大要也虽病态固有万千而脉只二十七种安能一一肖合而此大要医者岂宜不知得其了了言下十应二三便称名手于是吾方告之得病之由起居顺逆饮食喜恶病期久近备详勿讳乃听处方修剂又问其某药当主何病君臣佐使母子虚实之法有犯胃气无犯胃气速愈迟愈可治不治之验或从顺治逆治正治反治之殊仍求详写始末看他学问浅深见识高下果属明良信心任之当必无虞设有不愈非医之咎也若其脉症不明舌謇语涩套语支吾字迹不通方药无法虽承尊贵所举只属污诡之流羊质虎皮外饰为事安可轻信之乎如此乃试医也非困医也试医者为性命也若医果精良又何惮

因乎余因是而每不平坡公所言者曰脉之难明古今所通患也至虚有胜候大实有羸状疑似之间便有生死之异士大夫多秘所患以验医之能否吾生平有疾请疗必尽告以所患使医了然知疾之所在虚实寒热先定于胸中然后诊脉疑似不能惑也吾求愈疾而已岂以困医为事哉孙真人亦曰未诊先问最为有准吁二公之言特为医者藏拙非为病者择善也在医者得矣而于病者不受误耶汪度纳交固当宽于容人第病关生死未可不严于实医也吾恐用医不试误世非小特为驳正立此试法(《轩岐救正论·试医》)

要求：
(1) 给上文断句
(2) 注释文中加点号的词语
(3) 今译文中加横线的句子

三十六、病家两要说

醫不貴於能愈病，而貴於能愈難病；病不貴於能延醫，而貴於能延眞醫。夫天下事，我能之，人亦能之，非難事也；天下病，我能愈之，人亦能愈之，非難病也。惟其事之難也，斯非常人之可知；病之難也，斯非常醫所能療。故必有非常之人，而後可爲非常之事；必有非常之醫，而後可療非常之病。第以醫之高下，殊有相懸。譬之升高者，上一層有一層之見，而下一層者不得而知之；行遠者，進一步有一步之聞，而近一步者不得而知之。是以錯節盤根①，必求利器，《陽春白雪》，和者爲誰？夫如是，是醫之於醫尙不能知，而矧夫非醫者！昧眞中之有假，執似是而實非。鼓事外之口吻②，發言非難；撓反掌之安危，惑亂最易。使其言而是，則智者所見畧同，精切者已算無遺策③，固無待其言矣；言而非，則大隳任事之心④，見幾者寧袖手自珍⑤，其爲害豈小哉？斯時也，使主者不有定見，能無不被其惑而致悞事者⑥，鮮矣！此浮言之當忌也⑦。

① 错节盘根：亦作"盘根错节"。谓树木的根干枝节盘屈交错，不易砍伐。喻事物繁难复杂。
② 鼓：鼓动；掉弄。口吻：口舌。
③ 遗策：失策；失计。
④ 隳(huī 灰)：毁坏。任事：指任以医事的医生。
⑤ 见幾(jī 基)：事前洞察事物细微的迹象。幾，细微。
⑥ 能无：犹宁无。
⑦ 浮言：没有事实根据的话。

又若病家之要，雖在擇醫，然而擇醫非難也，而難於任醫；任醫非難也，而難於臨事不惑，確有主持①，而不致朱紫混淆者之爲更難也②。倘不知此，而偏聽浮議，廣集羣醫，則騏驥不多得，何非冀北駑羣？帷幄有神籌③，幾見圯橋傑豎④？危急之際，奚堪庸妄之慎揆？疑似之秋，豈可紛紜之錯亂？一着之謬⑤，此生付之矣。以故議多者無成，醫多者必敗。多，何以敗也？君子不多也。欲辨此多，誠非易也。然而尤有不易者，則正在知醫一節耳。

① 主持：主张；主见。
② 朱紫：喻邪正、真伪。朱，正色。紫，杂色。
③ 帷幄：军帐。筹：策。指计谋。
④ 圯(yí 夷)桥傑豎：指张良。秦朝末年张良在圯桥遇黄石公，得《太公兵法》。事见《史记·留侯世家》。圯桥，故址在今江苏睢宁北古下邳城东南小沂水上。豎，孺子，小子。
⑤ 着：喻计策或手段。

夫任醫如任將，皆安危之所關。察之之方，豈無其道？第欲以愼重與否觀其仁，而怯懦者實似之；穎悟與否觀其智，而狡詐者實似之；果敢與否觀其勇，而猛浪者實似之；淺深與否觀其博①，而強辯者實似之。執拗者若有定見②，誇大者若有奇謀。熟讀幾篇，便見滔滔不竭；道聞數語，謂非鑿鑿有憑③？不反者，臨涯已晚；自是者，到老無能。執兩端者④，冀自然之天功；廢四診者，猶瞑行之瞎馬。得穩當之名者，有眈閣之慎⑤；昧經權之妙者⑥，無格致之明⑦。有曰專門，決非通達，不明理性，何物聖神⑧？又若以己之心度人之心者，誠接物之要道，其於醫也則不可，謂人已氣血之難符⑨；三人有疑從其二同者，爲決斷之妙方，其於醫也亦不可，謂愚智寡多之非類。凡此之法，何非徵醫之道⑩？而徵醫之難，於斯益見。然必也小大方圓全其才⑪，仁聖工巧全其用⑫，能會精神於相與之際⑬，燭幽隱於玄冥之間者，斯足謂之眞醫，而可以當性命之任矣。惟是皮質之難窺⑭，心口之難辨⑮，守中者無言⑯，懷玉者不衒⑰，此知醫之所以爲難也。故非熟察於平時，不足以譏其蘊蓄⑱；不傾信於臨事⑲，不足以盡其所長。使必待渴而穿井，鬥而鑄兵，則倉卒之間，何所趨賴⑳？一旦有急，不得已而付之庸劣之手，最非計之得者。子之所慎，齋戰疾㉑。凡吾儕同有性命之慮者，其毋忽於是焉！噫！惟是伯牙常有也㉒，而鍾期不常有㉓；夷吾常有也㉔，而鮑叔不常有㉕。此所以相知之難，自古苦之，誠不足爲今日怪㉖。倘亦有因予言而留意於未然者，又孰非不治已病治未病，不治已亂治未亂之明哲乎！惟好生者畧察之！

① 浅深：义偏于"深"。
② 执拗：固执倔强。拗，"拗"的异体字。
③ 凿凿：确实。
④ 执两端：抓住两头，或过或不及。此谓处方施治模棱两可。
⑤ 耽阁：同"耽搁"。耽，"耽"的异体字。阁，通"搁"。
⑥ 经权：义偏在"权"。谓权变之计。

三十六、病家两要说

⑦ 格致:"格物致知"的略语。谓穷究事物之理而获得知识。
⑧ 何物:什么人;哪一个。
⑨ 谓:通"为"。因为。
⑩ 征:验;察。
⑪ 小大方圆:即心小、胆大、行方、智圆。
⑫ 仁圣工巧:犹"神圣工巧"。指望闻问切四诊。
⑬ 会:集中。相与:与病人交接。谓诊察病人。
⑭ 皮质:义偏于"质"。
⑮ 心口:义偏于"心"。
⑯ 守中:犹"守正"。笃守正道。
⑰ 怀玉:喻怀有真才。
⑱ 蕴蓄:积聚。此指蓄积的才学。
⑲ 倾信:完全信任。倾,竭尽。
⑳ 趋赖:依赖;依靠。
㉑ "子之所慎"二句:语出《论语·述而》。斋,古人在祭祀或典礼之前,清心洁身,以示庄敬。
㉒ 伯牙:春秋时人,善弹琴。
㉓ 钟期:即钟子期。春秋时人,善听琴,伯牙的知音。伯牙、钟子期事见《吕氏春秋·本味》和《列子·汤问》。
㉔ 夷吾:即管仲。名夷吾,字仲,春秋时政治家,曾辅佐齐桓公为霸主。
㉕ 鲍叔:即鲍叔牙。春秋时齐大夫,以善知人著称,曾荐举管仲为齐卿。管仲、鲍叔牙事参见《史记·管晏列传》。
㉖ 怪:罕见。

〔提要〕 本文选自1959年上海科技出版社影印岳峙楼本《景岳全书》卷三。作者张介宾,见《类经序》〔提要〕。本文提出病家之"两要":一是忌浮言。浮言有百害而无一利,当生命危急之际,病家尤宜坚决予以摈弃。二是知真医。有病不贵在能请众医,而贵于能择真医,以性命付之。

阅 读 实 践 (36)

(一) 词语注释

①错节盘根 ②鼓(事外) ③口吻 ④挠(反掌) ⑤遗策 ⑥(大)隳 ⑦见幾 ⑧袖手 ⑨浮言 ⑩主持 ⑪帷幄 ⑫(神)筹 ⑬(杰)竖 ⑭(之)秋 ⑮(一)着 ⑯凿凿 ⑰执两端 ⑱天功 ⑲瞑(行) ⑳(经)权 ㉑格致 ㉒何物 ㉓接物 ㉔谓(人己) ㉕征(医) ㉖会(精神) ㉗(相)与 ㉘当(性命) ㉙守中 ㉚怀玉 ㉛熟(察) ㉜蕴蓄 ㉝倾信 ㉞(铸)兵 ㉟趋赖 ㊱斋(战疾) ㊲(今日)怪 ㊳惟(好生)

(二) 今译

1. 危急之际,奚堪庸妄之恇㤼? 疑似之秋,岂可纷纭之错乱?

2. 然必也小大方圆全其才,仁圣工巧全其用,能会精神于相与之际,烛幽隐于玄冥之间者,斯足谓之真医,而可以当性命之任矣。

3. 故非熟察于平时,不足以识其蕴蓄;不倾信于临事,不足以尽其所长。

(三) 阅读

小儿之病古人谓之哑科以其言语不能通病情不易测故曰宁治十男子莫治一妇人宁治十妇人莫治一小儿此甚言小儿之难也然以余较之则三者之中又惟小儿为最易何以见之盖小儿之病非外感风寒则内伤饮食以至惊风吐泻及寒热疳痫之类不过数种且其脏气清灵随拨随应但能确得其本而撮取之则一药可愈非若男妇损伤积痼痴顽者之比余故谓其易也第人谓其难谓其难辨也余谓其易谓其易治也设或辨之不真则诚然难矣然辨之之法亦不过辨其表里寒热虚实六者洞然又何难治之有故凡外感者必有表证而无里证如发热头痛拘急无汗或因风搐搦之类是也内伤者止有里证而无表证如吐泻腹痛腹满惊疳积聚之类是也热者必有热证如热渴躁烦秘结痈疡之类是也寒者必有寒证如清冷吐泻无热无烦恶心喜热者是也凡此四者即表里寒热之证极易辨也然于四者之中尤惟虚实二字最为紧要盖有形色之虚实有声音之虚实有脉息之虚实如体质强盛与柔弱者有异也形色红赤与青白者有异也声音雄壮与短怯者有异也脉息滑实与虚细者有异也故必内察其脉候外观其形气中审其病情参此数者而精察之又何虚实之难辨哉必其果有实邪果有火证则不得不为治标然治标之法宜精简轻锐适当其可及病则已毫毋犯其正气斯为高手但见虚象便不可妄行攻击任意消耗若见之不真可谓姑无害不知小儿以柔嫩之体气血未坚脏腑甚脆略受伤残萎谢极易一剂之谬尚不能堪而况其乎矧以方生之气不思培植而但知剥削近则为目下之害远则遗终身之羸良可叹也凡此者实求本之道诚幼科最要之肯綮虽言之若无奇异而何知者之茫然也故余于篇端首以为言然非有冥冥之见者固不足以语此此其所以不易也阴阳应象大论曰善诊者察色按脉先别阴阳审清浊而知部分视喘息听声音而知所苦观权衡规矩而知病所主按此论虽通言诊法之要然尤于小儿为最切也(《景岳全书·小儿则·总论》)

要求:

(1) 给上文断句
(2) 注释文中加点号的词语
(3) 今译文中加横线的句子

三十七、诸家得失策

問:人之一身,猶之天地。天地之氣,不能以恆順,而必待於範圍之功①;人身之氣,不能以恆平,而必待於調攝之技。故其致病也,既有不同;而其治之,亦不容一律。故藥與針灸,不可缺一者也。然針灸之技,昔之專門者固各有方書,若《素問》、《針灸圖》、《千金方》、《外臺秘要》,與夫補瀉灸刺諸法,以示來世矣。其果何者而爲之原歟?亦豈無得失去取於其間歟?諸生以是名家者②,請詳言之。
① 范围：规范；裁成。
② 名家：以学有专长而成一家。

對曰：天地之道，陰陽而已矣；夫人之身，亦陰陽而已矣。陰陽者，造化之樞紐①，人類之根柢也。惟陰陽得其理則氣和，氣和則形亦以之和矣。如其拂而戾焉②，則贊助調攝之功自不容已矣③。否則，在造化不能爲天地立心④，而化工以之而息⑤；在夫人不能爲生民立命⑥，而何以臻壽考無疆之休哉⑦？此固聖人贊化育之一端也，而可以醫家者流而小之耶？
① 造化：指大自然。以其创造化育万物，故名。枢纽：关键。
② 拂：逆；违反。戾（lì 吏）：乖戾；违背。
③ 已：停止。
④ 立心：谓修心认识天道。
⑤ 化工：化育万物之工作；自然的创造力。
⑥ 立命：谓修身顺从天道。
⑦ 寿考无疆：寿命长久，没有止境。考，老。休：美善。

愚嘗觀之《易》曰①："大哉乾元②！萬物資始。""至哉坤元！萬物資生。"是一元之氣流行於天地之間③，一闔一闢，往來不窮，行而爲陰陽，布而爲五行，流而爲四時，而萬物由之以化生。此則天地顯仁藏用之常④，固無庸以贊助爲也⑤。然陰陽之理也，不能以無愆⑥，而雨暘寒暑⑦，不能以時若⑧，則範圍之功，不能無待於聖人也。故《易》曰⑨："后以裁成天地之道⑩，輔相天地之宜⑪，以左右民⑫。"此其所以人無夭札，物無疵厲⑬，而以之收立命之功矣。然而吾人同得天地之理以爲理，同得天地之氣以爲氣，則其元氣流行於一身之間，無異於一元之氣流行於天地之間也。夫何喜怒哀樂、心思嗜慾之汩於中⑭，寒暑風雨、溫涼燥濕之侵於外，於是有疾在腠理者焉，有疾在血脈者焉，有疾在腸胃者焉。然而疾在腸胃，非藥餌不能以濟；在血脈，非針刺不能以及；在腠理，非熨焫不能以達。是針、灸、藥者，醫家之不可缺一者也。夫何諸家之術惟以藥，而於針、灸則併而棄之，斯何以保其元氣⑮，以收聖人壽民之仁心哉？
① 易曰：以下引文分别见于《周易》"乾""坤"两卦之象辞。
② 大哉乾元：天德伟大。乾元，天。
③ 一元之气：古代哲学指宇宙开始形成时天地浑然不分的状态。
④ 显仁藏用：语本《周易·系辞上》"显诸仁，藏诸用"。意谓显现于资生万物之仁爱，隐藏于百姓不知之日用。
⑤ 无庸：无须；无用。庸，用。为：语气助词。
⑥ 愆（qiān 牵）：过；差错。指天气寒暑失调。
⑦ 暘（yáng 阳）：出太阳；晴天。

⑧ 时若：指"时雨若""时旸若""时燠若""时寒若""时风若"。语出《尚书·洪范》。意谓寒暑无过，风雨调顺。若，顺。

⑨ 易曰：以下三句语出《周易》"泰"卦象辞。

⑩ 后：君王。　裁成：剪裁成就。

⑪ 辅相：辅助。

⑫ 左右：济助。用作动词。

⑬ 疵厉：灾难；疾病。

⑭ 汩：扰乱。

⑮ 斯：则。连词。

　　然是針與灸也，亦未易言也。孟子曰："離婁之明，不以規矩，不能成方圓；師曠之聰，不以六律，不能正五音①。"若古之方書，固離婁之規矩、師曠之六律也。故不遡其原②，則無以得古人立法之意；不窮其流，則何以知後世變法之弊？今以古之方書言之，有《素問》、《難經》焉，有《靈樞》、《銅人圖》焉③，有《千金方》，有《外臺秘要》焉，有《金蘭循經》④，有《針灸雜集》焉⑤。然《靈樞》之圖⑥，或議其太繁而雜；於《金蘭循經》，或嫌其太簡而略；於《千金方》，或詆其不盡《傷寒》之數；於《外臺秘要》，或議其為醫之蔽；於《針灸雜集》，或論其未盡針灸之妙。遡而言之，則惟《素》、《難》為最要。蓋《素》、《難》者，醫家之鼻祖，濟生之心法，垂之萬世而無弊者也。

① "离娄"六句：语出《孟子·离娄上》。离娄，传说黄帝时人，明目善视，能于百步之外，见秋毫之末。师旷，字子野，春秋时晋国乐师。六律，古代音乐中用律管所定六个标准音调，依次为黄钟、太簇、姑洗、蕤宾、夷则、无射。称为六阳律。五音，即宫、商、角、徵、羽五个音阶。

② 遡："溯"的异体字。

③ 铜人图：即《铜人腧穴针灸图经》，凡五卷，宋代医官王惟一撰。

④ 金兰循经：全名《金兰循经取穴图解》，一卷，元代忽泰必烈撰。

⑤ 针灸杂集：一作《针灸杂说》，元代窦桂芳撰。

⑥ 图：此指《铜人图》。

　　夫既由《素》、《難》以遡其原，又由諸家以窮其流。探脈絡，索榮衛，診表裏，虛則補之，實則瀉之，熱則涼之，寒則溫之，或通其氣血，或維其真元。以律天時①，則春夏刺淺，秋冬刺深也；以襲水土②，則濕致高原，熱處風涼也③；以取諸人，肥則刺深，瘠則刺淺也。又由是而施之以動搖、進退、搓彈、攝按之法④，示之以喜怒、憂懼、思勞、醉飽之忌，窮之以井榮俞經合之源⑤，究之以主客標本之道、迎隨開闔之機⑥。夫然後陰陽和，五氣順，榮衛固，脈絡綏，而凡腠理血脈，四體百骸，一氣流行，而無壅滯痿痹之患矣。不猶聖人之裁成輔相，而一元之氣周流於天地之間乎？先儒曰："吾之心正，則天地之心亦正；吾之氣順，則天地之氣亦順。"此固贊化育之極功也，而愚於醫之灸刺也亦云⑦。

① 律天时:效法四时。语出《礼记·中庸》。
② 袭水土:依据地理环境。语出《礼记·中庸》。
③ "湿致"八字:谓湿病宜送往高燥处,热病应安置风凉处。
④ "动摇"八字:八种针刺方法。
⑤ "井荥"五字:合称五腧穴。
⑥ 主客:本经原穴为主,与本经相表里之络穴为客。两穴配合使用。迎随:逆着经行方向进针,逢其气之方来,为迎;顺着经行方向进针,随其气之方去,为随。迎为泻,随为补。开阖:出针时摇大其孔,使邪外出,为开;出针时揉闭其孔,不使经气外泄,为阖。开为泻,阖为补。
⑦ 亦云:也如此说。

〔提要〕 本文选自1955年人民卫生出版社影印万历辛丑(公元1601年)刊本《针灸大成》卷三。作者杨济时(公元1522~1620年),字继洲,三衢(今浙江衢县)人,明代著名医家。本文是杨氏考卷中一道策问与对策,论述了针灸的起源与诸家的得失。策是古代一种文体,有制策、试策、进策三种。本文属试策,用于士人考试。

阅 读 实 践（37）

（一）词语注释
①范围 ②示(来世) ③名家 ④造化 ⑤枢纽 ⑥根柢 ⑦拂(而戾) ⑧(拂而)戾 ⑨赞(助) ⑩立命 ⑪(寿)考 ⑫(之)休 ⑬一端 ⑭(乾)元 ⑮显仁 ⑯藏用 ⑰无庸 ⑱(雨)旸 ⑲(时)若 ⑳裁成 ㉑疵厉 ㉒(熨)焫 ㉓规矩 ㉔鼻祖 ㉕心法 ㉖维(其) ㉗律(天时) ㉘袭(水土)

（二）今译
1. 人之一身,犹之天地。天地之气,不能以恒顺,而必待于范围之功;人身之气,不能以恒平,而必待于调摄之技。
2. 惟阴阳得其理则气和,气和则形亦以之和矣。如其拂而戾焉,则赞助调摄之功自不容已矣。
3. 然而吾人同得天地之理以为理,同得天地之气以为气,则其元气流行于一身之间,无异于一元之气流行于天地之间也。
4. 溯而言之,则惟《素》、《难》为最要。盖《素》、《难》者,医家之鼻祖,济生之心法,垂之万世而无弊者也。
5. 此固赞化育之极功也,而愚于医之灸刺也亦云。

（三）阅读
执事发策而以针灸之数法奇穴下询承学盖以术业之专工者望诸生也而愚岂其人哉虽然一介之士苟存心于爱物于人必有所济愚固非工于医业者而一念济物之心特惓惓焉矧以明问所及敢无一言以对夫针灸之法果何昉乎粤稽上古之民太朴未散元醇未漓与草木蓁蓁然与鹿豕狉狉然方将相忘于浑噩之天而何有于疾又何有于针灸之施也自羲农以还人渐流于不古

而朴者散醇者漓内焉伤于七情之动外焉感于六气之侵而众疾胥此乎交作矣岐伯氏有忧之于是量其虚实视其寒温酌其补泻而制之以针刺之法焉继之以灸火之方焉至于定穴则自正穴之外又益之以奇穴焉非故为此纷纷也民之受疾不同故所施之术或异而要之非得已也势也势之所趋虽圣人亦不能不为之所也已圣人之情因数以示而非数之所能拘因法以显而非法之所能泥用定穴以垂教而非奇正之所能尽神而明之亦存乎其人焉耳故善业医者苟能旁通其数法之原冥会其奇正之奥时可以针而针时可以灸而灸时可以补而补时可以泻而泻或针灸可并举则并举之或补泻可并行则并行之治法因乎人不因乎数变通随乎症不随乎法定穴主乎心不主乎奇正之陈迹譬如老将用兵运筹攻守坐作进退皆运一心之神以为之而凡鸟占云祲金版六韬之书其所具载方略咸有所不拘焉则兵惟不动动必克敌医惟不施施必疗疾如是虽谓之无法可也无数可也无奇无正亦可也而有不足以称神医于天下也哉管见如斯惟执事进而教之（节选自《针灸大成·穴有奇正策》）

要求:
(1) 给上文断句
(2) 注释文中加点号的词语
(3) 今译文中加横线的句子

三十八、秋　燥　论

　　喻昌曰：燥之與濕，有霄壤之殊①。燥者，天之氣也；濕者，地之氣也。水流濕，火就燥②，各從其類，此勝彼負，兩不相謀③。春月地氣動而濕勝，斯草木暢茂；秋月天氣肅而燥勝④，斯草木黃落。故春分以後之濕，秋分以後之燥，各司其政。今指秋月之燥爲濕，是必指夏月之熱爲寒然後可。奈何《內經》病機一十九條獨遺燥氣？他凡秋傷於燥，皆謂秋傷於濕。歷代諸賢，隨文作解，弗察其訛。昌特正之。

① 霄壤：天上地下。
② 就：趨向；靠近。
③ 謀：合。
④ 肅：勁急；肅杀。

　　大意謂春傷於風，夏傷於暑，長夏傷於濕，秋傷於燥，冬傷於寒，覺六氣配四時之旨，與五運不相背戾，而千古之大疑始一抉也①。然則，秋燥可無論乎？夫秋不遽燥也，大熱之後，繼以涼生，涼生而熱解，漸至大涼，而燥令乃行焉。《經》謂"陽明所至，始爲燥，終爲涼"者②，亦誤文也。豈有新秋月華露湛③，星潤淵澄，天香遍野④，萬寶垂實⑤，歸之燥政，迨至山空月小，水落石出，天降繁霜，地凝白鹵⑥，一往堅急勁切之化，反謂涼生，不謂燥乎？或者疑燥從火化，故先燥而後涼，此非理也。深乎！深乎！上古《脈要》曰⑦："春不沉，夏不弦，秋不數，冬不濇，是謂四塞⑧。"謂脈之從四時者，不循序漸進，則四塞而不通也。所以春、夏、秋、冬孟月之脈，仍循冬、春、夏、秋季月之常，不改其度。俟二分二至以後⑨，始轉而從本令之王氣，乃爲平人順脈也。故天道春不分不温，夏不至不熱，自然之運，悠久無疆。使在人之脈，方春即以弦應，方夏即以數應，躁促所加⑩，不三時而歲度終矣，其能長世乎？即是推之，秋月之所以忌數脈者，以其新秋爲燥所勝，故忌之也。若不病之人，新秋而脈帶微數，乃天眞之脈⑪，何反忌之耶？且夫始爲燥，終爲涼，涼已即當寒矣，何至十月而反温耶？涼已反温，失時之序，天道不幾頓乎⑫？不知十月之温，不從涼轉，正從燥生。蓋金位之下，火氣承之⑬，以故初冬常温，其脈之應，仍從乎金之濇耳。由濇而沉，其濇也，爲生水之金⑭，其沉也，即爲水中之金矣⑮。珠輝玉映，傷燥云乎哉！

① 抉：揭示。
② "阳明所至"三句：语本《素问·六元正纪大论》。
③ 月华露湛（zhàn 站）：月明露浓。
④ 天香：指秋天花草之香气。
⑤ 万宝垂实：各种草木果实累累。
⑥ 白卤：盐碱地上凝结的白色卤碱。
⑦ 脉要：古书名。已佚。
⑧ "春不沉"五句：语出《素问·至真要大论》。四塞，四时之气闭塞不通。
⑨ 二分：春分、秋分。二至：夏至、冬至。
⑩ 躁促：急躁仓促。
⑪ 天真：谓自然、正常。
⑫ 顿：停顿；止息。
⑬ "金位"二句：语出《素问·六微旨大论》。
⑭ 生水之金：五行相生，金生水。秋为金，故曰生水之金。仍在金位。
⑮ 水中之金：冬为水，其脉沉，故曰水中之金。已进入水位。

然新秋之涼，方以卻暑也①，而夏月所受暑邪，即從涼發。《經》云："當暑汗不出者，秋成風瘧②。"舉一瘧，而凡當風取涼，以水灌汗，廼至不復汗而傷其內者，病發皆當如瘧之例治之矣。其內傷生冷成滯下者，并可從瘧而比例矣③。以其原來皆暑濕之邪，外內所主雖不同，同從秋風發之耳。若夫深秋燥金主病，則大異焉。《經》曰："燥勝則乾④。"夫乾之爲害，非遽赤地千里也。有乾於外而皮膚皺揭者⑤，有乾於內而精血枯涸者，有乾於津液而榮衞氣衰、肉爍而皮著於骨者，隨其大經小絡所屬上下中外前後，各爲病所。燥之所勝，亦云熯矣⑥。至所傷則更厲。燥金所傷，本摧肝木，甚則自戕肺金。蓋肺金主氣，而治節行焉⑦。此惟土生之金⑧，堅剛不撓，故能生殺自由，紀綱不紊。若病起於秋而傷其燥，金受火刑，化剛爲柔，方圓且隨型埴⑨，欲仍清肅之舊⑩，其可得耶？《經》謂"欬不止而出白血者死⑪"。白血，謂色淺紅而似肉似肺者。非肺金自削，何以有此？試觀草木菁英可掬⑫，一乘金氣，忽焉改容，焦其上首，而燥氣先傷上焦華蓋⑬，豈不明耶？詳此，則病機之"諸氣膹鬱，皆屬於肺"、"諸痿喘嘔，皆屬於上"二條⑭，明指燥病言矣。《生氣通天論》謂"秋傷於燥，上逆而欬，發爲痿厥"，燥病之要，一言而終，與病機二條，適相脗合。祇以誤傳"傷燥"爲"傷濕"，解者竟指燥病爲濕病，遂至經旨不明。今一論之，而燥病之機，了無餘義矣。其"左胠脅痛，不能轉側，嗌乾面塵，身無膏澤，足外反熱，腰痛，驚駭，筋攣，丈夫㿗疝，婦人少腹痛，目眛眥瘍⑮"，則燥病之本於肝，而散見不一者也。

① 却：退。
② "当暑汗"二句：语出《素问·金匱真言论》。
③ 比例：类推。
④ 燥胜则乾：语出《素问·阴阳应象大论》。
⑤ 皴(cūn村)揭：皮肤皲裂。
⑥ 熯(hàn汗)：同"暵"。干燥。
⑦ 治节：治理调节。《素问·灵兰秘典论》："肺者，相傅之官，治节出焉。"
⑧ 惟：由于。
⑨ 型埴(zhí直)：铸造器物所用之土模。埴，粘土。
⑩ 仍：因袭；保持。
⑪ "欬不止"九字：语出《素问·至真要大论》。白血，肺血。
⑫ 菁英：精华。可掬：可用两手承取。谓其丰盛。
⑬ 华盖：本指车上装的伞盖。此指肺。
⑭ "诸气"十六字：语出《素问·至真要大论》。膹(fèn愤)郁，满闷。
⑮ "左胠"十一句：语本《素问·至真要大论》。胠，腋下胁上。面尘，面如尘土。㿗疝，病名，亦作"㿉疝"，以睾丸肿大光亮如秃为主症。

　　《內經》燥淫所勝①，其主治必以苦温者，用火之氣味而制其勝也②。其佐以或酸或辛者，臨病制宜，宜補則佐酸，宜瀉則佐辛也。其下之亦以苦温者，如清甚生寒，留而不去，則不當用寒下，宜以苦温下之。即氣有餘，亦但以辛瀉之，不以寒也。要知金性畏熱，燥復畏寒。有宜用平寒而佐以苦甘者，必以冷熱和平爲方，制乃盡善也③。又六氣凡見下承之氣，方制即宜少變。如金位之下，火氣承之，則苦温之屬宜減，恐其以火濟火也。即用下，亦當變苦温而從寒下也。此《內經》治燥淫之旨，可贊一辭者也。至於肺氣膹鬱，痿喘嘔欬，皆傷燥之劇病，又非制勝一法所能理也。茲併入燥門，細商良治，學者精心求之，罔不獲矣。若但以潤治燥，不求病情，不適病所，猶未免涉於麄疎耳④。

① 内经：以下文意本《素问·至真要大论》。

② 制其胜：利用六气相互关系制服病邪。
③ 制：制度。指方药组成之法度。
④ 麤："粗"的异体字。

〔提要〕 本文选自明崇祯十六年刊本《医门法律》卷四。校以《四库医学丛书》本。作者喻昌(公元1585～1664年)，字嘉言，晚号西昌老人，新建(今江西南昌)人，明末清初医学家。本文对燥邪的性质、致病特点与治疗方法等方面作了比较系统的论述，使医者对六气中之燥邪有个全面的认识。这是喻昌对医学的一大贡献。

阅 读 实 践 (38)

(一) 词语注释

①霄壤 ②就(燥) ③从(其类) ④(相)谋 ⑤(天气)肃 ⑥背戾 ⑦(露)湛 ⑧一往 ⑨四塞 ⑩孟(月) ⑪季(月) ⑫二分 ⑬二至 ⑭天真 ⑮(几)顿 ⑯却(暑) ⑰如(疟) ⑱比例 ⑲赤地 ⑳皴揭 ㉑(肉)烁 ㉒(云)燠 ㉓治节 ㉔(此)惟 ㉕型埴 ㉖菁英 ㉗(可)捆 ㉘华盖 ㉙了(无) ㉚(左)胠

(二) 今译

1．燥之与湿，有霄壤之殊。燥者，天之气也；湿者，地之气也。水流湿，火就燥，各从其类，此胜彼负，两不相谋。

2．大意谓春伤于风，夏伤于暑，长夏伤于湿，秋伤于燥，冬伤于寒。觉六气配四时之旨，与五运不相背戾，而千古之大疑始一抉也。

3．岂有新秋月华露湛，星润渊澄，天香遍野，万宝垂实，归之燥政，迨至山空月小，水落石出，天降繁霜，地凝白卤，一往坚急劲切之化，反谓凉生，不谓燥乎？

4．夫干之为害，非遽赤地千里也。有干于外而皮肤皴揭者，有干于内而精血枯涸者，有干于津液而荣卫气衰、肉烁而皮著于骨者，随其大经小络所属上下中外前后，各为病所。燥之所胜，亦云燠矣。

5．若病起于秋而伤其燥，金受火刑，化刚为柔，方圆且随型埴，欲仍清肃之旧，其可得耶？

(三) 阅读

至真要大论列病机一十九条而遗于燥者为其兼乎风热之化故但言风热而燥在其中矣河间特补此义于原病式中然义有未悉敢再陈之夫燥兼风化者经云风能胜湿湿去则燥自生始因风甚而燥及于肺则木气有余侮所不胜而金受微邪复因燥甚而病及于肝则木气亢害承者制之而金行报复故筋脉劲强口噤风痫皮肤燥屑收敛急切之病生矣燥兼热化者热即火也易曰燥万物者莫燠乎火始由真阴耗竭遂致有克金之火而燥乃成复以肺金受邪不能生制火之水而燥益甚故消渴善饥噎隔胃稿二便秘塞燥裂枯涸等证生矣由热生风由风生燥燥又生热循环胜复至于髓液咸枯燥非浅患明矣致燥之因或遇阳明司天燥化大行或久劳于风日之中频迩于火气之畔外因也七情不节神伤血耗及大病汗吐下克伐太过亡其津液内因也食味辛热过多虚劳误投温补与夫服食家金石之剂发燥不内外因也凡此诸因皆令热极生风风火相煽阴中伏火煎熬津液而燥证生矣是以燥在外皮肤皴揭疥痒爪枯燥在中脾胃干涸消谷善饥燥在上则鼻燥咽焦燥

在下则便难癃闭兼热则手足痿兼风则痛痉作虚而燥热必致痨咳实而燥热必见颠狂挟痰食者终为噎隔等症治燥之法当观沸釜之理以血喻汤而气喻火也若火猛汤沸则当沃薪减焰不使绝竭犹用芩连栀膏朴硝大黄大苦至寒治标等剂清降火邪则血不为衰而燥不为甚也若沸久将干又当添益新水使能胜火犹用地黄门冬参芪归芍甘寒甘温治本之剂气血双补则燥得以润而火有所制也昔贤云休治风休治燥治得火时风燥了然则独无寒燥者乎尝考医垒元戎有五方治燥法云北方其脉迟寒燥也宜温热药治之如桂附硫黄良姜巴豆之属是知燥亦间有兼寒张景岳论消渴亦云阳胜固能消阴阴胜独不能消阳乎经云心移寒于肺为肺消饮一溲二死不治之证曾以八味丸归脾汤治一荐绅得愈又如大便燥结有系脏寒则气涩脏冷则血枯食少脉微而为阴结者宜半硫丸姜附汤治之夫消渴闭结燥证之大者乃有属于阴寒海藏非凿说矣知常识变圆妙无穷始不愧为司命耳(清·沈时誉《医衡·续燥论》)

要求：
(1) 给上文断句
(2) 注释文中加点号的词语
(3) 今译文中加横线的句子

三十九、元气存亡论

養生者之言曰天下之人皆可以無死斯言妄也何則人生自免乳哺以後始而孩既而長既而壯日勝一日何以四十以後飲食奉養如昔而日且就衰或者曰嗜慾戕之也則絕嗜慾可以無死乎或者曰勞動賊之也則戒勞動可以無死乎或者曰思慮擾之也則屏① 思慮可以無死乎果能絕嗜慾戒勞動減思慮免於疾病夭札則有之其老而眊② 眊而死猶然也況乎四十以前未嘗無嗜慾勞苦思慮然而日生日長四十以後雖無嗜慾勞苦思慮然而日減日消此其故何歟蓋人之生也顧③ 夏蟲而却④ 笑以爲是物之生死何其促也而不知我⑤ 實猶是耳當其受生之時已有定分⑥ 焉所謂定分者元氣也視之不見求之不得附於氣血之內宰⑦ 乎氣血之先其成形之時已有定數譬如置薪於火始然尙微漸久則烈薪力既盡而火熄矣其有久暫之殊者則薪之堅脆異質也故終身無病者待元氣之自盡而死此所謂終其天年者也至於疾病之人若元氣不傷雖病甚不死元氣或⑧ 傷雖病輕亦死而其中又有辨⑨ 焉有先傷元氣而病者此不可治者也有因病而傷元氣者此不可不預防者也亦有因誤治而傷及元氣者亦有元氣雖傷未甚尙可保全之者其等不一故診病決死生者不視病之輕重而視元氣之存亡則百不失一矣至所謂元氣者何所寄耶五臟有五臟之眞精此元氣之分體⑩ 者也而其根本所在卽道經⑪ 所謂丹田難經⑫ 所謂命門內經所謂七節之旁中有小心⑬ 陰陽闔闢存乎此呼吸出入係乎此無火而能令百體皆溫無水而能令五臟皆潤此中一線未絕則生氣一線未亡皆賴此也若夫有疾病而保全之法何如蓋元氣雖自

三十九、元气存亡论

有所在然實與臟腑相連屬⑭者也寒熱攻補不得其道則實其實而虛其虛必有一臟大受其害邪入於中而精不能續⑮則元氣無所附而傷矣故人之一身無處不宜謹護而藥不可輕試也若夫預防之道惟上工能慮在病前不使其勢已橫而莫救使元氣克全則自能託邪於外若邪盛為害則乘元氣未動與之背城而一決⑯勿使後事生悔此神而明之之術也若欲與造化爭權而令天下之人終不死則無是理矣

① 屏(bǐng 饼)：除去。
② 耄：通"耄"。八九十岁。
③ 顾：回视。
④ 却：后。
⑤ 我：指我们人类。
⑥ 定分(fèn 奋)：此指固定的寿限。
⑦ 宰：主宰。此谓定夺。
⑧ 或：如果。
⑨ 辨：分别。
⑩ 分体：分支。
⑪ 道经：指《黄庭经》之类。《黄庭经》有"丹田之中精气微"句。
⑫ 难经：《难经·三十六难》："肾两者，非皆肾也。其左者为肾，右者为命门。命门者，诸神精之所舍，原气之所系也。故男子以藏精，女子以系胞。"
⑬ "七节"八字：语出《素问·刺禁论》。小心，王冰注为"真心神灵之官室"。
⑭ 连属(zhǔ 主)：连接。同义词复用。
⑮ 精不能续：谓五脏真精不能延续。
⑯ 背城而一决：决一死战。《左传·成公二年》有"背城借一"语。

〔提要〕 本文选自咸丰七年海昌蒋氏衍芬草堂本《医学源流论》卷上。作者徐大椿（公元1693～1771年），字灵胎，号洄溪老人，吴江（今属江苏）人，清代著名医学家。本文论述元气对人寿命的决定作用，指出生长壮老死乃人生的必然规律，长生不死是没有的。寿命之长短，由元气之多少决定；疾病之生死，由元气之存亡决定。因此，宜谨护元气，寒热攻补，不可轻试。

阅 读 实 践 (39)

（一）词语注释

①(何)则 ②就(衰) ③屏(思虑) ④(老而)耄 ⑤犹然 ⑥顾(夏虫) ⑦却(笑) ⑧(何其)促 ⑨定分 ⑩宰(乎) ⑪天年 ⑫或(伤) ⑬辨(焉) ⑭丹田 ⑮命门 ⑯阖辟 ⑰分体 ⑱连属 ⑲(已)横 ⑳背城而一决

（二）今译

1. 养生者之言曰天下之人皆可以无死斯言妄也何则人生自免乳哺以后始而孩既而长既而壮日胜一日何以四十以后饮食奉养如昔而日且就衰

2. 果能绝嗜慾戒劳动减思虑免于疾病夭札则有之其老而眊眊而死犹然也

3. 譬如置薪于火始然尚微渐久则烈薪力既尽而火熄矣其有久暂之殊者则薪之坚脆异质也

4. 若夫预防之道惟上工能虑在病前不使其势已横而莫救使元气充全则自能祛邪于外若邪盛为害则乘元气未动与之背城而一决勿使后事生悔此神而明之之术也

（三）文意填空

1. 人生四十以后而日且就衰，其原因，有的说是_____，有的说是_____，有的说是_____。而真正的原因则是_____。

2. 人之元气受生之时已有定分。终身无病者，_____；疾病者，若元气不伤，_____；元气已伤，_____；有因病而伤及元气者，_____；有因误治而伤及元气者；亦有元气虽伤未甚，尚可保全之者。

3. 元气之所寄，其根本所在，即《道经》所谓_____，《难经》所谓_____，《内经》所谓_____。其分体则在于_____。因此，其保全之法，_____，_____。

（四）阅读

圣人之所以全民生也五谷为养五果为助五畜为益五菜为充而毒药则以之攻邪故虽甘草人参误用致害皆毒药之类也古人好服食者必生奇疾犹之好战胜者必有奇殃是故兵之设也以除暴不得已而后兴药之设也以攻疾亦不得已而后用其道同也故病之为患也小则耗精大则伤命隐然一敌国也以草木偏性攻藏府之偏胜必能知彼知己多方以制之而后无丧身殒命之忧是故传经之邪而先夺其未至则所以断敌之要道也横暴之疾而急保其未病则所以守我之岩疆也挟宿食而病者先除其食则敌之资粮已焚合旧疾而发者必防其并则敌之内应既绝辨经络而无泛用之药此之谓向导之师因寒热而有反用之方此之谓行间之术一病而分治之则用寡可以胜众使前后不相救而势自衰数病而合治之则并力捣其中坚使离散无所统而众悉溃病方进则不治其太甚固守元气所以老其师病方衰则必穷其所之更益精锐所以捣其穴若夫虚邪之体攻不可过本和平之药而以峻药补之衰敝之日不可穷民力也实邪之伤攻不可缓用峻厉之药而以常药和之富强之国可以振威武也然而选材必当器械必良克期不愆布阵有方此又不可更仆数也孙武子十三篇治病之法尽之矣（《医学源流论·用药如用兵论》）

要求：

(1) 给上文标点

(2) 注释文中加点号的词语

(3) 今译文中加横线的句子

四十、不失人情论

嘗讀內經至方盛衰論而殿①之曰不失人情未嘗不瞿然②起喟然嘆軒岐之入人深也夫不失人情醫家所甚亟然戛戛③乎難之矣大約人情之類有三一曰病人之

四十、不失人情论

情二曰旁人之情三曰醫人之情所謂病人之情者五藏各有所偏七情各有所勝陽藏④者宜涼陰藏⑤者宜熱耐毒者緩劑無功不耐毒者峻劑有害此藏氣之不同也動靜各有欣厭⑥飲食各有愛憎性好吉者危言⑦見非意多憂者慰安云偽未信者忠告難行善疑者深言則忌此好惡之不同也富者多任性而禁戒勿遵貴者多自尊而驕恣悖理此交際⑧之不同也貧者衣食不周況乎藥餌賤者焦勞不適懷抱⑨可知此調治之不同也有良言甫信謬說更新多歧亡羊⑩終成畫餅⑪此無主⑫之為害也有最畏出奇⑬惟求穩當車薪杯水⑭難免敗亡此過慎之為害也有境遇不偶⑮營求未遂深情牽掛良藥難醫此得失之為害也有性急者遭遲病更醫而致雜投有性緩者遭急病濡滯⑯而成難挽此緩急之為害也有參朮沾唇懼補心先痞塞硝黃入口畏攻神卽飄揚此成心⑰之為害也有諱疾不言有隱情難告甚而故隱病狀試醫以脈不知自古神聖未有捨望聞問而獨憑一脈者且如⑱氣口脈盛則知傷食至於何日受傷所傷何物豈能以脈知哉此皆病人之情不可不察者也所謂旁人之情者或執有據之論而病情未必相符或興⑲無本之言而醫理何曾夢見或操是非之柄同我者是⑳之異己者非之而真是真非莫辨或執膚淺之見頭痛者救頭脚痛者救脚而孰本孰標誰知或尊貴執言難抗或密戚㉑偏見難回㉒又若薦醫動關生死有意氣㉓之私厚而薦者有庸淺之偶效而薦者有信其利口而薦者有食其酬報而薦者甚至薰蕕㉔不辨妄肆品評譽之則跖㉕可為舜毀之則鳳可作鴉㉖致懷奇之士拂衣而去使深危之病坐而待亡此皆旁人之情不可不察者也所謂醫人之情者或巧語誑人或甘言㉗悅聽㉘或強辯相欺或危言㉙相恐此便佞㉚之流也或結納親知或修好㉛僮僕或求營上薦或不邀自赴此阿諂㉜之流也有腹無藏墨詭言神授目不識丁假託秘傳此欺詐之流也有望聞問切漫不關心枳朴歸苓到手便撮妄謂人愚我明人生我熟此孟浪之流也有嫉妒性成排擠為事陽若同心陰為浸潤㉝是非顛倒朱紫混淆此讒妒之流也有貪得無知輕忽人命如病在危疑良醫難必㉞極其詳慎猶冀回春若輩貪功妄輕投劑至於敗壞嫁謗自文㉟此貪倖㊱之流也有意見各持異同不決曲高者和寡道高者謗多一齊之傅幾何眾楚之咻易亂㊲此膚淺之流也有素所相知苟且㊳圖功有素不相識遇㊴延辨症病家既不識醫則候趨候錢醫家莫肯任怨則惟苓惟梗或延醫眾多互為觀望或利害攸繫彼此避嫌惟求免怨誠然得矣坐失機宜誰之咎乎此由知醫不真任醫不專也凡若此者孰非人情而人情之詳尚多難盡聖人以不失人情為戒欲令學者思之慎之勿為陋習所中耳雖然必期不失未免遷就但遷就既礙於病情不遷就又礙於人情有必不可遷就之病情而復有不得不遷就之人情且奈之何哉故曰戞戞乎難之矣

① 殿:后军为殿。引申为"在后"。
② 瞿(jù惧)然:惊视貌。
③ 戞戞(jiá jiá 荚荚):困难貌。戞,"戛"的异体字。
④ 阳藏:即"阳脏"。指阳盛体质。
⑤ 阴藏:即"阴脏"。指阴盛体质。
⑥ 欣厌:爱憎。

⑦ 危言：直言。
⑧ 交际：犹"际遇"。指处境。
⑨ 怀抱：胸襟。指情怀。
⑩ 多歧亡羊：又作"歧路亡羊"。语本《列子·说符》。由于歧路太多，不知羊之所往，因而亡失其羊。此喻众说纷纭，无所适从。
⑪ 画饼：语出《三国志·魏志·卢毓传》。画的饼食，只可观看，不能充饥。喻虚有其名，没有实用。
⑫ 主：主见；主张。
⑬ 出奇：产生意外。
⑭ 车薪杯水：又作"杯水车薪"。语出《孟子·告子上》。用一杯水去灭一车柴之火焰。喻无济于事。
⑮ 不偶：犹"数奇"。谓命运不好。
⑯ 濡滞：迟延；拖延。
⑰ 成心：犹"成见"。
⑱ 且如：如果。
⑲ 兴：犹"立"。
⑳ 是：认为……正确。意动用法。
㉑ 密戚：指亲近的人。
㉒ 回：扭转。
㉓ 意气：情谊。
㉔ 薰莸(yóu犹)：香臭。薰为香草，莸为臭草。语出《左传·僖公四年》。
㉕ 跖(zhí直)：春秋战国之际起义军首领。旧时被诬为大盗。
㉖ 鸮(xiāo消)：鸱鸮，猛禽名，亦称猫头鹰。旧时视为不祥之恶鸟。
㉗ 甘言：甜言蜜语。
㉘ 悦听：犹"悦耳"。此谓迷惑人。
㉙ 危言：惊惧之言。
㉚ 便(pián骈)佞(nìng泞)：善以言辞取媚于人；花言巧语。
㉛ 修好：建立交情。此谓笼络。
㉜ 阿(ē屙)谄(chǎn产)：曲意逢迎。阿，迎合。谄，奉承。
㉝ 浸润：谗言；说坏话。
㉞ 必：决定。
㉟ 嫁谤自文：转嫁谤言，掩饰自己。谤，责备的话。文，掩饰。
㊱ 贪倖：贪图侥幸。倖，非分所得。
㊲ "一齐"十二字：语本《孟子·滕文公下》。意谓一个齐人教楚人学习齐语，而众多楚人用楚语来干扰。喻正确的意见被不正确的意见所淹没。
㊳ 苟且：姑且；暂且。
㊴ 遇：偶然。

〔提要〕 本文选自崇祯十年(公元1637年)刊本《医宗必读》卷一。作者李中梓(公元

1588～1655年)，字士材，号念莪，华亭(今上海松江)人，明末著名医家。本文系作者选取张介宾《类经·脉色类》为“不失人情”一句所加按语，加工润色而成。文中剖析了病人之情、旁人之情、医人之情三种人情，指出医疗过程中种种人为的困难。作为医生，处在必不能迁就的病情与不得不迁就的人情之间，故而发出“戛戛乎难之矣”的感叹。

阅读实践(40)

(一) 词语注释

①殿(之) ②瞿(然) ③戛戛 ④藏气 ⑤欣(厌) ⑥危言 ⑦交际 ⑧(不)周 ⑨焦(劳) ⑩怀抱 ⑪多歧亡羊 ⑫画饼 ⑬出奇 ⑭车薪杯水 ⑮不偶 ⑯(未)遂 ⑰深情 ⑱杂投 ⑲濡滞 ⑳痞塞 ㉑成心 ㉒讳(疾) ㉓且如 ㉔(之)柄 ㉕执言 ㉖密戚 ㉗(难)回 ㉘意气 ㉙利口 ㉚薰莸 ㉛巧语 ㉜甘言 ㉝强辩 ㉞便佞 ㉟结纳 ㊱亲知 ㊲修好 ㊳阿谄 ㊴腹无藏墨 ㊵目不识丁 ㊶漫(不) ㊷阳(若) ㊸阴(为) ㊹浸润 ㊺(难)必 ㊻回春 ㊼嫁谤自文 ㊽贪倖 ㊾曲高和寡 ㊿一傅众咻 (51)苟且 (52)倏(赵)

(二) 今译

1．有良言甫信谬说更新多歧亡羊终成画饼此无主之为害也

2．或操是非之柄同我者是之异己者非之而真是真非莫辨

3．致怀奇之士拂衣而去使深危之病坐而待亡

4．如病在危疑良医难必极其详慎犹冀回春若辈贪功妄轻投剂至于败坏嫁谤自文此贪倖之流也

(三) 文意填空

1．本文所述病人之情包括________、________、________、________四不同和______、________、________、________、________、________六为害。

2．本文所述旁人之情包括论病和______两个方面。

3．本文所述医人之情包括______、______、______、______、______、______、______、______八个方面。

(四) 阅读

孙思邈之祝医者曰行欲方而智欲圆心欲小而胆欲大嗟乎医之神良尽于此矣宅心醇谨举动安和言无轻吐目无乱观忌心勿起贪念罔生毋忽贫贱毋惮疲劳检医典而精求对疾苦而悲悯如是者谓之行方禀赋有厚薄年岁有老少身形有肥瘦性情有缓急境地有贵贱风气有柔强天时有寒热昼夜有重轻气色有吉凶声音有高下受病有久新运气有太过不及知常知变能神能明如是者谓之智圆望闻问切宜详补泻寒温须辨当思人命至重冥报难逃一旦差讹永劫莫忏乌容不慎如是者谓之心小补即补而泻即泻热斯热而寒斯寒抵当承气时用回春姜附理中恒投起死析理详明勿持两可如是者谓之胆大四者似分而实合也世未有详谨之士执成法以伤人灵变之人败名节以损己行方者智必圆也心小则惟惧或失胆大则药如其证或大攻或大补似乎胆大不知不如是则病不解是胆大适所以行其小心也故心小胆大者合而成智圆心小胆大智圆者合而成行方也世皆疑方则有碍乎圆小则有妨乎大故表而出之(节选自《医宗必读·行方智圆心小胆大论》)

要求：

(1) 给上文标点

(2) 注释文中加点号的词语

(3) 今译文中加横线的句子

下 篇

第一章 工 具 书

"夫诣泰华者,非济胜之具,不能以登其巅;涉江汉者,非舟楫之用,未足以达其源。"(林之翰《四诊抉微·序》)从事任何工作都必须凭借一定的工具,方能顺利地达到预期的目的。读书、教学、临证、科研等,常常也要借助于工具书,才能更有效地进行。熟悉运用工具书不仅是一位未来高级中医师、中药师必备的基本功之一,而且往往是衡量一个人独立解决问题能力高低的标志之一。谁熟悉工具书的种类多,谁运用工具书的能力强,谁的独立分析、解决问题的能力相对就较强,就可获得事半功倍之效。因为工具书是"知识宝库的钥匙"、"书海的指南"。

什么是工具书呢?工具书是为了人们质疑求知的需要,按着一定的编排形式和查检方法,为人们迅速提供某方面的基本知识和资料线索的专供查检的书。具有解释疑难、辅助自学、指示门径、提供线索、搜集资料的作用。

工具书的种类很多,几乎可以说,世上有多少行业,就有多少为之服务的各种层次的工具书。工具书的分类方法颇杂,但从其功用特点来说,主要有字典、辞书、书目、索引、类书、丛书、政书、年鉴、手册等。

字典是解释字的形音义及其用法的工具书,如《康熙字典》、《简明中医字典》等。辞书(又称词典)是解释词的意义及其用法的工具书,如《辞源》、《中国医学大辞典》等。在汉语里,字与词是两个不同的概念,一个字可以是一个词(单音词),也可能不是一个词,因此有字典与辞书之分。但二者也不是截然分开的,如字典有时也收语词,辞书一般以单音词(字)为词头。书目是图书目录的简称,是纪录图书名称、作者、卷数、版本,有的还叙及学术源流、图书流传、内容评价和收藏单位的工具书,如《中医图书联合目录》、《宋以前医籍考》等。索引,又称通检、备检、引得,是把一种或多种书(刊)里的内容编成条目按一定方法编排,并注明出处,专供检索的工具书,如《医学史论文资料索引》、《本草纲目索引》等。类书是辑录各门类或某一门类资料的工具书,如《古今图书集成·医部全录》、《太平圣惠方》等。丛书是在一个总名称下,把原来单独印行的若干部书籍原封不动地汇编在一起的工具书,如《珍本医书集成》、《古今医统正脉全书》等。政书是专门记载典章制度的工具书,如《文献通考》、《通志》等。年鉴是按年度出版,用以反映一年之中的大事记、科学进展、统计资料和数据等的工具书,如《中国医学科学年鉴》、《中医年鉴》等。手册是汇集某方面经常需要查考的文献资料或专业知识的工具书,如《中医方剂临床手册》、《针灸治疗手册》等。

第一节 工具书的编排方法

工具书的编排问题,早在秦汉时就受到注意。到了汉代,为了解决训释古代经书的词义问题,我国第一部按意义编排的词书《尔雅》诞生了。它对以后字典辞书的编撰起了重大的作用，可是按意义编排查检起来很不方便。到东汉，我国第一部按部首（形符）编排的字典《说文解字》问世。以后按部首编排的工具书都是在它的基础上改良而成。为了审音辨韵的需要，为了弥补《说文》查检之不便，产生了按音序编排的韵书——《切韵》和《广韵》。但汉字不是拼音文字，使用时有很多问题。总之，我国的工具书，特别是字典、辞书的编排体例虽繁，但基本上是按意义、部首、音序三大类型不断改进的。

一、部首编排法

部首编排法是按汉字部首笔画数次序编排的。部首是方块汉字的组成部分，它确定了每一个字在一系列的字当中属于哪一类型，通俗的说法就是哪一个形符（或叫偏旁）。例如江、河、湖、海等字和水有关，归水部；岩、岱、岳、岑等字和山有关，归山部；蚊、蚕、蛊、蟾等字和虫有关，归虫部。但事实上有一部分字归入某部，只是笔画相似或相近而已，与意义毫无关系。

现以《康熙字典》为例，介绍部首编排的方法。它把47035个字，分成214部，按笔画多寡分为17类，最少一画："一、丨、丶、丿、乙、亅"，最多十七画："龠"。凡笔画相同的部首列在一起，据笔画多少次序分别纳入子丑寅卯辰巳午未申酉戌亥十二地支里，标分十二集，每集各分上中下三卷。每一部首下面所搜罗的字，都按笔画多少顺序排列。有人把不同笔数的部首在十二集里的分配关系编成歌诀：

    一二子中三丑寅，四卯辰巳五午寻，
    六在未申七在酉，八九戌部余亥存。

这个歌括是说：凡是部首的笔画一画、二画的，都在子集里，部首三画的在丑集和寅集里，四画的在卯集、辰集、巳集里，五画的在午集里，六画的在未集、申集里，七画的在酉集里，八画九画的在戌集里，十画以上的都在亥集里。记住这个歌括，对于使用有所帮助。

按照部首检字，首先必须知道该书有哪些部首，熟悉其部首表，大致了解部首的次序，因各种工具书的部首分类并不完全一样。再是要判断所查检的字属于哪一部首。要学会判断部首，就要具有汉字六书的常识。先要知道所查检的字是独体的还是合体的，如果是合体的还要知道它是由哪几部组成的。再就是要知道它是六书中的哪一书。转注和假借是用字之法，与判断部首无关。下面谈象形、指事、会意、形声四书如何应用于判断部首的问题。

象形字是按照客观事物的形状描绘下来的，是独体字，它大部分作为《康熙字典》的部首。如：人、儿、亻、刀、力、匚、厂、又、口、大、女、宀、尸、屮、山、巛、巾、幺、弓、心、戈、户、手、斗、斤、日、月、木、止、毛、气、水、火、爪、牙、牛、犬、玉、瓜、田、疋、皿、目、矛、矢、禾、竹、米、糸、缶、网、羊、羽、而、耳、自、臼、舟、艸、虍、虫、衣、角、豆、豕、豸、贝、身、車、酉、阜、隹、雨、韭、頁、飛、食、首、馬、高、鬲、魚、肉等。对这一类字，主要是熟悉和掌握的问题。有少数象形字是在独体上加象形笔画，叫复体象形。如"果"字在"木"上加"田"（不是田地的"田"，而是表示果实），归木部，不归田部。

指事字也是独体的，不过所表示的意义比较抽象。《康熙字典》用为部首的约有：一、丨、丶、二、入、勹、厶、小、攵、寸、夕、立、西、示、血、面、音等。指事字有一部分在象形字的基础上加指事符号，查时除去外加的符号，象形字那一部分就是部首。如：刃找刀部，本末查木部，牟检牛部，天夫寻大部。

会意字是会合两个或两个以上的字表示新字的意义的。它是合体字，字数较多，但用为

《康熙字典》的部首却很少。大约有：老、色、赤、辵、邑、里、隶、韋、髟、麦、麻、黍、黑等。我们在查检会意字时，首先要分析它是由哪几部分组成的，但组成部分分析了，到底要查哪一部首，也要费一番思索。如：初，从刀从衣，归入刀部；表，从毛从衣，归入衣部。所以查会意字，往往二合的要查两个部才能查到，三合的要查三个部才能查到。碰上这种情况，最好查检字表，或者考虑一下这个字的意义，其中哪个字占主要意义，就以之为部首。《说文》："初，始也。从刀从衣，裁衣之始也。"因为"初"的本义是"裁衣之始"，所以归刀部。《说文》："表，上衣也。"因为"表"的本义是"上衣"，所以归衣部。以此类推，"塵"字归土部，而不归鹿部或广部，"臭"字归自部，而不归犬部。

查找形声字的部首比较容易。因为形声字是由形符和声符两部分组成的，其形符就是部首。如：仁、仕、代、侦、伟等都归人部。判断形声字的部首，是用分析形声字结构的方法。关于形声字结构分析的方法及应注意的问题，详见本教材"汉字"章形声字部分。

另外要注意一些基本常识。如：氵、冫，归水部，衤归衣部，王归玉部，扌归手部，刂归刀部，月归肉部，艹归艸部，等等。这些可参考检字表。

从上可知，如果有些文字学的基本知识，判断部首要容易得多，就可以事半功倍掌握按部首编排的各种工具书的使用方法。不过要说明一点，即使学会了部首的查检方法，也还是不能解决查检的全部问题。这跟汉字本身存在的矛盾有关。由于汉字是表意的方块字，结构复杂，字形不断演变，由笔意变为笔势，这样，就给部首编排带来了一些难于克服的缺点。

部首编排是以独体为原则的，但以部首编排的工具书往往不能贯彻这个原则。如：鼻、齿、黄、香、黍等等，都是合体，却当了部首；有的是独体，如：才、凡、于等，又不做部首。

按笔画多寡编排部首是比较进步的方法，但是由于字体演变和汉字书写时因为位置所处的不同，经常减增笔画或变化一些字形，因此就给按笔画查字带来了一些问题。如：氵三画做偏旁，要到四画水部去查；月四画做偏旁，要到六画肉部去查；再说月与月相似，不易判断；阝做偏旁是二画，在右旁的要到七画邑部去找，在左旁要到八画阜部去寻。要解决这个问题，应注意变形的部首，但若要根本解决这问题，就应从字形的演变及造字的本义入手。

有的字归部有困难，编者就凭主观予以决定。如："密"和"蜜"偏旁相同，但前者归宀部，后者归虫部；"者"归老部；"真"归目部；"中"归丨部；"吏"归口部，等等。

二、拼音字母编排法

拼音字母编排法是按《汉语拼音方案》规定的23个拉丁字母顺序编排的。这23个拉丁字母是：A、B、C、D、E、F、G、H、J、K、L、M、N、O、P、Q、R、S、T、W、X、Y、Z。共分23部。此外，V只用来拼写外来语、少数民族语言和方言，不用来拼写普通话。根据每个字的拼音，依照汉字拼音字母的顺序排列，第一个字母相同，再按第二个字母的顺序排列，其余类推。字音相同的，再按声调（阴平、阳平、上声、去声）依次排列。《新华字典》、《现代汉语词典》等就是采用了这种方法。查时先要熟悉汉语拼音字母的顺序，搞清楚所查的那个字照普通话应该怎样读音，是用哪些汉语拼音字母拼写的，然后按拼音字母的顺序去查。这种检字法简便，易于掌握，又符合国际化原则。但由于汉字尚未完全实行拼音化，同时我国方言复杂，语音不规范，不易分辨每个字的音素和四声，特别是如果只知字形不知读音，便无法查检。为了弥补这一不足，一些按汉语拼音检字的工具书，附有部首、笔画、四角号码等辅助检字方法。

三、笔画编排法

笔画编排法是按汉字笔画数次序编排的。如《中国医学大辞典》、《中药大辞典》等都用此法编排。但在具体编排中各书也有大同小异之处，不可不知。如《中国医学大辞典》以首字笔画之数为标准，少者在前，多者在后，首字相同者则以次字笔画为序，次字相同者，则以第三字笔画为序，若画数皆相同，则从《康熙字典》部首之序。《中药大辞典》按笔画、字数多少、笔形的一（横）｜（直）丿（撇）、（点）乛（折）及字形结构的左右、上下、整体等顺序排列。《简明中医字典》按笔画的多寡排列，少者在前，多者在后，若笔画相同，则按书写起笔的、一｜丿乛前后次序排列。这种方法容易学会使用。但笔画需要一笔一笔地数，查检的速度慢，查字的效率低。同时由于人们的书写习惯不同，起笔不尽相同，有些字手写体与印刷体不一样，而且每一画的字数很不平均，据估计百分之五十字集中在八至十三画里。这都会给查字造成困难。为了解决这类困难，按笔画查检的工具书大多辅以其他检字法。

第二节　工具书的使用方法

一般说来，在使用工具书之前，首先要了解它的内容、性质和用途，其次要了解它的编写体例和查检方法，要把它的《序》、《前言》、《说明》、《凡例》、《附录》等仔细阅读，如果有《补遗》和《勘误》，也应充分利用。现就阅读和研究中较常碰到的疑难如何查找工具书的问题作简要介绍。

一、字词和成语典故的查找

汉字是世界上现存最古老的文字，是属于表意系统的文字，总数达六万多个，而我们日常所用不到其中的十分之一，字形结构复杂，形体、读音几经变化，成为一种较为难写、难认、难记的文字。因此，我们在使用中，难免会遇到一些生词、难字，这就要求助于字典和词书。若系常用字、词，由于不会读，或不了解它的意义，或字形相似不易辨识，或一字多音、多义难于判定，可查阅《新华字典》、《古汉语常用字字典》等。若为冷僻字、古字，或字的古义，可查阅《说文》、《康熙字典》、《中华大字典》、《汉语大字典》等。若是文言虚词，一般字典、辞书如解决不了，可查阅《助字辨略》、《词诠》、《文言虚词浅释》、《古书虚词集释》、《古代汉语虚词通释》等。如果为联绵词，可查阅《辞通》、《辞通续编》、《联绵字典》。假如是中医药专门术语，可查阅《中国医学大辞典》、《中医大辞典》、《中国药学大辞典》、《中药大辞典》、《中医名词术语选释》等。若是成语典故，除《辞海》、《辞源》、《汉语大词典》外，也可查阅《汉语成语词典》、《中国成语大辞典》等。

《说文解字》　简称《说文》，东汉·许慎撰，公元121年问世。该书依据古文经和《史籀篇》、《仓颉篇》等书，并博采古代经典材料而成。全书收字9353个，其中重文1163个（即古籀异体字），分14篇，加《叙》为15篇。按汉字的形体和偏旁结构，"据形系联"，分为540部，首创部首编排法。用"六书"理论解释文字，确立了六书的体系。保存了篆文的写法系统和汉以前的古训古音，兼收古文、籀文，为古文字学、汉语词源学和古音学提供了重要参考资料，是研读先秦古籍和研究古文字学的典籍。该书原本早已失传，我们今天看到的版本是经宋代徐铉整理过的,中华书局 1963 年影印,在每一个篆字(字头)上加宋体楷书,卷末新附《检字表》,查检方便。后人注《说文》的著作甚多,其中以清代段玉裁的《说文解字注》和朱骏声的《说文通训定声》等较为著名。

《康熙字典》 清张玉书、陈廷敬等奉敕编撰。有木刻本、石印本、中华书局影印同文书局本(附王引之等《康熙字典考证》)。全书收单字 47035 个,《补遗》一卷收稍偏僻的字,《备考》一卷收不通行之字。是一部收字数空前多、流行面广的字典。该书是在明代梅膺祚《字汇》、张自烈《正字通》的基础上编著成的,体例也大体同此二书,分 214 部,1716 年编成,同年木版印行。释字体例是先音后义,每字下先列《唐韵》、《广韵》、《集韵》、《韵会》等历代主要韵书的反切,后释字的本义,然后再引这个字的别音、别义。一般都引用古书作例证,若有所考辨,则加"按"字附于句末。如一个字有古体的即列于该字之下,重文、别体、俗字、讹字则附于注后。篇首列有《凡例》、《总目》、《检字》、《辨似》、《字母切韵要诀》、《等韵切音指南》等,后边附有《备考》和《补遗》。这部字典的特点有二:一是收字较多,包括生字、僻字、古字、怪字;二是资料丰富,经、史、子、集有关资料均予收入,字书和韵书有关注释也收在内,并附有古文、隶书、小篆。凡一般字典查不到的字,或者要全面了解某字的读音和意义,包括古音古义,均可查阅。该字典的缺点也有二:一是全书反切和训释罗列现象,漫无标准,作者很少提出自己的见解,不利于初学者使用;二是其中疏漏和错误实多,王引之《康熙字典考证》12 卷,纠正其讹误 2588 条,这还只是其中的一部分错误。

《汉语大字典》 徐中舒主编,1986 年四川辞书出版社、湖北辞书出版社出版。共收单字 56000 左右。单字条目组成一般包括字头、解形、注音、释义、引证。它在继承前人成果的基础上,广泛汲取今人的新成果,重视字形音义的密切结合,尽可能历史地、正确地反映汉字形音义的发展。在字形方面,于楷书的单字条目下收列能够反映形体演变关系并有代表性的甲骨文、金文、小篆和隶书形体,简说其结构演变。在字音方面,先注明现代读音,并收列中古反切,标注上古韵部。在字义方面,着重收列常用字的常用义,还注意其生僻义和生僻字的义项,并适当收录复音词的词素义。按 200 部首编排,部首按笔画多少顺序排列,同笔画的部首按笔形顺序排列。

《辞海》 舒新城主编,1936 年中华书局出版。《辞海》以释词为主,全书收词语十二万条以上,这些词,有古书上常见的词、词组、成语典故、典章制度、重要的中外人名、地名和书名,有近代自然科学和社会科学的名词术语,以及现代的新词、口语、方言、外来语等等。它收单字13000个以上,不但具有小百科全书的性质,又有字典的作用。我们一般查找古书的单字不一定要查《康熙字典》、《说文》,靠它就可以解决。《辞海》沿用《康熙字典》214 部首编排方法。先把一个单字排在前边,注明音义,写出所依据的材料,然后罗列用这个单字打头的词,逐一解释它们的意义。词的排列原则,少的在前,多的在后,若字数相同,再按第二字或第三、四字的笔画多少排列。对单字的注释是先音后义,注音为汉语拼音和直音并用。对字义的训释作了初步的整理,大有追溯字源之意。对词语的训释,简明扼要,例证都注明书名、篇名,并加新式的标点符号,便于阅读。

《辞源》 陆尔奎、傅运森等主编,1915 年商务印书馆出版。《辞源》和《辞海》是同性质、用同样编排方法的辞书。正编 1915 年出版,续编 1931 年出版,正续编合印本 1939 年出版,简编本 1949 年出版。合订本全书"计单词万余,复词十余万",是我国近代印行最早、规模较大的一部新型辞典,在我国文化界、学术界产生过较大影响。《辞源》比《辞海》出版时间早,所收词语不及《辞海》多，字词解释也不如《辞海》详细，读音只用反切或用直音，标点只用圆圈，例证只注书名，不注篇名，这些都是亚于《辞海》的，但《辞源》所收的词有的也为《辞海》所无。如《辞源》"疾"字条下的词"疾昧"、"疾径"、"疾病"、"疾置"、"疾损"、"疾雷"、"疾厄宫"等，《辞海》就没有收。所以这两部辞典宜配合使用，互相取长补短。

《辞源》和《辞海》的修订工作均从1958年开始。两书各有分工。《辞源》修订为阅读古籍用的工具书和古代文史研究工作者的参考书。根据该书的性质、任务，删去旧《辞源》中的现代自然科学、社会科学和应用技术方面的词语，增补一些常见的词目。单字下用汉语拼音和注音字母，并加《广韵》的反切，标出声纽。《广韵》不收的字，采用《集韵》或其他韵书、字书的反切。释义简明确切，并注意语词来源和演变。对书证作了复核，并注明作者、篇目和卷次。在有关词目之末略举参阅书目。新《辞源》共四册，已于1983年出全，由商务印书馆出版。新《辞海》于1979年、1989年由上海辞书出版社先后两次出版。该书共收单字16534个，词目12万余条，包括成语、典故、人物、著作、历史事件、古今地名、团体组织，以及各学科名词术语等。所收词目，以解决一般读者在学习、工作中质疑问难的需要为主，并兼顾各学科的学术体系。新《辞海》按部首编排法，但略作调整，设立250个部首。内容充实，知识性强，释义妥切，语言通俗，文字简化，汉语拼音，大有益于汉语规范化。但由其性质所定，不收古体字和冷僻字，古义的引征也较少。因此学习古汉语的读者，还需与《康熙字典》、《辞源》和旧《辞海》配合使用。《辞海》1961年曾以16分册的形式出版试行本，1965年出版上下二册本（即未定稿），1977年起按学科出版了若干分册（即修订稿）。上述不同版本，有的现在还在使用，应参照正式本条文。

《汉语大词典》 罗竹风主编，1986年上海辞书出版社出版。全书十二卷，另有索引附录一卷，共收词目三十七万余条，约五千万字。分单字条目与多字条目。多字条目按"以字带词"的原则，列于单字条目之下。单字按200部首编排，同一单字起首的多字条目，按第二字的画数和起笔笔形一、丨、丿、丶、乙顺序排列，第二字相同的，按第三字的画数和起笔笔形的顺序排列，余类推。内容全面，古今兼收，源流并重，释义精当，义项齐全，书证丰富。为读者提供丰富而全面的汉语词汇知识，是阅读古今典籍的重要工具书。

《经籍籑诂》 清·阮元主编。共106卷，按平水韵分部，每韵一卷。它将唐以前古籍正文和注释的文字训诂收集在一起，加以系统编排，是研读古籍的重要工具书。

《词诠》 近人杨树达著，1928年出版，1956年中华书局再版。全书收集古书中常见的介词、连词、助词、叹词及一部分代名词、内动词、副词等五百多个的用法，首别其词类，次析其词义，再举例说明之。用现代语法分类加以归纳分析，比较容易理解，对词的解释比较全面，例证丰富，读者易从例句体会虚词的不同用法，对阅读古书很有帮助。本书用注音字母查检法和部首查检法两种。

《古代汉语虚词通释》 何乐士等编著，1985年北京出版社出版。共收文言虚词549个（把词目后括号内的异体字和通用字90个也计算在内，则共有639个）。它参照前人和当代学者的同类著作，从中比较，斟酌取舍，吸取其研究成果，归纳各个虚词的特点。对每个虚词都从所属词类、用法、意义、举例等加以说明。并以按语形式对某些与虚词有关问题作适当阐述。用拼音字母顺序编排。书后附有繁简字对照表、四角号码检字表及部首检字表等。

《辞通》 近人朱起凤著，二十四卷，1934年开明书店出版。是一部专门收集双音词，以同音异形、音近通假、义同通用、字形讹误为研究对象，共收双音词近四万条。主要从词音的义联系上解释古汉语联绵词。编排方法，按名词的后一字，依平水韵106韵排列。同一词条内，又将若干有音义联系而书写形式不同的词归为一组，先列常用词，注明音义，再列其他词。广引例证，叙述它们之间的关系。有的加按语，说明各词间形、音、义的演变。该书1982年有重印本，上海古籍出版社出版，后附四角号码索引和笔画索引。

《联绵字典》　近人符定一著，1943年出版，1983年中华书局重印。它收集六朝以前见于古籍中的联绵词及其他双音节复词、词组。按双音节词语前一个音节字的部首和笔画排列。每个双音词下面先列举古人训释，若未注或注而未详者，编者则自加按语予以说明。该书收集材料丰富，解释较详，但也有失当之处。

《中国医学大辞典》　谢观编纂，1921年初版。它所搜集的词语以中国原有医书所载为限，是我国中医专业辞书的空前之作。全书分《正编》和《补遗》两部分，共搜罗七万个词语，包括病名、药名、方名、身体、医书、医学七大类。注释较详细。如病名首先叙述致病原因，再讲治疗法则，甚至导引等术亦皆采入；同为一病，而性质种类不同者，也都一一加以叙述。各种药品，无论动、植、矿物，皆广为收录，先述形态，次述性质、功用，其专长喜恶及制法则以杂论括之。用笔画查检法。再版在后面附四角号码编排索引。

与之同性质的工具书是《中医大辞典》编辑委员会编写的《中医大辞典》，全书选取中医基础理论、临床、针灸、中药、方剂、人物、文献、推拿、气功等词目约四万八千余条。试用本八册已于1980年起陆续出版。1979年出版的《简明中医辞典》是它的简编。

《中国药学大辞典》　陈存仁等编，1935年世界书局出版，1956年重新修订，人民卫生出版社重版。在重版时，曾对全书进行了校勘，其中发现的问题，已在书中修改的将近一千处之多。收集的内容，有药学、医学、植物学、矿物学、动物学以及化学之有关中国药学的材料。对药品之解释，常用的则不厌其详，冷僻者则从略。常用的药品，将其命名的意义、处方用名、古籍别名、外国名词（有时用原名、学名等以资考证）、基本、产地、形态、种植、性质、成分、效能、主治、历代记述考证、辨伪、近人学说、配合应用、用量、参考资料等依序叙述。用笔画查检法。

与之同性质的辞书是南京中医学院（原署江苏新医学院）编的《中药大辞典》，1977年人民卫生出版社出版。全书共收录中药5767味，以药物名的首字笔画多少为序，每药以正名为辞目，下分异名、基原、原植（动、矿）物、栽培、采集、制法、药材、成分、药理、炮制性味、归经、功用主治、用法与用量、宜忌、选方、临床报导、各家论述及备考等项，收罗甚为详备。全书分上下二册，并有附编一册。是一部大型的中药专业工具书。

《汉语成语词典》　甘肃师范大学中文系编，1978年上海教育出版社出版。共收成语（包括少量常用熟语）5500多条，每条都有解释，并注明引征出处。按汉语拼音音序编排。本书在吸取前人研究成果的基础上，对成语的释义、溯源、流别考证、同义定型、近义辨析等方面较为精当。

二、历史人物和地名的查找

中医药学与史地关系密切。我们在阅读古医籍，尤其是研究医学史和各家学说时，往往会对某些人物生活的年代和地区不甚了了。这一般可通过《辞源》、《辞海》等辞书解决；若解决不了，可借助于《中国医学人名志》、《中国人名大辞典》、《中医人物辞典》、《中医人名辞典》、《中国中医人名辞典》和《中国古今地名大辞典》、《中国历史地图集》、《中国历史地名辞典》等工具书。

《中国医学人名志》 陈邦贤、严菱舟合编，1956年人民卫生出版社出版。根据有关文献，收录自古代至清末的医家二千六百多人。以人名为主，简要地摘录其生存年代、籍贯事迹等，特别对于著作一项，尤加重视，凡历代医家有医学著作者，虽年代生平未详，也予列入，务必做到"以书存人"，减少遗漏。对所录史料，尽可能标明出处，以资进一步查考。编排体例以姓氏笔画多寡为序，凡姓名相同者，则以朝代先后注明㊀㊁等字样，以便查检。

《中医人名辞典》 李云主编，1988年国际文化出版公司出版。它是在《中国医学人名志》的基础上扩展而成。共收集历代医家一万零五百多名，当代在世医家未收。人名条下，记述其生卒年月、籍贯、简历、著述和师承关系等。按姓氏笔画编排。

《中国中医人名辞典》 史宇广主编，1991年中医古籍出版社出版。它收集1949年在世，1989年底前取得高级技术职称的中医药科研、教学、医疗、编辑及管理人员12000余名。对其生平事迹、医术源流、学术思想、科研成果、重要著述等均予著录。其中对著名医家重点介绍，对一般医家则概述其生平著述。按姓氏笔画编排，姓氏相同的，按第二字汉字拼音顺序排列。

《中国人名大辞典》 臧励龢等编，1921年上海商务印书馆出版。收录上古至清末名人四万多个，包括少数民族人物，人名下记载人物的字号、籍贯、主要经历等。按姓氏笔画多少排列。一般见于史料上的名人，大都可以从中查得。书前有笔画检字表，书末附有四角号码索引、姓氏考略、异名表和中国历史纪元表。对人物评价多依"正史"的见解，阅读时要注意。另是清代的人物收罗不全。

《中国古今地名大辞典》 谢寿昌、臧励龢等编，1931年上海商务印书馆出版。收录我国古今地名，如省府郡县、镇堡山川、名城要塞、铁路港口、名胜古迹、奇观亭园等四万余条，对其地理位置、古今名称变化等，加以解释。卷首有笔画检字表，卷末有四角号码地名索引，另附《各县异名表》，供查古今异名用。本书材料甚丰，解释颇详。但由于出版时间关系，有些资料已陈旧过时，得借助于有关资料订正。

三、中医文献的查找

中医药学历史悠久，中医文献浩如烟海，面对这汪洋学海，怎样才能不迷失航向，顺利到达目的的彼岸呢？就要善于运用书目、索引。因为书目索引具有指示读书的门径、研究学问的向导、搜集资料的指南的作用。如《中医图书联合目录》、《四部总录·医药编》、《中国医籍考》、《宋以前医籍考》、《中国医籍提要》、《中国分省医籍考》、《中国医籍通考》等书目，《医学史论文资料索引》、《五十年来针灸文献(中文)索引》、《黄帝内经章句索引》、《中医经典索引》、《中药研究资料索引》等索引。若搜集某一方面的文献资料，要了解某一学术的源流，要问道学习门径，征引资料，就要善于运用类书、丛书。如《古今图书集成·医部全录》、《普济方》、《类经》等类书，《古今医统正脉全书》、《珍本医书集成》、《皇汉医学丛书》等丛书。

《中医图书联合目录》 中医研究院、北京图书馆合编，1961年出版。收录了全国59个图书馆截止1959年底为止的馆藏和两位藏书家藏的中医书目7661种。除收录汉文中医书外，还收录了蒙文、藏文以及国外汉文中医书和汉文译本。每一种书均介绍作者、卷数、年代、版本及收藏的图书馆代号等项，附索引。是一部内容翔实、实用性强的目录书。

《中国医籍考》 日本·丹波元胤编撰，1956年人民卫生出版社出版。原名《医籍考》，共80卷，收录自秦汉到清道光年间历代中医图书三千数百种，除中医著作外，对历代史书、各种书目、地志博物、文艺作品、笔记杂说中的医学记载也广为收录。全书按医经、本草、食治、藏象、诊法、明堂经脉、方论、史传、运气等九大类排列。每种书的著录甚详，包括卷数、出处、存佚、序言、跋语、传略及考证等。书前列有目录、目次，书末附有书名和著者索引，查检方便。

《宋以前医籍考》 日本·冈西为人编，1956年人民卫生出版社出版。它收集宋代以前的我国医学书目1860多种，分内经、运气、难经、脉经、五藏、针灸、女科、幼科、外科、口齿、眼科、养生、月令、按摩导引、房中、祝由、兽医、医史医制、仲景方论、医经、经方、本草、食经23类。每一书目之下，分有出典、考证、序跋、版本等。书前有总目录和目录，书后有书名和著者索引，按笔画顺序排列。

《四部总录·医药编》 丁福保、周云青编，1955年商务印书馆出版。该书是《四部总录》中医药部分的单行本，收录各种目录学著作中撰有书目提要的现存中医古书（其书虽存，但无书目提要的不收）一千五百多种，每种皆著录卷数、版本、著者姓名、序跋、提要和评语等。该书按类编排，分经脉、专科、杂病、药学、方剂、医案、养生和杂录等八大类，同类书按著作年代编排。书后附录现存医学书目总目、现存医学丛书总目及中国医学大辞典著录医学书目。王重民编的《善本医籍经眼录》稿本，附于卷末作为补遗。是一部较好的中医药专业书目。

《中国医籍提要》 《中国医籍提要》编写组编，1984年吉林人民出版社出版。该书共撰写504种医籍提要，其中多数为清代以前著作，兼采日本、朝鲜的几部中医著作（在书名前加上"附"字标明）。分"基础理论"、"临床各科"、"综合"、"医史、法医、养生"四大类。每书提要内容：原著卷数，章节内容要点，学术成就，学术思想，学术渊源，对后世影响，作者生平传略。书前有目录，书后有索引。目录以类分，每类书则以成书年代先后次序排列。索引分人名和书名（包括著作别名，作者字、号），排列按笔画多少为序。

《中医经典索引》 顾植山主编，1988年安徽科学技术出版社出版。该书为《素问》、《灵枢》、《难经》、《伤寒论》、《金匮要略》五部中医经典著作的综合索引。分"文句"和"词语"两大部分，并附有药名、方名、穴名等专题索引。既能满足查找文句出处的需要，也可为专题研究提供一定的参考。按首字笔画编排，并附笔画笔顺、拼音、四角号码三种检字表。

《医学史论文资料索引》 北京中医研究院医史文献研究室编辑出版，1981年发行。该书收录1903～1978年出版的杂志报刊630余种，论文资料10200多条。所收论文和资料，以中国和世界医学史为主，包括医药卫生政策、法令、医学通史、断代史、中医基础理论、基础医学、专科史、疾病史、医学人物传记、医学著作、药学史、医药学教育、医药学机构、团体、中外医学交流以及医药卫生考古发掘等。全书分六类：①总类（包括政策和医学通史）；②中国古代医学史；③中国近代医学史；④中国现代医学史；⑤外国医学史；⑥其他。每篇论文均著录篇名、著者或译者、期刊名称、出版年月、期数，各类别均以发表先后年月排列。附有篇名和著者索引。为医药卫生工作者重要工具书。

《五十年来针灸文献（中文）索引》 李善初、陈浩彬编，1960年上海科学技术出版社出版。该书收集国内1908～1958年131种报刊上有关针灸文献2359篇。内容分三部分。第一部分为文献分类索引。分十二大类：起源和发展、理论探讨、经络和腧穴、技术操作、治疗研究和临床报告、各种治疗介绍、人物记述、学习心得、漫谈、医疗器材、书刊评价和杂录。第二和第三部分分别为作者索引和题目索引,按笔画顺序编排,笔画相同的,按、一、丨、丿笔顺排列。在每一作者及题目后,都注明文献所在的页数。

《中药研究资料索引》 王筠默编,1960年上海中医学院印行。该索引收录中药文献400种,共6000余条。内容以国内报刊资料为主,兼收《中药志》、《中国药用植物志》、《中药鉴定参考资料》、《医药卫生快报》等综合性和总结性文章以及国外中药文献。每种中药下录生药鉴定、产地调查、化学分析、药理研究、临床报道及剂型改良等。若一文有两种以上中药者,则作互见。收录以中医常用者为主,个别植物虽非常用中药,但经实验成功者,仍予收录。每篇文章录有作者、题名、书刊名、卷期页数、年代等。索引以中药名简化字笔顺排列,有别名者,则附注说明。

《古今图书集成·医部全录》 清·陈梦雷、蒋廷锡辑,刊于1926年,1953年人民卫生出版社出版。全书共520卷,约950万字,为我国有史以来最大的中医类书。其中所收集的医学文献甚为丰富,自《内经》至清初止,共120多种。内容包括医经注释、诊断、各科疾病的理论、治疗经验以及有关医学的艺文、纪事和名医传等。所引原文均注明出处,便于查证。在编排方法上,纵的方面,从基础理论至分科治疗,成为内、外、妇、幼各科的实用医书;横的方面,以各科疾病为主,引列有关该病的历代医学文献,前为医论,后为方药和医案,成为各病专集。条理井然,便于阅读。1959年重版时,除删节其糟粕部分外,基本上保持原貌,分医经注释、脏腑身形、诸病、外科、妇科、儿科、总论及其他(列传、艺文、纪事、杂录、外编等)八部分,共12册。

《类经》 明·张介宾撰,1965年人民卫生出版社影印,并进行校勘,对全书作了必要的分段和标点,以便阅读。该书以《素问》、《灵枢》两书的原文内容的性质,从类分门。全书32卷,分摄生、阴阳、藏象、脉色、经络、标本、气味、论治、疾病、针刺、运气、会通等十二类,类之下又分360多节,分别引摘了《内经》原文,按节归类,然后详加注释。在注释中,广征博引前人的说法,间附己见。还附著《类经图翼》、《类经附翼》。是中医基础理论的著名类书。

《珍本医书集成》 近人裘吉生主编,1936年刊行。编者从历代中医古籍中,筛选其较为实用、学术价值较高的精本、孤本、抄本、未刊本90种,分医经、本草、脉学、伤寒、通治、内外妇儿各科以及方书、医案、杂著12类。内容丰富,校勘精详,颇有学术价值。

《皇汉医学丛书》 陈存仁编校,1936年刊行。编者从日本流行的数百种中国医药名著中,以适宜实际、可供参考者为标准,选出最有价值的书籍。计总类9种、内科19种、外科1种、女科3种、儿科3种、眼科1种、花柳科1种、针灸4种、治疗诊断各1种、方剂10种、医案医话11种、药物8种以及论文32篇。

阅 读 实 践 (41)

(一) 简答

1. 何谓工具书?工具书的特点是什么?
2. 使用工具书前一般应注意哪些问题?为什么?
3. 怎样判断部首?举例说明。

(二) 填空

1. 工具书按其功用特点主要可分为 ＿＿＿ 、＿＿＿ 、＿＿＿ 、＿＿＿ 、＿＿＿ 、＿＿＿

_____、_____、_____。

2. 我国最早的字典是_____;最早的词典是_____。

3. 《康熙字典》是_____等人编纂的,成书于公元_____年,这部字典用的是_____编排法,释字体例是_____。

4. 我国最早的中医专业词典是_____主编的_____,共收中医药词语_____条。

5. 我国现存最大的中医类书是_____代_____等人编撰的_____。

6. 杨树达的_____和何乐士等的_____都是查检文言虚词的专著。

7. 《中国医籍考》的作者是_____,全书_____卷,收录了自_____至_____共_____种医书。

8. 修订的《辞源》和《辞海》对其性质、任务重新作了分工:《辞源》为_____;《辞海》为_____。

9. 《辞通》的作者是_____,该书是解释古汉语_____的专书。

10. 《四部总录·医药编》的作者是_____,该书收录撰有书目提要的现存中医古籍_____种,按_____编排,分_____大类。

(三) 说明下列工具书的查检方法 ①部首查检法;②笔画查检法;③韵部查检法;④注音字母查检法;⑤拼音字母查检法;⑥其他

1.《说文解字》( ) 2.《辞通》( ) 3.《辞源》( ) 4.《词诠》( ) 5.《中国药学大辞典》( ) 6.《现代汉语词典》( ) 7.《中国医学人名志》( ) 8.《古代汉语虚词通释》( ) 9.《类经》( ) 10.《中医大辞典》( ) 11.《中药研究资料索引》( ) 12.《辞海》( )

(四) 说明下列工具书的主要功用 ①查找一般字、词的;②查找人物的;③查找地名的;④查找成语典故的;⑤查找文言虚词的;⑥查找联绵词的;⑦查找中医药词语的;⑧查找中医文献的

1.《珍本医书集成》( ) 2.《简明中医字典》( ) 3.《康熙字典》( ) 4.《中医图书联合目录》( ) 5.《中国人名大辞典》( ) 6.《汉语成语词典》( ) 7.《中药大辞典》( ) 8.《联绵字典》( ) 9.《中国医籍提要》( ) 10.《辞海》( ) 11.《医学史论文资料索引》( ) 12.《中国古今地名大辞典》( )

(五) 用《康熙字典》查找下列字并说明它在何部何集多少画

1.夬 2.百 3.良 4.朗 5.死 6.烟 7.甚 8.茱 9.赖 10.爨 11.龠 12.谷 13.剧 14.兆 15.衷 16.儵 17.友 18.建 19.王 20.慕

(六) 用《中国医学大辞典》查找下列词语的解释并说明在第几画

1.脾 2.落苘 3.张氏医通 4.归来穴 5.产后中风 6.墨荔 7.燕脂 8.四精丸 9.痊书 10.真数

第二章 汉　　字

　　汉字是汉民族记录语言的文字。它是我国劳动人民在长期生产和生活过程中逐渐创造的,是世界最古老的文字,至今已有五至六千年的历史。在漫长的历史长河中,汉字的形体不断演变,经历了甲骨文(殷商)、金文(西周)、篆书(春秋、战国、秦)、隶书(秦、汉)、楷书草书行书(汉、魏、晋),直至现在使用的简化字。在形体演变过程中,逐渐由图形变为笔画,由形义结合紧密到形义相离,由造字方法的表形表意到形声,由笔画繁复到简化。由于汉字是表意体系的文字,所以每个汉字都是形、音、义的结合体。本章主要介绍汉字的结构、古医籍中的异写字、容易误读误写的中医药常用字三个问题。

第一节　"六书"与汉字结构

　　关于汉字结构的分析,可以上溯到春秋时期,在《左传》中就有"止戈为武"(宣公十二年)、"皿虫为蛊"(昭公元年)之类的记载。但真正形成关于汉字结构的理论体系,是在汉代。东汉许慎概括汉字的造字法有六种,称为"六书",即象形、指事、会意、形声、转注、假借。下面主要介绍前四种。

一、象　　形

　　《说文·叙》:"象形者,画成其物,随体诘诎,日月是也。"即根据物体的形状,用弯曲的笔画,构造出那个物体的字形,日、月二字就是这类象形字。日,甲文作 ▢ ,金文作 ☉ ,小篆作 ⊙ ,象太阳之形,中间的短横或圆点是充填符号,表示太阳是个实体。月,甲文作 ☽ ,金文作 ☽ ,小篆作 ☾ ,象月亮常缺之形。象形字是汉字的基础,也是汉字结构的基础。象形字是独体字,但就其形体结构来说,又可分为纯体象形和复体象形两类:

(一) 纯体象形

是指字体本身是单纯的。如:

大　甲文作 ,金文作 ,象正面站立伸开两臂两腿的人形。

子　甲文作 ,金文作 ,象大脑壳而两臂上扬的婴儿形。

女　甲文作 ,金文作 ,象双手交叉胸前而跪坐的女人形。

臣　甲文作 ,金文作 ,象无睛之目形。古代抓来战俘充当奴隶,刺伤其目。

自　甲文作 ,小篆作 ,象人鼻形。后借作代词,另造形声字"**鼻**"。

鸟　小篆作 🐦，象鸟形。有头、身、翅、足。

它　金文作 ⊕，象蛇形。原"它"为正体，"蛇"为异体。

禾　甲文作 ⽲，象禾苗之形。禾上结穗而禾末弯曲。

豆　甲文作 ⾖，象高脚食盘形。出土有陶质、铜质和木质涂漆多种。

册　金文作 ⦀，象编连一起的简册形。竖画象简片，横画象韦编。

（二）复体象形

是指字体中有一个象形笔画，是字义所在，不成字；为使象形笔画意义明显，还要依附一个象形字或表义笔画作衬托。如：

胃　金文作 ⊗，小篆作 ⊗，用"肉"作衬托，突现 ⊠ 象胃之形。

血　甲文作 ⊗，金文作 ⊗，用"皿"作衬托，突现 ◊● 象血滴之形。

果　金文作 ⊗，小篆作 果，用"木"作衬托，突现 ⊠ 象果实之形。

雨　甲文作 ⾬，小篆作 雨，用"—"表示天作衬托，突现下雨之形。

二、指　　事

《说文·叙》："指事者，视而可识，察而见意，上下是也。"即对于那些抽象或不能用笔画表示形象特征的事物，只能用指事符号表示或标明它的意义。这样的字一看就能辨识它表示的整体意义，但还要仔细考察指事符号所在位置，才能了解它的具体意义，上下二字就是这类指示字。上，甲文作 ⌒，小篆作 ⊥；下，甲文作 ⌒，小篆作 ⊤。长线表示界线，短线在界线之上或下，指明方位在上或下。指事字又可分为两类：

（一）纯符号指事字

是用不代表任何具体事物的抽象笔画来表示的指事字。除上、下二字外，再如：

丶《说文》："有所绝止，丶而识之也。"是古人读书断句的符号，既是一个字，又是一个部首。读 zhǔ(主)。

厶《说文》："姦衺也。《韩非》曰：苍颉作字，自营为私。"段注："公私字本如此，今字私行而厶废矣。私者，禾名也。"

另外，表示数目的一二三，皆为积画法表示的纯符号指事字。

（二）在象形字上加指事符号的指事字

指事符号本身不表义，而指事符号所在部位就是字义所在。如：

本　小篆作 本，木下一短线为指事符号，在树根部位，指树根。以此推论，"末"指树梢。

刃　小篆作 ⿹, 指事符号在刀刃部位, 指刀刃。

寸　小篆作 ⿹, 指事符号在手际下, 指寸口动脉部位。

亦　小篆作 ⿹, 指事符号在人的两臂腋部, 指腋部。"亦"被借用, 另造"腋"。

象形和指事, 是独体字, 下面介绍的会意和形声是合体字。

三、会　意

《说文·叙》: "会意者, 比类合谊, 以见指㧑, 武信是也。"即把两个或两个以上的字组合在一起, 并把它们的字义会合起来, 以显现一个新义, 武、信二字就是这类会意字。武, 小篆作 ⿹, 下"止"表示步行, 上"戈"表示兵器, 会意为人荷兵器, 征伐用武。信, 从人从言, 会意为人言诚信, 说话真实。会意字中所含各字称为形符或意符, 均表意。会意字又可分为两类:

(一) 比形会意

是指形符之间有结构联系, 通过结构关系会出新意。如:

步　小篆作 ⿹, 从二止(趾)相承, 表示行走。作为量词, 举足两次为步, 即今两步。

友　小篆作 ⿹, 从二手同一指向, 同志者为友。

休　小篆作 ⿹, 从人依在木旁, 会意为休息。

炙　小篆作 ⿹, 从肉在火上, 会意为烤肉。

盥　小篆作 ⿹, 从臼从水从皿, 会意为双手在盛水的器皿中洗涤。读 guàn(贯)。

暴　小篆作 ⿹, 从日从出从廾从米, 会意为以手持米于日下晒。"米"后讹为"水"。读 pù(曝)。

爨　小篆作 ⿹, 从臼从林从廾从火, 会意为烧火做饭。读 cuàn(窜)。

步、友为同形符会意, 休、炙为二异形符会意, 盥为三异形符会意, 暴为四异形符会意, 爨为四异形符又加表义笔画会意。

(二) 比意会意

是指通过形符所表示的意义相合而产生新义。如:

雀　从小从隹(zhuī 追), 会意为小鸟。

男　从田从力, 会意为男人, 男人用力于耕田。

昏　从日从氐, 氐即低, 会意为日落黄昏。

会意字的结构分析, 有两个问题须注意:

第一, 会意字的形符相同, 但结构部位或方式不同, 会出的新义可能相同, 也可能不同。如"䑉"和"甜", 皆从甘从舌, 左右互换, 会意相同, 只是异体字而已。而"杲"和"杳", 皆从日从木, 上下互换, 会意不同。杲为日升木上的光明, 杳为日落木下的黄昏。

第二, 会意省形。会意字的几个形符, 其中有的形符是省形, 分析时容易出现错误。如

"则",金文作 ![字形], 《说文》籀文作 ![字形], 从刀在鼎上刻铸法律,会意为法则。但小篆将"鼎"省为"贝"形,《说文》误析为"从刀从贝"。

会意字的出现,标志着汉字由象形、指事的表形阶段发展到了表意阶段,这是汉字造字方法的一大进步。

四、形　　声

《说文·叙》:"形声者,以事为名,取譬相成,江河是也。"即由形符和声符两部分组成,形符表示事类,声符比况读音,江、河二字就是这类形声字。江指长江,河指黄河,皆水名,故以"水"为形符;江音如"工"(由于古今音变,今江、工读音已差别很大),河音如"可",故以"工"、"可"比况江、河读音。

关于形声字,介绍以下四个问题:

(一) 形声字的类别

1. **一形一声**

肝　《说文》:"木藏也。从肉,干声。"
藥　《说文》:"治病艸。从艸,乐声。"
術　《说文》:"邑中道也。从行,术声。"
病　《说文》:"疾加也。从疒,丙声。"

2. **多形一声**

梁　《说文》:"水桥也。从木从水,刅声。"二形一声。
寶　《说文》:"珍也。从宀从王从贝,缶声。"三形一声。

3. **省形省声**

寐　《说文》:"卧也。从瘳省,未声。"
星　《说文》本作"曐","万物之精,上为列星。从晶,生声。……星,曐或省。"
疫　《说文》:"民皆疾也。从疒,役省声。"
產　《说文》:"生也。从生,彦省声。"

4. **形声兼会意**　形声字的声符是用来比况读音的,但有些声符兼表声意。如:

羞　《说文》:"进献也。从羊,羊所进也;从丑,丑亦声。""丑"小篆作 ![字形],手持物,兼表声意。
婚　《说文》:"妇家也。《礼》:娶妇以昏时。妇人阴也,故曰婚。从女从昏,昏亦声。""妇家"即妇嫁。古时抢婚,故在黄昏之时。"昏"兼表声意。
患　《说文》:"忧也。从心上贯吅(xuān 宣),吅亦声。""上贯吅"即串,犹提心吊胆。"串"兼表声意。

(二) 形符声符的位置

1. 左形右声　如江、护、肺、论。
2. 右形左声　如鸠、放、顶、胡。
3. 上形下声　如草、宇、篇、空。
4. 下形上声　如婆、悲、灸、裳。
5. 外形内声　如圃、衒、裹、间。

6．内形外声　如舆、辩、赢、问。
7．形居一角　如颖、荆、修、旭。
8．声居一角　如旗、徒、聽、歸。

(三) 形符表意

形符只表事物类属,而不表具体意义。然而,掌握了形符类属,就可以推断某字的整体意义。下面介绍一些重要形符(包括会意和形声的形符):

冫 读 bīng(兵)。小篆作 仌,象冰凌形,古"冰"字。从"冫"的字,多与冰冻、寒冷有关。如寒、凉、凛、冰(冻结)等。

宀 读 miǎn(棉)。小篆作 冂,象房屋形。从"宀"的字,多与房屋有关。如宇(屋檐)、宗(祖庙)、宥(房间宽敞)、字(屋内生子)等。

歹 读 è(饿)。甲文作 ᄇ,象剔去肉后的残骨形。从"歹"的字,多与死亡、危险有关。如殁、殃、殊、殆等。

示 甲文作 T,表示神主。从"示"的字,多与神灵有关。如神(天神)、祇(地神)、社(土神)、祝(人祷告)、祥(吉凶征兆)等。

頁 读 xié(邪)。小篆作 頁,人头。从"页"的字,多与人头有关。如:顷(头不正)、颇(头偏邪)、题(前额)、颜(眉间)、顿(叩首)等。

攴 读 pū(扑)。小篆作 攴,手持棍棒。从"攴"(攵)的字,多与暴力、举手作事有关。如收(逮捕)、放(驱逐)、政(以力匡正)等。

止 甲文作 ㄓ,象足趾形。从"止"的字多与足趾、行走有关。如踵(足跟)、歷(经历)、歸(女子出嫁)等。

邑 右阝,古称国为邑。从"邑"的字,多与国名、地名有关。如郑(古国名)、都(有先君宗庙的城邑)、郡(古行政区划)等。

阜 左阝,读 fù(副)。高大土山。从"阜"的字,多与山、土有关。如阴(山北)、阿(大山)、陟(登山)、防(堤坝)等。

有些形符类属相通,如冫冫、土阜、彳辵、日火、骨肉、禾米、山石、口言欠、巾衤纟等。还有些字的形符只与类属有某种联系,如珊瑚色泽似玉,驴形似马。另外,有些字的形符与类属关系不明,如笑与竹无关,骗与马无关。

(四) 声符表音

声符是为形声字比况读音的,但又很复杂,有几种情况:

1. 同一声符的形声字,在造字之初,读音相同或相近,但由于古今音变,今音未必相同。如攻、贡、空、红,读音相近;缸、杠、江、项,读音相近。声符"工"的读音,今分成了两组。正由于此,使很多形声字的声符,已失去表音作用,不可信口"读半边"。

2. 有些省声字的声符笔画减省,很难看出原声符。如珊,从删省声。夜,从亦省声。

3. 由于汉字形体演变,有些形声字的声符已经看不出来。如"春",小篆作 萅,从艸从日,屯(tún)声。篆书可看出声符,隶变后就不见声符了。

至于声符是否兼表意,要具体分析,不能一概而论。宋人王圣美提出"右文说"后,到清代就发展为"右文学"。他们认为同一声符的字,意义一定相同相近,这是不符合事实的,此不赘述。

第二节 通假字、古今字、异体字、繁简字

借字、古字、异体字和繁体字是我们阅读中医古籍的一大障碍，因此有必要了解和掌握这方面的情况和知识。

一、通 假 字

通假字是古籍中本有其字而没写，却借写了同音别字，应当写的字叫本字，借写的字叫通假字。本字与通假字之间意义上没有联系，只是同音借写而已。由于约定俗成，于是就成为古籍中一种公认的用字现象。如蚤，通"早"，在各类古籍中都曾出现，《扁鹊传》中有"能使良医得蚤从事"，《素问·四气调神大论》有"蚤起蚤卧，与鸡俱兴"，《灵枢·五变》有"夫木之蚤花先生叶者"。

怎样识别通假字呢？主要依据是古音的音同音近，如果古音没有联系，是不能通假的。这里说的古音，是指上古音的韵部和声母。通假字的类别，依据上古声韵可分为三类：一是同音通假，即声母和韵部完全相同；二是双声通假，即声母相同，韵部相近；三是迭韵通假，即声母相近，韵部相同。

（一）同音通假

厉·癞（来母双声，月部迭韵）

《刘宾客文集·鉴药》："厉者造焉而美肥。"厉，粗磨刀石等义，此不通。通"癞"，麻风病之类恶疮。读 lài（赖）。

锡·赐（心母双声，锡部迭韵）

《素问·至真要大论》："余锡以方士，而方士用之，犹未能十全。"锡，通"赐"，赐与。读 cì（次）。

（二）双声通假

祝·注（照母双声，觉侯旁对转）

《周礼·天官·疡医》："疡医掌肿疡、溃疡、金疡、折疡之祝药。"唐贾公彦注："祝，注也。"附著之义。读 zhù（住）。

贸·眊（明母双声，幽宵旁转）

《温病条辨·叙》："病斯世之贸贸也，述先贤之格言。"贸，通"眊"。《说文》："眊，目少精也。"又可通"瞀"。《玉篇》："瞀，目不明貌。"皆昏乱眩惑之貌。读 mào（帽）。

（三）迭韵通假

信·伸（心审邻母，真部迭韵）

《五十二病方》："痉者……身信而不诎。"《礼记·儒行》："竟信其志。"郑玄注："信，读如屈伸之字。"读 shēn（伸）。

服·愊（并帮旁母，职部迭韵）

《扁鹊传》："言未卒，因嘘唏服臆。"服臆，亦作愊臆。愊，郁满之义。读 bì（必）。

学习通假字的知识，主要是为了正确阅读中医古籍，以避免把通假字依其字形错误理解，望文生义。如果能识别通假字而读以本字，就会文通意顺。清代学者王引之曾经说过：

"字之声同声近者,经传往往通假。学者以声求义,破其假借之字而读以本字,则涣然冰释;如其假借之字而强为之释,则诘籟为病。"依其声音线索来探求词义,这是破读通假字的重要方法。请看下面几例:

佩·倍(违反;违背)

《素问·四气调神大论》:"道者,圣人行之,愚者佩之。"王冰注:"愚者性守于迷,故佩服而已。"杨上善《太素》注:"愚者得道之章,佩之于衣裳,宝之于名利也。"王、杨释"佩"为佩服、佩带,依字强解。直到清代胡澍《黄帝内经素问校义》,才对此加以正确解释。他说:"佩读为倍。《说文》'倍,反也。'……佩与倍,古同音而通用。"

魄·粕(糟粕)

"魄门"一词,在《素问·五藏别论》和《难经·四十四难》中,指肛门,各家注释亦为肛门。但为什么肛门称魄门,却按"魄"字牵强曲解。王冰注云:"谓肛之门也。内通于肺,故曰魄门。"杨玄操《难经》注云:"肺气上通喉咙,下通于肛门,是肺气之所出也。肺藏魄,故曰魄门焉。"直至丹波元简《素问识》才指出"魄通粕",是食物消化后的糟粕,魄门即粕门。

能·胎(开始;起始)

《素问·阴阳应象大论》:"阴阳者,万物之能始也。"孙诒让《札迻》:"能者,胎之借字。"《尔雅·释诂》:"胎,始也。"

通假字是古籍中的用字现象,我们现在书写时,绝不可模仿古人,乱用通假。

二、古　今　字

古今字是指表示某义的最初书写形体和后来的书写形体。最初书写形体叫古字,后来书写形体叫今字。如"瘨"是古字,"癫"是今字;"疕"是古字,"瘤"是今字。下面要介绍的古今字,指今字是在古字形体上增加或改换一个表义偏旁,以便使今字表示的意义更明显,今字分担古字众义项中的某一义项,使字体与义项专职化。如胞胎最初写作"包",后来写作"胞",快悦最初写作"说",后来写作"悦",包、说为古字,胞、悦为今字。古字又称"初文",今字又称"后起字"或"后起形声字"。

(一) 增加偏旁的古今字

然·燃

"然"的本义是燃烧,《素问·大奇论》:"脉至如火薪然。"后借作代词、连词等,本义便不明显。为保存本义,另造"燃"。

尝·噌(嗳)

"尝"的本义是品尝,《礼记·曲礼下》:"君有疾饮药,臣先尝之。"后引申为尝试,又借作副词曾经,本义不显。为保存本义,另造"嗳"。

要·腰

"要"的本义为腰部,《史记·仓公传》:"暮,要脊痛。"后引申为重要、要求等义,本义不显。为保存本义,另造"腰"。

爪·抓

"爪"的本义为抓持,读 zhuā(抓)。《说文》:"爪,虱也。"段注:"虱,持也。"《史记·扁鹊传》:"搩荒爪幕。"后借作爪甲,另造"抓"。

以上四例的今字,皆为保存古字本义而造今字。同例还有莫暮、写泻、丞拯、禽擒、止趾、其箕、孰熟、暴曝、无舞,队坠、景影、文纹、县悬、厉砺等。

支·肢

"支"的本义为枝条,引申为腰肢、四肢、支撑、支持等义。《素问·阳明脉解》:"四支者,诸阳之本。"后为引申义肢体另造"肢"。

反·返

"反"的本义为翻转,引申为返回、相反、反省等义。《素问·举痛论》:"气复反,则生矣。"后为引申义返回另造"返"。

解·懈

"解"的本义为解剖,引申为解开、解说、松懈等义。《素问·示从容论》:"四支解堕,此脾精之不行也。"后为引申义松懈另造"懈"。

焦·顦顇

"焦"的本义为烧焦,引申为干燥、面容憔悴等义。《素问·上古天真论》:"面始焦,发始堕。"后为引申义面容憔悴另造"顦"、"顇"。顦顇,通常写作"憔悴"。

以上四例的今字,皆为古字的引申义而造今字。同例还有知智、藏脏、府腑、差瘥、田畋、满懑、竟境、取娶、昏婚、共供等。

另外,还有一类古今字与通假字交叉的情况,如齐脐、鬲膈。从历时角度,先有齐、鬲,后造脐、膈,可属古今字;从假借角度,是为某字的假借义而造新字,原字与新字字义本无联系,又属通假字。此问题较复杂,从略。

(二) 改换偏旁的古今字

没·殁

"没"的本义是沉没,引申为没世、死亡义。《汉书·艺文志序》:"昔仲尼没而微言绝。"后改"水"旁为"歹"旁。专指死亡。

被·披

"被"的本义是寝衣,引申为披复。《素问·四气调神大论》:"被发缓形。"后改"衣"旁为"手"旁,专指披复。

这类古今字比增加偏旁古今字要少。同例还有张胀、欽歛、赴讣、適嫡(dí敌)等。

(三) 另造字形的古今字

亦·腋

"亦"的本义为腋部,《素问·咳论》王冰注:"胁,亦胁也。""亦胁"即腋下胁上部位,"亦"用本义。后借作副词、语气词等,并成为常用义,于是另造"腋"。

身·娠

身,金文作 ⺈ ,象腹大怀孕身形,本义为怀孕。《诗经·大雅·大明》:"大任有身,生此文王。"传:"身,重也。"笺:"重,谓怀孕也。"《素问·上古天真论》:"夫道者能却老而全形,身年虽寿,能生子也。""身年"即生育年龄。引申为身体、自身等义,本义遂废,于是另造"娠"。

这类古今字更少。同例还有:吕膂,不柎等。

学习古今字知识,目的是阅读古籍时,能识别出古今字的对应关系,不拘泥古字字形。

三、异 体 字

异体字是指音义完全相同而形体相异的字。其中通行的或法定规范的字体为"正体",

其余的为"异体",又称"重文"、"或体"、"俗体"。

由于汉字是在不同时代,不同地区,不同人们逐渐创造的,所以同一个字出现众多形体是很自然的事。中医古籍中的异体字很多,如脉脈𦙄𦜔𦜶脉視、针鍼箴鐵鐵、醫毉醷。仅《大医精诚》一文中就有絃、麤、嶮、況、蚩、雞、憖、蒂、懽、誼、譁、燿等十余个异体字。这些异体字给我们阅读中医古籍带来很多困难,因此了解异体字的结构方式,对于我们识别异体字,是十分必要的。

异体字的结构方式,有以下几种:

(一)造字方法不同

  泪淚　岩巖　灾裁　奸姦　誇奢

  暗𣅀　粗麤　寧𡩋　草艸　堆自

(二)改换意义相通的形符

改换会意字形符者:

  射躲　躬躳　蛇虵　亂敵　刖朋

  明朙　床牀　比夶　焦鮍　吊弔

改换形声字形符者:

  唇脣　嘩譁　暖煖　險嶮　糠粺

  遍徧　猪豬　粘黏　睹覩　堤隄

(三)改换声音相近的声符

  綫線　糧粮　褲袴　蚓螾　俯俛

  踪蹤　暗晻　痹痺　啖噉　时旹

(四)形符声符都改换

  腿骽　視眎　噫譆　幌橫　耗𥻗

  糙糳　葫瓠　蔗睹　緹袛　豚豵

(五)结构位置改变

  慚慙　裙裳　胸胷　槁槀　岭岑

  甜𦧢　翅翄　袍袠　匯滙　雜襍

(六)笔画改变

  冰氷　凡凢　亡亾　世丗　川巛

  侯俟　並並　兔兎　尪尩　冉冄

俗体字,是异体字的一种,指那些在民间流行的异体字。如《本草纲目·草部·黄耆》:"黄耆色黄,故名。……今俗通作黄芪。"俗体字的形体一般比较简单,为人们所喜用。区分正俗的标准,往往随时代而变迁。如《说文》以"躳"为正,以"躬"为俗;而唐代颜元孙撰《干禄字书》则躳、躬并列,均视为正体;中国文字改革委员会1955年发布的第一批异体字整理表,根据群众约定俗成的原则,确定以"躬"为正,以"躳"为异。

古籍中的异体字,增加了阅读的困难,因此中国文字改革委员会于1955年公布了第一批异体字整理表,共810组,淘汰了1055个异体字。但作为阅读古籍来说,还有大量异体字。1990年出版的《汉语大字典》第八卷又整理出《异体字表》,共收约11900组异体字,可供我们查阅。本教材附篇〔三〕《异体字整理表》,也可参阅。

古籍中还存在很多讹误字,如果不能识别,以讹解讹,就会严重谬解文意。讹误字,与前面介绍的通假字、古今字、异体字是性质截然不同的,这三种字是古籍中的不同用字现象,而讹误字是古籍中的错字,是应当勘误校注的。常见讹误字有形近和音同两种。如《素问·六节藏象论》:"人迎与寸口俱盛四倍已上为关格,关格之脉赢。"林亿《新校正》云:"详赢当作赢,脉盛四倍已上,非赢也,乃极盛也。古文赢与盈通。"赢赢,形近而误。又如四部丛刊影印明赵府居敬堂刊本《灵枢·逆顺肥瘦》:"婴儿者,其肉脆,血少气弱,刺此者,以豪刺。"据《灵枢·九针十二原》九种针具中有"毫针",对校周本、日刻本、张注本均作"毫",乃知"豪"当作"毫",音同而误。阅读古籍遇到有疑之字,不可臆断讹误,应当详考校核。

四、繁简字

繁简字,是指繁体字和简化字。汉字简化是汉字形体演变的趋势,在古文字中就存在繁简体的不同。如甲文中的"从"字,𝕴 是繁体,𝕴 是简体;金文中的"阳"字,𝕴 是繁体,𝕴 是简体。篆书中简体更多。许慎在《说文》中写的篆书,是规范的篆书,称为正篆,许多正篆之下,许慎注明"或省"等字样,即指当时民间流行的简体字。如"蠭,飞虫螫人者。从䖵,逢声。𧕱,古文省。""蠭"是繁体,"𧕱"是古文简体,今写作"蜂"。"鑯,铁器也。一曰鑯也。从金,韱声。"(臣铉等曰:今俗作"尖",非是。)表示尖锐义,"鑯"是繁体,"尖"是民间流行的简体。𤉷,塞上亭守烽火者。从𤉷,从火,遂声。𤉷,篆文省。""篆文省",即指秦篆的简体。

有些汉字的笔画繁复,不便于人们书写掌握,所以一九五六年国务院公布了《汉字简化方案》,一九六四年编印了《简化字总表》,并于一九八六年十月十日重新公布,要求社会各界正确使用规范的简化字。近年来,国家又三令五申整顿社会上的繁简混用的错误现象。

对于阅读原版古籍的人们来说,不识繁体,则寸步难行。因此识读常用的繁体字,对于我们阅读中医古籍是十分必要的。

关于汉字简化的方法,对于我们的阅读实践并不重要。重要的是有少数简化字和繁体字,在古书上是意义不同的两个字,只是由于同音,就用笔画简单的那个字作为简化字了。如"谷穀","谷"是山谷,"穀"是农作物,在古籍中从不通用。《伤寒论·序》:"危若冰谷,至于是也。"《汗下吐三法该尽治病诠》:"穀肉果菜养口体。"又如"后後","后"是君王、皇后,"後"是先後的後,二字不通用。《铜人腧穴针灸图经·序》:"洪惟我后,勤哀兆庶。"《史记·扁鹊传》:"其後扁鹊过虢。""斗鬭","斗"是量词,"鬭"是鬭争。《金匮要略·痓湿暍病脉证治》:"右四味,以水一斗,先煮二物,取五升。"《素问·四气调神大论》:"譬犹渴而穿井,鬭而铸锥。""余餘","余"是第一人称代词,"餘"是剩餘,古不通用。《灵枢·师传》:"黄帝曰:'余闻先师有所心藏,弗著于方。'"《素问·六节藏象论》:"故大小月三百六十五日而成岁,积气餘而盈闰矣。"关于这类繁简字问题,请参阅本教材附篇〔二〕《简繁字对照表》后的《说明》部分。

第三节 容易误读误写的中医药常用字

汉字读音和形体的规范化,是我国政府一向重视的。1955年12月22日文化部和中国文字改革委员会发布了《第一批异体字整理表》;1956年1月28日国务院通过发布《汉字简化方案》,1964年5月编辑出版了《简化字总表》;1965年1月文化部和中国文字改革委员会发布《印刷通用汉字字形表》;1986年国务院提出"逐步消除社会用字混乱的不正常现象"

的要求；1988年1月26日国家语言文字工作委员会和国家教委发布《现代汉语常用字表》；1988年3月25日国家语言文字工作委员会和国家新闻出版署发布《现代汉语通用字表》。此外，1985年12月27日由国家语委、国家教委和广播电视部联合发表了《普通话异读词审音表》。以上诸表的发布，对于汉字读音和形体的规范化，起了重要作用，是我们平日读音和书写的法定依据。

但是，由于汉字读音和形体的复杂性，经常会出现误读和误写的现象。尤其中医药用字，由于一些同志不注意规范化，加之中医药一些特殊用字，误读和误写现象时有发生。为了有效地纠正误读误写，本节对此予以简要的分析归类，以提醒大家注意。

一、容易误读的中医药常用字

汉字是形、音、义的结合，但由于汉字是表意体系文字，字形本身没有准确的标音，因此误读现象经常发生，大体可归纳为以下四种原因和类型：

（一）声符关系而误读

现代汉字的百分之九十以上是形声字。形声字的声符本来用以表音，同一声符的形声字，在造字之初，读音应当相同或十分接近。但由于古今音变，有些形声字的声符已经失去表音作用，同一声符的形声字，读音可能差别很大。如以"是"作声符的匙(chí)、鍉(chí)、寔(实的异体字，shí)、湜(shí)，与"是"的现代读音相近；题(tí)、提(tí)、禔(tí)、偍(tí)、堤(dī)、踶(dì 或 tí 或 zhì)、媞(tí 或 dì)，与"是"的现代读音相差甚远。有人遇到这类字，或按声符误读，或按同声符形声字类推误读。下面分别举例说明。

1. 按声符而误读

艽　jiāo（交）　秦艽。不读jiǔ（九）。
苄　hù（户）　地黄别名。《尔雅·释草》："苄，地黄。"不读xià（下）。
芎　xiōng（兄）　川芎，芎䓖。不读gōng（弓）。
芤　kōu（抠）　古时葱的别名；芤脉。不读kǒng（孔）。
杞　qǐ（起）　枸杞子。不读jǐ（己）。
枢　shū（书）　门轴；中枢神经。不读qū（区）。
怯　qiè（妾）　胆怯；虚劳病。不读qù（去）。
茸　róng（荣）　浅草茸茸；鹿茸。不读ěr（耳）。
娠　shēn（身）　妊娠。不读chén（辰）。
疻　wěi（委）　瘢痕；针孔。不读yǒu（有）。
硇　náo（挠）　硇砂。不读xìn（囟）。
踝　huái（怀）　踝骨。不读guǒ（果）。
瘰　luǒ（裸）　瘰疬。不读léi、lěi、lèi（累）。
龋　qǔ（取）　龋齿。不读yǔ（禹）。
臀　tún（豚）　臀部。不读diàn（殿）。
懑　mèn（闷）　烦懑。不读mǎn（满）。

2. 按同声符形声字类推而误读

胞　bāo（包）　细胞；胞胎。不能按"泡"类推而读pāo、pào。
脬　pāo（抛）　尿(suī)脬。不能按"浮"、"俘"类推而读fú。

第二章 汉 字

刳　kū(枯)　刳破。不能按"诤"、"垮"、"胯"类推而读 kuā、kuǎ、kuà。
诣　yì(义)　医学造诣。不能按"指"类推而读 zhǐ。
侪　chái(柴)　同类之人。不能按"济"类推而读 jì。
肱　gōng(公)　上臂。不能按"宏"类推而读 hóng。
咀　jǔ(举)　咬(fǔ)咀。不能按"祖"、"阻"类推而读 zǔ。
虻　méng(萌)　虻虫。不能按"忙"类推而读 máng。
娩　miǎn(免)　分娩。不能按"晚"类推而读 wǎn。
疽　jū(居)　痈疽。不能按"祖"、"阻"类推而读 zǔ。
喎　wāi(歪)　口眼喎斜。不能按"窝"类推而读 wō。
衄　nǜ　鼻衄。不能按"妞"、"纽"类推而读 niū、niǔ。
荽　suī(虽)　胡荽,元荽。不能按"绥"类推而读 suí。
痹　bì(必)　小儿麻痹。异体为"痺"。不能按"脾"类推而读 pí。

(二) 形近关系而误读

有些汉字形体相近,常把这个字错认为那个字,读了别字的音。我们必须注意形体相近字的细微差别,以避免认错读错。例如:

匕　bǐ(比)　方寸匕。与"七"形近,误读 qī。
肓　huāng(荒)　膏肓;肓膜。与"盲"形近,误读 máng。
坼　chè(彻)　裂开,水冰地坼。与"拆"形近,误读 chāi。
恃　shì(是)　依仗,恃能厌事。与"持"形近,误读 chí。
荼　tú(图)　荼毒。与"茶"形近,误读 chá。
菅　jiān(坚)　植物名,草菅民命。与"管"形近,误读 guǎn。
祟　suì(岁)　鬼神作祟。与"崇"形近,误读 chóng。
淅　xī(西)　淅淅恶风。与"浙"形近,误读 zhè。
瘳　chōu(抽)　病瘳。与"廖"形近,误读 liào。

(三) 多义多音而误读

汉字的多义多音是很普遍的,字义不同,读音也不同。例如:

血　吐血,淌血,猪血,多用于口语,读 xiě(写);血型, 血压, 流血牺牲,多用于书面,读 xuè(谑)。
应　效应,应验,适应,读 yìng(硬);应当,应该,读 yīng(英)。
内　同"纳",内入,内针,读 nà(纳);与内外之内,读音不同。
长　多余,剩余,读 zhàng(丈);与长短的长,长辈的长,读音不同。
术　白术,苍术,读 zhú(竹);与技术的术,读音不同。
和　唱和,曲高和寡,读 hè(贺);与连词"和",读音不同。
吐　吐痰,吐舌头,读 tǔ(土);吐泻,呕吐,自己不能控制的大量排出,读 tù(兔)。
创　创伤,刀创,读 chuāng(窗);与创造、创举的创,读音不同。
识　记住,多闻博识,读 zhì(志);与知识、见识的识,读音不同。
饮　给……喝,饮其麻沸散,读 yìn(印);与饮水、饮药的饮,读音不同。
阿　阿胶,樊阿,读 ē;此义不读 ā。
荨　荨麻,荨麻疹,读 qián(前);知母又名"荨",读 tán(谈)。

度　揣度,读 duó(夺);与长度的度,读音不同。
炮　中药炮制,读 páo(袍);与炮火的炮,读音不同。
期　期月,期年,读 jī(鸡);与时期的期,读音不同。
数　数脉,读 shuò(朔);与数目的数,读音不同。

(四) 异读关系而误读

同一个词(或一个词中的字),在过去有几种不同的读音,叫作"异读"。"异读"造成读音的混乱,因此普通话审音委员会分批审定了约两千个词的规范读音,发表了《普通话异读词三次审音总表初稿》。但是,由于习惯或方言的关系,仍按异读读音,不合规范。例如:

夭　yāo(妖)　夭亡。不取 yǎo(咬)。
穴　xué(学)　穴位。不取 xuè(谑)。
危　wēi(威)　病危。不取 wéi(围)。
灸　jiǔ(久)　针灸。不取 jiū(纠)。
肤　fū(夫)　皮肤。不取 fǔ(府)。
疾　jí(急)　疾病。不取 jī(机)。
剖　pōu　解剖。不取 pāo(抛)。
痉　jìng(净)　痉挛。不取 jīng(经)。
脉　mài(卖)　脉象。不取 mò(莫)。
砭　biān(边)　砭石。不取 biǎn(贬)。
眩　xuàn(炫)　目眩。不取 xuán(悬)。
淫　yín(银)　六淫。不取 yǐn(饮)。
脓　nóng(农)　化脓。不取 néng(能)。
脂　zhī(知)　脂肪。不取 zhǐ(止)。
热　rè　热邪。不取 yè(夜)。
瘦　shòu(兽)　瘦弱。以"叟"作声符的形声字,大多读平舌音,如搜、嗖、馊、溲、飕、艘等。

二、容易误写的中医药常用字

汉字是由、一丨丿乀一等各种笔画组合而成,字形本身就很复杂,多一画,少一画,改一画,就成了另外一个字。如木、本、末、未、朱,相递皆一画之差,就是五个不同的字。因此,认错写错汉字,自古迄今,并非罕事,男女老少,人皆有之。《冷庐医话补编》就记载明代京都一位医家"不辨饧锡",追告病人"临煎加锡一块"。实则"饧"字,即糯米糖。前几年新疆乌鲁木齐某公司印制商标,将"乌"字印成"鸟"字,一点之差,损失几十万元。汉字误写,虽然带有普遍性,但不能迁就。越是普遍性的错误,越要着力加以纠正,以使汉字书写规范化。容易写错的中医药用字,大体有以下两种情况:一是形近而误,二是音同而误。

(一) 形近而误

形近而误写,是汉字书写讹误的主要类型。

1. 整个形体相近而误写

士　士人。与"土"形近,不能混同。同类如"吉",上为"士",不是"土"。
夭　夭亡。与"天"形近,不能混同。
末　药末。与"未"形近,不能混同。同类如"沫",右为"末",不是"未"。

气　六气。与"乞"形近,不能混同。
日　日期。与"曰"形近,不能混同。
母　母乳。与"毋"形近,不能混同。
囟　头囟。与"囱"形近,不能混同。
旦　元旦。与"且"形近,不能混同。同类如"疸"、"疽",亦不能混同。
肓　膏肓。与"盲"形近,不能混同。
炙　脍炙。与"灸"形近,不能混同。
竿　竹竿。与"竽"形近,不能混同。
哀　悲哀。与"衷"形近,不能混同。
胃　胃气。与"胄"形近,不能混同。
弈　弈棋。与"奕"形近,不能混同。
宣　宣散。与"宜"形近,不能混同。
盐　食盐。与"监"形近,不能混同。

己已巳　三字形近,不能混同。同类如禁忌的"忌",枸杞的"杞","岂敢的"岂","圮毁"的"圮",皆作"己",不能误写"已"、"巳"。

戊戌戍戎　四字形近,不能混同。

赢羸赢嬴蠃　五字形近,不能混同。

2．部分形体相近而误写

胫　胫骨。右为"巠",不是"圣"。同类如轻粉,草茎,经久不愈,皆作"巠",不能误写"圣"。

炼　炼蜜为丸。右为"柬",不是"东"。同类如练习的"练",拣起的"拣",皆作"柬",不能误写"东"。

刺　针刺。左为"朿",不是"束"。"剌"(lá, là)剌破,乖剌。同类如"瘌"(là),秃疮。

侯　公侯。左为"亻",不是"仆"。同类如喉头的"喉","侯"不能写作"候"。

酒　黄酒。右为"酉",不是"西"。"洒"(sǎ),洒扫。"洒(xiǎn)浙",恶寒貌。

赊　赊欠。右为"佘"(shé),不是"余"。

隐　隐隐作痛。左为"阝",不是"禾"。"稳",稳妥,稳当。

睛　眼睛。左为"目",不是"日"。"晴",天气晴朗。

疡　疮疡。繁体为"瘍",内为"昜",不是"易"。

聩　聋聩。左为"耳",不是"目"。"瞆",目盲。

3．多画少画改画而误写

增多笔画者:

步　下为"少",非"少"。

芪　下为"氏",非"氐"。

芩　"黄芩"的"芩"下为"今",下为"令"者为"茯苓"的"苓"。

写　上为"冖",非"宀"。

卖　上为"十",非"士"。

染　右上为"九",非"丸"。

宽　下为"见",非"见"。

尧　上为"戈",非"戈"。
浅　右为"戋",非"戋"。
长　右下为"乀",非"乄"。
丧　左下为"丿",非"亻"。
畏　左下为"丿",非"亻"。
减少笔画者:
压　里为"圡",非"土"。
兔　"兔唇"的"兔"右下有一点。
初　左为"衤",非"礻"。
坼　"地坼"的"坼",右为"斥",非"斤"。
恭　下为"氺",非"小"。
涩　右上为"刃",非"刀"。
琢　右为"豖",非"豕"。
直　中为三横,非二横。
蒸　中为"丞",非"承"。
匈　中为"凶",非"㐫"。
蒙　中间有一短横。
逢　右为"夆",非"夆"。
隆　右中有一短横。
改变笔画者:
牙　非"牙"。同类如"邪"。
死　右下为"匕",非"七"。
切　左为"𠂊"非"土"。
巴　全封口,非"巴"。
肺　右为"巿",非"市"。
凭　下为"几",非"心"。
妊　右为"壬",非"壬"。
骨　上为"冎",非"冎"。
冈　里下为"亡",非"山"。
疟　里为"𠂉",非"⺕"。
事　不作"事"或"事"。
建　左下为"廴",非"辶"。
疮　里为"仓",非"仑"。
贰　不作"贰"或"贰"。
荨　不作"荨"。
祭　上为"欠",非"癶"。同类如"瘵"。
姬　右为"臣",非"臣"。同类如"茞"。
寡　下为"刀",非"力"。
瘕　里为"叚",非"段"。

（二）音同而误

岐　岐伯。误写"歧"。"歧"，分歧。
瘀　瘀痹。误写"疠"。"疠"，疠气。
砂　朱砂。误写"沙"。"沙"，沙土。
栝　栝蒌。误写"括"。"括"，搜括。
脓　化脓。误写"浓"。"浓"，浓淡。
眩　目眩。误写"弦"。"弦"，弓弦。
部　百部。误写"步"。"步"，脚步。
黄　黄帝内经。误写"皇"。"皇"，皇帝。
羲　伏羲。误写"西"。"西"，东西。
糜　糜粥。误写"靡"。"靡"，披靡。

如何纠正和避免汉字的误读误写现象呢？一要提高对汉字规范化的认识。文字规范化代表着一个国家和民族的文化发展水平，也标志着一个人的文化素养高低，绝不可以抱着无所谓的态度。二要养成勤查字典的习惯。凡遇到读写不准的字，一定查阅字典，不可臆断。三要克服粗心大意。有些错字，不是不会写，而是粗心造成。如果大家都养成认真读写汉字的良好习惯，形成社会风气，那么误读误写现象一定能够杜绝。

阅 读 实 践（42）

（一）简答

1. 何谓"六书"？并各举二例字说明。
2. 何谓"省形"、"省声"？并各举二例字说明。
3. 何谓"形声兼会意"？并举四例字说明。
4. 下列形符(部首)各表示什么意义？
宀　彳　歹　月　攴(攵)　贝　酉　页　阜　邑
5. 列出五组相通的形符，并举例字说明。

（二）查阅《说文解字》，说明下列汉字的"六书"及本义
西　亦　皋　法　及　旁　和　微　埶　塞

（三）根据"六书"，选择下列汉字的本义义项

1. 约　①约束　②简要　③节俭　④大约　⑤捆缚
2. 标　①末端　②病标　③标记　④树梢　⑤标准
3. 盈　①圆满　②富裕　③满盈　④满足　⑤实证
4. 启　①开拓　②开门　③启发　④开始　⑤陈述
5. 適　①到达　②适合　③恰巧　④正妻　⑤被贬

（四）指出下列形声字的形符和声符

脘　喧　时　醪　顾　收　邪　歘　著　窍　艮　曾　烝　馨　歷　甾　闺　衮　囿　衢　赢　闷　辨　罔　穀　感　脩　在　旌　疢　氛　趣

（五）辨识并注明下列句中的通假字、古字、异体字

1. 用(某，通"某")格式，注明通假字

① 少阴之人，小贪而贼心……见人有荣，乃反愠怒，心疾而无恩。(《灵枢·通天》)
② 六八，阳气衰竭于上，面焦，发鬓颁白。(《素问·上古天真论》)
③ 肝者，罢极之本，魂之居也。(《素问·六节藏象论》)
④ 经络时疏，故不通。(《素问·痹论》)
⑤ 夫气虚不能寒，血虚不能热。(《脾胃论·忽肥忽瘦论》)

2．用(某，同"某")格式，注明古字
① 耳脉，起于手北，出臂外两骨之间。(《马王堆汉墓帛医书·阴阳十一脉灸经》)
② 被发缓形，以使志生。(《素问·四气调神大论》)
③ 岐伯曰："地为人之下，太虚之中者也。"帝曰："冯乎？"岐伯曰："大气举之也。"(《素问·五运行大论》)
④ 若一服汗出病差，停后服。(《伤寒论·桂枝汤方》)
⑤ 理者，是皮肤藏府之文理也。(《金匮要略·藏府经络先后病脉证》)

3．用(某，"某"的异体字)格式，注明异体字
① 石之为药精悍，公服之不得数溲，亟勿服，色将发臃。〔9〕
② 有者求之，无者求之，盛者责之，虚者责之，必先五胜，踈其血气。〔11〕
③ 由是徧索两经，先求难易，反复更秋，稍得其绪。〔21〕
④ 今以至精至微之事，求之于至麤至浅之思，岂不殆哉？〔34〕
⑤ 此病后三朞当发，遇良医可救也。(《后汉书·华佗传》)

(六) 给下列繁体字填写简化字
藏　準　礙　辦　補　纔　徹　塵　稱　衝　醜　瘡　膽　當　導　燈　點　鬬　對
發　礬　復　穫　鷄　艱　薦　薑　舊　劇　歷　靈　盧　黴　樸　竅　慶　勸　審　臺
頭　無　獻　脅　尋　厭　猶　癰　鬱　與　棗

(七) 阅读
1．临海洪金事若皋南沙文集谓方书金银玉石铜铁俱可入汤药惟锡不入间用铅粉亦与锡异锡白而铅黑且须锻作丹粉用之明名医戴元礼尝至京闻一医家术甚高治病辄效亲往观之见其迎求溢户酬应不暇偶一求药者既去追而告之曰临煎加锡一块元礼心异之叩其故曰此古方尔殊不知古方乃餳字餳即今糯米所煎糖也嗟乎今之庸医妄谓熟谙古方大抵皆不辨锡餳类耳(清·陆以湉《冷庐医话补编》)

2．夫何著方者日益多注方者不再见岂金鍼不度欤抑工于医者未必工于文词不能达意遂置而不讲欤迄明始有吴鹤皋之集医方考文义清疏同人脍炙是以梨枣再易岂为空谷足音故见之而喜欤然吴氏但一家之言其于致远钩深或未彻尽兹特博采广搜网罗群书精穷奥蕴或同或异各存所见以备参稽使探宝者不止一藏尝鼎者不仅一脔庶几病者观之得以印证用者据之不致径庭宁非卫生之一助欤(节选自清·汪昂《医方集解·序》)

要求：
(1) 给上面两则文字标点
(2) 注释第二则中加点号的词语
(3) 今译第一则

第三章 词　　义

积词成句，累句成篇，句与篇都由词语材料构造，句意和篇旨皆植根于词义这一土壤之中。如果词语知识腹里空空如也，词语数量胸中寥若晨星，词语意义脑内混沌一片，而欲理解句意，掌握篇旨，便好象登攀于无本之木、遨游于无源之水一般，其不能登高致远，自在情理之中。据此而论，词义实在是阅读古书首要而根本之所在。本章就有关问题择要予以介绍。

第一节　词义的变异

语言是不断发展的。在语音、语法、词汇这语言三大要素中，词汇对于外界事物的反映最为敏感，因而变化也最为迅速。它随着旧事物的消亡而消失，随着新事物的出现而形成，并且为了更能适应社会的需要，词及其意义之间的对应关系还时时予以调整，从而使除少量的基本词汇外，绝大多数的普通词汇都有程度不等的意义上的变异。

一、词义的演变

古今词义范围的演变，一般可以归纳为以下三种表现。

（一）词义范围的扩大

即词的古义表示的范围小，今义表示的范围大，古义包含在今义中。这是词义演变的主要现象。例如：

牙　《说文·牙部》："牙，壮齿也。"段玉裁注："壮齿者，齿之大者也。统言之，皆称齿称牙；析言之，则前当唇者称齿，后在辅车者称牙。牙较大于齿。"《华佗传》："普施行之，年九十余，耳目聪明，齿牙完坚。""齿牙"与"耳目"对举，则"牙"与"齿"自然有别。

徐　本谓缓慢行走。《说文·彳部》："徐，安行也。"《战国策·赵策四》："入而徐趋，至而自谢。"其中的"徐"用的就是"安行"这一古义。但在《内经》的以下句子中，"徐"的意义就不限于行走之缓慢这一狭小范围了。《素问·脉要精微论》："来徐去疾，上虚下实，为恶风也。"王冰注："亦脉状也。"此谓脉行缓慢。《素问·针解》："疾出针而徐按之。"此指针法缓慢。《灵枢·口问》："阴气疾而阳气徐。"此言气行缓慢。《灵枢·官能》："语徐而安静。"此为言语缓慢。

他如：

鸟　《说文·鸟部》："鸟，长尾属总名也。"段玉裁注："短尾名隹，长尾名鸟。"

雌雄　《说文·隹部》："雌，鸟母也。"又："雄，鸟父也。"

颇　《说文·页部》："颇，头偏也。"段玉裁注："引申为凡偏之称。"

渐　《说文·水部》："渐，水索也。"段玉裁注："《方言》曰：'渐，索也。'郭注云：'尽也。'按许说其本义，杨说其引申之义也。"

"鸟"的古义是长尾鸟,今义不管鸟尾之长短,统称为鸟;"雌"、"雄"原来只限于表示鸟的性别,后来扩大范围,适用于兽类乃至所有生物;"颇"字从页,古义专指头不正,今义泛指一切不正;"澌"字从水,古义专指水尽,今义泛指所有事物之穷尽。

(二) 词义范围的缩小

即词的古义表示的范围大,今义表示的范围小,今义包含在古义中。例如:

丈夫 本为成年男子的通称。《谷梁传·文公十二年》:"男子二十而冠,冠而列丈夫。"《晏子春秋·谏下》:"今齐国丈夫耕,女子织,夜以继日,不足以奉上。"又可用作男子的通称。《素问·上古天真论》将"丈夫八岁,肾气实,发长齿更"与"女子七岁,肾气盛,齿更发长"对举而论,可知"丈夫"所指实为男子。后来"丈夫"的意义范围缩小为妻的夫。

毒药 原来泛指治病的药物。《素问·异法方宜论》:"其病生于内,其治宜毒药。"张介宾注:"毒药者,总括药饵而言,凡能治病者,皆可称为毒药。"亦指作用峻猛之药。《灵枢·论痛》:"肠胃之厚薄坚脆亦不等,其于毒药何如?"今义指能危害生物体生理机能并引起死亡的药物,其范围不仅大大小于治病的药物,也小于作用峻猛之药。

他如:

禽 《白虎通·田猎》:"禽者何?鸟兽之总名。"

瓦 《说文·瓦部》:"瓦,土器已烧之总名。"

金 《说文·金部》:"金,五色金也。"段玉裁注:"凡有五色,皆谓之金也。下文白金、青金、赤金、黑金,合黄金为五色。"

祥 《左传·僖公十六年》:"春,陨石于宋五,陨星也。六鹢退飞过宋都,风也。周内史叔兴聘于宋,宋襄公问焉,曰:'是何祥也?吉凶焉在?'"杜预注:"祥,吉凶之先见者。襄公以为石陨鹢退,能为祸福之始,故问其所在。"

"禽"的古义包括鸟兽,《华佗传》所言"五禽之戏"即为虎、鹿、熊、猿、鸟,是其明证,今义则将兽类排除在外;"瓦"的古义为泥土烧成的器物的总名,今义一般指由粘土烧制而成的物体;"金"本是金属的通称,现在一般指黄色金属;"祥"指吉凶二途,后来意义范围缩小为吉。

(三) 词义范围的转移

即词的古今意义所表示的概念内涵不同,今义产生以后,古义不再存在,古今意义之间存在着一定的联系。例如:

脚 《说文·肉部》:"脚,胫也。"段玉裁注:"膝下踝上曰胫。"可知"脚"的古义为小腿。《素问·水热穴论》:"三阴之所交结于脚也。"此"脚"所指即胫。古代"足"字方与现在的"脚"义相当。如《伤寒论·序》:"按寸不及尺,握手不及足。"后来"脚"字由"小腿"义转变为"足"义。如《千金要方·论风毒状》:"然此病发,初得先从脚起,因即胫肿。""脚"与"胫"对言,"脚"指"足"无疑。而"脚"的原始义"小腿"与后起义"足"属人体接近的部位,自然具有相当的联系。

走 《说文·走部》:"走,趋也。"段玉裁注:"《释名》曰:'徐行曰步,疾行曰趋,疾趋曰走。'此析言之,许浑言不别也。今俗谓'走'徐'趋'疾者非。"段氏的意思是说,许慎把"走"解释为"趋",不加区别,那是浑言,即笼统称说,而刘熙在《释名·释姿容》中认为"趋"、"走"二字有"疾行"、"疾趋"的区别,"走"在速度上快于"趋",那是析言,即分析称说。不管浑言也好,析言也罢,"走"的古义总是快速行走,相当于今义的"奔跑"。《灵枢·天年》:"人生十岁,五藏始定,血气已通,其气在下,故好走;二十岁,血气始盛,肌肉方长,故好趋;三十岁,五藏大定,肌肉坚固,血脉盛满,故好步。"说十岁喜"走",二十岁喜"趋",三十岁喜"步",以下讲四十岁喜"坐",六十岁喜"卧",随着人体的生长衰老,逐步趋于懒散,可见这一"走"字用的是刘熙"疾趋"即"奔跑"这一古义。后来"走"的"奔跑"义消失,转为"徐行"义,相当于古代的"步"。而"走"的古义"奔跑"与今义"徐行"具有一定的联系。

他如:

去 《说文·去部》:"去,人相违也。"段玉裁注:"违,离也。"

闻 《说文·耳部》:"闻,知声也。"

涕 《说文·水部》:"涕,泣也。"段玉裁注:"按'泣也'二字,当作'目液也'三字,转写之误也。"

汤 《说文·水部》:"汤,热水也。"

"去"的本义是"离开",《华佗传》"佗舍去"的"去"即此本义,后来转为"往"、"到……去"义。"闻"的本义是"知声",《扁鹊传》"过邯郸,闻贵妇人,即为带下医"的"闻"即本此义,后来转为"嗅"义。"涕"的本义是"眼泪",《扁鹊传》"流涕长潸"的"涕"即是此义。古代表示"鼻涕"义一般用"洟"或"泗",如《周易·萃卦》:"上六:齎咨涕洟,无咎。"孔颖达疏:"自目出曰涕,自鼻出曰洟。"《诗经·陈风·泽陂》:"寤寐无为,涕泗滂沱。"毛传:"自目曰涕,自鼻曰泗。"后来"涕"转为"鼻涕"义。"汤"的本义是"热水",《素问·逆调论》:"人有身寒,汤火不能热,厚衣不能温。"又《痹论》:"胞痹者,少腹膀胱按之内痛,若沃以汤。"其中的"汤"即此本义,后来转为煮熟食物的汁液。上述"去"的"离开"义与"往"、"到……去"义,"闻"的"知声"义与"嗅"义,"涕"的"眼泪"义与"鼻涕"义,"汤"的"热水"义与"煮熟食物的汁液"义,都存在着一定的联系。

二、词义的差异

古今词语的意义存在着诸多差异之处,择其易于混淆的,提出以下三方面问题。

(一) 词义的微殊

古代多义词中的某一意义现代已经不再或极少使用,而这一意义与如今仍在使用的意义比较接近,只是小有不同,因而在古书中出现这一古有今无或古常用今罕用的意义时,便往往容易理解为今义,感到似乎也可讲通,但一经仔细推敲,就会发现并不准确。这种词义微殊的现象,是阅读古书的一大难点。例如:

可否相约同人,凡书方案,字期清爽,药期共晓?(《医话四则》)

其中的两个"期"字往往训作"希望",似乎并无扞格。但联系上文所举因药名之混淆、字迹之潦草而造成的严重后果,此结句前用"可否",后若再说"希望",语气便过于迟缓乏力。《左传·哀公十六年》:"期死,非勇也。"杜预注:"期,必也。""期"的"必定"义现已消亡,但这两个"期"字当取此义。

进不能爱人知人,退不能爱身知己。(《伤寒论·序》)

这两个"知"字一般释为"了解",仿佛差强人意。但此段文字的主旨是批评当时士人惟务名利而不研究医药,以疗君亲,救贫贱,保自身。"爱人知人"与疗君亲、救贫贱呼应,"爱身知己"与保自身相合。以医药爱人爱身容易理解，以医药了解他人了解自己便难明其意。《字汇·矢部》："知，《增韵》：'主也。今之知府、知县，义取主宰也。'"又，张相《诗词曲语辞汇释》卷五："知，犹管也。"此是引申义。"知人"、"知己"的"知"可取此"管、顾"义。

    宅有陳地，建书院，延待儒士。或不给者，尽周之。（《东垣老人传》）

    学三年，嘉其久而不倦也，予之白金二十两，曰："吾知汝活计甚难，恐汝动心，半途而止，可以此给妻子。"（同上）

《东垣老人传》此两例中的"给"如果理解为"给予"，便似是而实非。"给予"的"给"音 gěi，其音义在古书中使用不多。这里的两个"给"都音 jǐ。前一例是形容词"丰足"的意思，为古代的常用义，如《淮南子·本经》："古者上求薄而民用给。"高诱注："给，足。"此义今已消失。后一例是动词"供养"的意思，也为古代的常用义，如《汉书·朱买臣传》："不治产业，常艾薪樵卖以给食。"颜师古注："给，供也。"此义今也不常用。

    后闻许文懿公得朱子四传之学，讲道八华山，复往拜焉。益闻道德性命之说，宏深粹密，遂为专门。（《丹溪翁传》）

    遂以东垣长夏湿热成痿之法治之，日食益减，目渐能视。（《古今医案按》卷八）

上例"益闻"与下例"益减"的"益"，粗看似为"更加"义，细视则是"逐渐"义。朱丹溪原来对理学一无所知，后拜许谦为师，对理学的"宏深粹密"自然是"逐渐"了解，而不是"更加"了解。《古今医案按》此例的上文说病人"日数十饭犹不足"、"目昏不能视"，经治疗后，"日食益减，目渐能视"，上句言"益"，下句言"渐"，"益"当为"逐渐"义。此义今已消失，但古书中常见。如《礼记·坊记》："故圣人之制富贵也，使民富不足以骄，贫不至于约，贵不慊于上，故乱益亡。"孔颖达疏："益，渐也。"《素问·疟论》："其气日高，故作日益早也。"高士宗注："益者，渐次之谓。"

    佗舍去，妇稍小差。（《华佗传》）

    由是偏索两经，先求难易，反复更秋，稍得其绪，然后合两为一，命曰《类经》。（《类经·序》）

这两例中的"稍"容易误解为"稍微"义。其实上例的"小"是"稍微"的意思。下例如果说"稍微"掌握《素问》、《灵枢》的头绪，便"合两为一"，那么张介宾编著《类经》未免过于轻率，并且与上文"反复更秋"之意不相吻合。《说文·禾部》："稍，出物有渐也。"段玉裁注："稍之言小也、少也。凡古言稍稍者，皆渐进之谓。"所谓"渐进"，就是"逐渐"的意思。这在古代是常用义，《内经》中便多见此种用法，如《素问·汤液醪醴论》："中古之世，道德稍衰。"《灵枢·刺节真邪》："虚邪偏客于身半，其入深，内居营卫，营卫稍衰，则真气去，邪气独留，发为偏枯。"

（二）复词的偏义

  所谓复词偏义，是指古书中两个意义相反或相类的字连用，构成一个复合词，这一复合词的意义并非两个字的意义总和，而只是其中一个字的意义。换句话说，构成复合词的两个字，其中只有一个具有实际意义，另一个仅仅作为陪衬。这类复合词称为偏义复词。如果不明此类现象，就容易把偏义复词当作一般复合词，误解单义为复义，从而使意义赘出。例如：

    狗脊，味苦平，主腰背强，关机缓急。（《神农本草经》卷二）

"缓急"不是"既缓又急"、"或缓或急"，而是偏义于"急"，上言"腰背强（僵直）"，则下文自宜为"关机急"。

    伤寒六七日，目中不了了，晴不和，无表里证，大便难，身微热者，此为实也，急

>　　下之,宜大承气汤。(《伤寒论·辨阳明病脉证并治》)

"表里"并非"表与里"、"或表或里",而是偏义于"表"。无表证,则有里证,故下文言"此为实",而用大承气汤急下。

>　　咳家,其脉弦,欲行吐药,当相人强弱而无热,乃可吐之。(《脉经·平肺痿肺痈咳逆上气痰饮脉证》)

久咳常虚,而病人脉弦,自宜再行审察其体强而无热,方才可用吐药。可见"强弱"偏义于"强"。

>　　皇甫谧之《甲乙》、杨上善之《太素》,亦皆本之于此,而微有异同。(《针灸大成·针道源流》)

言《甲乙》与《太素》皆本于《内经》,而小有不同。"异同"偏义于"异"。

以上均为反义复合词的偏义。

>　　邪在脾胃,则病肌肉痛。(《灵枢·五邪》)

脾主肌肉,邪在脾,则病肌肉痛,"脾胃"当偏义于"脾",而并非"脾与胃"、"或脾或胃"的意思。

>　　营卫稽留于经脉之中,则血泣而不行,不行则卫气从之而不通。(《灵枢·痈疽》)

"营卫"偏义于"营",而不是"营与卫"、"或营或卫"的意思,因营行脉中,卫行脉外,且下文有"卫气从之而不通"句相应。

>　　北风生于冬,病在肾,俞在腰股。(《素问·金匮真言论》)

>　　兹纪予于三旬之外,忽于臀下肛门前骨际皮里生一小粒,初如绿豆许,不以为意,及半年而如黄豆矣,又一年而如皂子,复如栗矣……使其日渐长大,则如升如斗,悬挂腰股间,行动不便,岂不竟成废物乎? (《景岳全书·瘤赘》)

这两例各有"腰股"一语,皆为偏义,但所偏之义不同。前一例,王冰注:"腰为肾府,股接次之,以气相连,故兼言也。"据王注,病在肾,而腰为肾府,自然是"俞在腰",而不是"俞在股"或"俞在腰与股"。"腰股"偏义于"腰"。后一例,上文既明言瘤赘生于臀下肛门前骨际皮里,则"悬挂腰股间"的"腰股"当指"股",而不会是"腰"或"腰与股"。"腰股"偏义于"股"。

以上均为类义复合词的偏义。

在本教材中,偏义复词也并不少见。属于前一种的如:《医话四则》:"见病者以手擘目,观其饮啖,盖目眶尽肿,不可开合也。""开合"偏义于"开",意为"睁开"。《黄帝内经素问注·序》:"历十二年,方臻理要,询谋得失,深遂夙心。""得失"偏义于"得",意为"收获"。属于后一种的如:《华佗传》:"士大夫不耐痛痒,必欲除之。""痛痒"偏义于"痛",意为"痛苦"。《汗下吐三法该尽治病诠》:"补者,以谷肉果菜养口体者也。""口体"偏义于"体",意为"身体"。

(三) 词语的同形

这里所讲词语的同形,是指在古书中连用的两个单音词正好与现代汉语中的一个双音词或词组形体相同,而意义不一,稍不留神,便可能误解原义。主要有以下三种情况。

其一,今语是双音词,古语为两个单音词。这两个单音词只是偶然连用在一起,并未构成词组,却凑巧与今语中的一个双音词形体相同。这就要求我们注意不要把古代的两个单音词误解为现代的一个双音词。例如:

>　　乘年之衰,逢月之空,失时之和,因为贼风所伤,是谓三虚。(《灵枢·岁露论》)

"因为"不是一个连词,而是没有结构关系的两个词。"为"与下文的"所"构成"为……所"的结构,意为"被"。

> 后人能知仲景之书本为即病者设,不为不即病者设。(《医经溯洄集·张仲景伤寒立法考》)

"本"是"本来"之"本","书本"并非一个双音词。

> 药性少热,而阳毒发狂之类,入口即觉清凉,殆不可以常理论也。(《医学正传·或问》)

"可以"和"理论"都不是通常意义上的一个双音词,而是没有结构关系的两个单音词。"以常理"构成介宾词组,意为"按照通常的道理",作动词谓语"论"的状语。

> 当备后事为要,此终于二十七朝前后足矣。后果至期而殁。(《外科正宗·脑疽治验》)

"终于"不是连词,"终"意为"死","于"同"二十七朝前后"构成介宾词组。"后果"不是名词,"后"意为"后来","果"为"果然"的意思。

其二,今语是双音词,古语为词组。这就要求我们注意不要把古代的由两个单音词构成的词组误解为现代的一个双音词。例如:

> 夫如是,则神丹安可以误发?甘遂何可以妄攻?虚盛之治,相背千里,吉凶之机,应若影响,岂容易哉?(《伤寒论·伤寒例》)

"影响"并非名词或动词,而是联合词组。"影"谓"影子","响"谓"回声","影响"喻效验之迅捷。语出《尚书·大禹谟》:"如影随形,如响应声。"

> 庶几病者观之,得以印证;用者据之,不致径庭。宁非卫生之一助欤?(《医方集解·序》)

"卫生"是"卫护生命"的意思,为动宾词组,而不是名词。

> 味有质,故下流于便写之窍。(《素问·阴阳应象大论》"阴味出下窍"王冰注)

"下流"并非名词或动词,而是偏正词组,意为"向下流动"。

> 元始五年,举天下通知方术本草者,在所为驾轺传遣诣京师。(《补注神农本草·序》)

"通知"意为"广泛知晓",为偏正词组,而不是动词或名词。

在谈到此类现象时,我们还应注意到,与现代汉语中的双音词同形的古代具有结构关系的两个单音词,有时还可表示不同的意义或构成不同的词组。例如:

知识 在现代汉语中,"知识"是名词,而在古代医书中,它一般构成联合词组。如《医林改错·脑髓说》:"小儿久病后元气虚抽风,大人暴得气厥,皆是脑中无气,故病人毫无知识。"这个"知识"是"知觉和意识"的意思。《续名医类案·痿》:"(沈士彦)过五八,腿无故而软,由软至瘫,由瘫至挛,卧不起矣,遍写病状与知识求医。"这个"知识"是"知医识病"的意思,这里具体指知医识病之人。

交通 在现代汉语中,"交通"是个名词,而在古代医书中,它既可以是名词,又可构成联合词组。如《脉经·平血痹虚劳脉证》:"脉得诸芤动微紧,男子失精,女子梦交通。"这一"交通"虽是名词,但与现代汉语"交通"的"运输事业"这个名词义不同,而意为"性交"。《素问·四气调神大论》:"阳气者闭塞,地气者冒明,云雾不精,则上应白露不下,交通不表。"这一"交通"当为联合词组,谓"交合会通"。

运气 在现代汉语中,"运气"是个名词,犹"命运",而在古代医书中,它既可以作联合词组,如《素问·气交变大论》:"运气相得,则各行其道。"这个"运气"指"五运六气"。又可构成动宾词组,如《续名医类案·劳瘵》:"傅青主医甚神,有苦劳瘵者,教之运气,不三日而可。"这个"运气"谓"运转气",亦即"呼吸吐纳"。

经理 在现代汉语中,"经理"是个名词,而在古代医书中,它既可构成动宾词组,意为"探究原理",如《甲乙经·序》:"其论皆经理识本,非徒诊病而已。"又可构成偏正词组,意为"经文之理",如《伤寒论宗印·自序》:"是以医之不谙治伤寒者,未可医名也;即治伤寒,勿究心《伤寒论》者,亦未可医名也;即能究心《伤寒论》,而胶执义意,不获变通经理者,究亦未可医名也。"这里具体指《伤寒论》之理。

其三,今语与古语皆为词组,但结构不同,意义不一。这就要求我们注意不要把结构、意义均有差别的同形词组混同为一。例如:

年五十,体重,耳目不聪明矣。(《素问·阴阳应象大论》)

"体重"并非偏正词组,谓"身体的重量",而是主谓词组,意为"身体重滞"。

夫起居如故而息有音者,此肺之络脉逆也。络脉不得随经上下,故留经而不行。络脉之病人也微,故起居如故而息有音也。(《素问·逆调论》)

"病人"不是偏正词组,而是动宾词组。"病"为名词的使动用法,"病人"意为"使人患病"。

交春虚火倍剧,火气一升,则周身大汗,神气骎骎欲脱。(《张氏医通·痿痹门》)

"一升"并非数量词组,而是偏正词组,意为"一旦升腾"。

诊之脉洪大数而有力,此与肥人相反,如再黑色上延,坏人迅速。(《外科正宗·脱疽治验》)

"坏人"不是偏正词组,而是动宾词组。"坏"用为动词,"坏人"意为"损害人"。

在本教材中,同形词语也较为多见。属于第一种的如:《丹溪翁传》:"时方盛行陈师文、裴宗元所定大观二百九十七方,翁穷昼夜是习。""时方"不是"经方"、"时方"之类的名词。"时"意为"当时","方"意为"正在",二者之间并无结构关系。《与薛寿鱼书》:"即或衰年无俚,有此附会,则亦当牵连书之,而不可尽没有所由来。""没有"不是动词,"没"意为"湮没","有所由来"是它的宾语,"没"与"有"也无结构关系。属于第二种的如:《大医精诚》:"志存救济,故亦曲碎论之。""救济"意为"救世济民",是联合词组,而不是现代意义上的动词。《黄帝内经素问注·序》:"恐散于末学,绝彼师资,因而撰注,用传不朽。""师资"不是名词,而是偏正词组,意为"学习的依据"。属于第三种的如:《大医精诚》:"自古名贤治病,多用生命以济危急,虽曰贱畜贵人,至于爱命,人畜一也。""贵人"不是偏正词组"尊贵的人"的意思,而是动宾词组。"贵"为形容词的意动用法,"贵人"意为"认为人贵重"。《不失人情论》:"或尊贵执言难抗,或密戚偏见难回。""执言"并非动宾词组,如"仗义执言"的"执言",而是偏正词组,意为"固执的言论",此可从与其对举的"偏见"得知。

第二节 词义的引申

词义引申是客观事物不断发展,人类抽象思维日益发达的反映。汉语中普遍存在着一词多义的现象,引申是造成词的多义性的根本原因。

一、分析本义的方法

　　引申是词语意义的基本运动形式。它的立足点和出发点是词语的本义。在一个词语的纷繁意义中，只有明确了词语的本义，诸多引申义才有理解的基础。所谓词语的本义，是指这个词语产生时所具有的意义。由于人类语言的历史远远早于文字产生的历史，因而我们已难以考察词语最初的意义。现在所讲词语的本义，是指文献语言材料所能证明的本来的意义。掌握词语的本义，有助于全面而深入地了解词语的意义。

　　汉字属于表意体系的文字，造字之初，一般是意寓于形；古代又以单音词为主，基本上一个字就是一个词。因此，词的本义与它的形体关系密切，分析汉字的形体结构，是掌握本义的一个重要方法。这里所说汉字的形体结构，是指甲骨文、金文、篆文的形体，因为这些文字距离造字的时代较近，形体结构大体上还能反映出它们所要表示的意义。许慎的《说文解字》就是通过分析篆字的形体来讲解本义的，是我们探求词的本义的最重要的参考书。如：

　　又（ ）：手也，象形。三指者，手之列多，略不过三也。

　　斤（ ）：斫木斧也，象形。

"又"的篆文形体象人的手形。汉字虽为表意文字，但它毕竟与图画不同。所以许慎对"又"字的形体又解释说，这个字所以只画三个指头，不画五个指头，是画其大略罢了。了解"又"字的本义为"手"，有许多字的意义就容易理解了。如"及"字，《说文·又部》"从又人"，意思是用手拽住一个人，所以训"及"为"逮"。"斤"的形体象斧，段玉裁说："横者象斧头，直者象柄，其下象所斫木。"

　　"汉字"章所提到的"本"、"末"二字，都是指事字。《说文·木部》："木下曰本。""木上曰末。"指事符号"一"置于"木"下，表示植物之根，置于"木"上，表示植物的末梢。《素问·移精变气论》："治以草苏草荄之枝，本末为助。"王冰注："凡药有用根者，有用茎者，有用枝者，有用华实者，有用根、茎、枝、华实者，汤液不去则尽用之，故云本末为助也。"可见《素问》所用正是"本"、"末"的本义。

　　秉（ ）：禾束也。从又持禾。

　　分（ ）：别也。从八刀。刀以分别物也。

这是两个会意字。"秉"的篆文形体是手持禾的形状。从字形上看，它的本义应该是一把谷物，所以《说文·又部》训为"禾束也"。这个本义也能从上古的语言材料里得到证明。《诗经·小雅·大田》："彼有遗秉。"《毛传》："秉，把也。""分"的篆文形体从八从刀。"八"也是分开之意。《素问·离合真邪论》："阴阳不别，天地不分。""分"与"别"相对成文，用的正是本义。

　　瘖，不能言也，从疒音声。

　　张，施弓弦也，从弓长声。

这是两个形声字。"瘖"字的形符是"疒"，凡与疾病有关的字大都从"疒"，可知"瘖"是一种疾病。《素问·宣明五气篇》："搏阴则为瘖。"王冰注："邪内搏于阴，则脉不流，故令瘖不能言。"

这里用的正是"瘖"的本义。"张"的本义是把弦安装在弓上。《素问·平人气象论》："死肝脉来，急益劲，如新张弓弦。"用的也是"张"的本义。

他如"㇀"（刀）字，象一把刀形，是象形字；"刀"上加一点，成"㇀"（刃）字，表示所指为刀刃，是指事字；"刀"旁加个"衣"，成"㓞"（初）字，表示裁衣之始，是会意字；"刀"旁加个"七"，成"㓞"（切）字，表示用刀断开，是形声字。

从汉字的结构看，形声字一般只能反映字的意义范畴，象形、指事、会意字较能反映字的本义，而属于合体字范畴的会意字比属于独体字范畴的象形字和指事字要复杂一些，因此我们不妨再举两个会意字例。

人一日一夜，凡一万三千五百息。（《难经·一难》）

其中的"息"是会意字，可从构造部件上分析它的本义。其上是"自"，象鼻子的形状，其下为"心"，似心脏之形。"息"属"心"、"自"会意。《说文·心部》"息"字条段玉裁注："自者，鼻也。心气必从鼻出，故从心自。"据此，"息"的本义即为鼻息，也就是呼吸。

邪气盛则实，精气夺则虚。（《素问·通评虚实论》）

其中的"夺"字，今义多作"争夺"解，但用于句中，则义不相协。此当作"失"解，与"盛"反义对举。"夺"之为"失"，可从它的构造上看出。"夺"繁体作"奪"，篆文作"奮"，由"大"、"隹"、"又"三个部件构成。其中"隹"为鸟名（见《说文》段玉裁注），"奞"从"大""隹"，即"大""隹"会意。鸟张开毛羽，自然想飞离，所以《说文·奞部》说："奞，鸟张毛羽自奋奞也。"而"夺"字又是"奞""又"会意，"又"是手，手里捧着一只振翅欲飞的鸟，自然就要飞去。故《说文·奞部》云："夺，手持隹失之也。""精气夺"之"夺"用的正是"失去"义。

探讨词的本义，一方面要重视分析字形结构，因其形而求其义，另方面也要重视这一本义在文献语言中有无根据。如果这个本义虽然与字形结构相吻合，但是不能从古代书面语言里取得必要的证据，那么这个本义的正确性便值得怀疑。反之，字形结构所反映的词义与该词在古代书面语言中所具有的意义相一致，那么这一本义就是正确而可信的。

二、本义和引申义的关系

本义和引申义的关系，从疏密程度上来说，主要表现为直接引申和间接引申两个方面。由本义引申出来的意义，称为直接引申义，这种引申叫做直接引申；不由本义引申出来的意义，称为间接引申义，这种引申叫做间接引申。例如上面所举"息"字，本义是"呼吸"，从呼吸的反复不停，可引申为"增长"。"增长"便是"息"的直接引申义。由"息"的"呼吸"这一本义引申为"增长"，就是直接引申。从"增长"义又可引申出它的结果"利息"义。"利息"便是"息"的间接引申义。由于"息"的本义"呼吸"和引申义"利息"之间还存在中间环节，因此它属于间接引申。

下面以《辞源》的"极"字（商务印书馆1980年版第1593页）为例，说明引申的两种类型。《辞源》中的"极"共设十四个义项，其中前九个义项（这里选录其中的部分例句）依次是：

㈠ 屋脊之栋。《庄子·则阳》："孔子之楚，舍于蚁丘之浆，其邻有夫妻臣妾登极者。"㈡ 顶点，最高地位。《世说新语·文学》："不知便可登峰造极。"旧时也指君位。南朝宋鲍照《鲍氏集·河清颂序》:"圣上天飞践极,迄兹二十有四载。"㊂中,中正的准则。《书·君奭》:"作汝民极。"传:"为汝民立中正矣。"㊃至,达到最高限度。《国语·鲁下》:"齐朝驾,则夕极于鲁国。"《史记·李斯传》:"当今人臣之位无居臣上者,可谓富贵极矣。"㊄穷尽,终了。《诗·唐风·鸨羽》:"悠悠苍天,曷其有极。"㊅远。《楚辞·九歌·湘君》:"望涔阳兮极浦,横大江兮扬灵。"㊆边境。《尔雅·释地》:"东至于泰远,西至于邠国,南至于濮铅,北至于祝栗,谓之四极。"注:"皆四方极远之国。"㊇最,很,狠。汉王充《论衡·本性》:"告子之以决水喻者,徒谓中人,不指极善极恶也。"《晋书·索统传》:"(宋)棓手把两杖,极打之。"㊈疲困。《汉书·王褒传·圣主得贤臣颂》:"匈喘肤汗,人极马倦。"

一个"极"字的词义竟是如此纷繁,似乎漫无纲纪,很难掌握,其实只要掌握它的本义和引申义的各种联系,表面看来似乎杂乱无章的词义,也就如珠在贯了。

"极"的本义是屋的脊檩。《说文·木部》:"极,栋也。""栋"也称脊檩。《辞源》把它作为第一个义项是正确的。屋之脊檩是一屋的顶点,因此引申为"顶点"。这是直接从本义引申出来的词义,称为直接引申义。在封建社会,帝王的地位最高,因此又引申为"最高地位"、"君位"。这个意义不是直接从本义"屋脊之栋"引申出来的,而是从引申义"顶点"引申出来的,它和本义的关系是间接的,所以称为间接引申义。屋脊之栋处于一屋的中心地位,不偏不倚,所以又直接引申为"当中",再由"中"加以引申,便有"中正的准则"之意。对于一座具体的房屋来说,脊檩已经到了最高的限度,所以又直接引申为"至"以及"达到最高限度"。达到极限就有"穷尽"之义,因此,又间接引申为"穷尽、终了"。动作行为达到最大极限,形容这种程度也称"极",因而又间接引申为程度副词"最、很、狠"义。人们使用精力超过一定的限度就会疲倦,所以又间接引申为"疲困"。"极"又可直接引申为"远",由"远"间接引申为"边境"。有关"极"的本义和引申义的关系,可作如下所示:

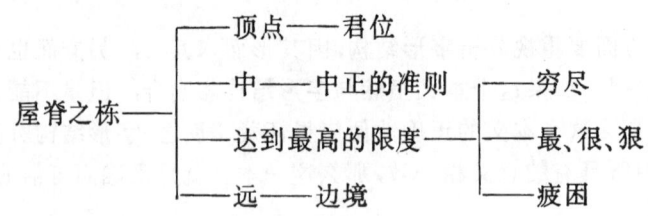

三、引申的基本方式

(一) 辐射式

本义向不同方向直接引申,如同太阳向四周辐射光线一般,称为辐射式引申。试以"节"字为例。

《说文·竹部》:"节,竹约也。"段玉裁注:"约,缠束也。竹节如缠束之状。"据此,"节"的本义应为竹之缠缚处。将此"缠缚"义——

用于树木,便为木节。如:

> 匠人磨斧斤砺刀削,斫材木之阴阳……至其交节而缺斤斧焉。(《灵枢·五变》)

用于骨骼,便为骨节。如:

> 诸筋者,皆属于节。(《素问·五藏生成》)

用于体穴,便为穴位。如:

第三章 词　义　　　　205

　　　　人有精、气、津、液、四支、九窍、五藏、十六部、三百六十五节，乃生百病。(《素
　　　　问·调经论》)
用于时节，便为节令。如：
　　　　立春之节，初五日，东风解冻。(《素问·四气调神大论》"此春气之应，养生之
　　　　道也"王冰注)
用于音乐，则为节奏。如：
　　　　《诗》云："銮声哕哕。"谓呃之发声有序如车銮声之有节奏也。(《伤寒论集注·
　　　　辨阳明少阳病脉证》)
用于文章，便为章节。如：
　　　　仲景以其或然或否，不可拘定，故散见诸节。(《伤寒论翼·太阳病解》)
用于德行，便为气节。如：
　　　　降志屈节，钦望巫祝。(《伤寒论·序》)
用于伦理，便为礼节。如：
　　　　客于股肱，则梦礼节拜起。(《灵枢·淫邪发梦》)
用于事理，便为法度。如：
　　　　医诚艺也，方诚善也，用之中节也，而药或非良，奈何哉？(《良方·自序》)
用于动作，便为节制。如：
　　　　喜怒不节，寒暑过度，生乃不固。(《素问·阴阳应象大论》)
　　这样，有关"节"的辐射式引申便如下图所示：

(二) 链条式

　　本义向一个方向展转引申，如同链条般地延申，称为链条式引申。试以"绳"字为例。

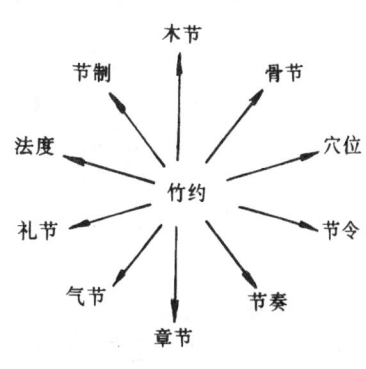

　　《说文·糸部》："绳，索也。"《灵枢·禁服》："寸口主中，人迎主外，两者相应，俱往俱来，若引绳大小齐等。"其中的"绳"字即为"绳索"之本义。
　　由绳索引申为木工用以正曲直的墨线。如：
　　　　故匠人不能释尺寸而意短长，废绳墨而
　　　　起平水也。(《灵枢·逆顺肥瘦》)
由正曲直的墨线引申为标准。如：
　　　　仲景诸方，实万世医门之规矩准绳也。(《局方发挥》)
由标准引申为按照一定的标准去纠正。如：
　　　　复者芟之，阙者缉之，讹者绳之。(《本草纲目》王士贞序)
　　这样，有关"绳"的链条式引申便如下图所示：
　　绳索──→墨线──→标准──→纠正

(三) 综合式

　　在词语运动形式中，单纯的辐射式和单纯的链条式比较少见，较多出现的是辐射、链条二式兼有的综合式。试以"轻"字为例。
　　《说文·车部》："轻，轻车也。"段玉裁注："引申为凡轻重之轻。"《周礼·车仆》："轻车之萃。"郑玄注："轻车，所用驰敌致师之车也。"这是"轻"的本义。《素问·阴阳应象大论》："因

其轻而扬之,因其重而减之,因其衰而彰之。"这是"轻"的直接引申义,即轻重之轻,亦即分量小。

由分量小引申为价值低。如:

> 夫医以苏人之困,拯人之危,性命为重,功利为轻。(《时病论·医家嫉妒害人论》)

由分量小引申为用力少。如:

> 右手轻而徐入。(《针经指南·标幽赋》)

由分量小引申为程度浅。如:

> 夫邪之中人,轻则传久而自尽。(《汗下吐三法该尽治病诠》)

由分量小引申为轻捷。如:

> 髓海有余,则轻劲多力。(《灵枢·海论》)

由分量小引申为轻浮。如:

> 治上焦如羽,非轻不举。(《温病条辨·治病法论》)

由分量小引申为轻率。如:

> 若辈贪功,妄轻投剂。(《不失人情论》)

由分量小引申为轻视。如:

> 若是轻身,彼何荣势之云哉?(《伤寒论·序》)

这样,有关"轻"的综合式引申便如下图所示:

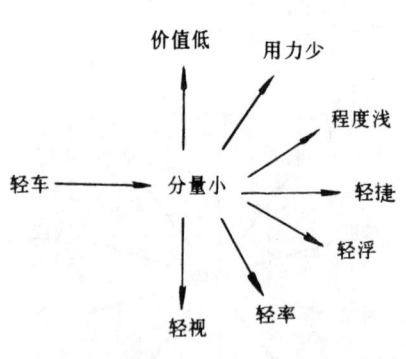

由"轻车→分量小→价值低"、"轻车→分量小→用力少"等组成的引申属于链条式;由"分量小"分别与"价值低"、"用力少"、"程度浅"等组成的引申属于辐射式。

四、引申的一般规律

词语意义引申的一般规律主要表现在以下两个方面。

(一) 由具体义到抽象义

如前所述,汉字属于表意文字的范畴,多用以描绘物体的形貌,因此,它所表达的本义自然应是比较具体的。随着社会的发展、认识的深化和交际的需要,有诸多词语的含义便逐渐朝抽象化方向发展。例如:

《说文·辵部》:"道,所行道也。"段玉裁注:"《毛传》每云:'行,道也。'道者,人所行,故亦谓之行。道之引申为道理,亦为引道。"可知"道"的本义为人所行之路。《华佗传》:"佗行道,见一人病咽塞。"其中的"道"用的就是本义。后来"道"便逐渐引申为"道理"、"学说"、"技艺"、"方法"、"标准"等抽象义。如:

> 伏羲、神农、黄帝之书,谓之三坟,言大道也。(《黄帝内经素问注·序》)

此指道理。

> 本性命,穷神极变,而针道生焉。(《甲乙经·序》)

此指学说。

> 古有铖砭,九法搜玄,道超凡矣。(《类经·序》)

此指技艺。

又若以己之心度人之心者，诚接物之要道，其于医也则不可。(《病家两要说》)
此指方法。

察之之方，岂无其道？(《病家两要说》)
此指标准。

他如"经"本义为"织从丝"，即织物的纵线，引申为量度、治理、经历、自缢等等，"间"本义为"隙"，指门户的空隙，引申为中间、隔开、差别、嫌隙、参与、乘间、离间、更迭、顷刻、近来等等，都是由具体义演变为抽象义。

(二) 由特定义到一般义

本义是指具有某一特征的特定事物，演变为具有这一特征的所有事物，这种由特定义向一般义变化的现象，是词义引申的一条基本规律，也是词义扩大的一条最重要的途径。例如：

《说文·衣部》："褊，衣小也。"段玉裁注："引申为凡小之称。"

罗名知悌……得金刘完素之再传，而旁通张从正、李杲二家之说。然性褊甚，恃能厌事，难得意。(《丹溪翁传》)

此"褊"即由"衣小"之本义所引申的"心胸狭小"义。

《说文·系部》："绪，丝端也。"段玉裁注："端者，草木初生之题也，因为凡首之称。抽丝者，得绪而可引，引申之，凡事皆有绪可缵。"

由是徧索两经，先求难易，反复更秋，稍得其绪。(《类经·序》)

此"绪"即由"丝端"之本义所引申的"端绪"义。

他如："硕"由"头大"的本义引申为凡大之称；"药"由"治病草"的本义扩大为能治病的各种药物；"皮"本指鸟兽之皮，扩大用于人与物的表面；"江"、"河"本义专指长江、黄河，扩大为泛指一切江河。

词义由具体到抽象和由特定到一般的引申，有时交织一处，不能截然划分。如上举"道"字例，由"所行道"引申为"道理"、"学说"、"技艺"、"方法"、"标准"等，固然属于具体义引申为抽象义，但由人所行之路引申为其他物质的通行之路，便属于特定义引申为一般义了。如：

惟近城十余港，乃入江故道。(《小仓山房诗文集·徐灵胎先生传》)

廉泉玉英者，津液之道也。(《灵枢·胀论》)

咽喉者，水谷之道也。(《灵枢·忧恚无言》)

以道留久，逆守而小，是为省下。(《素问·气交变大论》)张志聪注："道，五星所行之道路也。"

第三节 词义的辨别

有关词汇问题的积累应当包括两个方面：一是积累常用词及其主要义项；另一是积累辨别词义的方法。人们往往重视前一种积累，而忽略后一种积累。而如果缺乏后一种积累，在阅读古代医书的实践中，尤其是遇到费解的多义词时，就难免左右莫适，以致方枘而圆凿，仍然不能达到增强阅读能力的目的。有鉴于此，下面择要介绍几种辨别词义的方法。

一、言语环境的制约

多义现象普遍存在于词语的静止状态,亦即储存状态中,而一旦词进入句子,处于活动状态,亦即使用状态时,由于受到言语环境的制约,任何多义词就必然体现出单义性。这便是言语环境制约法作为辨别词义的一种重要方法而被有效使用的根本原因。就言语环境的范围而言,主要有以下三法。

(一) 本句制约

即词义受该词所在句子的文意制约。例如:

> 胃满则肠虚,肠满则胃虚,更虚更满,故气得上下。(《灵枢·平人绝谷》)

"更"多释为"改变"、"再",但本例的两个"更"字不能作这样的理解。上文说"胃满则肠虚,肠满则胃虚",胃与肠一满则另一虚,一虚则另一满,乃交替地虚与满,故知两个"更"字当为"交替"、"递互"之意。《汉书·张骞传》:"外国使更来更去。"颜师古注:"递互来去也。"

> 大气皆出,故命曰写……大气留止,故命曰补。(《素问·离合真邪论》)

本例中的两个"大气",其义皆可从所在句子中加以辨别。既曰写(古泻字),则皆出之大气当指邪气。既曰补,则留止的大气当指正气。王冰注前"大气":"谓大邪之气错乱阴阳者也。"注后"大气":"谓大经之气流行荣卫者。"正是此意。

> 伤寒厥而心下悸,宜先治水,当服茯苓甘草汤,却治其厥。(《伤寒论·辨厥阴病脉证并治》)

"却"有"退却"、"推却"、"但是"、"反而"诸义,但用于此例,都不合适。本条讲水停心下而厥逆的治则,从上文"先治水"可以看出下文"却治其厥"的"却"应意为"后"。

> 妇人年五十所,一朝而清血,二三日不止。(《脉经·平带下绝产无子亡血居经证》)

据下文"二三日不止",可知"清血"的"清"绝非"清凉"、"清静"、"清洁"之意,而应当是动词,"清血"即泻血。

> 下利后,当便硬,硬则能食者愈,今反不能食,到后经中颇能食,复过一经能食,过之一日当愈。(《伤寒论·辨霍乱病脉证并治》)
>
> 质其道,颇有奥理,不悖于古,而利于今,与寻常摇铃求售者迥异。(《串雅·序》)

这两例中各有一个"颇"字,都属于程度副词。上一例前面讲"不能食",后面说"能食"、"当愈",则中间的"颇能食"当谓稍能食,"颇"即"稍微"之意。"不能食","稍能食","能食","当愈",层次分明地反映了疾病痊愈的渐进过程。下一例既云"不悖于古,而利于今",又说同一般的走方医大不相同,可知"颇有奥理"当谓很有奥理,"颇"即"很"意。

> 乃撰集三部,使事类相从,删其浮辞,除其重复。(《甲乙经·序》)
>
> 今删其要,以备篇籍。(《〈汉书·艺文志〉序及方技略》)

这两例中各有一个"删"字,都是动词。上例"删"的对象是"浮辞",则"删"当为"删除"之意。下例"删"的对象是"要",要点自然不可删除,而应当保留,是知"删"当意为"节取"之意。

依据句子内部的逻辑关系来判定关联词的意义,也可归属于本句制约的范畴。

> 然刻意研精,探微索隐,或识契真要,则目牛无全。(《黄帝内经素问注·序》)
>
> 故凡治病之道,必确知为寒,则竟散其寒,确知为热,则竟清其热。(《景岳全

书·论治篇》）

上一例的"或识契真要,则目牛无全"和下一例的"必确知为寒,则竟散其寒"分别构成假设复句,"或……"句和"必……"句表假设,"则……"句表结果,皆意为"如果……,就……"。"或"与"必"皆作"若"解,说见吴昌莹《经词衍释》卷三和补遗。

    盖肺金主气,而治节行焉,此惟土生之金,坚刚不挠,故能生杀自由,纪纲不紊。
（《秋燥论》）
    然而执方医病,而病不能瘳,甚或反而杀人者,又何以说焉？则以脉候未辨,药性未明,惑于似而反失其真,知有方而不知方之解故也。（《医方集解·序》）

上一例的"惟……,故……"构成因果复句。"惟"犹"以",表原因,是"由于"的意思,说见王引之《经传释词》卷三。在下一例中,从"以……故"的结构可以看出,"以"当是表原因的连词,意为"因为"。

（二）本段制约

当词义仅仅依据所在句子的文意还难以辨别时,可扩至到该词所在段落来加以考察。这便是本段文意对词义所发挥的制约作用。例如：

    黄帝问曰："用针之服,必有法则焉。今何法何则？"岐伯对曰："法天则地,合以天光。"（《素问·八正神明论》）

黄帝所问"何法何则"并不是"什么法什么则"的意思,从下文岐伯答语"法天则地"中可以看出,"何法何则"应为"法何则何"。是疑问代词作宾语而置于动词前的句式。黄帝问"效法什么",岐伯答"效法天地",则意义允当。

    黄帝问于岐伯曰："人有八虚,各何以候？"岐伯答曰："以候五藏。"（《灵枢·邪客》）

据岐伯答语"以候五藏"可以看出,黄帝问语中的"何以候"并非"以何候",而是"以候何",即用来诊候什么,故下文说用来诊候五脏。此例中的"八虚"指两肘、两腋、两髀、两腘。肘候肺、心之邪,腋候肝之邪,髀即大腿弯,候脾之邪,腘即膝后弯,候肾之邪。

    头痛发热,微盗汗出,而反恶汗者,表未解也。医反下之,动数变迟,膈内拒痛,胃中空虚,客气动膈,短气躁烦,心中懊憹,阳气内陷,心下因硬,则为结胸,大陷胸汤主之。（《伤寒论·辨太阳病脉证并治下》）

其中的"阳气"究竟指什么,是正气还是邪气？联系上文"表未解",说病人表邪未解,"医反下之",说医生误用攻下法,以致"阳气内陷",形成结胸,可知"阳气"不可能指正气,而只能是邪气,确切地说,当为表邪。

    男子尺脉固宜沉实,但带数有力,是湿热所致,有余之疾也。医作不足治之,则非矣。性畏针,遂以手指于肾俞穴行补泻之法。（《针灸大成·医案》）

本例首句既明言为邪气有余之疾,次句又指出他医作正气不足疗治之非,则末句所述正确的治法便不可能是既补又泻,而应当为泻法,可知"补泻"义偏于"泻"。

    医善专门,方贵经验。古今方书传于世者甚众,盖初学之士犹临海问津,焉能适从哉？书林旧刊文江孙氏《医方集成》,后之名医续增《宣明》、《拔粹》等方,又谓之大成。是皆经历效验,有不待试而百发百中者,诚卫生之捷径也。（《医书大全·自序》）

本例中的"经验"究竟为一个词还是一个词组,从本句中难以看出,但是如果联系下文的"经历效验",就可得知"经验"乃是"经历效验"之意,并非名词,而是动宾词组。

> 天地犹此天地,人物犹此人物。若人气薄,则物性亦薄,岂有人今而药独古也。

(《金匮要略心典》徐大椿序)

为了判定"人物"一语,仅依本句还不能抉择,但一联系下句"若人气薄,则物性亦薄",就知道"人物"并非如现代汉语中常见的偏义于"人",而是"人和物"的意思。又据下文"人今而药独古",可知"人物"之"物"应具体指药。

> 黄帝问曰:"人身非常温也,非常热也,为之热而烦满者,何也?"岐伯对曰:"阴气少而阳气胜,故热而烦满也。"帝曰:"人身非衣寒也,中非有寒气也,寒从中生者何?"岐伯曰:"是人多痹气也,阳气少阴气多,故身寒如从水中出。(《素问·逆调论》)

王冰训释"非常"为"异于常候",是未顾及上下文句之照应。下句言"非衣",此谓"非常",可知"常"当为"衣服"之义。《说文·巾部》:"常,下帬也。从巾,尚声。或从衣。"是"常"为"裳"的本字。裳亦即衣。《说文·衣部》"衣"云:"上曰衣,下曰常。"《诗经·小雅·斯干》郑玄笺:"裳,昼日衣也。"《礼记·曲礼上》孔颖达疏:"衣,裳也。"是知"裳"和"衣"本可通称。

> 夫盐之味咸者,其气令器津泄;絃绝者,其音嘶败;木敷者,其叶发。病深者,其声哕。人有此三者,是谓坏府,毒药无治,短针无取。(《〈黄帝内经〉两篇》)

此例"其叶发"的"发"比较费解。据上文"器津泄"、"音嘶败"与下文"声哕"以及"病深"、"坏府"、"毒药无治"、"短针无取"等等而言,"发"不当为"生发"之类好的意义,而应是"衰败"之类差的意思。"木敷者,其叶发",《太素·知针石》作"木陈者,其叶落",言树木陈久,其叶飘落。"飘落"义由"发"通"废"而来。《尔雅·释诂下》:"废,舍也。"郝懿行《义疏》谓'废'与'发'通,并引《方言》云:"发,舍车也。"且再三为言:"以'舍车'为'发','发'即'废'也。" "'发'之与'废'义若相反而实相成。"王念孙在《广雅疏证·释诂》中,也于引证《尔雅》、《方言》之说后指出:"'发'与'废'声近而义同。"

(三) 本篇制约

当词义依据所在句子或段落的文意仍然难以辨别时,更可扩至所在文章来加以考察。这便是本篇文意对词义所发挥的制约作用。为避全篇抄录过于烦冗,兹提要予以说明。

比如包恢为黎民寿《简易方论》所作的序文,共可分为三个段落。第三段中有"而僧坦方法之不得见者,君皆多多益辨"和"得君之方法者何幸"二句,"方法"一语前后二见。为了辨别"方法"究竟是一个双音词还是一个联合词组,就得考察全序的有关文句:"盖必有良法有良方,法非方不徒行,方非法不能用"(第一段);"此岂非法良方亦良,故有是功效乎?然史徒载其去病之验,而法与方俱不可考"(第二段);"悟法之精,蓄方之富","或得一法一方","故明出其方,明著其法","使人皆可凭此法、按此方"(第三段)。分别说"方"与"法"计有九处之多。可知"方法"乃是联合词组,指方剂和治法。

再如在教材所收录的《与崔连州论石钟乳书》中,"夫言土之出者,固多良而少不可,不谓其咸无不可也",是全文的中心论点。对于其中的"土"字,或云土壤,或曰产地,究竟何者为确诂。若就字释字,则二说皆可;而一旦联系全文,便可看出,当以"产地"之释为准。作者先指出同一地区的岩石有精粗疏密之别,则其所依附的钟乳当有优劣之分,接着采用归谬法说明出于同一地区的八种物质、五类人事绝不能等量齐观,最后引证《神农本草经》等本草学著作对丹砂、当归、人参、黄芩、附子、甘遂六药从形状、色泽、质地诸方面提出的具体要求,得出如下结论:"若果土宜乃善,则云生某所,不当又云某者良也。"意为如果某种物质只要生长在适宜的土壤中,就必定是优质的,那么本草学著作只应当说某物生长于某个地区,不应当又说某种质地为优良了。从以上分析中可以看出,"夫言土之出者"的"土"应理解为"产地",而不宜视作"土壤"。

二、对举结构的依据

古人作文,往往用句讲究排偶,遣词顾及对应。因此,依据对举结构来察辨词语的意义,也是一种常用而有效的方法。处于结构相同的句子中同一位置上的词语,称为对举的词语。词性或结构一致,意义相同、相反或相类,是对举词语的特点。因此,只要掌握对举词语中某个词语的意义,那么与它对举的词语的意义也便不难准此而推知。

(一) 同义对举

即对举的词语意义相同。例如:

稽其言有征,验之事不忒。(《黄帝内经素问注·序》)

"验之事"的"之"犹"稽其言"的"其"。"之"之训"其",古书中多载其例。如《诗经·小雅·采绿》:"之子于狩,言韔其弓;之子于钓,言纶之绳。""纶之绳"即纶其绳,该"之"字与"韔其弓"的"其"避复。《孟子·公孙丑上》:"廛无夫里之布,则天下之民皆悦而愿为之氓矣。"《周礼·载师》郑玄注引"为之氓"作"为其民"。

头风头痛,刺申脉与金门;眼痒眼疼,泻光明于地五。(《针经指南·标幽赋》)

"于"并非介词,而是连词,表并列。这可从它的对举之词"与"得知。《经传释词》卷一言"于":"与也,连及之词。"

茅根止血与吐衄,石苇通淋于小肠。(《药性赋·寒性》)

"与"不是并列连词,而是介词,介绍动作的对象,言茅根对于吐血和衄血具有止血的作用。这可从它的对举之词"于"推及。"与"之为"于",说见《经词衍释》卷一。

脱偶尔值差,则自信方验;若旬月未瘳,则言病源深结。(《神农本草经·序录》陶弘景注)

"脱"与"若"对举,"脱"亦即"若",意为"如果"。刘淇《助字辨略》卷五:"脱,或辞,犹'倘'也。"《词诠》卷二:"倘,假设连词,若也,如也。"可证。

以上并为虚词同义对举。

赍百年之寿命,持至贵之重器,委付凡医,恣其所措。(《伤寒论·序》)

"赍"字虽较费解,但从其对举之词"持"得知,亦当为"抱持"义。王充《论衡·纪妖》:"妖气象人之形,则其所赍持之物,非真物也。""赍"与"持"同义复用,可证。

饮食伺衅,成肠胃之眚;风湿候隙,遘手足之灾。(《新修本草·序》)

"衅"与"隙"对举,"衅"也是"隙"的意思。顾野王《玉篇》:"衅,暇隙也。"是其证。同理,"眚"与"灾"对举,则"眚"亦当意为"灾"。"眚"本谓眼睛生翳。《说文·目部》:"眚,目病生翳也。"引申为日蚀,而古时又以日蚀为灾。《左传·庄公二十五年》:"非日月之眚不鼓。"杜预注:"眚,犹'灾'也。月侵日为眚。"是知"眚"、"灾"一义。

自雷、岐、仓、缓之作,彭、扁、华、张之起,迨兹厥后,仁贤间出,岁且数千,方逾万卷,专车之不受,广厦之不容。(《外台秘要·序》)

本例之"受",非"接受"之"受"。"受"与"容"同义对举,"受"亦即"容"。钱绎《方言笺疏》卷六:"受,犹'容'也。"

> 始刺浅之,以逐阳邪之气;后刺深之,以致阴邪之气。(《甲乙经·九针九变十二节五刺五邪》)

"致"常例为"招致"之"致",但在本句内与"逐"对举,当为"逐出"之意。《甲乙经》本句上文有"先浅刺绝皮以出阳邪,再刺则阴邪出者"句;《太素·三刺》有"一刺则阳邪出,再刺则阴邪出"句,并言"再刺则阴邪出",可证本例之"后刺深之,以致阴邪之气"的"致"宜作"逐出"解。

以上并为同义实词对举。

(二) 反义对举

即对举的词语意义相反。例如:

> 取分肉间,无中其经,无伤其络,卫气得复,邪气乃索。(《素问·调经论》)

"索"与"复"对举,"复"谓恢复,"索"则谓离散,意义相反。言刺法得宜,正气可返回,邪气能散去。

> 是以人有德也,则气和于目;有亡,忧知于色。(《素问·解精微论》)

据下文"亡"(意为"失"),知上文的"德"当通"得"。有得,则气和于目,有失,则忧知于色,意义正相反对。王冰释为"道德"之"德",失之。《太素·水论》"德"正作"得"。

> 补须一方实,深取之,希按其痏,以极出其邪气;一方虚,浅刺之,以养其脉,疾按其痏,无使邪气得入。(《太素·三刺》)

> 凡刺之法,必察其形气,形肉未脱,少气而脉又躁。躁厥者,必为缪刺之,散气可收,聚气可希。(同上)

这两例中各有一个"希"字。由于与"希"对举之词的不同,"希"的意义也便有别。上例的"希"与"疾"对举,"疾"为"疾速"义,则"希"为"缓慢"义。杨上善注:"希,迟也。"下例的"希"与"收"对举,"收"为"收聚"义,则"希"为"耗散"义。杨上善注:"希,散也。"言缪刺之益,耗散的正气能收聚,收聚的邪气可耗散。

(三) 类义对举

类义对举包括两种情况,一是对举之词意义相类似,二是对举的词组结构相一致。

前者如:

> 今以躁竞之心,涉希静之涂,意速而事迟,望近而应远,故莫能相终。(《养生论》)

"应"绝非能愿动词"应当"的意思,而是名词"效验"(指养生的效验)之意。这既能从与其当句对举的"望"(希望,名词)辨出,更可据上句与其对举的"事"得知。

> 暨炎晖纪物,识药石之功;云瑞名官,穷诊候之术。(《新修本草·序》)

"云瑞"不当释为"云彩呈祥"之类。"云瑞"与"炎晖"对举,"炎晖"既指神农氏,作主语,则"云瑞"也应是个名词,作主语。《左传·昭公十七年》:"昔者黄帝氏以云纪,故为云师而云名。"杜预注:"黄帝受命有云瑞,故以云纪事,百官师长,皆以云为名号。"可知"云瑞"当指"黄帝"。

> 数月运腕,始成篇帙,计卷有六,仅字九万。(《轩岐救正论·自序》)

"仅"若按常义训作"才",则与其对举之词"计"意义不协。《说文·人部》"仅"字条段玉裁注:"唐人文字'仅'多训'庶几'之'几'。"引例如杜甫《泊岳阳城下》诗:"江国逾千里,山城仅百层。""仅字九万"之"仅"即为"几乎"之义,意为字几乎九万,与"计卷有六"意义相类。

每计人生斯世，无百年不尽之身，而有千古不磨之泽。泽一邑，泽九有，遇使然也。(《神农本经会通》滕万里序)

本例的"有"并非动词"有无"之"有"。"有"与"邑"对举，"邑"为名词，指城市，"有"亦为名词，意为州域。"九有"即"九州"。是知"有"与"邑"意义相类。

后者如：

谷入于胃，胃气上注于肺，今有故寒气与新谷气俱还入于胃，新故相乱，真邪相攻，气并相逆，复出于胃，故为哕。(《灵枢·口问》)

"真邪"并非偏正词组，这可从与其对举的词语"新故"得知。"新故"谓新与旧，即指上文的故寒气和新谷气，为联合词组，并且是一对反义词，则"真邪"也应当是联合词组，并且是一对反义词，即正与邪。"真"指上文的新谷气，"邪"谓上文的故寒气。

嗜欲煎其内，权位牵其外，其于过分内热之损，胡可胜言？(《千金翼方·退居》)

"嗜欲"易误作动宾词组"贪欲"解，但从与其对举的"权位"这一联合词组来看，"嗜欲"亦当为联合词组，意为"嗜好和欲望"。

暴过不生，苛疾不起。(《素问·六元正纪大论》)

逆之则灾害生，从之则苛疾不起。(《素问·四气调神大论》)

这两例各有"苛疾"一语。王冰训两"苛"字并为"重"。征之上例，"苛疾"与"暴过"对举，"苛"固有"重"义。而下例的"苛疾"与"灾害"对文。"灾害"为同义名词复用，则"苛疾"亦宜视作同义名词复用。"苛"与"疴"通，参见《礼记·内则》"疾痛苛痒"郑玄注。《说文·疒部》："疴，病也。"是知"苛疾"应为"疾病"义。

三、其他方法的运用

除了上面谈到的以外，另有一些可资利用的辨析词义的方法。因其比较琐细而具体，便以"其他"命之，而再分为若干细目。

（一）思同义连用

古汉语词汇以单音词占主导地位，而现代汉语词汇以双音词居绝对优势。其间的演变虽有多种途径，但同义词复用乃是其中重要的一条。具体来说，就是古汉语中两个同义的单音词由于经常连用，而逐步趋于固定，演变为一个双音词。唯其如此，我们在阅读古书时，如果对句中某个单音词的意义不甚理解，便可联想现代汉语中由该词作为词素的双音词，进而以这个双音词替换句中的单音词，能与句意吻合的，说明句中的单音词就是这个双音词的意义。例如：

往，余为民莹立传，曾未得其什二三，乃今要我以平生之言，奈何负民莹地下？遂受季公状，撫其轶事志之。(《明处士江民莹墓志铭》)

例中的"撫"意义较为难解。现代汉语中有"撫拾"一词。"撫拾"移入句中，为"撫拾其轶事"，语意颇为畅通，可知"撫"当为此义。

感往昔之沦丧，伤横夭之莫救。(《伤寒论·序》)

对这个"沦"字，可联想到现代汉语里有"沦落"一词，而换入句中，又比较妥贴，则知"沦"即意为"沦落"。

惧伤子敬醇懿，仍习谬误，故勤勤以云也。(《与崔连州论石钟乳书》)

这一"仍"字，假使取其常用义"依然"，似乎不太确切。现代汉语里有"频仍"一词。将"频仍"

置入句中，语意就较为顺当，可知"仍"便是"频仍"之意。章士钊在《柳文指要》内注释"仍习谬误"为"频频习惯于谬误"，以"频频"训"仍"，可证。

    针道微，而经络为之不明。(《十四经发挥·自序》)

"微"的义项有"细小"、"贫贱"、"幽深"、"隐匿"等，但置于句中都不合适。可联想到"衰微"一词，把它放到句内，说针道衰微，经络就因此不明，则文顺而意通。

  以上"撝拾"、"沦落"、"频仍"、"衰微"诸双音词，在《现代汉语词典》里都占有一席之地。

(二) 循用词惯例

  古汉语词汇在长期运用过程中，有时会出现以下一些现象：

  一是某词与某词搭配，便必定具有某义，因而词语的搭配惯例可以作为辨别词义的一种方法。比如"阴"与"阳"，同山名搭配，则"阴"指北，"阳"指南，与水名搭配，则水南为"阴"，水北为"阳"。又如：

    居亡何，左手足挛不能用。(《钱仲阳传》)

    亡如世鲜知十之才士，以阙如为耻，不能举一反三，惟务按图索骥。(《温病条辨·叙》)

    故世递降而术益勘，率多市井亡赖，空门孽髡。(《察弊》)

    古今擅名医业，亡虑数百家。(《伤寒论类证便览》唐高仁序)

"亡"与"何"搭配为"亡何"，与"如"搭配为"亡如"，与"赖"搭配为"亡赖"，与"虑"搭配为"亡虑"，则"亡"必通"无"，"亡何"同"无何"，"亡如"同"无如"，"亡赖"同"无赖"，"亡虑"同"无虑"。他如"亡"与"状"、"聊"、"谓"等搭配为"亡状"、"亡聊"、"亡谓"等，"亡"也必通"无"。

    养臂指者常屈信。(《褚氏遗书·分体》)

    (痉者)汗出多，能诎信。(《五十二病方》)

"屈"与"信"搭配，"信"必通"伸"。"屈信"即"屈伸"。下例之"诎"通"屈"，"诎信"亦即"屈伸"。

  二是有些词语出现在句中的某个位置上，就必然具有某一意义或某种用法，因而词语所处位置也可作为辨别其义的一种方法。比如"云"字，当它出现在文末或段末时，就一定是语气助词。王引之称之为"语已词"(《经传释词》卷三)，即表示文意结束的词。"而相成之德，谓孰非后进之吾师云"中的"云"，出现在《类经·序》的文末，"时人比之仲景、东垣云"中的"云"，出现在《景岳全书》林日蔚纪略的一段之末，都作语气助词。又如"不"字，当它出现在疑问句的句末，总是同"否"。这在医书中比较常见："病有少腹盛，上下左右皆有根，此为何病？可治不？"(《素问·腹中论》)"荣气之行，常与卫气相随不？"(《难经·三十难》)下面再举数例。

    第世人血脉同而受病异，或因禀受，或因染袭，知大黄可以导滞，而不知其寒中，知附子可以补虚，而不知其遗毒，子能一一救诸？(《医学入门·引》)

    倘于乡陬僻壤，证患奇难，一时罕有良医调剂，备此查考，对证用药，立能起死回生，功效匪浅，慎勿以此编易简而忽诸。(《种福堂公选良方》杜玉林序)

"诸"处于疑问句的句末，必定作兼词"之乎"讲，如前一例；"诸"处于非疑问句的句末，必定为代词，相当于"之"，如后一例。

  他如："之"处于主语和谓语之间都是结构助词，为取消句子独立性的标志；"而"处于主语与谓语之间，多为假设连词"如果"义；"粤"、"夷"用于句首，"与"、"为"用于句尾，一般总是语气助词。

  三是形成诸多固定结构。所谓固定结构，是指两个或两个以上的词因经常搭配使用而形成的约定俗成的结构形式。由于固定结构一般具有固定的意义，因而只要熟悉这些固定结构，其义也就不言自明。例如：

　　汤针既加，妇痛急如欲生者。（《华佗传》）

　　亲中人有病如成者。（同上）

"如……者"是个固定结构，其义为"象……样的"。

　　先生得无诞之乎？何以言太子可生也！（《扁鹊传》）

　　细思其故，得毋来诊时日已西沉，行急而咳亦甚，因之气塞脉乱，乃有此象欤？（《医话四则》）

"得无……乎"、"得毋……欤"为固定结构，其中"无"或"毋"换成"不"、"莫"、"非"、"勿"等否定词，"乎"或"欤"换成"耶"、"邪"等语气词，都是"莫不是……吧"的意思。

　　胃中虚冷，水谷不化，小便纵通，复不能多，微则可救，聚寒心下，当奈何也？（《脉经·病不可水证》）

　　万一寸管招尤，致使正道难明，谤吠日腾，将奈之何？（《轩岐救正论·自序》）

　　其在骨髓，虽司命无奈之何！（《扁鹊传》）

首例的"奈何"一般都可解释为"怎么样"或"怎么办"，次例的"奈之何"一般都可解释为"对……怎么样"或"拿……怎么办"，末例的"无奈之何"一般都可解释为"不能对……怎么样"或"不能拿……怎么办"。其中的"奈"换成"若"与"如"，其意相同。

他如："为……所"一般总是表示被动，可对译为"被"；"特（或但、徒、独、第、直、止、顾、只、唯、才、仅）……耳（或尔、而已）"的意思都是"只是……罢了"。"既……，终……"或"既……，且……"均是"既……，又……"。

（三）依成语古义

　　出现在成语中的词一般保留了该词在发展过程中较早时期的意义，而许多成语又沿用不衰，人们耳熟能详。因此，遇到用今义难以说通的词时，不妨联想由该词所组成的成语，从中了解它的较古的意义，或许这一意义正是我们所要寻求的。例如：

　　若形似疟，一日再发者，汗出必解，宜桂枝二麻黄一汤。（《伤寒论·辨太阳病脉证并治上》）

"再"的常用义为"更加"或"有所等待"（如"以后再说"的"再"）。这里的"再"用的却是本义"两次"的意思。"一日再发"谓一天发作两次。《说文·冓部》："再，一举而二也。"段玉裁注："凡言'再'者，重复之词，一而又有加也。"成语"再世交"、"再衰三竭"保留了这个古义。

　　尔有令名，恶用乎黄发？（《明处士江民莹墓志铭》）

"令"今多作"命令"或"使"解，但古有"美善"义。"令名"意为美名、善名。"令"的这一意义可从成语"巧言令色"中见其端倪，"令色"为和善的面容，此成语取其贬义，谓谄媚。

　　诚能留心研穷，究其微赜，则可以比踪古贤，代无夭横矣。（《脉经·序》）

这个"比"，并非常用的"比较"、"比拟"之"比"，而是"并列"、"紧靠"的意思。成语"比肩接踵"保留了这个意义。

　　苟将起度量，立规矩，称权衡，必也《素》、《难》诸经乎！然吾乡诸医鲜克知之者。（《丹溪翁传》）

"鲜"现常用其"味美"、"新鲜"义，读作 xiān，而古书中常意为"少"，读为 xiǎn，本例的"鲜"就是这个用法。此义保存在成语"寡廉鲜耻"中。

他如"唯唯诺诺"保留了"唯"的"应答声"义,"洗心革面"保留了"革"的"更改"义,"耳闻目睹"保留了"闻"的"听见"义,"少不更事"保留了"更"的"经历"义,"感激涕零"保留了"涕"的"泪水"义,"坚甲利兵"保留了"兵"的"兵器"义,"康庄大道"保留了"庄"的"道路"义,"走马观花"保留了"走"的"奔跑"义,"否极泰来"保留了"否"的"衰微不通"义,"不速之客"保留了"速"的"召请"义,"运斤成风"保留了"斤"的"斧斤"义,"缘木求鱼"保留了"缘"的"攀援"义,"一暴十寒"保留了"暴"的"晒"义,等等。

第四节　语法与词句意义的关系

语法是语言结构的规律。在汉民族语言的发展过程中,语法较之于语音尤其是词汇,具有相对的稳定性,古今语法的差异点远逊于它们的共同处。但是这一差异必须引起我们的重视,因为它同词句的意义具有不可分割的联系。如果说不明古今词义的变化,容易出现以今释古的问题,那么不明古今语法的差异,同样会引起误解古书词句意义的弊端。本节就古今差异较为明显且与词句意义关系密切的语法问题予以例析。

一、语法与词义的识别

对词义具有较大影响的语法问题是词的临时性语法功能。汉语除介词、连词、助词、叹词外,属于其他词类的词在句子中都能充当一定的成分,如名词充当主语、宾语、定语等,动词充当谓语,形容词充当定语、谓语、状语等,这些基本语法功能是古今相同的。但是在古代汉语中,为了表达的需要,某些词可以按照一定的语言习惯灵活运用,在句中具有其基本语法功能范围外的临时语法功能。这样,该词的意义也就随之而变化,以与其所具有的临时语法功能相吻合,如名词与形容词具有动词的功能、名词具有状语的功能以及使动功能、意动功能。其中使动功能与意动功能尤为值得注意。

(一) 名词与形容词具有动词功能

　　若夫法天则地,随应而动,和之者若响,随之者若影。(《〈黄帝内经〉两篇》)
　　(少阴脉)若反滑而数者,故知当屎脓也。(《伤寒论·辨脉法》)

前例的"法"、"则"与后例的"屎"原为名词,在句中具有动词功能,分别为动词义"效法"与"排泄"。

　　有之,自草泽医始,世所谓走方是也。人每贱薄之。(《串雅·序》)
　　少阳之人,多阳少阴,经小而络大,血在中而气外,实阴而虚阳。(《灵枢·通天》)

前例的"贱薄"与后例的"实"、"虚"原为形容词,在句中具有动词功能,分别为动词义"鄙视"与"补"、"泻"。

以上四例有个共同的现象,就是具有动词功能的名词、形容词后都带宾语,如"法"、"则"后分别有宾语"天"、"地","屎"后有宾语"脓","贱薄"后有宾语"之","实"、"虚"后分别有宾语"阴"、"阳"。这是因为名词与形容词不能带宾语,而只有动词可以带宾语,所以当名词与形容词在句中带宾语时,就具有动词的功能,从而成为动词义。

　　其瓶盛得三升以来,以六一泥泥于火畔,炙之令干。(《〈雷公炮炙论〉六则》)
　　漉去滓三分之一,将二分日干,为末。(《本草纲目·假苏》)

前例的后一"泥"与后例的"日"本是名词,在句中具有动词功能,分别为动词义"涂抹"与

"晒"。其共同现象是后面都有补语,如"泥"后有"于火畔","日"后有"干"。这是因为名词不能受补语补充,而动词可以受补语补充,所以当名词在句中受补语补充时,就具有动词的功能,从而成为动词义。

　　宁士不鲁邹,客不公侯,何可一日以无贾君?(《赠贾思诚序》)
　　经之有《难经》,句句皆理,字字皆法。(《类经·序》)

前例的"鲁邹"、"公侯"与后例的"理"、"法"原是名词,在句中具有动词功能,分别为动词义"成为孔子、孟子一样的人"、"成为公侯"与"符合道理"、"符合法则"。其共同现象是都受副词修饰,如"鲁邹"、"公侯"前均有"不","理"、"法"前并有"皆"。这是因为名词不能受副词修饰,而动词可以受副词修饰,所以当名词在句中受副词修饰时,就具有动词的功能,从而成为动词义。

　　若当针,亦不过一两处。(《华佗传》)
　　其苗可蔬,叶可啜,花可饵。(《〈本草纲目〉六则》)

前例的"针"与后例的"蔬"本为名词,在句中具有动词的功能,分别为动词义"针刺"与"吃"。其共同现象是都同能愿动词组合,如"针"前有"当","蔬"前有"可"。这是因为能愿动词不能同名词组合,而可以同动词组合为能愿合成谓语,所以当名词在句中与能愿动词组合时,就具有动词的功能,从而成为动词义。

　　躬自稼穑,带经而农。(《皇甫谧传》)
　　闻而藏之,则而行之。(《灵枢·师传》)

前例的"农"与后例的"则"原是名词,在句中具有动词的功能,分别为动词义"干农活"与"作为准则"。其共同现象是都同"而"连接,如"农"前有"而","则"后有"而"。这是因为"而"一般不常连接名词,而多连接动词或动词词组,所以当名词前或后有"而"连接时,就可能具有动词的功能,从而成为动词义。

　　这里讲的是"可能",因为也有例外的情况。如《素问·病能论》:"夫痈气之息者,宜以针开除去之;夫气盛血聚者,宜石而写之。此所谓同病异治也。"上文说"宜以针开除去之",下文讲"宜石而写之",可知"石"意为"以石",作"写"的状语,而不是动词义。又如《素问·脉要精微论》:"言而微,终日乃复言者,此夺气也。"其中的"言"意为言语,是名词义,而不是动词义。

　　阴阳既立,三才位矣。(《类经·序》)
　　菊春生夏茂,秋花冬实。(《〈本草纲目〉六则》)

前例的"位"与后例的"花"、"实"本为名词,在句中具有动词的功能,分别为动词义"确定位置"与"开花"、"结实"。其共同现象是虽然不具备上述条件,但都在句中充当谓语。这是因为名词不能作谓语,而动词可以作谓语,所以当名词在句中作谓语时,就具有动词的功能,从而成为动词义。

　　临时具有动词功能的名词存在着两个特点:一是它在句中的动词义与原有的名词义之间存在着一定的联系。如上述"屎"意为"排泄"、"泥"意为"涂抹"、"蔬"意为"吃",都是动作的对象与动作本身的联系;"日"意为"晒"、"针"意为"针刺",是动作的主体与动作本身的联系。二是具有动宾词组的意义,而这个名词正是该动宾词组的宾语。换句话说,只要在这个名词前加上适当的动词,使它成为动宾词组,就是这个名词在句中的意义。如上述"法"意为"效法"、"公侯"意为"成为公侯"、"理"意为"符合道理"、"农"意为"干农活"、"则"意为"作为准则"、"位"意为"确定位置"、"花"意为"开花"等。临时具有动词功能的形容词,它在句中的动词义与原有的形容词义之间也存在着一定的联系。如上述"贱薄"意为"鄙视",是动作的原因与动作本身的联系;"实"意为"补","虚"意为"泻",都是动作的结果与动作本身的联系。

(二) 名词具有状语功能

具有状语功能的名词主要用以表示以下意义:

文字昭晰,义理环周,一以参详,群疑冰释。(《黄帝内经素问注·序》)

一时学者咸声随影附。(《丹溪翁传》)

前例"冰"意为"象冰一样地",后例"声"与"影"分别意为"象声音一样地"、"象影子一样地"。这是表示比况,即"象……一样地"。

存其可济于世者,部居别白,都成一编。(《串雅·序》)

弗治,满十日,法当死。(《素问·玉机真藏论》)

前例"部"意为"按照类别",后例"法"意为"按照常规"。这是表示依据,即"按照……"。

每服一钱半,清茶调服。(《本草纲目·夏枯草》)

诸风寒之邪,结搏皮肤之间,藏于经络之内,留而不去,或发疼痛走注,麻痹不仁,及四肢肿痒拘挛,可汗而出之。(《汗下吐三法该尽治病诠》)

前例"清茶"意为"用清茶",后例"汗"意为用发汗法。这是表示工具、方式,即"用……"。

浦江郑义士病滞下,一夕忽昏仆,目上视,溲注而汗泄。(《丹溪翁传》)

其气积于胸中者,上取之;积于腹中者,下取之。(《灵枢·卫气失常》)

前例"上"意为"向上",后例"上"、"下"分别意为"从上部"、"从下部"。这是表示趋向,即"向……"、"从……"。

故学者必须博极医源,精勤不倦,不得道听途说,而言医道已了。(《大医精诚》)

西方者,金玉之域,沙石之处,天地之所收引也,其民陵居而多风。(《素问·异法方宜论》)

前例"道"与"途"均意为"在路上",后例"陵"意为"在山陵"。这是表示处所,即"在……"。

病初发,岁一发;不治,月一发;不治,月四五发。名曰癫疾。(《甲乙经·阳厥大惊发狂痫》)

时朱彦修氏客城中,以友生之好,日过视予,饮予药,但日服而病日增。(《医话四则》)

前例"岁"、"月"意为"每年"、"每月",后例前一"日"意为"每日",后二"日"均意为"一日日地"。这是表示时间,即"每……"或"一……地"。

综上所述,可见名词出现在谓语之前,如果不是主语,便作状语。这是因为按照语序的一般规律,出现在谓语前而又同谓语发生结构关系的,除了主语,便是状语。

还可看出,将上述六种意义中的省略号换上具有状语功能的名词,即为该名词在句中的意义,如"象……一样地"中的省略号换上"冰",成"象冰一样地",即为"群疑冰释"中的"冰"的意义,"用……"中的省略号换上"清茶",成"用清茶",即为"清茶调服"中的"清茶"的意义。同时还可看出,具有状语功能的名词除了表示比况、时间外,其余都具有介宾词组的意义,而这个名词正是该介宾词组的宾语。换句话说,只要在这个名词前加上适当的介词,使它变成介宾词组,就是这个名词在句中的意义。如表依据的加"以"(即"按照"义),表工具、方式的加"用",表趋向的加"向"或"从",表处所的加"在"。

（三）使动功能

在通常情况下,动词谓语的意义由主语发出,其对象是宾语,而当动词谓语的意义不是由主语发出,而是主语使宾语所具有时,该动词谓语便为使动义。具有使动义的词可称为使动词。动词和具有动词功能的形容词、名词可作使动词。例如:

　　至于啬神养和、休老补病者,可得闻见也。(《外台秘要·序》)
　　(牡菊)烧灰撒地中,能死蛙黾。(《本草纲目·菊》)

前例的"休"、"补"与后例的"死"本为动词,在句中具有使动功能, 分别为使动义"使……休养"、"使……补救"与"使……死"。

　　量其意趣,加字以昭其义。(《黄帝内经素问注·序》)
　　皮者,肺之合也,人之阳也,故为之治针,必以大其头而锐其末,令无得深入而阳气出。(《灵枢·九针》)

前例的"昭"与后例的"大"、"锐"原是形容词,在句中具有使动功能,分别为使动义"使……明显"与"使……粗大"、"使……尖锐"。

　　虽微及岐黄之灵,肉骨而生死,不无小补于人间。(《外科正宗。自序》)
　　汇辑成帙,以灾枣李。(《医门补要·自序》)

前例的"肉"与后例的"灾"本是名词,在句中具有使动功能,分别为使动义"使……长肉"与"使……遭灾"。

综上所述,可见使动词与其宾语的对译格式是:使+宾语+使动词。如"休老"即为:使+老+休。同时可见使动词与其宾语的关系,在形式上虽为动宾词组,实际上却具有较为复杂的兼语词组的意义,如动宾词组"死蛙黾"具有兼语词组"使蛙黾死"的意义(在"使蛙黾死"中,"蛙黾"既是"使"的宾语,又是"死"的主语,因而"蛙黾"为兼语,"使蛙黾死"为兼语词组)。

（四）意动功能

当动词谓语的意义不是由主语发出,而是主语认为宾语具有这一意义或主语把宾语当作这一意义时,该动词谓语便为意动义。具有意动义的词可称为意动词。具有动词功能的形容词、名词可作意动词。例如:

　　而贪常习故之流,犹且各是师说,恶闻至论。(《温病条辨·叙》)
　　然今之议者,以为双解不可攻里,谤议纷纭,坐井小天,诚可憾也! (《儒门事亲·攻里发表寒热殊途笺》)

前例的"是"与后例的"小"本为形容词,在句中具有意动功能,分别为意动义"认为……正确"与"认为……小"。可见具有意动功能的形容词与其宾语的对译格式是:认为+宾语+形容词。如"小天"即为:认为+天+小。

　　扁鹊过齐,齐桓侯客之。(《扁鹊传》)
　　余子万民,养百姓,而收其租税。(《灵枢·九针十二原》)

前例的"客"与后例的"子"原是名词,在句中具有意动功能,分别为意动义"把……当作客"与"把……当作子"。可见具有意动功能的名词与其宾语的对译格式是:把+宾语+当作+名词。如"子万民"即为:把+万民+当作+子。

二、语法与句意的理解

对句意具有较大影响的语法问题是语序。宾语置于动词谓语之后，定语置于中心语之前，谓语置于主语之后等，是古今汉语共有的语序。但是在古代汉语中，为了表达的需要，可以按照一定的语言习惯灵活地安排语序，如把宾语置于动词谓语之前，定语置于中心语之后，谓语置于主语之前。如果不了解古人安排语序的惯例，对句意的理解就会造成困难。

（一）"宾语——动词谓语"语序

血脉治也，而何怪？（《扁鹊传》）

苟或血病写气，气病写血，是谓诛伐无过，咎将谁归？（《古今医统大全·或问》）

前例的"何怪"并非"有什么奇怪"的意思，而是"惊怪什么"；后例的"谁归"只能意为"归谁"，而难作其他理解。可见充当宾语的疑问代词可置于动词谓语之前。

下此以往，未之闻也。（《伤寒论·序》）

虽有大风苛毒，弗之能害。（《素问·生气通天论》）

前例的"未之闻"与后例的"弗之能害"应分别依照"未闻之"与"弗能害之"的语序来理解。可见否定句中充当宾语的代词可置于动词谓语之前。

唯五谷是见，声色是耽。（《养生论》）

取其色之美，而不必唯土之信。（《与崔连州论石钟乳书》）

夫滞下之病，谓宜去其旧而新是图。（《医案六则》）

对症医治，则综理清而攻守当矣，夫何变症之有？（《审视瑶函·弃邪归正论》）

第一例应按"唯见五谷，耽声色"的语序来理解，第二例"唯土之信"宜准"唯信土"的语序来理解，第三例"新是图"当照"图新"的语序来理解，第四例"何变症之有"必依"有何变症"的语序来理解。可见在"唯……是……"、"唯……之……"格式中，宾语可置于动词谓语之前，如第一、二例；其中"唯"也可以不出现，宾语同样可置于动词谓语之前，如第三、四例。

一般来说，宾语置于动词谓语之前，是为了突出宾语所表达的意义。

（二）"中心语——定语"语序

虑此外必有异案良方，可以拯人，可以寿世者，辑而传焉。（《与薛寿鱼书》）

食品须用甘菊，入药则诸菊皆可，但不得用野菊名苦薏者尔。（《本草纲目·菊》）

乃就业于庸流之窃有虚名者。（《察弊》）

其浮气之不循经者为卫气，其精气之行于经者为营气。（《灵枢·卫气》）

第一例"异案良方，可以拯人，可以寿世者"应理解为"可以拯人、可以寿世的异案良方"，"可以拯人，可以寿世"是中心语"异案良方"的定语；第二例"野菊名苦薏者"应理解为"名苦薏的野菊"，"名苦薏"是中心语"野菊"的定语；第三例"庸流之窃有虚名者"应理解为"窃有虚名的庸流"，"窃有虚名"是中心语"庸流"的定语；第四例"浮气之不循经者"应理解为"不循经的浮气"，"不循经"是中心语"浮气"的定语，"精气之行于经者"应理解为"行于经的精气"，"行于经"是中心语"精气"的定语。可见"中心语——定语"格式一般有二：一是"中心语＋定语＋者"，如第一、二例；二是"中心语＋之＋定语＋者"，如第三、四例。

一般来说，定语置于中心语之后，是为了强调定语所表达的意义，如上述各例，有的还由于定语较长，不置后则语气欠畅，如第一例。

（三）"谓语——主语"语序

甚矣哉,为欺也!(《察蔽》)

可得闻乎,刺法?(《素问·刺法论》)

予窥其人,睟然貌也,癯然身也,津津然谭议也。(《本草纲目》王世贞序)

五藏皆偏倾者,邪心而善盗,不可以为人平,反复言语也。(《灵枢·本藏》)

第一例是感叹句,第二例是疑问句,都是全句为"谓语——主语"语序;第三例是描写句,"睟然貌也,癯然身也,津津然谭议也"应理解为"貌睟然也,身癯然也,谭议津津然也";第四例是陈述句,"反复言语"应理解为"言语反复"。

一般来说,谓语置于主语之前,是为了突出谓语所表达的意义。

第五节 修辞与词句意义的关系

修辞是修饰文辞以增强语言表达效果的一门技术。在文字载体中,修辞的作用几乎无处不在。即以修辞与词句意义的关系来说,也是至为密切的。常有这种现象:对古文中的词语并不生疏,也能照字面解释,而把这些解释贯串起来,却是不知所云。其中主要原因是不熟悉古人的修辞手法。不妨举一实例来加以说明:

不肖束发修儒,无何徙业,居常暑度有熊,日求其旨而讨论之,不揣管陋,释以一得之言,署曰《内经吴注》。业成,欲悬书国门,以博弹射,徒以云山木石之夫,无能千金礼士,职是焰然斯道也。如有岐、雷者作,斥为日月之蔽,抑又何辞?闻之曰:"不斑白,语道失。"昆今四十以长,先半纪而见二毛,无亦征余言之有当哉!当乎?非余敢知。今之测景者旅矣,恶能当夫宾日之目也。

这段文字见于吴昆《素问注》自序,总共只有141字,却至少运用了四种修辞手法,计十四处。如"不肖"、"云山木石之夫"、"不揣管陋"为委婉,"束发"、"有熊"、"岐"、"雷"、"二毛"为借代,"悬书国门,以博弹射"和"不斑白,语道失"为引用,"日"、"月"、"测景者"以及"宾日"的"日"为比喻。"有熊"以为"有头熊"自然大谬,依据辞书仅释作黄帝的号仍然不确,文中用以指代《内经》;"日月"似乎不需解释,但作者以"日"喻《素问》(下文"宾日"之"日"亦属此喻),以"月"喻《灵枢》;把"测景"理解成"观测风景"是望文生义,解释为"测定日影"仍嫌不足,既知"日"喻《素问》,则"测景者"便用以喻研究《素问》的人。

从上既可知修辞手法对词句意义具有不可估量的作用,又可晓中医古籍里存在着十分丰富的修辞现象。因而洞悉修辞与词义句意的关系,对于增强阅读古代医著的能力颇有裨益。

一、修辞与新词新义的产生

在汉语词汇发展的漫长过程中,一些词语和词义消失了,另一些词语和词义产生了。新词新义出现的途径很多,其中重要的一条便是由修辞开辟的。

(一)比喻与新词新义的产生

借助两个本质不同的事物间的某种相似点,用一事物比方另一事物的修辞手法,称为比喻。这一手法可以产生诸多新词新义。例如:

病益深,季子应乾、季子妇程氏刲股遗进之。(《明处士江民莹墓志铭》)

"刲股"本谓割取股肉,是个词组,因其具有"极尽孝心"这一比喻义,从而成为双音词。

>夷考陶氏,剽南阳唾余。(《侣山堂类辨·伤寒书论》)

"唾余"本为唾液之余,是个词组,所以能成为一个双音词,是因为它具有"点滴言论"这一比喻义。

以上是因比喻而产生的新词。

>余幼多疾病,长好医术,遭逢有道,遂蹑亨衢。(《外台秘要·序》)

"亨衢"原为四通八达的大道,仕途通畅与其有相似点,遂产生"官运亨通"这一比喻义。

>刘河间医如橐驼种树,所在全活,但假冰雪以为春,利于松柏而不利于蒲柳。(《医部全录·诸医论》)

"松柏"经冬不凋,便产生"健壮的体质"这一比喻义,"蒲柳"迎风摇摆,就产生"衰弱的体质"这一比喻义。

以上是因比喻而产生的新义。

(二) 借代与新词新义的产生

借助两个不相类似的事物间的某种联系,用一事物替代另一事物的修辞手法,称为借代。这一手法同样可以产生诸多新词新义。例如:

>臣以尪弊,迷于道趣,因疾抽簪,散发林阜。(《皇甫谧传》)

"抽簪"本来不是一个双音词,因为仕宦用簪子连冠于发,抽除簪子便有弃官引退的意思。此谓屡荐不仕。

>上古典谟遭秦火而殆尽,至汉绛帐传经,迄今以为美谈。(《望色启微》自序)

"绛帐"意为"红色帐帷",是个词组,因古代有师长坐于绛帐授徒之事,"绛帐"就成为一词而义为"师长"。

以上是因借代而产生的新词。

>民莹拊棺号哭曰:"母其以二三子未树邪?所不夙夜以求无忝者,有如此木!"(《明处士江民莹墓志铭》)

"木"是制造棺材的材料,因而产生"棺材"义。

>坊刻定本与家藏副本尽付祝融。(《医醇賸义·自序》)

"祝融"原系人名,为高辛氏火正,相传死后为火神,遂具有"火灾"义。

以上是因借代而产生的新义。

(三) 委婉与新词新义的产生

采用含蓄曲折的言词表达因不便或不忍直接说明的本意的修辞手法,称为委婉。例如:

>臣等承乏典校,伏念旬岁。(《重广补注黄帝内经素问·序》)

"承乏"意为"所任职位一时无适当人选而暂由自己充数"。这是因不便直说而产生的自谦词。

>子之大父一瓢先生,医之不朽者也,高年不禄。(《与薛寿鱼书》)

"不禄"意为"死"。这是因不忍直说而产生的避忌词。

以上是因委婉而产生的新词。

>新内勿刺,新刺勿内。(《灵枢·终始》)

"内"有其他多种意义,此谓"性交"义。这是因不便直说而产生的新义。

>年十四,母郑安人以暴疾终,既含不瞑。(《明处士江民莹墓志铭》)

"含"本谓"口中衔物"。古代丧礼,放在死人口中的玉物亦称"含"。这里意为"死"。这是因不忍直说而产生的新义。

以上是因委婉而产生的新义。

在古代医书中，用于暗示性生活的委婉语尤为多见。这是由于中医学认为肾精为人体生命之本，性欲过度，会危害健康乃至生命，因而对此高度重视所致。如"入房"、"房室"、"帷幕"、"房帏"等，用进行性生活的处所来予以暗示；"御内"、"交会"、"交接"、"交感"等，以模糊的动作语言来加以暗示。不仅如此，同性生活相关的事物也往往加以回避。如以"阳事"指性功能，以"身重"谓怀孕，以"坐草"、"坐蓐"谓生育。

（四）割裂与新词新义的产生

截取古书中现成语句的一部分以表达本意的修辞手法，称为割裂。例如：

> 论有本源，语无枝叶，辨俗师所未辨，发古人所未发，其斯道中之三折肱乎！
> （《孝慈备览伤寒论》傅玉露序）

"三折肱"意为"良医"，因为《左传·定公十三年》有"三折肱知为良医"句。

> 临阵辨，病情真，十六语，有传薪。（《续编医学三字经·病因病机》）

"传薪"语本《庄子·养生主》："指穷于为薪，火传也，不知其尽也。""指"通"脂"，意为脂膏作为薪火虽然可以烧尽，但火却能展转相传，不会穷尽。据此而产生"薪尽火传"这一成语，又产生"薪传"这一新词，意为学问技艺世代相传。例中的"十六语"指上文"急病火"、"怪病痰"、"暴病实"、"久虚残"等有关病情要领的十六句话。

以上是因割裂而产生的新词。

> 余本上虞兰亭成氏，十龄而失怙恃，依兄习学。（《明医诸风疬疡全书指掌·自引》）

"怙恃"本为"凭恃"义，因《诗经·小雅·蓼莪》有"无父何怙？无母何恃"语，遂割裂"怙恃"用以指父母。也有以"怙"指父、以"恃"指母的。

> 吾侄子正潜心斯道之久，而常痌瘝于丹溪之心，故于是书尤注意焉。（《丹溪心要》高宾序）

《诗经·国风·关雎》："窈窕淑女，寤寐求之。"可知"寤寐"有"日夜"义，此又割裂"寤寐"表示"求"义。

以上是因割裂而产生的新义。

二、修辞与词义的识别

掌握某些修辞手法的特点，对识别词语的意义将有所帮助。

（一）错综与词义的识别

对上下文的名称、语序加以变换或交错使用的修辞手法，称为错综。可大别为错名和错序两类。

错名亦称两名错举，即上下文当用却不用属同一范畴的两个名称，而是上文或下文换用属另一范畴的同义名称，从而使上下文所用之名分属两个不同的范畴。掌握这种手法，有利于对词义的识别。例如：

> 是以春夏归阳为生，归秋冬为死。（《素问·方盛衰论》）

"秋冬"是什么意思？按四时分阴阳，则春夏属阳，秋冬属阴。上文既言"阳"，下文当曰"阴"，却换以"秋冬"，遂成错名之例。王冰注："归秋冬，谓反归阴也。"

食谷欲呕,属阳明也,吴茱萸汤主之。得汤反剧者,属上焦也。(《伤寒论·辨阳明病脉证并治》)

"阳明"指中焦。徐大椿《伤寒论类方·杂法方》:"阳明乃中焦也。"下文举"上焦",上文不说"中焦",却讲成"阳明",则"阳明"与"上焦"构成错名。

关于错名,有一种情况要引起重视,就是古医书中对某些事物往往从不同的角度,给以各异的称谓,从而可构成多种错名现象。就拿寸脉、尺脉来说:或以上下论,则寸为上,尺为下;或按头尾说,则寸是头,尺是尾;或从阴阳分,则寸属阳,尺属阴。此外,寸脉又可称为脉口。这样一来,有关诊脉部位的错名现象就显得格外地丰富而复杂。如:

伤寒六七日,大下后,寸脉沉而迟,手足厥逆,下部脉不至。(《伤寒论·辨厥阴病脉证并治》)("下部脉"即尺脉,与上文的"寸脉"错名。)

动脉见于关上,无头尾。(《脉经·脉形状指下秘诀》)("头"、"尾"分别指寸脉、尺脉,同上文的"关"错名。)

其脉阳微关尺小紧。(《脉经·平带下绝产无子亡血居经证》)("阳"指寸脉,同下文的"关"、"尺"错名。)

脉口热而尺寒。(《甲乙经·六经受病发伤寒热病(中)》)("脉口"即寸脉,与下文的"尺"错名。)

所谓错序,就是交错语序的意思,即把前后词语的顺序故意安排得参差不一,以见文法之多变,语势之矫健。对这一修辞手法,前人曾给以种种命名,或谓错综其语,或曰相错成文,或言蹉对,或称拗语。掌握这种手法,有利于识别词与词之间的结构关系,从而辨明词义。例如:

刺针必肃,刺肿摇针,经刺勿摇。此刺之道也。(《素问·诊要经终论》)

"经刺"比较费解,但对照上文之"刺肿",则可看出"经刺"即"刺经",便容易理解了。

伤寒六七日,无大热,其人躁烦者,此为阳去入阴故也。(《伤寒论·辨少阳病脉证并治》)

如果不明错序,"阳去"便可能理解为阳气离散。下文说"入阴",上文应为"去阳",却颠倒语序,使"阳去"与"入阴"构成错序。是知"阳去入阴"意为邪气由表入里。

(二)避复与词义的识别

在上下文中使用不同的词语来表达相同意义的修辞手法,称为避复。古人行文,力戒重出。刘勰《文心雕龙·练字》即设"同字相犯"之忌。运用这种手法,能使文章生动多姿,避免重复单调。熟悉这种手法,自然有助于词义的识别。例如:

病生于内者,先治其阴,后治其阳,反者益甚。(《灵枢·五色》)

表里分阴阳,表为阳,里为阴,是知"阴"与"内"一义。

其往来病者之家,虽祁寒大暑,未尝少惮。(《小儿斑疹备急方论》孙准序)

《小尔雅·广诂》:"祁,大也。"可知"祁寒大暑"即"大寒大暑","祁"与"大"避复。

三、修辞与句意的理解

熟悉某些修辞手法的特点,对理解句子的意义也不无裨益。与句意关系比较密切的修辞手法有分承、举隅、互备等。

（一）分承与句意的理解

下文数语（以二语为多，下同）分别承受上文数语，组成几套平行的结构，表示几个不同的意思，这种修辞手法叫做分承，又称合叙或分系式。运用得当，既可避文句板滞之弊，又能收言简意赅之效。例如：

若不精通于医道，虽有忠孝之心，仁慈之性，君父危困，赤子涂地，无以济之。（《甲乙经·序》）

此例应理解为：若不精通于医道，虽有忠孝之心，君父危困，无以济之，虽有仁慈之性，赤子涂地，无以济之。下文二语"君父危困"、"赤子涂地"依次承受上文二语"忠孝之心"、"仁慈之性"。

若治中年者及不精壮者，更须五日、七日为期。（《张氏医通·诸气门下》）

此例如果依照字面意思理解，那么治中年与治不精壮者在日期上便无区别，而从分承这一修辞手法来考虑，那就是"五日"承受"中年者"，"七日"承受"不精壮者"。即：若治中年者，更须五日为期；若治不精壮者，更须七日为期。《素问·评热病论》有"巨阳引，精者三日，中年者五日，不精者七日"句，可证。

所以春夏秋冬孟月之脉，仍循冬春夏秋季月之常，不改其度。（《秋燥论》）

"孟月"为每季第一月，"季月"为每季第三月。宾语"冬春夏秋季月之常"，通过谓语"仍循"，与主语"春夏秋冬孟月之脉"并举，构成四套平行结构：春孟月之脉仍循冬季月之常，夏孟月之脉仍循春季月之常，秋孟月之脉仍循夏季月之常，冬孟月之脉仍循秋季月之常。

补水所以制火，益金所以平木；木平则风息，火降则热除。（《〈本草纲目〉六则》）

"火降则热除"承"补水所以制火"，"木平则风息"承"益金所以平木"，构成"补水所以制火，火降则热除"和"益金所以平木，木平则风息"这两套平行的分句。

（二）举隅与句意的理解

举一义或局部之义而兼见他义的修辞手法，称为举隅。与句意有关的举隅有举此见彼、举偏赅全两类。

举此见彼即举此一义而见彼相关之义。例如：

病者腹满，按之不痛为虚，痛者为实，可下之。（《金匮要略·五藏风寒积聚病脉证并治》）

既然"（按之）痛者为实，可下之"，那么"按之不痛为虚"，自然是不可下之。举此"可下之"之文，而见彼"不可下之"之义。

冬则闭塞。闭塞者，用药而少针石也。（《素问·通评虚实论》）

"用药而少针石"意为多用药而少用针石。举下文"少针石"，见上文"用药"当为多用药的意思，举上文"（多）用药"，见下文"少针石"应意为少用针石。因为冬时之气闭藏于体内，而针石宜治外，汤药善治内，故云。

举偏赅全即举局部之义而同类之义周遍。例如：

怀身七月，太阴当养不养。（《金匮要略·妇人妊娠病脉证并治》）

此例虽然只说妇人怀身七月，太阴当养不养，但十月养胎之患尽孕其中。对此，清代医家张志聪说得十分透彻："十月之中，各分主养之藏府，而各有当养不养之患。若止以七月论之，是举一隅不以三隅反也。"（《侣山堂类辨·金匮要略论》）

唐大烈在《吴医汇讲·读书十则》中亦曾议及此类问题："王损庵曰：《内经》（按：指《素

问·疟论》)言温疟在脏者,止以风寒中于肾,言瘅疟者, 止以肺素有热。然冬令之寒既得以中于肾,则其余令气之邪,又宁无入客于所属之脏者?既肺本气之热为疟, 则四脏之气郁而为热者,又宁不似肺之为疟乎?此殆举一可以三隅反也。烈按:《内经》止说得冬令之寒, 而损庵即于冬令推到春夏秋令之邪;《内经》止说得肺素有热, 而损庵即于肺脏推到心肝脾肾。可见读书贵乎隅反,不可固执一说也。"

(三) 互备与句意的理解

上下文各举一语而其义互相具备的修辞手法,称为互备。前人曾给以"互见"、"互举"、"互相发明"、"互文相足"、"参互见义"等等名称。互备手法运用得当,能在密切关联的上下文里,以简略的文字形式而获致完整的表达效果,亦即文去而意留,字少而义备。这是古代作家驾驭语言、驱遣文字的高超艺术。例如:

五藏有俞,六府有合。(《素问·痹论》)

此例不能仅仅依照字面理解。如果熟悉互备手法, 就可正确地解释为: 五藏六府皆有俞有合。张介宾在《类经·痹证》中指出:"五藏有俞,六府有合,及兼藏府而互言也。"

可平五脏之寒热,能调六腑之虚实。(《针经指南·标幽赋》)

杨继洲注:"言针能调治脏腑之疾,有寒则温之,热则清之,虚则补之,实则泻之。"据此, 以上两句当意为:可平五脏六腑之寒热, 能调五脏六腑之虚实。上句只讲"五脏",下句唯举"六腑",而"五脏"与"六腑"之意上下句皆备。

阅 读 实 践 (43)

(一) 简答

1. 词义范围的演变有哪些表现? 并各举例说明。
2. 何谓本义、引申义、直接引申和间接引申? 并各举例说明。
3. 引申的一般规律主要表现在哪些方面? 并各举例说明。
4. 辨别词义的方法主要有哪些? 并各举例说明。

(二) 词义辨析

1. 间(閒)　(1) 出入十余年,乃呼扁鹊私坐,间与语曰……〔4〕

(2) 今主君之病与之同,不出三日必间。〔4〕

(3) 有间,太子苏。〔4〕

(4) 至其当发,间不容瞚。〔10〕

(5) 注有未备,间有舛错。〔21〕

(6) 疟不渴,间日而作,取足阳明。(《灵枢·杂病》)

(7) 以色言病之间甚,奈何?(《灵枢·五色》)

(8) (卫气)昼日行于阳,夜行于阴,常从足少阴之分,间行于五藏六府。(《灵枢·邪客》)

(9) 离,谓间其亲爱也。(《素问·疏五过论》吴昆注)

(10) 和阳必用阴药,与直攻其病者有间矣。(《临证指南医案·便闭》)

(11) 离经泥古,厥罪惟均,读书所贵,得间后可。(《温病条辨》徵保序略)

2. 治　(1) 稍长,从乡先生治经。〔1〕

第三章 词　义

(2) 遂治装出游,求他师而叩之。〔1〕
(3) 即命治人参膏,而且促灸其气海。〔1〕
(4) 血脉治也,而何怪?〔4〕
(5) 藏府治内,经络治外,能明终始,四大安矣。〔21〕

3．见　(1) 病应见于大表,不出千里,决者至众。〔4〕
(2) 然本作士人,以医见业,意常自悔。〔5〕
(3) 已故到谯,适值佗见收,匆匆不忍从求。〔5〕
(4) 于今困劣,救命呼嚎,父兄见出,妻息长诀。〔6〕

4．方　(1) 当得家书,方欲暂还耳。〔5〕
(2) 世言气中者,虽不见于方书。〔9〕
(3) 虚实哏吟,敢问其方。〔10〕
(4) 思方智极,理尽辞穷。〔11〕
(5) 然后用细茶脚汤煮之,一伏时了,取出,又研一方匝,方入。〔13〕

5．惟　(1) 臣惟顽蒙,备食晋粟,犹识唐人击壤之乐。〔6〕
(2) 俾工徒勿误,学者惟明。〔19〕
(3) 深惟鍼艾之法,旧列王官之守。〔20〕
(4) 不惟广祢乎来学,即凡志切尊生者,欲求此妙,无不信手可拈矣。〔21〕
(5) 惟好生者略察之!〔36〕

6．更　(1) 余念其痛,心为之乱惑,反甚其病,不可更代。〔10〕
(2) 五胜,谓五行更胜也。〔11〕
(3) 治热未已,而冷疾已生;攻寒日深,而热病更起。〔11〕
(4) 旋旋添白矾于中,下火逼令药汁干,用盖子并瓶口,更以泥泥上下。〔13〕
(5) 医必父而子,子而孙,如是其业则精,始服其药,若传至曾、元,更为名医矣。〔14〕

7．经　(1) 菊春生夏茂,秋花冬实,备受四气,饱经风霜。〔8〕
(2) 此谓论之大体也,必有经纪。〔9〕
(3) 能经天地阴阳之化者,不失四时。〔10〕
(4) 经气已至,慎守勿失。〔10〕
(5) 余初读《灵》、《素》诸书,觉其经义渊深,脉理错杂。〔14〕
(6) 余有戚某过余斋,形色困惫,询知患咳经月。〔14〕

8．重　(1) 若用香薷之药,是重虚其表。〔8〕
(2) 牵牛治水气在肺,喘满肿胀,下焦郁遏,腰背胀重。〔8〕
(3) 刚药入则动阳,阴病益衰,阳病益著,邪气流行,为重困于俞,忽发为疽。〔9〕
(4) 不肖侏儒未足为先生重。〔9〕
(5) 凡使,不计多少,用腊水细研尽,重重飞过。〔13〕
(6) 采得后,用铜刀刮上黄黑硬节皮一重了。〔13〕

(三) 词语注释

1．指出并注释下列各句中的偏义复词和同形词语
(1) 人有邪恶非正之问,则依蓍龟为陈其利害。〔1〕
(2) 谧乃感激,就乡人席坦受书,勤力不息。〔6〕

下　篇

(3) 母王氏寝疾，命里中数医拯之，温凉寒热，其说异同。〔7〕
(4) 予之白金二十两，曰："吾知汝活计甚难，恐汝动心，半途而止，可以此给妻子。"〔7〕
(5) 有一里医便作中风，以大通圆三粒下之，大下数行，一夕而去。予常痛恨。〔9〕
(6) 又有医人工于草书者，医案人或不识，所系尚无轻重。〔14〕
(7) 然而载祀绵远，简编亏替，所详者虽广，所略者或深。讨简则功倍力烦，取舍则论甘忌苦。〔22〕
(8) 《内经》散论诸病，非一状也；流言治法，非一阶也。〔31〕
(9) 其言补，时见一二；然其补，非今之所谓补也，文具于《补论》条下。〔31〕
(10) 昧经权之妙者，无格致之明。〔36〕
(11) 不明理性，何物圣神？〔36〕
(12) 天地之气，不能以恒顺，而必待于范围之功。〔37〕
(13) 在造化不能为天地立心，而化工以之而息。〔37〕
(14) 后以裁成天地之道，辅相天地之宜，以左右民。〔37〕

2．说明下列加点词语的语法义或修辞义
(1) 此阴虚而阳暴绝也，盖得之病后酒且内。〔1〕
(2) 吕将殁，乃告以家世，乙号泣，请往迹父。〔2〕
(3) 退居里舍，杜门不冠屦。〔2〕
(4) 一子早世，二孙今见为医。〔2〕
(5) 民莹将捐馆舍。〔3〕
(6) 卒不起，盖乙丑八月二十六日也。〔3〕
(7) 尔有令名，恶用乎黄发？〔3〕
(8) 大定初，校籍真定河间，户冠两路。〔7〕
(9) 特寿之于木，刻揭于耳目聚集之地。〔7〕
(10) 若用香薷之药，是重虚其表。〔8〕
(11) 一士妻自腰以下胕肿，面目亦肿，不能伏枕。〔8〕
(12) 纪于水火，余气可知。〔11〕
(13) 方技者，皆生生之具。〔15〕
(14) 以其仅得上下两卷，至简至要，方便时师之不及用功于鸡声灯影者。〔17〕
(15) 内分腑脏，旁注谿谷，井荥所会，孔穴所安，窍而达中，刻题于侧。〔20〕
(16) 使观者烂然而有第，疑者涣然而冰释。〔20〕
(17) 泪周之王，亦有冢卿。〔22〕
(18) 又谓余曰："禀生受形，咸有定分，药石其如命何？"吾甚非之。〔22〕
(19) 其逆厥也，则药其涌泉以窜之。〔26〕
(20) 若令服食终日，则肉飞骨腾。〔28〕
(21) 身枯于流连之中，气绝于纨绮之间。〔28〕
(22) 所谓以明鉴给蒙瞽，以丝竹娱聋夫也。〔28〕
(23) 志存救济，故亦曲碎论之，学者不可耻言之鄙俚也。〔34〕
(24) 吾业是有年矣。〔35〕

3．利用言语环境制约和对举结构依据的方法注释下列加点词语

(1) 公能以富贵骄人矣，亦能以生死下士乎？〔3〕
(2) 父兄见出，妻息长诀。〔6〕
(3) 夫天布五行，以运万类；人禀五常，以有五藏。〔16〕
(4) 幾缠肤腠，莫知救止；渐固膏肓，期于夭折。〔18〕
(5) 其为德也，与天地同，与日月并，岂直规规治疾方术已哉？〔21〕
(6) 捐众贤之砂砾，掇群才之翠羽。〔22〕
(7) 稍知浮沉迟数四纲，颇明寒热温凉各性。〔35〕
(8) 又若以己之心度人之心者，诚接物之要道，其于医也则不可，谓人己气血之难符。〔36〕
(9) 或尊贵执言难抗，或密戚偏见难回。〔40〕
(10) 寒暑温凉盛衰之用，其在四维，故阳之动，始于温，盛于暑，阴之动，始于清，盛于寒。（《素问·至真要大论》）
(11) 圣人之所以全民生也，五谷为养，五果为助，五畜为益，五菜为充，而毒药则以之攻邪。故虽甘草、人参，误用致害，皆毒药之类也。（《医学源流论·用药如用兵论》）
(12) 今之医者，自《脉诀》之外，无所闻见，欲以意见决死生，亦何怪其悖谬也。（《脉经》蔡元定跋）

（四）阅读

玉翁大郎童年曾患头昏诸药不愈予作肝风治疏归芍地黄汤佥谓头昏是有风寒童子不可轻服熟地翁排众议依方多服而瘳次春又患腹痛呕吐便泻延诊药用温中调气两服未愈家人着急令更他医日请数人或以为虫或以为血或以为火治总不验淹缠旬余痛甚不止呕泻不停寝食俱废复邀诊视脉细面青呻吟疲惫予思病势增剧玉翁固虽相信然旁议纷纷难与着手转荐同道余朗亭先生诊治初投五苓散续进真武汤亦俱不应玉翁坚嘱想法予曰非不欲为借筹奈令郎病久胃气必空轻剂谅不济事若背城借一尊公爱孙如珍见方骇然焉肯与服翁沉吟云有一善策今早友人谈及邻村有扶鸾治病者家人欲往求方予呵止之祈拟一方予持语家人云乩仙所开自必信服予曰策固善矣治法尚难令郎之病起初不过寒凝气滞本无大害因求速效诸治庞杂痛久伤气吐多伤胃泻多伤脾致困顿若此倘仍见病疗病必至土败气脱计惟扶阳益气以拯其急爰议附子理中汤米水煎饮气固胃安庶堪保守诘朝玉翁来舍喜云曩服他药如水投石昨服尊方不但病减并可啜粥家人信为神丹相烦往视恳为加减予曰药已对证勿轻易辙今日照方仍服一剂明日再为斟酌次早往诊病势大转因其体素阴虚方内除去附子又服两日更用参苓白术善调理而痊是役也非玉翁平素信心兼施权变安能图成诋此以见医家临证不特病情之难窥而人情之难处尤甚也（清·程文囿《杏轩医案·续录》）

要求：

(1) 给上文标点
(2) 注释文中加点号的词语
(3) 今译文中加横线的句子

第四章 注 释

阅读古书的首要困难,就是古今语言文字的隔阂。一般来说,时代越久远,困难也就越大。为了比较顺利地读懂古书,通常都要参阅古注。为古书作注释,始于西汉初。先秦时代的古书,到了汉代,有的已经不容易看懂,这就需要加以注释。所谓"注",取义于灌注。文意艰深,需注释而后明,犹土质坚实,需灌注而柔润。《说文·水部》:"注,灌也。"段玉裁注:"释经以明其义曰注。"又指出:"汉、唐、宋人经注之字无有作註者,明人始改注为註,大非古义也。"汉代对古书注释有"诂训"、"故训"、"笺"、"章句"等不同的称谓。毛亨、马融、郑玄、高诱、王逸等都是两汉时期著名的注释家。以医书而言,早在三国、南北朝期间,吕广、陶弘景、全元起等就先后注释了《难经》、《神农本草经》、《素问》。重要的古代医书,前人多已作过注释;近数十年来,又出版许多用现代汉语作注的古代医书注释本,这都给我们提供了方便。但是在古代医书中,作过注释的毕竟是少数,而且无论旧注或新注,也并非完全正确。因此,了解古书注释的内容、常用术语及体例,对增强阅读古代医书的能力,会有相当大的帮助。

第一节 注释的内容

古书注释涉及的内容很多,医书注释亦复如此。今综览重要医书的注释,其内容主要有以下几个方面。

一、解释词义

解释古书的词义,是注释古书的一项重要工作,古人称之为"训诂"。清代学者钱大昕说:"有文字而后有诂训,有诂训而后有义理。诂训者,义理之所由出,非别有义理出乎诂训之外者也。"(《经籍纂诂·叙》)清代学者陈澧对此说得更加通俗易懂。他说:"时有古今,犹地有东西、有南北。相隔远,则言语不通矣。地远,则有翻译;时远,则有训诂。有翻译,则能使别国如乡邻;有训诂,则能使古今如旦暮。"(《东塾读书记》卷十一)古代医学家注释医学典籍,也非常重视字词的解释。王冰在《素问·序》中说:"假若天机迅发,妙识玄通,蕆谋虽属乎生知,标格亦资于诂训,未尝有行不由逵,出不由户者也。"宋代寇宗奭在《本草衍义》卷七"柴胡"条下指出:"注释本草,一字不可忽,盖万世之后,所误无穷耳。苟有明哲之士,自可处治,中下之学,不肯考究,枉致沦没,可不谨哉!可不戒哉!"这些论述都说明注释词义是一项十分重要的工作,尤其是对医书词义的注释,更应严肃认真地对待,因为词义注释的正确与否,往往与人的健康有关。

古书词义注释,大致有以下几种类型。

(一)互训

表示被释词与释词是同义关系。其式为"某,某也"、"某,某某也"等。两个不同的词各自都具有许多义项,只要其中一个义项彼此相同,在一定的上下文里,这两个词就是同义词。

采用同义词互训方式释词,在古注里是很常见的。例如:

  至道在微,变化无穷,孰知其原?(《素问·灵兰秘典论》)王冰注:"孰,谁也。"

  其病挛痹,其治宜微针。(《素问·异法方宜论》)王冰注:"微,细小也。"

  用针之服,必有法则焉。(《类经·八正神明写方补圆》)张介宾注:"服,事也。法,方法。则,准则也。"

上述三例中的释词和被释词都是同义关系。但在古注里,不是所有"某,某也"式的释词方式,都构成同义关系,有时用本字解释通假字也使用这种释词方式。例如:

  高梁之变,足生大丁。(《素问·生气通天论》)王冰注:"高,膏也。梁,粱也。"

"高"是"高低"的"高","膏"指油脂。"高"与"膏"不是同义关系,而是假借义与本义的关系,即"高"是通假字,"膏"是本字。"梁"与"粱"也是用本字解释通假字。如果是今人注释"高梁"这两个字,应该写:"高,通'膏'。梁,通'粱'。"这样就很明确了。古人注释体例不像今人注释体例这么严密,我们阅读古注时,遇到"某,某也"的注释格式,应加以注意。

(二) 综释全句,列举训词

"综释全句"就是串讲原文,在串讲原文的同时,把原文的字词提示出来加以解释,并使被释词的意义与串讲中的词义紧紧吻合。例如:

  治之要极,无失色脉,用之不惑,治之大则。(《素问·移精变气论》)王冰注:"惑,谓惑乱。则,谓法则也。言色脉之应,昭然不欺,但顺用而不乱纪纲,则治病审当之大法也。"

  寒则腠理闭,气不行,故气收矣。(《素问·举痛论》)王冰注:"腠,谓津液渗泄之所。理,谓文理逢会之中。闭,谓密闭。气,谓卫气。行,谓流行。收,谓收敛也。身寒则卫气沈,故皮肤文理及渗泄之处,皆闭密而气不流行,卫气收敛于中而不发散也。"

  乱于肠胃,则为霍乱。(《太素·营卫气行》)杨上善注:"肠胃之中营卫之气相杂为乱,故为霍乱。霍乱,卒吐利也。"

上述三例,皆有释词,亦皆有串讲。首例"惑,谓惑乱。则,谓法则也"属于释词,其余是串讲原文之大意。次例在连续解释六个词的意义后,逐句串讲。末例"霍乱"是句中的关键词语,故加以训释。

(三) 综释全句,兼寓训词

古人在注释原文时,对原文中的一些字词不特别提示出来加以解释,而是在串讲原文的过程中,把原文中某一个或某几个难懂的字词的意义反映出来。例如:

  (脉)端直以长,故曰弦。(《素问·玉机真藏论》)王冰注:"言端直而长,状如弦也。"

"端直而长"是对原文"端直以长"的串讲,在串讲中,用"而"字释"以"字。

  余闻九针于夫子众多矣,不可胜数。余推而论之,以为一纪。(《太素·知官能》)杨上善注:"言道之博大不可胜数。余学之于子,推寻穷问其理,十有二载。"

杨上善在串讲中,用"十有二载"释"一纪",而不是把"一纪"提示出来加以训释。

  以此养生则寿,殁世不殆。(《素问·灵兰秘典论》)王冰注:"故以此养生则寿,没世不致于危殆矣。"

王冰注把"殆"与"危"连文并举,其意是以"危"释"殆"。在串讲中,把同义词与被释词连文并举,也是综释全句、兼寓训词常用的释词方法。

  (脉)秋日下肤,蛰虫将去。(《素问·脉要精微论》)王冰注:"随阳气之渐降,故曰下肤。何以明阳气之渐降?蛰虫将欲藏去也。"

王冰这段注文，既有释词，又有串讲。"随阳气之渐降，故曰下肤"，是解释"下肤"的含义；"蛰虫将欲藏去也"，是对原文"蛰虫将去"的串讲。在这句话里，最需要解释的词是"去"。"去"在古汉语里的常用义是"离开"，如《素问·汤液醪醴论》"精坏神去"之"去"即是，而"蛰虫将去"之"去"意为"藏"。《华佗传》："卿今彊健，我欲死，何忍无急去药"之"去"亦训"藏"。《左传·昭公十九年》："纺焉以度而去之。"唐·孔颖达疏："去即藏也。"按"去"之训"藏"，在古书里虽偶有所见，但毕竟不太常用，所以需要加以注释。王冰通过"藏去"这种连文并举的方式，意在以"藏"释"去"。

二、分析句读

古书的注释，基本上都是在应该句读之处作注。因此，看到有古注处，一般都宜句读。但是，古人不是对原文句句加注，而是常在几句话后加注。对这几句话应该如何句读，古注往往加以提示。例如：

> 肝风之状多汗恶风喜悲色微苍嗌干喜怒时憎女子诊在目下其色青（《太素·诸风状论》）杨上善注："肝风状能有八：一曰多汗，二曰恶风，三曰喜悲，四曰面色微青，五曰咽干，六曰喜怒，七曰时憎女子，八曰所部色见也。"

根据杨上善注，这段原文的标点应是：

> 肝风之状：多汗，恶风，喜悲，色微苍，嗌干，喜怒，时憎女子。诊在目下，其色青。

> 凡治病察其形气色泽脉之盛衰病之新故乃治之无后其时（《太素·四时脉诊》）杨上善注："形之肥瘦，气之大小，色之泽夭，脉之盛衰，病之新故，凡疗病者，以此五诊。诊病使当，为合其时；不当，为后其时也。"

杨上善这一注文，既讲解医理，又说明句读。根据杨上善注，这段原文的标点应是：

> 凡治病，察其形、气、色泽、脉之盛衰、病之新故，乃治之，无后其时。

> 疟者风寒之气不常也病极则复至病之发也如火之热如风雨不可当也（《素问·疟论》）王冰注："复谓复旧也。言其气发至极，还复如旧。"

原文的句读比较简单，王冰这段注释，重点说明应在"复"字下还是"至"字下句读的问题。他认为应在"复"字下句读，"至"字应该属下为句。根据王冰注，这段原文的标点应是：

> 疟者，风寒之气不常也，病极则复。至病之发也，如火之热，如风雨不可当也。

三、阐述语法

古注对词与词之间的语法关系比较重视。我国经书的古注，以《毛诗诂训传》为最早，其中不少注释用以阐述词性和词与词之间的语法关系。后汉郑玄的"三礼"注（《仪礼注》《周礼注》《礼记注》）涉及到的语法问题更多。说明语法关系，是古注的一个优良传统。在古代医书注释中，《素问》王冰注对语法关系的解释，是比较多见而突出的。

> 人无胃气曰逆，逆者死。春胃微弦曰平。（《素问·平人气象论》）王冰注："言微似弦，不谓微而弦也。"

"微弦"的词汇意义简单易懂，不需注释，比较困难的是"微弦"的语法关系。"微弦"是并列关系，还是偏正关系，搞清这个问题，对于疾病的诊断有直接影响，所以王冰从语法角度对此作了说明。所谓"微似弦"，表明"微"修饰"弦"，二者构成偏正词组；所谓"微而弦"，二者构成联合词组。王冰认为"微弦"是偏正词组，所以注为"微似弦"。这是讲语法，而不是讲词义。

> 冬刺俞窍于分理,甚者直下。(《素问·诊要经终论》) 王冰注:"直下,谓直尔下之。"

这段原文讲冬天的针刺方法。所谓"俞窍",林亿注为"即骨髓之俞窍也"。"俞"音 shū。张介宾说:"孔穴之深者曰窍。冬气在骨髓中,故当深取俞窍于分理间也。"王冰把"直下"二字的语法关系解释为"直尔下之",表示"直"修饰"下",作"下"的状语,二字是偏正关系,"尔"通"而"。

> 灸之则瘖,石之则狂。(《素问·腹中论》) 王冰注:"石,谓以石针开破之。"

王注不但说明原文的"石"指"石针",而且通过"开破之"三字,说明"石"在句中用为动词。

> 夫泣不出者,哭不悲也;不泣者,神不慈也。(《素问·解精微论》) 王冰注:"泣不出者,谓泪也。不泣者,泣谓哭也。"

《说文·水部》:"无声出涕曰泣。""泣"的本义是哭泣,动词。王冰注"不泣者,泣谓哭也",不但解释了"泣"的词义,而且也说明"泣"是动词。注"泣不出者,谓泪也",则说明"泣不出"的"泣"是名词,作"眼泪"讲。

四、说 明 修 辞

古人写文章,不但重视把意思表达得明白准确,所谓"辞达而已矣"(《论语·卫灵公》),而且注意把文章写得富有文采,所以《礼记·表记》说:"情欲信,辞欲巧。"要想作到"辞欲巧",就要讲究修辞。古注对原文的修辞之处,往往加注说明。

> 夫盐之味咸者,其气令器津泄;弦绝者,其音嘶败;木陈者,其叶落发。病深者,其声哕。(《太素·知针石》)杨上善注:"言欲识病征者,须知其候。盐之在于器中,津泄于外,见津而知盐之有咸也;声嘶,知琴瑟之弦将绝;叶落者,知陈木之已蠹。举此三物衰坏之征,以比声哕,识病深之候也。"

这段原文亦见于《素问·宝命全形论》。林亿"新校正"引《太素》原文"木陈者,其叶落"之句无"发"字,又详杨上善注亦无"发"字,则"发"字当为衍文。杨注对原文的三个比喻作了串讲,并指出举此三喻,意在说明"声哕"的出现,反映病情已重而显现于外。

> 形如临深渊,手如握虎,神无营于众物。(《太素·知针石》) 杨上善注:"行针专务,设二喻以比之:一如临深渊,更营异物,必有颠坠之祸;亦如握虎不坚,定招自伤之害。故行针调气,不可不用心也。"

杨上善注明确指出"如临深渊"和"手如握虎"是两个比喻,以喻行针调气,不可不用心对待。原文"营于众物"之"营"当训"惑",谓为众物惑乱。《荀子·宥坐》:"言谈足以饰邪营众。""营众"谓惑众。

> 下有渐洳,上生苇蒲,此所以知形气之多少也。(《太素·五邪刺》) 杨上善注:"渐洳,润湿之气也。见苇蒲之茂悴,知渐洳之多少;观人形之强弱,识血气之盛衰。"

人血气的盛衰,不能直接看到,但是可以从人体的强弱推知,就如同从苇蒲长得茂盛或者枯焦,可以推知它下面的水分是否充足一样。注义通俗易懂地诠释了"下有渐洳,上生苇蒲"的比喻作用。

> 天之道也,如迎浮云,若视深渊。视深渊尚可测,迎浮云莫知其极。(《素问·六微旨大论》) 王冰注:"深渊静澄而澄彻,故视之可测其深浅;浮云飘泊而合散,

故迎之莫诣其边涯。言苍天之象,如渊可视乎鳞介;运化之道,犹云莫测其去留。六气深微,其于运化,当如是喻矣。"

如果没有王冰这段注释,欲知"视深渊尚可测,迎浮云莫知其极"的深刻含义,是很困难的。王冰指出,此两句是比喻六气运化深微难测,犹如浮云聚散不定,莫知去留。王注说明修辞特点,原文的含义也便容易理解。

五、揭示章旨和剖析句段关系

揭示一段或一章的意义所在,称为揭示章旨。这种注释体例,在汉人的古注中已有。汉·赵岐《孟子章句》经常通过简练的语言综括一段或一章的主旨。后代注家亦经常采用这种注释方法。这对于读者把握一段或一章的中心思想很有启发。如《论语·述而》:"子曰:饭疏食饮水,曲肱而枕之,乐亦在其中矣。不义而富且贵,于我如浮云。"北宋邢昺疏:"此章记孔子乐道而贱不义也。"医书注释亦常通过揭示章旨,说明一篇或一段的主要思想。例如清代张志聪《素问集注》在每章或每篇之末,基本上都有章旨,《素问》卷一有《上古天真论》、《四气调神大论》、《生气通天论》、《金匮真言论》四篇文章,张志聪对此四篇文章的主旨概括为一句话:"以上四篇,论精神气血。"在《素问·阴阳应象大论》篇末张志聪注云:"按此篇论天地人之阴阳相应,而针石诊治,亦皆法乎阴阳。"清初姚止庵《素问经注节解》很善于揭示一篇主旨,如概括《四气调神大论》篇的主旨为:"四时推迁,气因时而变。人在气交之中,顺之则得其所,逆之则疾病生。通篇之旨,盖教人顺时而养其气也。"

剖析句段关系,也是古注的内容之一。例如:

> 胃中热则消谷,令人悬心善饥,齐以上皮热。(《太素·顺养》) 杨上善注:"自此以下,广言热中寒中之状。"

杨上善此注,没有解释某一个具体词义,而是从上下文的结构上,说明句与句之间的关系。在"齐以上皮热"句下,原文分析了"肠中热"、"胃中寒"、"胃中寒肠中热"、"胃中热肠中寒"等多种病情及其表现。杨上善此注对于读者把握上下文的关系和文章的层次,很有帮助。

《素问·金匮真言论》是一篇文字较长的论文,讲的内容很多,姚止庵分析了这篇文章的段落,和每段的中心思想,指出:"通篇文义"约分三段:"前段泛泛而已;中段言人身之阴阳分配天地;末段言人之五脏上应五行、配合五方、五音、五味等项,皆一定不易之理,为医宗纲领,故以金匮真言命篇,诚重之也。"

六、释音与校勘

古书注释有许多释音和校勘,阅读古注应对此有所了解。唐初陆德明《释典释文》对众多古书中的字词都作了释音。后人把《经典释文》的释音附在有关古籍的相应句下,给阅读提供了诸多方便。古书经过多次传抄和翻刻,文字的讹衍倒夺,随时可见,若不加以校勘,就很难正确理解原文。清代阮元作《十三经校勘记》,把有关校勘分别附在"十三经"有关章节的后面。所以释音与校勘是古注重要而必不可少的内容。医书古注里也有许多释音和校勘,下面简要地予以介绍。

(一) 释音

医书古注释音,主要采用直音法和反切法。有的释音写在注文里,如杨上善《太素》注、张介宾《类经》注的释音,与注文写在一起;有些书的释音,写在每卷的卷末,如《素问》、《灵枢》和成无己《注解伤寒论》的释音,都附于每章之末。

1. 直音法

用同音字为另一字释音,叫作直音法。例如:

寒雰结为霜雪。(《素问·六元正纪大论》)王冰注:"雰音纷。寒雰,白气也,其状如雾而不流行,坠地如霜雪,得日晞也。"

觩,音求。(《素问》卷一《释音》)

鞕,音硬。(《注解伤寒论》卷一《释音》)

至其当发,间不容眴。(《太素·知针石》)杨上善注:"眴音瞬。"

用直音法释音,被释音字与释音字的读音(包括声调)要完全相同。直音法有较大局限性。或无同音字,或虽有同音字,但同音字是生僻字,用生僻字注音等于不注,于是又有反切法。

2. 反切法

无论是注释中的释音,还是卷末的释音,反切法用得最为普遍。例如:

痱为病也,身无痛者,四支不收,知乱不甚。(《太素·热病说》) 杨上善注:"痱,扶非反,风病也。"

疠风者,索刺其肿上。(《太素·杂刺》) 杨上善注:"索,苏作反,散也。"

䐜,昌真切,肉胀起也。(《素问》卷二《释音》)

懊憹,上于刀切,下奴刀切,又女江切,心乱也。懊憹,痛悔声。(《注解伤寒论》卷三《释音》)

下面简要地介绍一下反切的基本原理:

用两个汉字拼出一个新的字音,这种方法叫作反切法。古文都是竖行书写,相拼的两个字一个在上一个在下,分别称为反切上字与反切下字。反切的方法,具体地说就是:只取反切上字的声母,不考虑它的韵母和声调;只取反切下字的韵母和声调,不考虑它的声母。把反切上字的声母和反切下字的韵母与声调结合起来,就拼出被反切字的读音。例如"冬,都宗切","冬"是"被反切字","都"是反切上字,"宗"是反切下字。下面用汉语拼音加以表示:

冬　　都　　宗　切

dōng　d(ū) + (z)ōng

反切上字"都"只取其声母"d",反切下字"宗"只取其韵母"ong"和阴平声的声调。把反切上字的声母 d 和反切下字的韵母与声调 ōng 拼合起来,就成为 dōng 的读音。

下面几例的反切方法,均可依此类推。

政　之盛切　　zh(ī) + (sh)èng——zhèng

条　徒聊切　　t(ú) + (l)iáo——tiáo

田　徒年切　　t(ú) + (n)ián——tián

干　歌安切　　g(ē) + ān——gān

在学习反切的时候,必须注意零声母的问题。汉字中有些字只有韵母,没有声母,如"哀"、"于"、"乌"、"恩"、"安"等都只有韵母没有声母。用这些字作反切上字时,它在反切中只占一个虚位,不参加拼音,所以叫作"零声母"。下面的反切上字都是零声母:

懊　于刀切　(yu) + (d)ao——ao

```
央  于良切  (yu)＋(l)iang──yang
恩  乌痕切  (wu)＋(h)en──en
乌  哀都切  (ai)＋(d)u──u
```

反切法比直音法进步许多,但是由于古今音变,要想正确切出古书中所有反切的准确读音,还要掌握其他许多音韵知识。由于事涉专门,这里不加详述。只要掌握上述反切的基本原理,对古书中大部分反切都能切出它的正确读音。

(二) 校勘

王冰在《素问·藏气法时论》注中说:"三坟之经,俗久沦坠,人少披习,字多传写误。"古书文字讹误较多,就必须进行校勘。近代学者陈垣在《元典章校补释例·校书四例》中将校勘方法分为四种,即本校、对校、他校、理校。下面分别简要介绍。

1. 本校法

利用本书上下文或前后文进行校勘,称为本校法。例如:

> 月满而补,血气扬溢。(《素问·八正神明论》)

"扬溢"词义难解。考《素问·移精变气论》王冰注引《八正神明论》此段文字,"扬溢"作"盈溢","盈"与"溢"在这个言语环境里是同义词,其义为盈满,故知作"盈溢"是。

> 闵闵乎若视深渊,若迎浮云。视深渊尚可测,迎浮云莫知其际。(《素问·疏五过论》)

林亿"新校正"云:"详此文与《六微旨论》文重。"考《六微旨大论》"际"作"极"。在先秦两汉时代,"极"和"际"的读音不同,"极"和上句的"测"押韵,而作"际"则不能与"测"押韵。由于语音的变化,加以传抄者对古音的生疏,于是改"极"为"际"。幸有《六微旨大论》引有此文,可改"际"字之讹。

2. 对校法

利用同书祖本或同书别本对照校勘的方法,称为对校法。例如:

> 按摩勿释,著针勿斥,移气于不足,神气乃得复。(《素问·调经论》) 王冰注:"按摩其病处,手不释散,著针于病处,亦不推之,使其人神气内朝于针,移其人神气,令自充足,则微病自去,神气乃得复常。"

细读王注,王冰释"移气于不足"为"移其人神气,令自充足",可以看出王冰本必无"不"字,此"不"字乃王冰以后传抄中出现的衍文。林亿《新校正》云:"按《甲乙经》及《太素》云移气于足,无不字。杨上善云:"按摩使气至于踵也。"此外,王冰释"足"为"充足",非,"足"字之义当依杨上善注训"踵"。

> 血有余则怒,不足则恐。(《素问·调经论》)

林亿"新校正"云:"按全元起本'恐'作'悲',《甲乙经》及《太素》并同。"

3. 他校法

利用他书校勘本书的方法,称为他校法。例如:

> 黄帝坐明堂,召雷公而问之曰:子知医之道乎?雷公对曰:诵而颇能解,解而未能别,别而未能明,明而未能彰。(《素问·著至教论》)

雷公的答语是四个并列句,其中三句说的是"未能别"、"未能明"、"未能彰",唯第一句却说"颇能解",其中必有误字。考《太平御览》卷721《方术部·二》"颇能解"作"未能解"。"颇"作"未"字,则上下句的意思连贯通顺。清·顾尚之《素问校勘记》改"颇"为"未",人民卫生出版社《素问》横排本据《素问校勘记》亦改"颇"为"未"。

> 余闻九针于夫子,众多博大,不可胜数。(《素问·三部九候论》)

《三部九候论》论述三部脉的各种表现,全篇未言及针法,为什么却说"余闻九针于夫子"呢?北宋初编纂的《太平圣惠方》卷一《辨九候法》引《三部九候论》之文,"针"字作"候"字,无疑是正确的。

4. 理校法

没有版本依据,唯据医理文理校勘的方法,称为理校法。例如:

> 东方色青,入通于肝,开窍于目,藏精于肝。其病发惊骇,其味辛。(《太素·阴阳杂说》)

杨上善注:"肝味正酸而言辛者,于义不通。"据杨注,"辛"当为"酸"。这是据医理校勘。

> 足以治群僚,不足至侯王。(《素问·著至教论》)

《素问》明嘉靖顾从德翻刻本、《太平御览》卷721引文皆作"至",顾尚之《素问校勘记》改"至"为"治"。这是据文理校勘。

《素问》林亿序说:"伏念旬岁,遂乃搜访中外,裒集众本,浸寻其义,正其讹舛,十得其三四,余不能具。"详考林亿校勘之法,亦不外上述四种。在校勘过程中,这四种方法往往综合运用,在一条校语中,有时可见二三种甚至四种方法同时出现,从而使勘误之据更为充分而有力。

古书因传抄、翻刻而出现的讹误,主要可分为五类:讹、衍、倒、夺、错简。"讹"指文字错误。《素问·征四失论》:"呜呼!窈窈冥冥,熟知其道?""熟"字无疑是讹字,王冰注:"今详熟当作孰。""衍"又称"衍文",即误增之字。《素问·生气通天论》:"因于暑,汗烦则喘喝,静则多言。""汗烦"不辞,且"烦则喘喝"与"静则多言"句对;若"汗"属上,成"因于暑汗",则与上文之"因于寒"以及下文之"因于湿"、"因于气"不协;如"汗"独词为句,亦同上下文例不协。"汗"当为衍文。"倒"又称"倒文"。《灵枢·官能》:"不知所苦,两跷之下,男阴女阳,良工所禁。"其中"男阴女阳"之"阴"、"阳"二字误倒,当作"男阳女阴"。"夺"指误脱之字,又称"脱"或"脱文"。《灵枢·邪气藏府病形》:"溢则水留,即为胀",《太素·府病合输》作"溢则为水,留则为胀"。由于《灵枢》上句脱一"为"字,不但句读有误,而且医理难通。"错简"指古书文字、句子甚至段落错乱颠倒。古书多将文字写于竹简,以绳依序编联,绳断简脱,乃有错简。《内经》错简时有所见。《素问·六节藏象论》:"不分邪僻内生,工不能禁。"王冰注:"此上十字,文义不伦,应古人错简。"《素问·宣明五气篇》:"阴出之阳,病善怒不治。"林亿"新校正"云:"按'阴出之阳,病善怒',已见前条,此再言之,文义不伦,必古文错简也。"对古文之讹、衍、倒、夺、错简等,均可用校勘四法校正之。

第二节 注释的术语

前人在注释古书时,逐渐形成约定俗成的注释术语,每个术语都有其适用范围和特定含义。清代阮元主编的《经籍纂诂》把注释术语归纳为二十八种。常见的有如下几种。

一、言

"言"字主要用来说明句子的含义或比喻义。被释词放在术语之前。例如:

病人身大热，反欲得近衣者，热在皮肤，寒在骨髓也。(《伤寒论·辨太阳病脉证并治上》)　成无己注："皮肤言浅，骨髓言深；皮肤言外，骨髓言内。"

通过成无己注，可知"热在皮肤"表示其热在外，热势尚浅，"热在骨髓"表示其热在内，热势已深。注释揭示原文的含义，故用"言"字表示。

刺手太阴阳明，其血如大豆，立已。(《太素·五藏热病》)　杨上善注："出血如豆，言其少也。"

厥阴之脉，令人腰痛，腰中如张弓弦。(《素问·刺腰痛论》)　王冰注："如张弓弦，言强急也。"

以上"其血如大豆"、"如张弓弦"，均为比喻句。注释揭示其喻义，故用"言"字表示。

在《素问》注中，王冰除用"言"字说明含义和比喻义之外，有时综括全句大意，亦以"言"字表示。例如：

至道在微，变化无穷，孰知其原？(《素问·灵兰秘典论》)　王冰注："言至道之用也，小之则微妙而细无不入，大之则广远而变化无穷，然其渊原，谁所知察？"

二、曰、为、谓之

这三个注释术语既可解释词义，也可用来分辨同义词或近义词之间的细微差别。被释词放在术语之后。例如：

石药发瘨，芳草发狂。(《素问·腹中论》)　王冰注："多喜曰瘨，多怒曰狂。"

痈发于嗌中，名曰猛疽。(《太素·痈疽》)　杨上善注："腐肉为痈，烂筋坏骨为疽。"

工巧神圣，可得闻乎？(《素问·至真要大论》)　林亿《新校正》云："按《难经》云：望而知之谓之神，闻而知之谓之圣，问而知之谓之工，切脉而知之谓之巧。"

首例的"瘨"与"狂"、次例的"痈"与"疽"、末例的"工""巧""神""圣"，都是近义词，通过"曰"、"为"、"谓之"分辨其细微差别，同时又解释了词义。

三、谓

以具体的概念解释抽象或宽泛的概念，多用"谓"字表示。被释词放在术语之前。例如：

脾之善恶，亦可得见乎？(《太素·四时脉形》)　杨上善注："善谓平和不病之脉也。"

血菀于上。(《素问·生气通天论》)　王冰注："上谓心胸也。"

"善"本属抽象概念，用以说明脉象，便更难确指。而用"平和不病之脉"加以解释，则"善"的概念就较具体。"血菀于上"的"上"，所指部位比较宽泛，而用"心胸"解释，则"上"所指部位就具体明确。

汉人注经，"谓"字的用法比较严格，只有以具体解释抽象或以一般解释特殊时才用"谓"字表示。六朝唐宋以来，注释家除继续沿用"谓"字的传统用法以外，在释词时，也使用"谓"字。《素问》王冰注中有许多这种用法。例如：

刺针必肃。(《素问·诊要经终论》)　王冰注："肃谓静肃。"

治之以兰，除陈气也。(《素问·阴阳应象大论》)　王冰注："除谓去也。陈谓久也。"

四、貌

"貌"字一般用在动词或形容词之后，以表示某种性质和状态。"貌"可译为"……样子"，亦可不译。例如：

  令人洒洒时寒。(《素问·诊要经终论》)　王冰注："洒洒，寒貌。"

  有病肾风者，面胕庞然壅。(《素问·评热病论》)　王冰注："庞然，肿起貌。"

"洒洒"是形容词，"肿起"是动词，"貌"字分别放在它们的后边，表示寒冷的样子和肿胀的样子。

五、犹

近义词互相解释或用引申义解释本义，多用"犹"字表示。被释词放在术语之前。例如：

  以息方吸而内针。(《素问·八正神明论》)　王冰注："方犹正也。"

  此荣气之所舍也。(《素问·疟论》)　王冰注："舍犹居也。"

  日中而阳气隆。(《素问·生气通天论》)　王冰注："隆犹高也、盛也。"

首例之"方"与"正"、次例之"舍"与"居"是近义词，近义词互相解释，故用"犹"字表示。"隆"的本义原指山中央高起的地方，引申为高与盛。末例之"隆"用的是引申义，故通过"犹"加以解释。

古注中的声训也常用"犹"字表示。例如：

  会厌为吸门。(《难经·四十四难》)　滑寿注："厌犹掩也，谓当咽物时，合掩喉咙，不使含物误入，以阻其气之嘘吸出入也。"

  蓟犹髻也，其花如髻也。(《本草纲目》卷十五草部李时珍注)

以上"曰"、"为"、"谓之"、"谓"、"貌"、"犹"六个术语，都是专门用来解释词义的。

六、之言、之为言

这两个术语的作用除了释义以外，还进行声训。释词与被释词之间必须具有声音上的联系，或者是读音相同，或者是具有双声或叠韵的关系。例如：

  豆角谓之荚。(《广雅·释草》)　王念孙《广雅疏证》："荚之言夹也，两旁相夹，豆在中也，豆荚长而端锐如角然，故又名豆角。"

  蓍，耆也。(《广雅·释草》)　王念孙《广雅疏证》："蓍之言耆也，龟之言久也。龟千岁而灵，蓍百年而神。"又云："龟之为言久也，蓍之为言耆也。"

声训的目的在于推寻命名的原因。"荚"与"夹"同音。古人认为，"荚"之所以名"荚"，乃取义于"夹"，豆在当中，两旁有皮相夹，故名为"荚"。"蓍"(shī)从草耆声，古音与"耆"(qí)同音。《说文·艸部》："蓍，蒿属，生千岁三百茎。从草耆声。""耆"义为老。故《尚书大传》说："蓍之为言耆也。"由于"蓍"与"耆"古音相同，且"蓍"与"耆"皆有"老"义，故通过"之言"或"之为言"以"耆"解"蓍"。古音"龟"与"久"同音。"龟"之所以名"龟"，乃取义于"久"。

医书古注也有此类声训例子。例如：

  脾之为言并也，谓四气并之也。(《素问·五运行大论》王冰注)

"脾"与"并"双声。什么叫"四气并之"呢？《素问·玉机真藏论》说："脾脉者，土也，孤藏以灌四傍者也。"王冰注："纳水谷，化津液，溉灌于肝、心、肺、肾也。"脾主运化，把物质精微输送到肝、心、肺、肾中去,这就叫"四气并"。

    凡服下药,用汤胜丸。(《伤寒论·辨可下病脉证并治》) 成无己注:"汤之为言荡也,涤荡肠胃。"

"荡"从草汤声,古音与"汤"相同,今音与"汤"相近,故以"荡"释"汤",且通过"之为言"释"汤"命名原因。通过声训推寻命名原因,属于语源学范畴。一个事物叫这个名称而不叫另一个名称,在绝大多数情况下是由于约定俗成而形成的,与同音字并没有必然的内在联系,例如"脾"之所以发 pí 的声音而称为"脾",并不一定由于与"并"双声而得名。所以"声训"往往带来穿凿附会的毛病。汉末刘熙《释名》大量使用声训法,所用"之言"、"之为言"术语,有不少穿凿附会的解释。有些词汇的名称又与同音字有关,如"荚之言夹也"即是。由于古注中有"之言"、"之为言"术语,而且使用得相当广泛,所以对其用法不可不知。段玉裁在《说文·示部》"祼"字下注云:"凡云之言者,皆通其音义以为诂训,非如读为之易其字,读如之定其音。"

  如果释词与被释词不具有声音上的联系,就不能使用这两个术语。下述两例属于术语的误用:

    沉而石者,是肾气内著也。(《素问·示从容论》) 王冰注:"石之言坚也。"
    愿闻五官。(《灵枢·五阅五使》) 张志聪注:"官之为言司也。"

七、当为、当作

  这是用来校勘讹字的术语。《说文·示部》"祇"字段玉裁注:"古人云当为者,皆是改其形误之字。"讹字放在术语之前。例如:

    肾热者,色黑而齿熇。(《太素·五藏痿》)杨上善注:"熇当为槁。色黑齿枯槁也。"
    血气已尽,其病不可下。(《素问·离合真邪论》) 林亿"新校正"云:"按全元起本作血气已虚。尽字当作虚字,此字之误也。"

八、读为、读作

  用本字解释通假字多用"读为"、"读作"表示,通假字放在术语之前。例如:

    气虚宜挈引之。(《素问·阴阳应象大论》) 王冰注:"挈读为导,导引则气行条畅。"

"挈"音 shì。林亿"新校正"云:"按《甲乙经》挈作挈。"《太素》卷三《阴阳》亦作"挈"(chè),今从《素问》作"挈"。王冰注云"挈读为导",则表示"挈"是通假字,"导"为本字。

    厌之令人呼噫嘻。(《素问·骨空论》) 吴昆注:"厌读作压。"

吴昆认为"厌"是通假字,"压"是本字,故用"读作"表示。

第三节 注释实例分析

  本节就注释的实例加以分析,从中可以看出古注体例、释词方法、术语运用等情形。同时对古注释词不确切处,亦加说明。

    过则为菑。阴淫寒疾 寒过则为冷○菑音灾,下同 阳淫热疾 热过则喘渴○喘,昌兖反 风淫末疾 末,四支也。风为缓急。 雨淫腹疾 雨湿之气为泄注○泄息列反下如字 晦淫惑疾 晦,夜也。为宴寝过节,则心惑乱 明淫

心疾 明，昼也。思虑烦多，心劳生疾○思，息利反 [疏] 过则至心疾○正义曰：上云淫生六疾，总谓气、味、声、色。此云气过则为菑，独谓六气过耳。过即淫也。故历言六气之淫，各生疾也。此六者，阴阳风雨有多时，有少时；晦明则天有常度，无多少时也。今言淫者，谓人受用此气，有过度者也。阴过则冷，阳过则热，风多则四支缓急，雨多则腹肠泄注。此四者，虽各以其气与人为病，若其能自防护，受之不多，则得无此病也。其晦明，亦是天气，不以病人，但人用晦明过度，则人亦为病。晦是夜也，夜当安身，女以宣气，近女过度，则心散乱也。明是昼也，昼以营务，营务当用心，思虑烦多，则心劳敝也。阴阳风雨，当受之有节，晦明当用之有限。无节无限，必为菑害，故过则为菑也○注末四至缓急○正义曰：人之身体，头为元首，四支为末，故以末为四支，谓手足也。风气入身，则四支有缓急。贾逵以末疾谓风眩也。

上面是《左传·昭公元年》中的一则文字及杜预注、孔颖达疏。大字是《左传》原文。紧接原文的小字是晋代杜预注。"○"号是间隔号。间隔号后的小字是唐代陆德明在《经典释文》一书里为一些生僻字作的释音。"疏"字下面的双行小字是唐代孔颖达解释原文和杜预注的文字。"过则至心疾"是孔颖达在作义疏时写的提示语，表示他下面解释"过则为灾"至"明淫心疾"这段原文的意义。"注末四至缓急"，也是提示语。杜预注说："末，四支也。风为缓急。"孔颖达通过提示语，表示他解释的是杜预注。通过上面这段注疏，我们看到，注和疏既解释原文的词义，也解释原文的思想内容。汉唐人注释古书，一般把重点放在训释字词和音读上。训释字词常用的办法是释字和串讲。如"晦，夜也"，"明，昼也"，属于释字；"寒过则为冷"，是对"阴淫寒疾"的串讲，串讲的同时也解释了字的含义，如"寒过则为冷"的"过"解释原文的"淫"字，"冷"解释原文的"寒"字，通过连词"则"，表明"阴淫寒疾"是一个条件复句。

以五味、五谷、五药养其病 养犹治也。病由气胜负而生，攻其羸，养其不足者。五味，醯、酒、饴蜜、姜、盐之属。五谷，麻、黍、稷、麦、豆也。五药，草、木、虫、石、谷也。其治合之齐，则存乎神农、子仪之术云○羸音盈，后不音者同。合，如字，又音阁，下同。 [疏] 注养犹至术云○释曰：言"养犹治也"者，病者须养之，故云养犹治也。云"病由气胜负而生"者，假令夏时热病者体寒即是水，水羸而胜也，火气负而不足也，故言犹气胜负而生。云"攻其羸，养其不足"者，夏时病者，则五味中食甘、五谷中食稷，以甘、稷是土之谷味，土所克水，是攻其羸也。土生于火，土是火之子，食甘、稷，为子养母之道，故云养其不足也。云"五味，醯、酒、饴蜜、姜、盐之属"者，醯则酸也，酒则苦也，饴蜜即甘也，姜即辛也，盐即咸也，此即五味酸、苦、辛、咸、甘也。郑不言五味酸咸等，而言醯酒之属者，当时医方见用醯酒之等，故举以言焉。又云"五谷，麻、黍、稷、麦、豆也"者，此依《月令》五方之谷，此五谷据养疾而食之，非必入于药分。又云"五药，草、木、虫、石、谷也"者，草谓麻黄、勺药之类是也，木谓厚朴、杜仲之类是也，虫谓吴公、裸蠜之类是也，石谓磁石、白石之类是也，谷谓五谷之中麻、豆之等有入药分者是也。云"其治合之齐，则存乎神农子仪之术云"者，案刘向云："扁鹊治赵太子暴疾尸蹶之病，使子明炊汤、子仪脉神、子术案摩。"又《中经簿》云："子义《本草经》一卷。仪与义一人也。若然，子义亦周末时人也，并不说神农。"案张仲景《金匮》云：神农能尝百药，则炎帝者是也。言此二人能合和此术耳。

这是《周礼·天官冢宰·疾医》中的一句及其注疏。注疏可分为三大部分：从"养犹治也"至"则存乎神农、子仪之术云"，是汉末郑玄所作的注；从"羸音盈"至"下同"凡十六字，是唐初陆德明《经典释文》为郑玄注作的释音；"疏"字以下，是唐初贾公彦为郑玄注所作的义疏。古代经书的注疏体例，大都如此。郑玄注对"养"、"五味"、"五谷"、"五药"作了词义解释，"病由气胜负而生，攻其羸，养其不足者"这段注语，是对病因及治法的简要说明。"其治合之齐，则存乎神农、子仪之术云"则提供了医学史料。古注一般都很简单，文字很少，但包含的内容很丰富。后人阅读汉人注释，对其释词、释事，往往理解得不够深入，所以唐代经学家对汉人注释再次作注，称为"疏"或"正义"。"疏"几乎对古注进行了逐字逐句的解释。例如贾公彦疏解释"养"训"治"时说："病者须养之，故云养犹治也。"既说明"养"之训"治"，用的是引申义，也反映注释术语"犹"字用得恰到好处。然后对郑玄注作了逐句的解释与发挥。贾公彦疏引《中经簿》证明《本草经》为扁鹊弟子子仪（又写作子义）所撰，子仪为周末（战国之末）人。目录书《中经簿》古代有两部，一是魏秘书郎郑默作的《魏中经簿》，一是晋秘书监荀勖作的《晋中经簿》，两书都简称为《中经簿》，均已失传。《晋中经簿》是在《魏中经簿》的基础上撰成的。贾公彦引《中经簿》材料说明《本草经》成于战国末期子仪之手，这在考证《神农本草经》

的作者与时代上,又提供了一条值得思考的材料。

经书的注释既有注,又有疏,医书的注释只有注,而没有释"注"的"疏"。

伤寒所致太阳病,痓湿暍三种,宜应别论。

痓,当作痉,传写之误也。痓者,恶也,非强也。《内经》曰:"肺移热于肾,传为柔痓。""柔为筋柔而无力,痓谓骨痓而不随。"痓者,强也。《千金》以强直为痓。经曰:颈项强急,口噤,背反张者,痓。即是观之,痓为痉字明矣。

这是《伤寒论·辨痓湿暍脉证》及成无己注。此注在说明"痓"是讹字,当作"痉"。这对于纠正《伤寒论》"痓"字之误,进而纠正医书所有"痓"字之误,均有重要意义。"痓"字始见于魏·张揖《广雅》卷三《释诂》:"痓,恶也。"继见《玉篇》。"痓"的本义为凶恶",特指性恶而言。"痉"字见《说文·疒部》:"痉,强急也。"身体屈伸困难曰强急。由于"痓"与"痉"字形相近,故传写把"痉"字误为"痓"。凡医书之"痓",皆为"痉"之讹。《太素·经筋》:"主痫瘛及痓。"杨上善注:"痓,擎井反,身强急也。"《黄帝内经明堂类成》:"鱼际主痓上气。"杨上善注:"痓,强急也,巨井反。"原文"痉"均已讹为"痓",幸赖杨上善的反切作"擎井反"、"巨井反",尚可考知"痓"当为"痉"的讹字。《素问·气厥论》:"肺移热于肾,传为柔痓。"王冰注:"柔谓筋柔而无力,痓谓骨痓而不随。"经文与注释中的三个"痓"均当作"痉"。成无己引《素问·气厥论》"肺移热于肾,传为柔痓"这句话时,"痓"字尚作"痉",可惜经过后人传抄与翻刻,连成无己的引文也出现了讹字。成无己认为纠正"痓"字的讹误是很重要的,所以在注中引《素问·气厥论》及王冰注,引《千金要方》及"经曰",作为校勘的证明。所说"经曰"之"经",指《伤寒论》。《伤寒论·辨痓湿暍脉证》有"颈项强急、口噤、背反张者,痓病也"之句("痓"亦是讹字,当作"痉"。《伤寒论》所有"痓"字,《金匮玉函经》均作"痉"。《金匮玉函经》与《伤寒论》是"同体而别名"之作,尤可证"痓"为讹字是毫无疑义的)。成无己引三书证明"痓"为讹字,这种方法在注释中通称"引文证义",可以增强论点的说服力。

神有余,则泻其小络之血,出血,勿之深斥,无中其大经,神气乃平。

邪入小络,故可泻其小络之脉,出其血,勿深推针,针深则伤肉也。以邪居小络,故不欲令针中大经也。络血既出,神气自平。斥,推也。小络,孙络也。《针经》曰:"经脉为里,支而横者为络,络之别者为孙络。"平,谓平调也,"新校正"云:详此注引《针经》曰,与《三部九候论》注两引之,在彼云《灵枢》,而此曰《针经》,则王氏之意,指《灵枢》为《针经》也。按今《素问》注中引《针经》者,多《灵枢》之文,但以《灵枢》今不全,故未得尽知也。

这是《素问·调经论》的文字及王冰注与林亿"新校正"。这段注释对于考证《针经》与《灵枢》的关系十分重要,历来均被考据学家所重视。王冰注首先对原文进行句读。通过他的注释,有助于我们准确地句读。王冰注"出其血"作一句来读,则原文"出血"二字下应用逗号。"斥,推也。小络,孙络也"及"平,谓平调也"属于释词。引《针经》中的一段文字,意在证明释"小络,孙络也"是有根据的,属于引文证义。王冰这段注释简练有法。林亿则通过王冰的前后注文,有新的发现。《素问·三部九候论》"孙络病者,治其孙络血,血病身有痛者,治其经络",王冰注:"《灵枢经》曰:'经脉为里,支而横者为络,络之别者为孙络。'由是孙络,则经之别支而横也。"经过前后对照发现,同一段文字,前注曰出自《灵枢经》,后注曰出自《针经》,则《针经》即《灵枢》,是毫无疑义的。《灵枢》汉称《九卷》,皇甫谧称《针经》,至王冰始称《灵枢》,有时又称《针经》,则一书而三名。整理文献和校勘,应该重视对一部书前后文、前后注的对比,从中可以发现非常有价值的材料。上举之例,即属此类。

天地合气,别为九野,分为四时,月有小大,日有短长,万物

并至，不可胜量。 _{从道生一，谓之朴也。一分为二，谓天地也。从二生三，谓阴阳和气也。从三以生万物，分为九野、四时、日月，乃至万物，一一诸物，皆为阴阳气之所至。故所至处，不可胜量。}

这是《太素·知针石》的文字及杨上善注。"九野"古指九州。此注出现"一分为二"成语，此语今为哲学概念。若考其语源，据今所知，始于杨上善注。明张介宾《类经》阴阳应象大论注亦用过"一分为二"一语，而推其始用，无早于杨上善者。

其民陵居而多风。 _{居室如陵，故曰陵居。"新校正"云：详大抵西方地高，民居高陵，故多风也，不必室如陵矣。}

这是《素问·异法方宜论》的文字及王冰注与林亿"新校正"。王冰和林亿注释的重点均在如何解释"陵居"的意义及语法特点。王冰认为"陵居"是"陵形之居室"的意思，"陵"修饰名词"居"，用语法术语来说，二者构成名词性的偏正词组。林亿不同意王冰的解释，认为"陵居"是"在高陵居住"的意思，用语法术语来说，"陵"是名词作状语，修饰动词"居"。古人虽然没有明确的语法术语，但不能不说他们已心知其意。同时也反映出，林亿在校正《素问》注时，对词语的审辨是很细密的。

邪客于足少阴之络，令人嗌痛，不可内食，无故善怒，气上走贲上。 _{病令人嗌干痛，不可内食，无故善怒，气上走贲上也。贲，谓气奔也。"新校正"云：详王注以贲上为气奔者，非。按《难经》"胃为贲门"，杨玄操云："贲，鬲也。"是气上走鬲上也。经既云气上走，安得更以贲为奔上之解邪？}

这是《素问·缪刺论》中的文字及王冰注与林亿"新校正"。医书多以"贲"指"膈"。王冰释"贲"为"气奔"，大误。"贲"固然有"奔"义，但是把此义置于"气上走贲上"句中，则全不可解。王冰并非不知"贲"有"鬲"（即"膈"字）义，因为他在《素问·脉要精微论》注释中就曾写道："贲，鬲也。"由于在释词上没有始终把握"因文求义"，即依据言语环境确定词义这一释词的基本原则，又加以注释篇幅巨大，难以细检每词注释之正误，以致出现"贲"字的误训。林亿对王冰注的批评是中肯的，改正是正确的。

其次有圣人者，处天地之和，从八风之理，适嗜欲于世俗之间，无恚嗔之心。 _{圣人志深于道，故适于嗜欲，心全广爱，故不有恚嗔。}

这是《素问·上古天真论》中的文字及王冰注。《上古天真论》全篇主张"恬惔虚无，真气从之，精神内守，病安从来"，反对"以欲竭其精，以耗散其真"，王冰注"适嗜欲"为"适于嗜欲"，即满足于嗜欲，则与全篇主旨相悖。问题出在对"适"字的误解上。《吕氏春秋·重己》："凡生之长也，顺之也；使生不顺者，欲也。故圣人必先适欲。"汉代高诱注："适犹节也。"可知"适嗜欲"意为节制嗜欲。

是以人有德也，则气和于目；有亡，忧知于色。 _{德者，道之用，人之生也。《老子》曰：道生之，德畜之。气者，生之主，神之舍也。天布德，地化气，故人因之以生也。气和则神安，神安则外鉴明矣。气不和则神不守，神不守则外荣减矣。故曰人有德也气和于目，有亡也忧知于色也。"新校正"云：按《太素》德作得。}

这是《素问·解精微论》中的文字及王冰注与林亿"新校正"。原文"有德"与"有亡"相对成文，"亡"谓"失"，则"德"必通"得"。王冰不晓"德"是通假字，于是用"道德"解释"德"，势必难通，乃引《老子》以敷衍。林亿引《太素》"德作得"以纠王注，是简明而正确的。

五藏绝闭，脉道不通，气不往来，辟于随溺，不可为期。 _{辟于随溺，辟，}

卑至反,除也。谓不得随意溺也,如此急
虚之病,亦有生者,故不可与为死期也。

这是《太素·真藏脉形》中的文字及杨上善注。此注有反切释音,有词义训释,有病理说明。就其词义训释观之,杨释"随"为"随意"是错误的。"随"古音与"堕"相近,故古书多以"随"代替"堕"字。"辟于随溺"之"随"即通"堕"。《素问·玉机真藏论》及《甲乙经·经脉》上篇"随"均作"堕"。

从上述古注例析中看出,古注容量很大,几乎涉及原文的所有内容。但也应注意到,古注所反映的思想观点有时会有错误,词义亦时有误训,这就需要我们运用正确的思想观点加以批判地继承,并且择善而从。

阅读实践（44）

（一）简答
1. 注释主要有哪些内容？并各举一例说明。
2. 注释主要有哪些术语？每一术语各有何作用？

（二）阅读

名木多死恶气发风雨不节甘露不下则菀藁不荣贼风数至暴雨数起天地四时不相保乃道相失则未央绝灭　盗夸之君德不施布祸及昆虫灾延草木其有八种一者名木多死谓名好草木不黄而落二者恶气发谓毒气疵疠流行于国三者风雨不节谓风不时而起云不族而雨四者甘露不下谓和液无施菀藁当为宛槁宛痿死槁枯也于阮反陈根旧枝死不荣茂五者贼风数至谓风从冲上来破屋折木先有虚者被克而死六者暴雨数起谓骤疾之雨伤诸苗稼七者天地四时不相保谓阴阳乖缪寒暑无节八者失道未央绝灭未央者久也言盗夸之君绝灭方久也（《太素·顺养》）

要求：
(1) 给上文标点
(2) 举例说明注文所包含的注释内容和所使用的注释术语

第五章　句　　读

古书大多没有断句,要靠读者自己一边读书,一边断句。一部书读完,断句也就同时作完。宋代木板刻书始有断句,但毕竟是少数。因此,古人很重视断句能力的培养。《礼记·学记》说:"比年入学,中年考校,一年视离经辨志。"古时每年(比年)招收贵族子弟入学,隔一年(中年)由上一级主管部门考察学生的学业操行,第一年就要培养学生"离经辨志"的能力。东汉郑玄注:"离经,断句绝也。辨志,谓别其心意所趋向也。"这里所说的"离经",就是断句的意思,只有正确断句,才能"辨志"。唐代李匡乂在《资暇集》中说:"学问何如观点书。"都是强调断句的重要性。

医学著作直接关系到人民的生命与健康,所以古医籍句读正确与否,影响尤为重大。例如:

陶节庵曰。去实热。用大黄。无枳实。不通温经。用附子。无干姜。不热发

表。用麻黄。无葱白。不发吐痰。用瓜蒂。无淡豉。不涌。(上海卫生出版社1957年版《医方集解》第62页)

正确的标点(以下凡改正者均使用标点符号)应为：

陶节庵曰："去实热用大黄，无枳实不通；温经用附子，无干姜不热；发表用麻黄，无葱白不发；吐痰用瓜蒂，无淡豉不涌。"

陶氏原意在于强调枳实、干姜、葱白、淡豉在治疗中的重要作用，而句读者却破句为读，要弃枳实、干姜、葱白、淡豉而不用。如果照此处方，便要贻误病家。

近数十年来，中医界应用新式标点符号对古代医籍进行了大量的点校工作，如《素问》、《灵枢》、《难经》、《伤寒论》、《金匮要略》、《本草纲目》等，都已出版点校本，给我们阅读提供了诸多方便。但是中医古籍浩如烟海，极大多数尚未整理，而且经过断句或标点的也每每存在不确之处。因此，为了正确阅读未经校点的古代医书，就必须了解句读的知识，具有断句和标点的能力。

第一节 句读的名称、符号和位置

"断句"也称为"句读"。"读"在这里读成 dòu，所以"句读"在古书里也有写成"句逗"、"句投"、"句度"、"句断"的。古人称在文义已尽处断句为"句"，在文义未尽处断句为"读"，合起来叫作"句读"。元朝黄公绍《韵会举要》"宥"韵说："凡经书成文语绝处谓之句，语未绝而点分之，以便诵咏，谓之读。今秘书省校书式，凡句绝则点于字之旁，读分则点于字之中间。"

古书常见的句读符号有以下几种：

点号。点号的形状有两种：一是形似芝麻，称为芝麻点，与标点符号中的顿号相似而略大；一是圆点，与标点符号中的着重号相似而略大。

圈号。圈号的形状为圆圈，与标点符号中的句号相似。

钩勒号。钩勒号的形状为"乚"，《说文》作为一个字收入。《说文·亅部》："乚，钩识也。"音 jué。段玉裁注："钩识者，用钩表识其处也。"又说："此非甲乙字，乃正乚字也。今人读书有所钩勒即此。"清代王筠《说文句读》说，"乚"号主要用来标志古书段落和章节的划分。

上述三种句读符号，前两种运用得较为普遍，点号的使用更是由来已久。《说文》把它作为一个字收入书中。《说文·丶部》："丶，有所绝止，丶而识之也。"当表示语意未断但在吟哦诵读需作暂短停顿时，点在上下两字的中间；当语意已完时，点在字的右下角，以表示句绝。宋代的刻板印书现在已经很难见到，明代嘉靖年间顾从德《素问》翻刻本是现在能见到的最好的《素问》古本。此本王冰注大多用点号表示"句"和"读"。例如：

真牙丶谓牙之最后生者丶(《上古天真论》注)

六合丶谓四方上下也丶九州丶谓冀丶兖丶青丶徐丶扬丶荆丶豫丶梁丶雍也丶(《四气调神大论》注)

上例"者"字右下角的点号表示句绝，称为"句"，"真牙"二字下"谓"字上的点号表示语气暂短停顿，称为"读"。下例"也"字右下角的点号表示句绝，称之"句"，其余的点号表示语气暂短停顿，称之"读"。

为了使表示"句"的点号与表示"读"的点号相区别，后来把表示"句"的点号改为圈号，仍然用在字的右下角。仍以《素问》为例：

黄帝曰丶阴阳者丶天地之道也。(《阴阳应象大论》)

帝曰 不足者˙补之奈何。(《离合真邪论》)

从这两例可以看到,点号"、"表示"读",圈号"。"表示"句"。我们现在使用标点符号时,标点符号要占一个字的位置,古人圈点古书,点号和圈号都不占字的位置。

我们在看有断句的古书时,发现有些古书的断句完全使用圈号,也就是说,不但应该句绝之处用圈号表示,而且那些应该用点号的地方也使用了圈号。例如:

衡诠者。称也。可以称量轻重。

金匮要略曰。寒令脉急。

这两段文字均见于《注解伤寒论·平脉法》成无己注。按照句读符号使用方法的要求,"衡诠者"、"称也"、"金匮要略曰"后都应该使用点号,可是前人在刊刻书籍时,一律都改成圈号。这在有句读的古书里是比较多见的。阅读时应该仔细分辨哪个圈号表示"读",哪个圈号表示"句"。

第二节 误读的原因和表现

阅读古代医书,怎样才能做到不读破句子、不用错标点呢? 分析他人误读的原因和表现,是很有好处的。本节以误读的原因为纲,兼及误读的表现。

一、不辨词语意义

对原文的词义或成语的意义没有真正弄懂,就贸然句读,是造成误读的重要原因。例如:

[例一]

罗遇翁亦甚欢。即授以刘李张诸书。为之敷扬三家之旨。而一断于经。且曰尽去。而旧学非是也。(上海科学技术出版社 1959 年版《丹溪心法》第 396 页)

句读者可能对"而"字的意义没有弄懂,误把"而"看成连词,其实"而"在这里用作第二人称代词,"而旧学"的意思是"你的旧学",当属上为句。正确的标点是:

罗遇翁亦甚欢,即授以刘、李、张诸书,为之敷扬三家之旨,而一断于经。且曰:"尽去而旧学,非是也。"

[例二]

钱乙。字仲阳。上世钱塘人。与吴越王。有属俶纳土。曾祖赟。随以北。因家于郓。(人民卫生出版社 1958 年版《宋以前医籍考》第 367 页)

宋代名医钱乙字仲阳,他的曾祖钱赟与吴越王钱俶有宗室之亲、君臣之谊。"有属"指有隶属关系。太平兴国三年(公元 978 年),钱俶纳土归宋,举族归于京师。钱赟随钱俶从钱塘北上。句读者由于不明"有属"的含义,使之当属上而误属下。正确的标点是:

钱乙,字仲阳,上世钱塘人,与吴越王有属。俶纳土,曾祖赟随以北,因家于郓。

[例三]

故适寒凉者胀之,温热者疮,下之则胀已,汗之则疮已。(人民卫生出版社 1958 年版《黄帝内经素问白话解》第 406 页)

"适寒凉者胀之"的"之",既不是代词,也不是助词,而是动词。《尔雅·释诂》:"适、之,往也。"张介宾《类经》注:"之亦适也。"由于标点者不知"之"是动词,遂使"之"当属下而误属上。

正确的标点是:
> 故适寒凉者胀,之温热者疮;下之则胀已,汗之则疮已。

[例四]
> 能使其民令行,禁止士卒无白刃之难者,非一日之教也,须臾之得也。(人民卫生出版社1963年版《灵枢经白话解》第405页)

"令行禁止"是成语,即"有令则行,有禁则止"之意。《荀子·王制》:"令行禁止,王者之事毕矣。"由于标点者不明这一成语的含义,使"禁止"当属上而误属下。正确的标点是:
> 能使其民令行禁止,士卒无白刃之难者,非一日之教也,须臾之得也。

[例五]
> 所谓邦无道危行言。孙学士固不求人知。人又何能知学士也。(《宋以前医籍考》第1065页)

文中的"学士",指宋代医家许叔微。南宋绍兴二年(公元1132年)许任集贤院学士,人称许学士。"危行言孙"是个成语,出自《论语·宪问》:"邦有道,危言危行;邦无道,危行言孙。""危"的词义为"正直"。正直的言行叫作"危言危行"。"孙"通"逊",义为谦逊、恭顺。句读者由于不明"危行言孙"这一成语及其含义,致使"孙"当属上而误属下。正确的标点是:
> 所谓"邦无道,危行言孙",学士固不求人知,人又何能知学士也?

二、不明语法规律

如果缺乏古代汉语的语法知识,也往往会出现误读。

[例一]
> 然气无形可求,无象可见,况无声复无臭,何能得睹得闻?人恶得而知是气也。其来无时,其着无方,众人有触之者,各随其气而为诸病焉。(人民卫生出版社1977年版《温疫论评注》第195页)

"人恶得而知"当断而失断,宜加问号,"是气也"下当用逗号,下属为句。所以会出现误读,与标点者对"恶"和"也"的语法作用不熟悉有关。"也"既可用在判断句的句尾表示语气的终结,也可用在叙述句的句中表示语气小的停顿。标点者对前者比较熟悉,而对后者比较生疏,于是在"也"字下用了句号。"人恶得而知"一句中的"恶",是"怎么"的意思,表示疑问,标点者对"恶"字的这种用法也不了解,所以只好与"是气也"误连成一句。正确的标点是:
> 然气无形可求,无象可见,况无声复无臭,何能得睹得闻?人恶得而知?是气也,其来无时,其着无方,众人有触之者,各随其气而为诸病焉。

[例二]
> 大便闭结者,疫邪传里,内热壅郁,宿粪不行,蒸而为结,渐至坚硬,下之结粪一行,瘀热自除,诸证悉去。(同上第160~161页)

"下之"当断而失断,宜加句号。"下之"即"使之下"的意思。"下"是方位名词的使动用法,"之"是代词,作"下"的宾语。所以会出现这样的标点错误,与标点者把"下之"理解为"下面的"有关,即误把"下"仅仅视作方位名词,把"之"看成助词,与现代汉语的"的"字相当。正确的标点是:
> 大便闭结者,疫邪传里,内热壅郁,宿粪不行,蒸而为结,渐至坚硬,下之。结粪一行,瘀热自除,诸证悉去。

[例三]

  余知其然也,不知其何由?愿闻其故。(《灵枢经白话解》第419页)

"不知其何由"是陈述句,不是疑问句。标点者只知道疑问代词"何"可以表示疑问,不了解当"何"处于陈述句中时,它并不提出疑问。由于标点者对"何"的这一语法作用比较生疏,以致出现错误。正确的标点是:

  余知其然也,不知其何由,愿闻其故。

[例四]

  古圣人,立法,以三部九候决人生死,以五脏六腑,分配于六部之中,故可以验人脏腑之吉凶也。(人民卫生出版社1959年版《医部全录》第三册第335页)

"古圣人,立法"中的逗号应去。"古圣人"是主语,而且字数甚少,其后不应标点。"以五脏六腑"是介宾词组,作"分配"的状语,加以字数不多,不需要作语气上的停顿,所以其后的逗号也应取消。这两处错误都属不当断而误断。正确的标点是:

  古圣人立法,以三部九候决人生死,以五脏六腑分配于六部之中,故可以验人脏腑之吉凶也。

三、不晓医药道理

给古书断句或标点,因缺乏医药知识,也往往容易造成错误。

[例一]

  如云:"一木五香:根旃檀、节沉香、花鸡舌、叶藿、胶薰陆。"此尤谬。旃檀与沉香,两木元异。鸡舌即今丁香耳,今药品中所用者,亦非藿香,自是草叶,南方至多。薰陆,小木而大叶,海南亦有薰陆,乃其胶也,今谓之乳头香。五物迥殊,元非同类。(中华书局1957年版《新校正梦溪笔谈》第223页)

这一段标点有许多错误。"亦非藿香"之"亦非"当属上为句,构成"今药品中所用者亦非"句;"藿香"当属下为句,构成"藿香自是草叶"句。"薰陆,小木而大叶"中的逗号宜去。"海南亦有薰陆"的"薰陆"当属下为句。由于标点者疏于药物知识,以致错误丛生。正确的标点是:

  如云:"一木五香:根,旃檀;节,沉香;花,鸡舌;叶,藿;胶,薰陆。"此尤谬。旃檀与沉香,两木元异。鸡舌即今丁香耳,今药品中所用者亦非。藿香自是草叶,南方至多。薰陆小木而大叶,海南亦有,薰陆乃其胶也,今谓之乳头香。五物迥殊,元非同类。

[例二]

  此痞本于呕。故君以半夏生姜。能散水气。干姜善散寒气。凡呕后痞硬。是上焦津液已干。寒气留滞可知。故去生姜而倍干姜。(上海科学技术出版社1978年版《伤寒来苏集·伤寒附翼》第28页)

"故君以半夏生姜"句有误,"生姜"二字当属下为句。若句读为"君以半夏生姜",恰与末句"故去生姜而倍干姜"意思相左。此方系半夏泻心汤,即生姜泻心汤去掉生姜、倍用干姜而成。句读者由于不熟悉半夏泻心汤的配伍,又未能贯通上下文意,以致出现误读。正确的标点是:

  此痞本于呕,故君以半夏。生姜能散水气,干姜善散寒气。凡呕后痞硬,是上焦津液已干,寒气留滞可知,故去生姜而倍干姜。

[例三]

> 一用白乌骨鸡一只。杀血入瓶中。纳活水蛭数十于内。待化成水。以猪胆皮包。指蘸捻须梢。自黑入根也。(人民卫生出版社1957年影印本《本草纲目》第1536页上栏)

断为"待化成水。以猪胆皮包",则显然是用猪胆皮包水。其实原意是说用猪胆皮包裹手指,去蘸捻须梢。猪胆皮犹如医生常用的指套,包指以防染黑。由于句读者不熟悉医药知识,且未细读原文,致使"指"字当属上而误属下。正确的标点是:

> 一用白乌骨鸡一只,杀血入瓶中,纳活水蛭数十于内。待化成水,以猪胆皮包指,蘸捻须梢,自黑入根也。

[例四]

> 睡者六字,真言之一,能睡则阴气自复,交骨亦开矣。(湖北人民出版社1977年版《中医外治法简编》第431页)

"六字"二字当属下为句。清代函斋居士《达生编》主张产妇临盆时要牢记六字诀:"睡、忍痛、慢临盆。"后世称之为"六字真言"。如吴师机《理瀹骈文》说:"临产遵六字真言,催生滋四物大剂。"句读者不知"六字真言"是哪六个字,也不细考"睡者六字"之不通,遂贸然标点,以致出现错误。正确的标点是:

> 睡者,六字真言之一,能睡则阴气自复,交骨亦开矣。

[例五]

> 十三难曰。《经》言见其色而不得其脉。反得相胜之脉者。即死。得相生之脉者病。即自已色之与脉。当参相应。为之奈何。(人民卫生出版社1963年版《难经集注》第33页)

上述句读有严重错误。所引《经》文,见《灵枢·邪气藏府病形》,原文作:"见其色而不得其脉,反得其相胜之脉,则死矣;得其相生之脉,则病已矣。"句读者把"得相生之脉者,病即自已"误断成"得相生之脉者病",使"病"字属上为句,便与原意恰好相反。正确的标点是:

> 《十三难》曰:"《经》言'见其色而不得其脉,反得相胜之脉者,即死;得相生之脉者,病即自已。'色之与脉,当参相应,为之奈何?"

四、不谙文史知识

古代医籍中载有各方面的文化历史知识,如果缺乏文史知识,也会造成句读错误。

[例一]

> 甲戌夏,员外熊可山公患痢,兼吐血不止。身热咳嗽,绕脐一块痛至死……以次调理而瘥。次年升职,方公问其故。(上海科学技术出版社1964年版《中医各家学说》第173页)

"职方"是官名,为古代掌管地图及四方职贡之官。《周礼·夏官》有职方氏,掌天下地图及四方职贡。其后不设,后周复置之。隋初有职方侍郎。唐宋兵部下有职方司,设职方郎中、职方员外郎。明清在兵部下设职方清吏司,掌舆图、军制、镇戍、征讨之事。熊可山出任职方,乃晋级加官,故曰"升"。由于标点者疏于古代官制知识,故将"职方"这一个官名从中点断。正确的标点是:

> 甲戌夏,员外熊可山公患痢,兼吐血不止,身热,咳嗽,绕脐一块痛至死……以

次调理而痊。次年升职方。公问其故。

[例二]

医之道所以难言者,盖若此而已,乌伤? 贾思诚,濂之外弟也,性醇介,有君子之行。(人民卫生出版社 1962 年版《医部全录》第十二册第 434 页)

"乌伤"后不当断而误断。乌伤系浙江义乌的古称,贾思诚为义乌人,故云"乌伤贾思诚"。相传其地有个名叫颜乌的孝子,因父亡而负土筑坟,有群乌衔土相助,乌喙皆伤,遂有"乌伤"之名。西汉末改称乌孝,唐代改为义乌。标点者由于缺乏古代地理知识,因而致误。正确的标点是:

医之道所以难言者,盖若此而已。乌伤贾思诚,濂之外弟也,性醇介,有君子之行。

[例三]

比按仓公传。其学皆出于素问。论病精微九卷。是原本经脉。其义深奥。不易觉也。(人民卫生出版社 1956 年影印本《针灸甲乙经》第 2 页)

"觉"当为"览"。"九卷"是《灵枢》古名,亦称《针经》,唐代王冰《素问》注始称《灵枢》。张仲景《伤寒论·序》"撰用《素问》、《九卷》","九卷"亦指《灵枢》。句读者由于不知《灵枢》书名的历史沿革,以"九卷"为数量词,致使其当属下而误属上。正确的标点是:

比按《仓公传》,其学皆出于《素问》,论病精微。《九卷》是原本经脉,其义深奥,不易览也。

[例四]

许智藏,高阳人也,祖道,幼尝以母疾,遂览医方,因而究极,世号名医。(《医部全录》第十二册第 128 页)

许智藏(约公元 537~617 年),隋代医家,《隋书·许智藏传》载许智藏的祖父名"道幼"。由于标点者不谙历史人物,又未查阅《隋书·许智藏传》,故误把"幼"字属下为句。正确的标点是:

许智藏,高阳人也,祖道幼。尝以母疾,遂览医方,因而究极,世号名医。

五、不知文字讹误

古书几经翻刻传抄,鲁鱼帝虎,在所难免,如不详加校勘,往往会因讹误而误读。

[例一]

咽痛胸满心烦者。因阴并于下。而阳并于上承。不上承于心火。不下交于肾。此未济之象。(《伤寒来苏集·伤寒附翼》第 62 页)

"而阳并于上承,不上承于心火",殊为不通。考前一"承"字乃"水""字之讹,当属下为句,"火"字亦当属下为句。如此则全句皆通,怡然理顺:

咽痛胸满心烦者,因阴并于下,而阳并于上,水不上承于心,火不下交于肾,此未济之象。

[例二]

六府之输于身者,余愿尽闻,少序别离其处。(人民卫生出版社 1956 年影印本《灵枢经》第 113 页)

此段文字见于《灵枢·邪客》。"少序别离其处"颇费解。考此段文字又见于《太素·脉行同异》。"余愿尽闻,少序别离其处",《太素》作"余愿尽闻其序,别离之处",当是。《灵枢》之"少"字系"其"字之讹,当据《太素》改,并使"其序"属上为句。正确的标点是:

六府之输于身者,余愿尽闻其序,别离其处。

[例三]

　　黄帝曰。卫气之在于身也。上下往来来。不以期。候气而刺之奈何。(上海科学技术出版社1963年版《黄帝内经灵枢集注》第431页)

考此段文字又见《甲乙经》卷一第九,"不以期"之"不"作"无","以"作"已","期"作"其"属下,是。正确的标点是:

　　黄帝曰:"卫气之在于身也,上下往来无已,其候气而刺之奈何?"

[例四]

　　魄伤。则狂。狂者意不存人。皮革焦。(人民卫生出版社1955年影印本《黄帝内经太素》第23页上栏)

"狂者意不存人,皮革焦",《甲乙经》卷一第一作"狂者意不存,其人皮革焦",是。《太素》"存"后脱"其"字,致使"人"字误属于上,当据《甲乙经》补。杨上善注此两句云:"故狂病意不当人。又肺病皮革焦也。"则脱"其"字已久。正确的标点是:

　　魄伤则狂,狂者意不存,其人皮革焦。

第三节　句读的方法

　　要正确无误地给古代医书句读,应具备古汉语、中医药与文史等各方面的知识。但并不是说唯有具备相关知识以后,才能进行句读。我们可以在朝着这个方向努力的同时,利用和掌握一些有助于正确标点的方法,以提高标点古书的水平。

一、弄　清　文　意

　　出现标点错误的原因固然比较复杂,但大都与没有认真钻研原文、弄清文章的意思有关。因此当我们给一篇白文(未经断句或标点的文章)标点时,应当逐字逐句地阅读。有时文章开头不能理解,等到读完全文,便可能豁然领悟。一般可采取以下步骤:在标点之前,先阅读几遍,遇有费解之处,联系上下文意思考;基本弄清文意后,再进行标点;反复阅读所断之文——如果意义明白,文句通畅,便反映标点基本无误;假使意义有难通之处或前后产生矛盾,就说明标点必有差错,宜细加辨识,予以纠正。例如:

　　龙者鳞虫之长。王符言其形有九。似头。似驼角。似鹿眼。似兔耳。似牛项。似蛇腹。似蜃鳞。似鲤爪。似鹰掌。似虎是也。(《本草纲目》第1574页上栏)

这则断句,矛盾之处至少有三:说龙"其形有九",此其一;谓龙"似头"、"似驼角"、"似鹿眼"等等,不知所云,此其二;上文既言"其形有九",下文却有十"似",此其三。问题的关键在于将"九似"一语分拆,"似"字当属上而误属下,接着便一误到底。正确的标点是:

　　龙者,鳞虫之长。王符言其形有九似:头似驼,角似鹿,眼似兔,耳似牛,项似蛇,腹似蜃,鳞似鲤,爪似鹰,掌似虎是也。

又如:

　　虚证亦可以用攻者。有病当先去。不可以养患也。且以气相感。虚人亦能胜无虚。虚之祸也。(人民卫生出版社1955年影印本《理瀹骈文》第6页下栏)

"虚人亦能胜无虚"已属不通,下文"虚之祸也"更不知所云。由于句读者不知中医治病有"虚虚实实"之戒,因而点出在医理上无法自圆其说的句子来。正确的标点是:

虚证亦可以用攻者,有病当先去,不可以养患也。且以气相感,虚人亦能胜,无虚虚之祸也。

又如:

中风吐痰用皂角、藜芦、明矾嗜鼻。或以人参、藜芦并用。一取其相反为用,一取其攻补兼施也。虚人宜之。(《中医外治法简编》第434页)

"相反为用"与"攻补兼施"均指"人参、藜芦并用"一法而言。而标点者不明此理,在"人参、藜芦并用"后使用句号,于是后面两句就要作"其一指皂角、藜芦、明矾嗜鼻,其一指人参、藜芦并用"来理解了。这种点法,显然有悖医理,也不合逻辑。"一"当作"一方面"讲。人参、藜芦,一正一反,一补一攻,故说一方面取其相反为用,一方面取其攻补兼施。并接着说体虚病人宜用此法。正确的标点是:

中风吐痰用皂角、藜芦、明矾嗜鼻。或以人参、藜芦并用,一取其相反为用,一取其攻补兼施也,虚人宜之。

又如《伤寒论》"桂枝汤方"后的一则文字,一般易断为:

右五味。㕮咀三味。以水七升。微火煮取三升。去滓。适寒。温服一升。

按照这样断法,其他句子都容易理解,唯独"适寒。温服一升"文意难明。既说"适寒",又怎么讲"温服"呢?反复推求后,可以发现,只要将"温"字属上为句,成为"适寒温,服一升",便通顺了。"适寒温"意思是正好不冷不热。

从上述数例可以看出,标点以后,若仍然文意不明,哪怕只有一处,也要加以检查,直到全文畅通为止。

二、利用虚词

有些虚词经常用于句首,如"夫"、"盖"、"粤"、"第"、"凡"、"设"、"而况"、"然则"等,一般可在它们的前面断句;有些虚词经常用于句尾,如"乎"、"哉"、"也"、"矣"、"耶"、"欤"、"耳"、"而已"等,一般可在它们的后面断句。例如:

岐伯答曰夫色脉与尺之相应也如桴鼓影响之相应也不得相失也此亦本末根叶之出候也故根死则叶枯矣(《灵枢·邪气藏府病形》)

句中"夫"字出现一次,"也"字出现四次,"矣"字出现一次。而全文一共只有六句,每句都有虚词作为标志,十分明显。因此我们可以把它断为:

岐伯答曰:"夫色脉与尺之相应也,如桴鼓影响之相应也,不得相失也;此亦本末根叶之出候也,故根死则叶枯矣。"

又如:

岐伯曰何物大于针者乎夫大于针者唯五兵者焉五兵者死备也非生之备也且夫人者天地之镇塞也其可不参乎夫治人者亦唯针焉夫针与五兵其孰小乎(《太素·疽痈逆顺刺》)

句中"者"字出现六次,"乎"字出现三次,"夫"字出现四次,"唯"字出现二次,"焉"字出现二次,"也"字出现三次,"其"字出现二次,"何"、"且"、"亦"各一次。注意利用这些虚词来断句,就不会感到困难了。今标点如下:

岐伯曰:"何物大于针者乎?夫大于针者,唯五兵者焉。五兵者,死备也,非生之备也。且夫人者,天地之镇塞也,其可不参乎?夫治人者,亦唯针焉。夫针与五兵,其孰小乎？"

又如：

夫阳主生。阴主杀。凡阳气不充。则生意不广。而况于无阳乎。故阳惟畏其衰。阴惟畏其盛。非阴能自盛也。阳衰则阴盛矣。凡万物之生由乎阳。万物之死亦由乎阳。非阳能死物也。阳来则生。阳去则死矣。试以太阳证之。可得其象。夫日行南陆。在时为冬。斯时也。非无日也。第稍远耳。便见严寒难御之若此。万物雕零之若此。然则天地之和者。惟此日也。万物之生者。亦惟此日也。设无此日。则天地虽大。一寒质耳。岂非六合尽冰壶。乾坤皆地狱乎。人是小乾坤。得阳则生。失阳则死。阳衰即亡阳之渐也。恃强即致衰之兆也。可不畏哉。(《类经附翼·大宝论》)

全文共三十八处标点，而以常用于句首和句尾的虚词(见文中加点的词)为依据来断句的超过一半，则其余自然因之而不难解决。

这里所说句首、句尾词，是指通常使用的现象，不是绝对的，应顾及例外的情况。比如上文"凡万物之生由乎阳"两句，其中的"乎"就不是语尾助词，而是介词，用如"于"，因此就不能在它的后面断句。又如"夫"经常用在句首，但是《伤寒论·序》"痛夫！举世昏迷，莫能觉悟"中，"夫"就不是用在句首，因此便不能在它的前面断句。

三、分 析 句 式

古人撰文，注重修辞，经常运用对偶、排比句式。由于对偶具有句式对称、排比具有句式整齐的特点，因而可用以作为断句的依据。例如：

阳气根于阴阴气根于阳无阴则阳无以生无阳则阴无以化全阴则阳气不极全阳则阴气不穷春食凉夏食寒以养于阳秋食温冬食热以养于阴滋苗者必固其根伐下者必枯其上(《素问·四气调神大论》王冰注)

这则文字完全由以下五组对偶句式构成：

第一组：阳气根于阴，
　　　　阴气根于阳。

第二组：无阴则阳无以生，
　　　　无阳则阴无以化。

第三组：全阴则阳气不极，
　　　　全阳则阴气不穷。

第四组：春食凉，夏食寒，以养于阳；
　　　　秋食温，冬食热，以养于阴。

第五组：滋苗者，必固其根；
　　　　伐下者，必枯其上。

又如：

南方生热热生火火生苦苦生心心生血血生脾其在天为热在地为火在体为脉在气为息在藏为心其性为暑其德为显其用为躁其色为赤其化为茂……(《素问·五运行大论》)

这则文字计有三组排比句，自"南方生热"至"血生脾"为第一组，"其在天为热"至"在藏为心"

为第二组,"其性为暑"以下为第三组。

又如《褚氏遗书·除疾》:

除疾之道(断)。极其候证(断)。询其嗜好(断)。察致疾之由来(断)。观时人之所患(断)。则穷其病之始终矣。穷其病矣(断)。外病疗内(断)。上病救下(断)。辨病脏之虚实(断)。通病脏之母子(断)。相其老壮(断)。酌其浅深(断)。以制其剂。而十全上工至焉(断)。制剂独味为上(断)。二味次之(断)。多品为下(断)。酸通骨(断)。甘解毒(断)。苦去热(断)。咸导下(断)。辛发滞(断)。当验之药未验。切戒急投。大势既去。余势不宜再药(断)。修而肥者饮剂丰(断)。赢而弱者受药减(断)。用药如用兵(断)。用医如用将。(断)善用兵者(断)。徒有车之功(断)。善用药者(断)。姜有桂之效(断)。知其才智(断)。以军付之(断)。用将之道也(断)。知其方伎(断)。以生付之(断)。用医之道也(断)。世无难治之病(断)。有不善治之医(断)。药无难代之品(断)。有不善代之人(断)。民中绝命。断可识矣。

凡是下加单横线的为对偶句,共十组;下加双横线的为排比句,共两组。在全文总共四十七处句断里,可借助对偶、排比句式来帮助断句的就有四十处(包括每组句式前的句断,重复的不计,皆以"断"字表明),比例高达百分之八十五。

此外古书中还有一些固定句式,也可供断句时借用。如"何以……为"、"何……之有"、"奈……何"等,一般都可在这些句式的末尾断句。

四、剖明层次

文以载意。文意必有层次之分。凡给古文断句,理应探求文章的层次,方能符合古人的本意。否则,即使是上乘的文章,也会被折腾得支离破碎,不伦不类。这一点,在进行标点时尤应引起注意。试看下述因不析层次而乱加标点的例子:

凡元气胜病为易治,病胜元气为难治,元气胜病者,虽误治,未必皆死;病胜元气者,稍误未有不死者。(《温疫论评注》第155页)

这段文字的层次本是先总言,后分述,即前两句总言,后六句("稍误"后应加逗号,意为稍误治,与前"虽误治"对言,故说六句)分述。在分述的六句中,前三句说明总言的首句,后三句说明总言的次句,层次分明。而照现在这样的标点,便是以"元气胜病者"三句来说明总言的两句,而"病胜元气者"三句便失去说明的对象。改正的方法,除了在"稍误"后加逗号外,更应把"病胜元气为难治"后的逗号改为句号。

又如:

初中末三法不可不讲也。初者病邪。初起正气尚强。邪气尚浅。则任受。攻中者受病渐久。邪气较深。正气较弱。任受且攻且补。末者病魔经久。邪气侵凌。正气消残。则任受补。(上海卫生出版社1957年版《医宗必读》第256页)

这段文字首句为总言,以下从病情发展的三个阶段予以分述,即根据初、中、末三个阶段正邪消长情况,分别采用"攻"、"且攻且补"、"补"三种不同治法。对此井然有序的层次,句读者未加剖析,致有多处误读。正确的标点是:

初、中、末三法不可不讲也。初者,病邪初起,正气尚强,邪气尚浅,则任受攻;中者,受病渐久,邪气较深,正气较弱,任受且攻且补;末者,病魔经久,邪气侵凌,正气消残,则任受补。

又如：

时疫下后，气血俱虚，神思不清，惟向里床睡，似寐非寐，似寤非寤，呼之不应，此正气夺，与其服药不当，莫如静守虚回，而神思自清，语言渐朗，若攻之脉必反数，四肢渐厥，此虚虚之祸，危在旦夕，凡见此证，表里无大热者，宜人参养荣汤补之。

(《温疫论评注》第 143 页)

九十二字，一逗到底，眉毛胡子，分辨不清。这一段文字实际上讲了四层意思："时疫下后……此正气夺"，说夺气之证；"与其服药不当……语言渐朗"，讲不治之治；"若攻之……危在旦夕"，言误攻之害；"凡见此证……宜人参养荣汤补之"，述正确治法。每一层次后都应用句号隔开，即将"此正气夺"、"语言渐朗"、"危在旦夕"后的逗号都改为句号。此外，"若攻之"后应加逗号。

五、借 助 韵 脚

凡属于韵文，例如诗、词、曲、赋以及汤头歌诀等，都可以依靠韵脚来断句。韵文押韵的规律，一般都是"隔句韵"，即奇句不押韵，偶句才押韵。但首句则有入韵与不入韵两种方式。例如：

阳证初起焮赤痛根束盘清肿如弓七日或疼时或止二七疮内渐生脓痛随脓减精神爽腐脱生新气血充嫩肉如珠颜色美更兼鲜润若榴红自然七恶全无犯应当五善喜俱逢须知此属纯阳证医药调和自有功(《医宗金鉴·外科心法要诀·痈疽阳证歌》)

这是隔句押韵首句入韵例，文中"痛、弓、脓、充、红、逢、功"都是韵脚，共计七韵十二句。于是我们就可以按照诗歌形式将它整齐地排列起来：

　　阳证初起焮赤痛　根束盘清肿如弓
　　七日或疼时或止　二七疮内渐生脓
　　痛随脓减精神爽　腐脱生新气血充
　　嫩肉如珠颜色美　更兼鲜润若榴红
　　自然七恶全无犯　应当五善喜俱逢
　　须知此属纯阳证　医药调和自有功

又如：

阴证初起如粟大不红不肿疙瘩僵木硬不痛不焮热疮根平大黯无光七朝之后不溃腐陷软无脓结空仓疮上生衣如脱甲孔中结子似含芳紫黑脓稀多臭秽若见七恶定知亡须知此属纯阴证虽有岐黄命不长(《医宗金鉴·外科心法要诀·痈疽阴证歌》)

这是隔句押韵首句不入韵例，文中"僵、光、仓、芳、亡、长"都是韵脚，共计六韵十二句。于是我们也可以按照诗歌形式把它整齐地排列起来：

　　阴证初起如粟大　不红不肿疙瘩僵
　　木硬不痛不焮热　疮根平大黯无光
　　七朝之后不溃腐　陷软无脓结空仓
　　疮上生衣如脱甲　孔中结子似含芳
　　紫黑脓稀多臭秽　若见七恶定知亡
　　须知此属纯阴证　虽有岐黄命不长

此外，也有句句都押韵的，甚至还有奇偶交错押韵的所谓"交韵"(见于《诗经》)，这里就不一一举例了。

阅读实践（45）

（一）简答

1. 句读的符号主要有哪几种？各有何作用？
2. 句读的位置有哪两种？各表示何意？
3. 常见的误读现象有哪些？各举一例说明。
4. 举例说明可资借助的句读方法。

（二）改正误读

1. 窃闻千方易得。一效难求。余乃留心斯道。盖历多霜。因见近代刻古方。尽藏倖多。是药品不全。等分不一。炮制弗精。咸失古方之本旨。安足望其起死回生哉。予实忧之。恒患豚儿不知仁术之玄微。以讹传讹。云不误人。予弗信也。故述吾祖杏林翁秘传之方。及吾父云泉翁经验之药。并予尝取效之术。及闻江湖道中玄妙之剂。莫不刳金置币。向求之以助吾儿。得成济世之道。于中汤丸散末药。药合宜方。方中节真。世不传之方。实为镇家之宝。（王文谟《碎金方·引》）

2. 余原籍奉天。先大夫参政京华。遂居辇毂下。四方医士。云集京邸。因闻天下明医。出在松江。然多高隐。未得来京。未获亲逢考究。自辛卯春。迁仕吴闾。得见云间秦子皇士之书。名曰症。因脉治施。子宇瞻昆季所刊也。症分外感内伤。治分经络表里。就症以审。因就因以审脉审治。因叹向闻松郡多明医。是书果为寿世。（《伤寒大白》高钤序）

3. 医扁鹊见秦武王。武王示之病。扁鹊请除左右，曰："君之病在耳之前、目之下,除之未必已也。将使耳不聪、目不明。"君以告扁鹊。扁鹊怒而投其石："君与知之者谋之,而与不知者败之。使此知秦国之政也,则君一举而亡国矣!"（《战国策·秦策二》）

4. 生于池泽,蒲叶肥,根高二三尺者,泥菖蒲,白菖也;生于溪涧；蒲叶瘦,根高二三尺者,水菖蒲,溪荪也;生于水石之间,叶有剑脊，瘦根密节，高尺余者,石菖蒲也。（《本草纲目·菖蒲》）

（三）阅读

1. 岁乙未吾邑疫厉大作予家臧获率六七就枕席吾吴和缓明卿沈君南昉仕海虞藉其力而起亡殆遍予家得大造于沈君矣不知沈君操何术而若斯之神因询之君曰予岂探龙藏秘典剖青囊奥旨而神斯也哉特于仲景之伤寒论窥一斑两斑耳予曰吾闻是书于家大夫之日久矣而书肆间绝不可得君曰予诚有之予读而知其为成无己所解之书也然而鱼亥之不可正句读不可离矣已而购得数本字为之正句为之离补其脱略订其舛错沈君曰是可谓完书仲景之忠臣也谢不敏先大夫命之尔其板行斯以惠厥同胞不肖孤曰唯唯沈君曰金匮要略仲景治杂证之秘也盍并刻之以见古人攻击补泻缓急调停之心法先大夫曰小子识之不肖孤曰敬哉既合刻则何从先大夫曰可哉命之名仲景全书既刻已复得宋版伤寒论焉予囊固知成注非全文及得是书不啻拱璧转卷间而后知成之荒也因复并刻之所以承先大夫之志欤又故纸中检得伤寒类证三卷所以櫽括仲景之书去其烦而归之简聚其散而汇之一其于病证脉方若标月指之明且尽仲景之法于是粲然无遗矣乃并附于后予因是哀夫世之人向故不得尽命而死也夫仲景殚心思于轩岐辨证候于丝发著为百十二方以全民命斯何其仁且爱而跻一世于仁寿之域也乃今之业医者舍本逐

末超者曰东垣局者曰丹溪已矣而最称高识者则玉机微义是宗若素问若灵枢若玄珠密语则嗒焉茫乎而不知旨归而语之以张仲景刘河间几不能知其人与世代犹靦然曰吾能已病足矣奚高远之是务且于今之读轩岐书者必加诮曰是夫也徒读父书耳不知兵变已夫不知变者世诚有之以其变之难通而遂弃之者是犹食而咽也去食以求养生者哉必且不然矣则今日是书之刻乌知不为肉食者大嗤乎（明·赵开美《刻仲景全书·序》）

2．濮树堂病起即四肢厥逆脉伏恶寒发热头痛左为甚惟口渴因予葱豉二剂热虽退脉仍伏四肢冷过肘膝大解频行人皆疑为虚寒孟英曰此证俨似阴厥然渴饮溲赤真情已露岂可泥于一起即厥而必定其为寒乎径投凉解热果复发而肢冷脉伏如故幸病者坚信服药不疑至第七日大便泻出红水溺则管痛呕恶烦躁彻夜不瞑人更危之孟英曰热邪既已下行可望转机以白头翁汤加银花通草芩芍茹滑知斛栀楝羚角之类投三日红水始止四肢渐和颇有昏昏谵语用王氏犀角地黄汤一剂四肢热而脉显滑数苔转灰黄大渴遗溺病人自述如卧烘箱上于昨方加入元参银花竹叶生石膏知贝栀斛服一剂夜间即安寐而苔转黑燥于昨方复加花粉服一剂热退而头面汗多懒言倦寐小泄欲解不通孟英论曰此证幸初起即予诊视得尽力以为死里求生之举非比他人之病皆因误治致危然不明言其险者恐病家惶惑而筑室于道旁也生机已得不过邪去真阴未复但当恪守予法自然水到渠成切勿二三其德以致为山亏篑赖有一二知音竟从孟英议服西洋参生地苁蓉麦冬楝芍知斛药一剂溺行索粥再服而黑苔退三服而神清音朗舌润津回唯有韧痰不能吐左偏头微痛于原方加二至桑菊贝母牡蛎又服五剂得解硬矢一次各患始安眠食渐适而瘳（姚若琴、徐衡之《宋元明清名医类案·王孟英医案·热病》）

要求：

1．给上文标点
2．注释文中加点号的词语
3．今译文中加横线的句子
4．填空：
(1)"筑室于道旁"的意思是＿＿＿＿＿＿＿＿＿＿＿＿＿。
(2) 王孟英依据＿＿＿＿＿＿＿＿＿＿＿＿＿，诊断病人所患为热病。

第六章 今 译

把古代汉语译成现代汉语称为今译。

为了解决阅读古医籍的困难，一般采用注释和今译两种方式。注释是对难字难词及某些难句加以解释或串讲，可以进行必要的考证和校勘，比较灵活。但是，往往显得比较零散，不容易从中看出句段之间的逻辑关系和思想内容上的连贯性，特别是对于初学者和文化基础较差的人来说，更有难以贯通之处。而今译恰可弥补这方面的不足。通过逐字逐句的今译，不但解释了词义，摆脱了古籍原著的文字烦难，而且对文章的语气、逻辑、连贯性等等，也都在译文中作了反映。因此，今译可以沟通古今，使读者迅速而全面地掌握原文的思想内容和写作特点。经常练习今译，可以帮助我们更深入地理解原文，增强阅读能力。

今译也是进行中医古籍整理和研究的一个重要方法和手段。一九八四年，卫生部中医司中医古籍整理办公室确定了十一部中医古籍为重点整理对象。其中对《素问》、《灵枢》、《伤寒论》、《金匮要略》、《太素》、《难经》、《脉经》、《中藏经》等古籍，还加以今译。近年来整理出版的中医典籍，也多配有今译。

第一节 今译的产生与今译的标准

一、今 译 的 产 生

我国对古文献的语译工作早在西汉时代就开始了。司马迁《史记》中的上古史部分，基本上是对《尚书》等古籍的编译。例如《史记·五帝本纪》中记述帝尧的一大段文字，是从《尚书·尧典》引录的。司马迁为了人们阅读的方便，在引录时，把原文中一些难懂的字句作了更换，译成了当时易懂的通行语言。例如：

《尚书》："……朞三百有六旬有六日，以闰月定四时成岁，允釐百工，庶绩咸熙。"

《史记》："……岁三百六十六日，以闰月正四时，信饬百官，众功皆兴。"

经过司马迁语译后的引文，同原文相比，不要说西汉人，就是今人读起来，也会感到易懂得多。然而司马迁距今已两千余年，今人读他的译文仍然感到困难。为了便于理解，我们对《尚书》这几句话再作今译：

一周年是三百六十六天，要用加闰的办法确定春夏秋冬四季，使年历完整准确，由此确定百官的职守，众多的业绩都会创建出来。

当然，古代的语译和现代的语译是有差别的。古语译一般只出现在引录前代史事或典故的文献中，大多为一个片段或局部的节译，有时仅仅是在个别难懂的语句中搀入当时的词语，并没有整篇整部的语译。况且它仍然属于古汉语的范畴，这是同我们所说的今译明显不同的。

同我国整个古籍的语译发展情况一样，中医古籍的语译也早有发端。例如晋·皇甫谧的《甲乙经》和隋·杨上善的《太素》，就带有用当时的语言分类节编《黄帝内经》的性质。在全元起、王冰、张介宾、马莳、李中梓等古代医家解释和串讲《内经》的注文中，都或多或少有对《内经》原文片段的节译。如：

> 《素问·玉机真藏论》："浆粥入胃，泄注止，则虚者活；身汗得后利，则实者活。"
>
> 全元起注云："饮粥得入于胃，胃气和调，其利渐止，胃气得实，虚者得活。言实者得汗外通，后得便利，自然调平。"

全氏的注文，循经串释，通俗易懂，让人一目了然，实际上起到了语译的作用。

总之，古代的语译是汉语今译的滥觞，汉语的今译正是在综合继承古语译和古注疏的基础上发展起来的。

二、今译的标准

清末翻译家严复在《天演论》卷首的《译例言》中说："译事三难：信、达、雅。"提出了著名的"信、达、雅"三条标准。这三条标准，直到今天仍然为大多数人所赞同。不论是外语的翻译，还是古汉语的今译，都大体上遵循这三条原则。

所谓"信"，就是要忠实地反映原文，语言准确；"达"就是要明白地表达原文，语言通顺；"雅"就是要规范地再现原文，语言优美。简言之，"信、达、雅"就是准确、通顺、优美。在这三条中，"信"是首要的标准。它要求准确无误地表达原文的思想内容，不能随心所欲地添枝加叶，更不能望文生义地穿凿附会。鲁迅先生在谈到外文译为中文时说过："译得'信而不顺'的，至多不过看不懂，想一想也许能懂，译得'顺而不信'的，却令人迷误，怎样想也不会懂，如果好象已经懂得，那么你正是入了迷途了。"(《二心集·几条'顺'的翻译》)这对于我们进行古文的今译同样有启发。尤其是对于古代医学文献的今译，更要突出一个"信"字，因为"医药为用，性命所系"，今译错误或可产生严重的后果。例如：

> [原文] 宋建曰："……暮，要脊痛，不得溺，至今不愈。"建得之好持重。(《史记·仓公列传》)

有一个注译本是这样今译的：

> 宋建说："……傍晚，我腰脊疼痛，不能小便，到现在还没有痊愈。"宋建的病得之于性格稳重。

说宋建腰脊疼痛，不能小便，是因为"性格稳重"，实在让人费解。考察上文，宋建曾在雨天举弄方石，可知最后一句译文明显有误，应译为："宋建是由于喜好持举重物而得病。"

又如，对《汗下吐三法该尽治病诠》一文中的一段话，有一直译本作了如下的今译：

> [原文] 即今著吐汗下三篇，各条药之轻重寒温于左。仍于三法之外，别著《原补》一篇，使不预三法。
>
> [译文] 今天我编写吐、汗、下三篇，在左边分别列出药物的数量轻重、寒凉与温热。仍旧在三种治法之外，另外编写《原补》一篇，假使不预先谈此三种治法……

译文有三处明显的错误。一是"于左"应译作"在下面"或"在文后"，因为古书竖排，右为上，左为下。而此处却译为"在左边"。其次，"仍"义同"乃"，应译为"于是"，此处却误译为"仍旧"。再者，"使不预三法"意思是"使它不牵涉三法"，译文却作"假使不预先谈此三种治法"。"使不预三法"本是一个完整句子，译文竟又与下文混在一起。这不仅谬析了句子之间的关系，又使本句错误蜂起：动词"使"误作连词，"预"的"参预"义错为"预先"义，又谬增"谈此"二字足句。以上"左"、"仍"、"预"恰恰是这段话的重点单词，均体现了古今词义的差别，结果全被译错。这样的译文有什么意义呢？只有将读者引入迷途。

准确是今译的生命。一定要仔细推敲，把握原文的含义，审慎地进行今译。有时看似正确，但一经推敲，便可能发觉有误。例如：

和鹊至妙，犹或加思。《脉经·序》

[译文一]　医和与扁鹊医术很高明，有时还要多思考。

[译文二]　医和与扁鹊医术很高明，仍然要多思考。

按，"译文一"把"犹"译作"还"，把"或"译作"有时"，初看似无不可，但仔细推敲，便发觉欠妥。"犹或"是固定结构，"或"义同"犹"，同义复用，意为"仍然"、"尚且"。以前句"和鹊至妙"为衬托，表示语意更逼进一步。"译文二"是准确的。

又如：

迨三月下旬，受敌者凡半月。解围之后，都人之不受病者，万无一二。（《内外伤辨惑》）

[译文一]　等到三月下旬，蒙受敌人围困的人大约有半个月。解围以后，没有害病的京都人，万人中没有一二个。

[译文二]　等到三月下旬，蒙受敌人围困的时间共有半个月。解围以后，没有害病的京都人，不到万分之一二。

"译文一"不明白"受敌者"中的"者"是指代时间，而误译为"人"。于是出现了"蒙受敌人围困的人大约有半个月"这样不合逻辑的句子。"译文二"是准确的。

当然，这绝不是说，译文只要具有准确性就行了。准确与通顺、优美是分不开的。译文诘屈聱牙，或者平淡无味，也就很难说是准确地表达了原文的思想内容和语言风格。所以"信"、"达"、"雅"三者是密不可分的，译文的通顺、优美，是对准确性的更高要求。例如：

迄明，始有吴鹤皋之集《医方考》，文义清疏，同人脍炙，是以梨枣再易。岂为空谷足音，故见之而喜欤？然吴氏但一家之言，其于致远钩深，或未彻尽。（《医方集解·序》）

[译文一]　到明代，才开始有吴鹤皋编集《医方考》一书，书中文字的含义清楚通疏，同行的人读着它就象品尝可口的脍炙之食都称好，因此多次用梨木枣木做书板进行刊刻，印了一版又一版。莫非象是空谷中的脚步声，因为它是稀罕的书，所以人们看见它就喜欢吗？然而吴氏只是一家的言论，它在从广度上探求，从深度上挖掘方面，有的没有深钻到底。

[译文二]　到明代，才有吴鹤皋撰集《医方考》，文义明晰流畅，同行赞不绝口，因此多次刊刻出版。大概是难以遇到的著作，所以人们看到它就喜欢吧？然而吴氏的著作只是个人的见解，它在研究的广度和深度上，有的未能透彻详尽。

比较两种译文，明显感到"译文二"比"译文一"好。尽管"译文一"在准确与通顺上还差强人意，但是行文噜苏且用词太俗，特别是对几个成语的今译过于拘泥呆板，未免不"雅"。相比之下，"译文二"不仅准确、通顺，并且简洁凝炼，生动流畅，因而显得优美而有吸引力。

又如：

天覆地载，万物悉备，莫贵于人。（《素问·宝命全形论》）

[译文一]　自然界天覆于上，地载于下，万物俱备，但在万物中人最宝贵。

[译文二]　天地之间，万物俱备，可是什么东西都没有人宝贵。

[译文三]　苍天覆盖着万物，大地托载着万物，天地之间万物齐备，可是没有什么比人更宝贵的了。

可以说三种译文都正确揭示了原文的含义,且行文通畅,即都做到了"信"和"达"。但相比之下,"译文三"显得有气势,更优美感人。

切忌为了"雅"而穿凿比附。例如:

故主明则下安,以此养生则寿,殁世不殆,以为天下则大昌。(《素问·灵兰秘典论》)

〔译文一〕 所以要特别重视君主。因为君主是一身的最高领导,必须善于领导,使脏腑各安其职,则心安而身泰,就能健康长寿。如同治国一样,若领导英明,用人得当,人民就能安居乐业,国家就能强大昌盛。

〔译文二〕 所以如果主宰全身的心官正常,那么身体各个器官就正常,以此养生就能长寿,终生不会出现危险,以此治理天下,国家就会强盛。

"译文一"完全打破了原文的句子结构,为了所谓"生动"而随意发挥,任意比附,竟把"君主是一身的最高领导,必须善于领导"、"若领导英明,用人得当"等如此现代化的语句,强加到译文中去,从而失去了原文古朴简明的风格,使译文既不"信",也不"达",更谈不上"雅"。"译文二"紧扣原文的词义、句式进行今译,比较准确地表达了原文的含义。译者并未着意藻饰比附,而是用平实流畅的语言展现原文古朴简明的风貌,揭示其深刻的内涵。相比之下,它比"译文一"真实而优美。

第二节 误译的原因

中医古籍远旨秘述,用规范化的现代汉语进行今译,使译文符合"信、达、雅"的要求,绝非易事。因为这是对古今汉语、文化历史及医药专业等方面知识的综合运用,稍有疏忽,往往会出现误译。我们认真分析一下他人误译的原因及其表现是很有好处的。

一、因不明词语意义而误译

随着时代的推移,词义不断发生变化。许多词的古义在现代已很少出现或者已经不用,这就形成古今词义的差别。如果不注意这种差别,仍按现代汉语的词义去翻译古文,就必然出现误译。例如:

菑川王美人怀子而不乳……饮以莨菪药一撮,以酒饮之,旋乳。(《史记·仓公列传》)

有人译为:"菑川王的一个妃子怀孕后不下奶汁……给她服用一撮莨菪药,用酒拌服,很快就下奶了。"

显然,译者把"乳"理解为"乳汁"。按《说文·乙部》:"人及鸟生子曰乳。""乳"是"生育"的意思。应当把"不乳"译为"难产",把"旋乳"译为"很快生下孩子"。由于不明"乳"的这一含义,上述译文竟把催产药说成催奶药。若照此用药,岂不贻害病家?其实"乳"的这一含义在古医籍中颇为常见。如:《金匮要略·妇人产后病脉证治》:"妇人乳中虚,烦乱,呕逆,安中益气,竹皮大丸主之。"意思是:妇人产后,中气亏虚,出现心烦意乱,呕吐气逆,应当安中益气,用竹皮大丸主治。

又如:

然其补,非今之所谓补也,文具于《补论》条下。(《汗下吐三法该尽治病诠》)

有一直译本译为:"但是古时的补法,不是今天所谈论的补法,文字具体在《补论》(张从正所著《儒门事亲》中的一篇)条文内。"

文中把"具"译作"具体"，纯属望文生义。"具"是动词，应译作"陈述"。这一词义，在古书中是常见的。如《宋史·梁克家传》"因命条具风俗之弊"，《济生方·呕吐》"治疗方法，详具于后"等。

又如：

每年当冬至日夏至日灸之，前后仅万余壮。(《儒门事亲·偶有所遇厥疾获瘳记》)

有人把"仅万余壮"译为"仅仅灸了一万多壮"。"一万多壮"是言其多，而谓"仅仅"，显然不确。究其原因，在于不知"仅"字的意义在古今汉语里曾出现过几次变化。在上古汉语中，"仅"一般指情况限于某个小的范围、某个较低的程度，或言数量之少，往往译作"才"、"只"、"不过"等。这一意义为现代汉语所保留。大约到唐宋时代，"仅"字又读作 jìn，常表示数量之多，或指情况达到某种较高的程度。如：韩愈《与李翱书》："家累仅三十口。"意思是养活的家属几乎三十人。"前后仅万余壮"，是说前后几乎一万多壮，是言数量之多。

由于我们对现代汉语以双音词为主的特点比较熟悉，阅读古书时，常常会不自觉地按现代汉语的习惯去理解，因而当古书中出现相邻的两个单音词恰好跟现代汉语的一个双音词相同的现象时，就很容易产生误解而导致误译。例如：

中间三日发病，一如佗言。(《华佗传》)

有人译为："中间三天发了病，完全如同华佗所说的那样。"

译者把"中间"当成一个方位名词，实际上它是一个偏正词组，"中"即指中间；"间"是动词，当"间隔"讲。

又如：

六气有限，现在可测；杂气无穷，茫然不可测。(《温疫论·杂气论》)

有人译为："六气是有限的，现在就能够探测预料；杂气是无穷的，它渺茫无边，不能够探测预料。"

看上去译文似乎正确，实际上却把一个关键的词语"现在"译错了。"现"当"显露"讲，"在"当"存在"讲。"现在"是一个动词性的联合词组，它陈述"六气"的表现状态，跟现代汉语表时间的副词"现在"只是同形，而意义毫不相干。

有些复音虚词，在古今汉语中也属同形异义，若不明析，往往导致误译。例如：

虽然，作者谓圣，述者谓明。(《温病条辨·叙》)

有人译为："虽然《伤寒论》作者是圣人，编著这本书的人是贤哲。"

句中"虽然"是由让步连词"虽"和指示代词"然"组成的虚词性词组，表示承接上文，预示下文语意将有转折。"虽"即相当于"虽然"，"然"相当于"这样"。"虽然"后面一般均宜用逗号断开。可译为："虽然如此，但是……"或"即使这样，但是……"。原文中"作者谓圣，述者谓明"出自于《礼记·乐记》，此属引经。由于译者不明其义，对"作者"、"述者"的今译也均有错误。"作者"指首创的人，此指《伤寒论》的作者张仲景。"述者"指传述解说的人，此指历代解释《伤寒论》的著名医家。正确的译文是：

即使这样，但是首创《伤寒论》的人称为圣人，传述解说《伤寒论》的人称作贤人。

古汉语的偏义复词与现代汉语的并列词组容易相混，若不仔细鉴别判断，也会使译文乖违原意。例如：

盖汗下吐，以若草木治病者也。补者，以谷肉果菜养口体者也。(《汗下吐三法该尽治病诠》)

有人译为："大概汗、下、吐三法，用那些草木治疗疾病。补法可用谷肉果菜口食养身体。"

"口体"是偏义复词,义偏在"体"。"养口体"即"养身体"。译者不明其义,竟穿凿附会,误译为"口食养身体"。

又如:

  病者以手擘目,观其饮啖,盖目眶尽肿,不可开合也。(《医话四则》)

  有人译为:"病人用手把眼分开,观察他吃东西,因为病人眼眶都肿着,眼睛不能睁开而闭着。"

上文即言"以手擘目",下文的"开合"显然义偏在"开",应译为"睁开"。可是译者视作"开与合",译为"睁开而闭着",遂使译文扞格不通。

二、因不明语法修辞而误译

  古今汉语在用词、造句及修辞方面的时代差异,给今译造成了一定的困难。不少误译现象往往是由于对古汉语语法和修辞缺乏正确的理解而造成的。例如:

  帝曰:余念其痛,心为之乱惑反甚,其病不可更代。百姓闻之,以为残贼。为之奈何?(《素问·宝命全形论》)

  有人译为:"黄帝说:我每怀念到病人的痛苦,心里很觉得烦乱不适,因为不能给他们解除病苦,百姓会反映我们残贼不仁,怎样能把病给他们治好呢?"

详上下文,其中的"甚"字是形容词的使动用法,"反甚其病"即"反使其病甚"。应当在"惑"字后点断,使"反甚其病"为句。注译者忽略了这个重要的语法特点,却将其破读为二,遂使文意错乱,进而导致了误译。正确的译文是:

  黄帝说:我同情病人的痛苦,心里因此烦乱不安,不能给他们解除痛苦,反而加重他们的病情,又没有什么办法来替代。百姓知道这件事,认为我残害病人。对此怎么办呢?

又如:

  偶述斯言,不敢示诸明达者焉。(《针经指南·标幽赋》)

  有人译为:"我偶然间说了上述这些话,不敢给诸位文明通达的人看。"

译文的明显错误,是把当"之于"讲的兼词"诸"视作代词,而译成"诸位"。再者把"明"译为"文明"也不妥,应为"高明"。正确的译文是:

  偶然讲述了以上这些意见,不敢把它给高明通达的人看。

又如:

  必欲去大病大瘵,非吐汗下末由也已。(《汗下吐三法该尽治病诠》)

  有人译为:"一定想要消除重病就用治大病法,除非用吐、汗、下三法治疗不可。"

译文有多处错误:其一,原文中的"去大病大瘵",意为去除大病重病。"大病大瘵"是一个联合词组,作"去"的宾语。这个联合词组由两个并列的含义相同的偏正词组构成。而译者不明原文结构,随意割裂,误译为"消除重病就用治大病法"。其二,"必"是表假设的连词,应译为"如果"。其三,"末由"承上文省略了动词谓语"去",应译作"无从去除"。

又如:

  因于湿,首如裹。湿热不攘,大筋緛短,小筋弛长。緛短为拘,弛长为痿。(《素问·生气通天论》)

  有人译为:"如果伤于湿邪,则头部重胀,有如物裹一样的感觉。倘若湿热不能及时消除,则大筋就会收缩而短,屈而不伸;小筋却反松弛而长,伸而不屈。大筋连于骨内,缩短就成为拘挛;小筋络于骨外,松弛就成为痿弱。"

"大筋缩短,小筋弛长"属于互备的修辞方法。即"大筋小筋缩短,或大筋小筋弛长"。因湿热所导致的痿证,可以出现拘挛和弛缓的现象。而这种现象,既可以在大筋上发生,也可在小筋上发生。译文误作:"大筋就会收缩而短,屈而不伸;小筋却反松弛而长,伸而不屈。"正是不明这种修辞特点的结果。历代医家对此段经文的训释,大体上都同上述译文,皆误。正确的译文是:

> 由于被湿邪侵袭,头部像有物蒙裹一样沉重。如果湿热不能排除,大小诸筋就会出现短缩或松弛。短缩造成拘挛,松弛造成痿弱。

又如:

> 君名桂,字天士,号香岩先生。君少从师受经书。暮归,君考阳生翁授以岐黄学。年十四,翁弃养,君乃从翁门人朱君某专学为医。(《叶香岩传》)

> 有人译为:"叶君名桂,字天士,号香岩先生。叶君小时候曾拜师学习五经四书。晚上归来,他父亲叶阳生老先生给他讲授医学知识。十四岁时,他父亲放弃了对他的培养,叶君便跟从他父亲的弟子朱君某专门学习医学。"

乍看译文似无不妥。实际上在关键处曲解了原文。"弃养"是死的委婉说法。"年十四,翁弃养"意思是"叶天士十四岁时,他父亲去世",而译文却作"十四岁时,他父亲放弃了对他的培养",意义大相径庭。

三、因失于校勘而误译

整理古医籍,离不开校勘工作。要想使今译准确,就必须和精审的校勘结合起来。若失于校勘,原文的讹、衍、脱、倒,均将导致误译。例如:

> 夫上古圣人之教下也,皆谓之虚邪贼风,避之有时……(《素问·上古天真论》)

> 〔译文一〕 古代深懂养生之道的人在教导普通人的时候,总要讲到虚邪贼风等致病因素,应及时避开。

> 〔译文二〕 在上古时代,对于深明养生道理的人的教诲,人们都能够遵从。对于四时不正的虚邪贼风,能够适时回避。

这是两种明显不同的译文。"译文一"是根据通行的王冰本所作的今译。以往出版的注译本也大都同此。"译文二"是在详参杨上善、林亿、胡澍等注本,进行校勘的基础上产生的。林亿新校正云:"按全元起注本云:'上古圣人之教也,下皆为之。'《太素》、《千金》同。杨上善云:'上古圣人使人行者,身先行之,为不言之教。不言之教胜有言之教,故下百姓仿行者众,故曰下皆为之。'"胡澍在《内经素问校义》中说:"全本、杨本、孙本及杨说是也。'夫上古圣人之教也'句,'下皆为之'句。'下皆为之',言下皆化之也。'为'与'谓'一声之转,故二字往往通用。……王氏不达,误以'谓'为告谓之'谓',乃生'下'字于上句'也'字之上,以'上古圣人之教下也'为句,'皆谓之'三字下属为句,失其指矣。"杨上善深谙经文之义,依据全元起注本作出了准确的训释:即圣人言传身教,下面百姓皆仿行之。胡澍进行声训探源,指出王冰所据本作"谓",乃"为"之借字,并依据全氏注本作了精审的句读分析。"教下也"中的"下也"二字误倒,"下"字属下。这就从根本上澄清了王冰本的错误。"译文二"正是对经过校勘而进行了正确标点的原文所作的译文,因而它准确地揭示了原文的含义。从这一实例可以看出,精审的校勘对于今译是何等重要。

又如：

> 天台周进士病恶寒……服附子数百，增剧。(《丹溪翁传》)

有人译为："天台周进士患怕冷的病。……服用附子几百副，越发加剧了。"

朱丹溪《格致余论·恶寒非寒病恶热非热病》云："进士周本道，年逾三十，得恶寒病，服附子数日而病甚，求予治。"可知，"百"、"日"形体相近而讹。"数百"当为"数日"方合情理。疑此系《四部丛刊》本所讹。

又如：

> 热，承气汤；外感，解散，加姜汁酒。(《金匮钩玄·厥》)

有人译为："热厥，服承气汤；外感的，解表散汗，再加姜汁、酒。"

这是讲热厥的治疗法则。热厥，宜承气汤急下存阴；挟外感的，宜宣通郁热，用双解散治之。原文"解散"前夺一"双"字，当为"双解散"，即表里双解之义。方出刘完素《黄帝素问宣明论方》卷六。而译文译作"解表散汗"，欠妥。

又如：

> 冬伤于寒，春必温病。(《素问·生气通天论》)

有人译为："冬天被寒邪所伤，春天必然有温病"。

"春必温病"句与《素问》全书文气不贯。在该书其他篇中，均言"病温"而无言"温病"者。如《金匮真言论》"故藏于精者，春不病温"，《玉版论要》"脉短气绝死，病温虚甚死"，《评热病论》"有病温者，汗出辄复热"等。明代绿格抄本，此句作"冬伤于寒，春必病温"。可知"温病"误倒，当为"病温"。"温病"是一个词，而"病温"是一个动宾词组，应译作"患温热的病"才符合原义。

以上列举了几种误译的原因，事实上还不止这些。诸如不明文章的语气、句与句的逻辑关系、名物掌故以及医学知识等等，均会导致误译。这里不再一一举例。

第三节 今译的类型和方法

一、今译的类型

今译不外乎两大类型，即直译和意译。

直译要求译文与原文的词性、词义、语法结构及逻辑关系一一对应，不任意改动词序和增删文字。这种方法能够忠实地再现原文的思想内容和语言风格，便于初学者古今对照，理解和掌握原著。对于古代的散文、科学论文及医学文献，一般适宜采用直译的形式。例如：

> 故伤寒有承气之戒，呕哕发下焦之问。(《脉经·序》)

[译文一] 《伤寒论》中承气汤的用法，在很多情况下须戒用；呕哕一般是属于中焦和上焦的病变，但也有因下焦气逆所致的。所以在诊治时，不应只着眼于中、上焦，还须审察下焦的情况。

[译文二] 所以对伤寒(阳明病)有使用承气汤的禁忌，对呕吐呃逆病要提出下焦情况的问诊。

"译文一"从内容上看，并没有什么错误，但译者抛开原文，随意发挥医理，增添了许多不必要的文字。原文工丽整齐，如"伤寒"和"呕哕"相对，均指病证，可译者却将"伤寒"译作《伤寒论》，使前后文义不协。"译文二"采用直译的方法，紧扣原文的词义、句式，逐字逐句对译。

又如：

　　　　天地之象分，阴阳之候列，变化之由表，死生之兆彰。不谋而遐迩自同，勿约而幽明斯契。(《黄帝内经素问注·序》)

　　　[译文一]　自然界的规律，阴阳征候的变化，死或生的预兆，没有预先商量而所见各种事理都相符合。

　　　[译文二]　分析了自然界的现象，列举了阴阳的征候，表述了变化的原因，指明了死生的征兆。不曾商议可是远近的事理自然相同，不用相约可是无形的和有形的事物都能符合。

"译文一"字数同原文相当，似乎是简炼了，但是对原文中的"分"、"列"、"表"、"彰"、"遐迩"、"幽明"等一系列关键词语竟舍去不译，从内容到句式均作了删改。这就有违原文，失去了真义。"译文二"采用了直译的方法，基本上做到了字、词、句落实，比较真实地再现了原文的风貌。其中把"天地之象分"等四个被动句，对译成主动句，以体现现代汉语的表达方式，是合理的。

需要说明的是，不能把直译理解为字字对照的硬译。由于时代的差异，古今汉语的表达方式多有不同。比如古汉语比较简略，有时如果字字对译，就会感到不通顺，甚至不好懂。古代有些词汇已经死亡，有的虚词业已不用，一些成语典故更是无法字字对译。在这种情况下，自然不能受原文的束缚，而应当合理地增添或删削一些词语。例如：

　　　　克期不愆，布阵有方，此又不可更仆数也。(《医学源流论·用药如用兵论》)

　　　[译文一]　限定时间，不得拖延，布阵要有方法，这些策略像更换仆人一样不能数尽的。

　　　[译文二]　严定期限，不得延误，布置阵势，有一定方案，这又不是换几个仆人可以数得清的。

　　　[译文三]　限定日期，不得失误，布列阵势，要有法度，这些问题又是数不胜数的。

"译文一"和"译文二"硬是机械地把末句中的成语"不可更仆数"逐字对译出来，结果都显得诘屈难懂。再说"仆"也不指仆人，而是太仆，古代官名，掌傧相。"译文三"用"数不胜数"四字，准确地揭示了这个成语的含义，使译文简单明了，一语中的。

从以上举例可以看出，用现代规范化的语言(普通话)今译古代汉语，要想绝对地直译是行不通的，在一定的语言环境中，可以增删个别词语。但是，这种增删必须是合理的，而且是十分谨慎的。

意译以传达原作的精神为目的，可以不受原文词序、语法结构的限制，即不要求与原文保持严格的对应关系。它是在直译基础上的一种再创造，同样以"信"为基础，而绝非脱离原文的任意发挥。郭沫若曾在屈原《九章》的译文后写道："有人说：翻译是创作。这话含有部分的真理。既是译文而不是注疏，那你就须得使你的译文也成为艺术品。不仅求其'信'，不仅求其'达'，还要求其'雅'。这就是说，原作是诗，你的译文也应该是诗。为了达到这个目的，我们应该允许译者有部分的自由。有时候他不能逐字逐句地硬译。他可以统摄原意，另铸新辞。"由于古代的韵文，特别是诗词一类，在修辞、格律及语法结构等方面同现代汉语差异较大，很难用直译的方法今译。因而对古代韵文进行今译，比较适宜采用意译的形式。郭沫若的《屈原赋今译》和余冠英的《诗经选译》，便是其中的代表。

二、今译的方法

直译的具体方法可概括为"对、换、留、删、补、移"六字。兹分述如下：

（一）对

就是按原文的词序、结构、句式对应语译。古文的今译，是一个民族语言内部的翻译，这毕竟和翻译外文不同。由于白话文是文言文的继承和发展，所以彼此有很多相似之处。古代的单音节词发展为现代的双音节词，基本上都是以原来的单音词为词素而构成的双音词。这为对译带来很大的方便。今译时应将原文中的文言单音词对译为相应的以该词作词素的现代双音节词。如：

郡守果大怒，令人追捉杀佗。郡守子知之，属使勿逐。（《华佗传》）

[译文] 郡守果然十分恼怒，命令人追赶捉拿杀死华佗。郡守的儿子知道内情，嘱咐差役不要追逐。

译文注意同原文的词序、结构、句式对应，保持了原文的词性和功能。同时把原文可对译的单音词"果"、"怒"、"令"、"追"、"捉"、"杀"、"子"、"知"、"属"、"逐"等，逐一译成相应的现代双音词。使其含义明确，符合现代汉语的用词习惯。

（二）换

就是把原文中不能或不宜对译（指用以它作词素组成的现代双音词来对译）的古汉语词，变换成意义相同或相近的现代词语。由于时代的变迁，许多词的古今意义发生了变化，我们必须从现代汉语中选取恰当的词汇来语译，而原文中因活用而改变了词性和功能的词，则更要注意从词义出发，换译成相应的词语。例如：

病者一身尽疼，发热，日晡所剧者，名风湿。（《金匮要略·痉湿暍病脉证治》）

[译文] 病人全身疼痛，发热，每到下午3～5时左右便加剧的，称为风湿病。

原文中的"晡(bū)"，在古代的地支纪时法中，指"申时"，相当于下午3～5时，"所"表约数。而这些涵义和用法，在现代汉语中已经不用了。因而换译为"下午3～5时左右"。

又如：

近来，中国士大夫虽不涉江表，亦有居然而患之者。（《千金要方·风毒脚气状》）

[译文] 近年来，中原的士大夫虽不到江南去，也有竟然而得这种病的人。

"中国"一词，在原文中指的是"中原"，而在现代汉语中，"中国"的词义已发生了变化。

又如：

同我者是之，异己者非之。（《不失人情论》）

[译文] 与自己相同的意见就认为它正确，与自己不同的看法便认为它错误。

原文中的"是"、"非"都是形容词的意动用法，应分别译为"认为……正确"、"认为……错误"，而不能只译为"正确"、"错误"。

（三）留

即把原文中的某些词语直接保留在译文中。主要有三方面的词语可采取这种"留"的方法。

一为专用名词术语。如：书名——《素问》、《伤寒论》、《甲乙经》等；篇名——《上古天真论》、《辨少阳病脉证并治》、《藏府经络先后病脉证》等；人名——扁鹊、华佗、张机等；表字——明之(李杲)、东璧(李时珍)、鞠通(吴瑭)等；别号——抱朴子(葛洪)、启玄子(王冰)、洄溪老人(徐大椿)等；国名——秦、东汉、南宋等；地名——松江、邯郸、咸阳等；官名——朝议郎、太仆令、医学提举等；年号——建元、甘露、万历等；谥号——齐桓公(小白)、忠武侯(诸葛亮)、文忠(欧阳修)等；度量衡名——仞(长度)、斛(容积)、钧(重量)等；方剂名——小柴胡汤、建中丸、双解散等；药名——甘草、狗宝、冬虫夏草等；穴位名——承山、合谷、百会等；病证名——伤暑、冬温、阴阳交等；经络名——足少阴经、督脉、阳络等；脏器名——心、三焦、心包络等。

二为古今意义相同的基本词语。如马、牛、人、手、长、短、冷、热、蟋蟀、逍遥、正直、忠诚、主张、调和等。基本词一般具有全民性和稳固性，因此《尔雅》、《方言》、《广雅》等古代辞书对基本词不仅不加以解释，而且还往往用它们来注释古语词、方言词、专门用语等。

三为常见易明的成语典故。如指鹿为马、刻舟求剑、举一反三、班门弄斧等。

以上词语在今译时一般都可保留在译文内。

(四) 删

就是删略原文中的某些词语，不必译出。古汉语中有些虚词，如发语词"盖"、"夫"等，结构助词"之"、"是"等，语气助词"者"、"也"等，在现代汉语里没有相对应的词可译，而删去不译也不影响原文的含义。古汉语一些表谦敬的副词，现代汉语中往往没有相应的词对译，故也可删略不译。例如：

伏念本草一书，关系颇重。(《白茅堂集·李时珍传》)

[译文] 考虑本草一书，关系十分重大。

原文中的"伏"是表谦敬的副词，常用于臣下对皇上的表章、奏折，现代已无这种用法，也没有相应的词替换，故删略不译。

又如：

谨闻命矣。(《素问·解精微论》)

[译文] 我听到您的教导了。

原文中的"谨"是谦敬副词，在对话中表示对人的尊敬，对自己的谦卑，本身并没有具体的含义，可不必译出。

(五) 补

就是补充译出原文里省略的成分，或根据上下文的逻辑关系，增补一些相应的词语，以求文意的畅达完整和连贯。例如：

脾气散精，上归于肺，通调水道，下输膀胱。(《素问·经脉别论》)

[译文] 脾气能输布物质的精微，(这些精微)向上输布到肺，(肺气)通调水道，又向下输入到膀胱。

原文在第二、三两个分句前，分别省略了主语"精"、"肺气"。今译时要把这些省略的词语补出，以使文义畅达。

又如：

阳明病，面合赤色，不可攻之，必发热，色黄，小便不利也。(《伤寒论·辨阳明病脉证并治》)

[译文] 阳明病，满面通红的，不可用攻下法，(若用攻下法)，必定发热，面色黄，小便不通利。

详上下文,在"必发热"前,省略了"若攻之"之意。"必发热,色黄,小便不利也"本是假设复句,文中只出现推断的结果,而未出现假设的条件,所以今译时增补了"若用攻下法"一语。

又如:

黄精即钩吻,旋花即山姜,陶氏《别录》之差讹。(《白茅堂集·李时珍传》)

[译文] （认为)黄精就是钩吻,旋花就是山姜,(这是)陶氏《别录》的错误。

乍一看来,原文中前两个分句均是完整的判断句,似乎不需要增补什么。但是根据前后句子之间的逻辑关系,再考察药物本身,黄精并不是钩吻,旋花并不是山姜。原来这是陶氏《别录》中两个错误的判断。故今译时在句首增补"认为"二字,在末句前增补"这是"二字,遂使文意连贯通顺。

又如:

夫热中消中者,皆富贵人也。(《素问·腹中论》)

[译文] 热中消中症,都是富贵人所患的疾病。

若按逻辑关系,此句的主语和谓语不符合正常判断,但这类句子在古汉语里却大量存在。今译时只要根据上下文增补适当的词语,句子即便通顺。

(六) 移

就是移换语序。即从语义出发,按现代汉语的习惯对原文的语序、结构进行相应的调整。主要表现在,对古汉语的几种特殊语序,如谓语置于主语前、宾语置于谓语前、定语置于中心语后等,今译时要进行调整。本教材"词义"章已介绍了这方面的内容,此处不再赘述。此外,今译时需作语序调整的还有以下几种现象:

其一,介宾结构在句中作补语的,今译时要将它调整到谓语之前。例如:

阿从佗求可服食益于人者,佗授以漆叶青黏散。(《华佗传》)

纵少觉悟,咸叹恨于所遇之初,而不知慎众险于未兆。(《养生论》)

第一例的介宾结构"于人"和"以漆叶青黏散"都充当补语,今译时应分别提到动词谓语"益"和"授"的前面。"益于人"译为"对于人有益","授以漆叶青黏散"译为"把漆叶青黏散传授给樊阿"。第二例的介宾词组"于所遇之初"和"于未兆"都充当补语,今译时应分别提到形容词谓语"叹恨"和由动宾词组充当的谓语"慎众险"的前面。"叹恨于所遇之初"译为"在得病时叹息悔恨","慎众险于未兆"译为"在病患未有征兆时防范各种危险"。

其二,"而"和"则"在句中作顺承连词并且位于主语之前的,今译时一般要调整到该主语之后。例如:

世俗乐其浅近,相与宗之,而生民之祸亟矣。(《温病条辨·叙》)

逆之则灾害生,从之则苛疾不起。(《素问·四气调神大论》)

这两例中的"而"、"则"都是表顺承的连词,分别出现在主语"生民之祸"和"灾害"、"苛疾"前,今译时可把它们移到主语的后面,并都对译为"就"或"便"。"而生民之祸亟矣"译为"人民的祸患就频繁了","则灾害生"、"则苛疾不起"分别译为"灾害就发生"、"疾病便不出现"。

其三,数词在句中置于动词前的,今译时应调整到动词之后。例如:

岁历三十稔,书考八百余家,稿凡三易。(《本草纲目》王世贞序)

时行疫疠,非常有之病,或数年一发,或数十年一发。(《张氏医通·诸伤门》)

在第一例的"三易"中,数词"三"出现在动词"易"之前,在第二例的"一发"中,数词"一"出现在动词"发"之前,今译时都要把它们调整到动词之后。"三易"译为"修改三次","一发"译为

"发作一次"。

其四,遇有下文两个词句分别承受上文两个词句的分承现象时,应依据词句间的意义联系来调整语序。例如:

  耳目聪明,齿牙完坚。(《华佗传》)

  夫粗工之治病,或治其虚,或治其实,有时而幸中,有时而不中。(《汗下吐三法该尽治病诠》)

第一例的"耳目聪明"和"齿牙完坚"都是词语分承:"聪"承受"耳","明"承受"目";"完"承受"齿","坚"承受"牙"。应调整为"耳聪目明"和"齿完牙坚",然后再加以今译。第二例的"或治其虚,或治其实,有时而幸中,有时而不中"为句子分承,根据作者张子和褒攻贬补的学术特点以及"粗工之治病"的上文,可知"有时而不中"承受"或治其虚","有时而幸中"承受"或治其实"。应调整为"或治其虚,有时而不中,或治其实,有时而幸中",然后再进行今译。

下面从《周礼·天官冢宰·医师》和《白茅堂集·李时珍传》各选一段文字进行今译,试以这两段文字为实例,来分解今译方法的具体运用。每个横框内的上行大字是原文,下行小字为译文,在括弧内指明所采用的今译方法。

醫師	掌	醫	之	政	令	,聚	毒藥	以	共
医师(留)	掌管(对)	医药(对)	的(换)	政策	法令(对)	,征集	药物(换)	来	供给(换)

醫事	。凡	邦	之	有	疾病 者	、
医疗(对) 工作(换)	使用(补)。凡是(对)	国内(换)	(删)	有(留)	内科病的人(换)	、

疕瘍 者	造焉	,則	使	醫	分
外科病的人(换)	到这里(换)	,医师(补)	就(换)	委派(换)内科或外科(补)	医生 分别(对)

而	治	之	。歲	終	則 稽	其	醫事	,
地(换)	治疗(对)	他们(换)	。年(换)	终(留)	就 考核	医生们的(换)	医疗(对)情况(换)	,

以	制 其 食	: 十	全	爲	上	,
来	评定他们的俸禄(换)	:治疗(补) 十个(对)	病人都能(补) 痊愈(换)	是(换)	上等(对)	,

十	失	一	次之	, 十
治疗(补) 十个(对)病人(补)	失误	一个(对)是(补)	第二等(换)	,治疗(补) 十个(对)病

失	二	次之,	十	失	三
人(补) 失误(对)	两个(换)是(补)	第三等(换),	治疗(补) 十个(对)病人(补)	失误	三个

次之	, 十	失	四	爲	下	。
(对)是(补) 第四等(换)	,治疗(补) 十个(对)病人(补)	失误	四个(对)	是(换)	下等(对)	。

李時珍	，字東璧	，祖	某	，父	言聞	，世
李时珍(留)	，字东璧(留)	，祖父(对)	某(留)	，父亲(对)名(补)	言闻(留)	，他家(补)世代

	孝	友	，以	醫	爲	業
(对)都(补)	孝敬(对)	父母(补)，	友爱(对)	兄弟(补)，	把(换)医疗(对)	作为(对)职业

。年十四	，補	諸生	，	三	試于鄉
(对)。十四岁(移、留、换)	时(补)，	考中了 秀才(换)，	然后(补)	三次(对)	在乡试中应考

，不	售	。	讀書十年	，不	出
(移、换)，	都(补)没有 考中(换)	。从此,	埋头(补)读书十年(留)	，没有(换)	出过(对)

戶庭	，博	學	，無所弗覽	。善	醫 ，
家门(换)	，广泛地(换)	学习(对)	，没有不阅读的书(换)	。他(补)擅长(换)	医学(对)，

卽	以	醫自居	。楚王	聞 之	，聘	爲
就(换)	以(留)	医疗 为生(换)	。楚王(留)	听说了 这些 情况(换)	，聘请(对)	他(补)担任

	奉祠	，掌	良醫所事	。	世子
(换)王府的(补)	奉祠(留)	，掌管(对)	良医所(留)工作(换)	。	楚王的(补)嫡 长子(换)

暴	厥	，	立	活 之	。	薦
突然(换)	昏厥(对)	，李时珍(补)	立即(对)	救活(对) 他(换)	。楚王把李时珍(补)	推荐

于	朝	，授	太醫院判	。一歲
(对) 到(换)	朝廷(对)，	朝廷(补) 任命(换)	他为(补) 太医院判(留)	。一年(换)后(补)

告歸	，著	《本草綱目》	。
请求回乡(换)	，编著(对)	《本草纲目》(留)	。

阅读实践（46）

（一）简答

1. 今译的标准是什么？
2. 今译有哪两种类型？
3. 举例说明"对、换、留、删、补、移"的今译方法。

（二）阅读

金匱歌者乡前輩王君良叔之秘医方也初良叔以儒者涉猎群书不欲以一家名一日遇病数十辈同一证医者曰此证阴也其用某药无疑数人者骈死医者犹不变良叔曰是证其必他有以合少更之遂服阳证药自是皆更生焉良叔冤前者之死也遂发念取诸医书研精探索如其为学然久之无不通贯辨证察脉造神入妙如庖丁解牛伛偻承蜩因自撰为方剂括为歌诗草纸蝇字连帙累

牍以遗其后人曰吾平生精神尽在此矣其子季浩以是为名医其子庭举蚤刻志文学中年始取其所藏读之今医遂多奇中一日出是编予然后知庭举父子之有名于人其源盖有所自来矣天下岂有无本之学哉世道不淑清淳之时少乖戾之时多人有形气之私不能免于疾世无和扁寄命于尝试之医斯人无辜同于岩墙桎梏之归者何可胜数齐高疆曰三折肱知为良医楚辞曰九折臂而成医言屡尝而后知也曲礼曰医不三世不服其药言尝之久而后可信也人命非细事言医者类致谨如此然则良叔齐楚人所云医也若庭举承三世之泽其得不谓之善医矣乎予因谓庭举曰凡物之精造物者秘之幸而得之者不敢轻然其久未有不发周公金縢之匮兄弟之秘情也至成王时而发艺祖金匮之誓母子之秘言也至太宗时而发君所谓金匮歌者虽一家小道然祖宗之藏本以为家传世守之宝其为秘一也子之发之也以其时考之则可矣庭举曰大哉斯言予祖之泽百世可以及人予为子孙不能彰悼先志恐久遂沈泯上贻先人羞敢不承教以广之于人予嘉庭举之用心因为序其本末如此良叔讳朝彌季浩讳渊庭举名槐云(《金匮歌》宋·文天祥序)

要求：
(1) 给上文标点
(2) 注释文中加点号的词语
(3) 今译文中加横线的句子

附 篇

[一] 与中医药文献相关的古代文化知识

中医药学是中国古代文化中的珠玑，伴随着古代文化的发展而发展。古代文化包含的内容非常广泛，其中记时方法、避讳方法、年龄称谓、医官制度、医学教育以及名物命名等知识，尤常隐现于中医古籍内，因而了解一些这方面的知识，将有益于提高阅读古代医书的水平。本附篇之"医官制度"、"医学教育"两部分取自《实用医古文》（段逸山、孙文钟编著，上海科学技术文献出版社1993年版），略加删改。

记 时 方 法

阅读古代医籍，特别是学习《内经》，经常会遇到有关记时的问题，因而有必要了解古人记录时间的方法。下面简要地加以介绍。

一、纪日法

古人用干支纪日，以天为干，以地为枝。唐代史学家刘恕在《通鉴外纪》中引录古书说："甲乙谓之干，子丑谓之枝。干枝相配以为日。"即陈此义。夏历就是用干支纪日的。组合的方法是，单数配单数，双数配双数，从甲子开始，依序顺推，经过六十组不同的组合，又回到甲子，称为甲子一周，亦曰六十花甲子。具体排列如次：

甲子	乙丑	丙寅	丁卯	戊辰	己巳	庚午	辛未	壬申	癸酉
甲戌	乙亥	丙子	丁丑	戊寅	己卯	庚辰	辛巳	壬午	癸未
甲申	乙酉	丙戌	丁亥	戊子	己丑	庚寅	辛卯	壬辰	癸巳
甲午	乙未	丙申	丁酉	戊戌	己亥	庚子	辛丑	壬寅	癸卯
甲辰	乙巳	丙午	丁未	戊申	己酉	庚戌	辛亥	壬子	癸丑
甲寅	乙卯	丙辰	丁巳	戊午	己未	庚申	辛酉	壬戌	癸亥

每组代表一天。如某日为甲子日，那么其后的日子依次顺推为乙丑、丙寅、丁卯、戊辰等，其前的日子依次逆推为癸亥、壬戌、辛酉、庚申等。六十甲子如环无端，周而复始。

殷代、春秋时期只用干支纪日，延至战国末期亦然。屈原《离骚》："摄提贞于孟陬兮，惟庚寅吾以降。""庚寅"就是庚寅日。诗句是说：摄提星正对着孟春正月的方位啊，我于这个月的庚寅日降生了。但彼时纪日，往往使用天干，不用地支，这是我们应当知道的。《内经》中多数只用天干纪日。《素问·藏气法时论》："肝病者，愈在丙丁，丙丁不愈，加于庚辛，庚辛不死，持于壬癸，起于甲乙。"句中四组天干都是指日而言。可串释为：患肝病的人，在丙丁日会好；如果丙丁日不好，到庚辛日就会加重；庚辛日不加重，在壬癸日就会呈执持状态；到甲乙日就会有好转趋势。《素问·刺热》中的甲乙、丙丁之记同此。《素问·六节藏象论》："天以六六之节，以成一岁"，"天有十日，日六竟而周甲，甲六复而终岁，三百六十日法也"。"六六"即指六十日为一甲子,称为一节。"天"指天干,是说十天干纪十日。"日六"句是说十干与十二支相合,凡六十日为甲子一周,意同"六六"。"甲六复"句是说六个周甲为一年,计三百六十日,这就是用干支纪日了。

二、纪月法

商代与春秋前期,一年二季,只分春秋。用春秋代一年即始于此。《素问·上古天真论》"余闻上古之人,春秋皆度百岁"的"春秋"即指年岁。到了春秋中期,由于用立圭表测日影,可以准确地测定冬至、夏至的时间,历法趋于精确,一年由二季之称分为四时。只是开始称序为春秋冬夏。这是历史上特殊的四季顺序。这种叫法也影响到当时和后来的著述。《管子·幼官图》:"修春秋冬夏之常祭。"《礼记·孔子闲居》:"天有四时,春秋冬夏。"《墨子·天志中》:"制为四时,春秋冬夏。"《内经》记载四时,也常用这种顺序。《素问·八正神明论》"四时者,所以分春秋冬夏之气所在,以时调之也",就是这种情况的反映。春秋中期之后,四时之称就规范为春夏秋冬了。由于春秋中期采取了十九年七闰制,同时也就规范了十二月的起止时间,使之符合四时气候的转变。这时候,除一月可称"正月",十二月可称"腊月"外,其余均按二、三、四、五的序数记月。下面介绍古代对十二个月的几种特殊称谓。

(一) 月名纪月

先秦时期对每个月有特定的称谓。《尔雅·释天》载:"正月为陬,二月为如,三月为寎,四月为余,五月为皋,六月为且,七月为相,八月为壮,九月为玄,十月为阳,十一月为辜,十二月为涂。"例如《温病条辨·叙》"嘉靖十有七年壮月既望"的"壮月"即指八月。

(二) 四季纪月

古代把四季的每一季都分成孟、仲、季三个阶段,即:孟春,仲春,季春;孟夏,仲夏,季夏;孟秋,仲秋,季秋;孟冬,仲冬,季冬。依次分别代称月份。此种纪月法,多见于序跋。例如清代吴坤安《伤寒指掌·序》"时嘉庆元年仲秋吉日菭南吴贞坤安氏识"的"仲秋"即是八月。

(三) 月建纪月

月建纪月即十二地支纪月。古代用北斗七星斗柄指向作为判定月份的标准,又将地面分成十二个方位,按顺时针方向分别以十二地支表示:正北为子,正东为卯,正南为午,正西为酉等。夏正十一月(冬至所在的月份)黄昏时斗柄指子,十二月黄昏时斗柄指丑,正月黄昏时斗柄指寅,二月黄昏时斗柄指卯……于是就称十一月建子、十二月建丑、正月建寅、二月建卯之类,是谓十二月建。斗柄所指的方位谓之斗建。《鹖冠子·环流》:"斗柄东指,天下皆春;斗柄南指,天下皆夏;斗柄西指,天下皆秋;斗柄北指,天下皆冬。"即是此意。

上面提到"夏正",就有必要简要介绍一下有关"三正"的问题。春秋时期,并行三种不同的历法,即夏历、殷历、周历,因其正月的月建各不相同,故称为"三正"。"正"即岁首之意,俗称"正月"。夏历以建寅之月(即冬至后二月,相当于现行阴历正月)为正,殷历以建丑之月(即冬至后一月,相当于现行阴历十二月)为正,周历以建子之月(即冬至所在之月,相当于现行阴历十一月)为正。由于三种历法岁首的月建有别,四季的划分也便随之而异。详见下页图表。

《内经》中月份与月建有时并载,有时唯写月建。例如《素问·脉解》:"太阳所谓肿腰脽痛者,正月太阳寅,寅,太阳也。正月阳气出在上,而阴气盛,阳未得自次也,故肿腰脽痛也。""正月太阳寅",即是既纪月又纪建。"寅"是关键词,依其义引出"太阳也"的释词,即"太阳"正释"寅"义。所引文字意为:正月建寅,属于太阳,正月阳气在上,而阴寒之气还盛,所以腰胜部肿痛。同篇又有"阳明者,午也"、"太阴,子也"诸句。如果不明月建,"午"、"子"费解;明确月建顺序,两句之意即得:阳明经旺于五月,月建在午;太阴经旺于十一月,月建在子。午、子的月建代月正是五月、十一月。同篇还有"少阴者,肾也,十月万物阳气皆伤"句,《太素》"十"作"七",七月建申,肾为申误。即是依月建知识校注原文的。后世医籍中对于月建的运用,其规律多似《内经》。

月建		子	丑	寅	卯	辰	巳	午	未	申	酉	戌	亥
夏历	月份	十一月	十二月	正月	二月	三月	四月	五月	六月	七月	八月	九月	十月
	季节	冬		春			夏			秋		冬	
殷历	月份	十二月	正月	二月	三月	四月	五月	六月	七月	八月	九月	十月	十一月
	季节	冬		春			夏			秋			冬
周历	月份	正月	二月	三月	四月	五月	六月	七月	八月	九月	十月	十一月	十二月
	季节	春			夏			秋			冬		

(四) 律吕纪月

律指六律,即黄钟、太簇、姑洗、蕤宾、夷则、无射,属阳律;吕指六吕,即大吕、夹钟、仲吕、林钟、南吕、应钟,属阴律,合称十二律。律本是竹管所制用以校正乐律的器具,后以律吕为音律的统称。十二律亦即十二个标准音,后被借称十二个月。六律用以指单月,六吕用以指双月。例如《类经·序》"岁次甲子黄钟之吉"中的"黄钟"即指阴历十一月。

为便于查对,现将上述"月名纪月"、"四季纪月"、"月建纪月"、"律吕纪月"与序数纪月对照排列成下表:

序数纪月	正月	二月	三月	四月	五月	六月	七月	八月	九月	十月	十一月	十二月
月名纪月	陬月	如月	寎月	余月	皋月	且月	相月	壮月	玄月	阳月	辜月	涂月
四季纪月	孟春	仲春	季春	孟夏	仲夏	季夏	孟秋	仲秋	季秋	孟冬	仲冬	季冬
月建纪月	寅月	卯月	辰月	巳月	午月	未月	申月	酉月	戌月	亥月	子月	丑月
律吕纪月	太簇	夹钟	姑洗	仲吕	蕤宾	林钟	夷则	南吕	无射	应钟	黄钟	大吕

三、纪年法

古代纪年方法主要有以下几种:

(一) 年号纪年

我国古代最初按照君王即位的年次纪年,如周宣王元年(公元前 827 年)、鲁惠公八年(公元前 761 年)、秦昭王五十六年(公元前 251 年)等等。这种纪年法以元、二、三、四的序数递记,直至旧君去位新君即位为止。从汉武帝建元元年(公元前 140 年)开始用年号纪年,也是用元、二、三的序数递记,至更换年号又重新开始。有些皇帝只用一个年号,如大业(隋炀帝)、武德(唐高祖)、贞观(唐太宗)、洪武(明太祖)。有些皇帝则经常更换年号,有多至十余个的,如唐高宗李治在位三十三年,年号竟换了十四个之多。据统计,历史上使用过的年号共约八百多个。年次年号纪年是常用的传统纪年法,至今已沿用了二千八百余年。在古代医书的序跋中也常见年号纪年法,如元末滑寿《十四经发挥·自序》题作"至正初元闰月六日"。"至正"是元顺帝孛儿只斤妥懽帖睦尔的年号,至正初元即至正元年,为公元1341年。年号纪年明白具体,只要核对《中国历史纪年表》,就可立即转为公元纪年。

(二)干支纪年

一般认为干支纪年始于东汉。也有人认为西汉初已开始使用,只是到东汉元和二年(公元85年)才以朝廷命令的形式在全国推行。干支纪年就是六十花甲子周而复始,循环无已,一直绵延至今。干支纪年在古代医书中广泛应用。例如《串雅·序》"戊寅航海归,过予谭艺"的"戊寅"即是干支纪年。由于单纯使用干支纪年,必须要参照作者的生活年代,才能确定其具体年份,因而使用得较为普遍的是年号与干支并题的方法。例如《内经知要·序》题作"乾隆甲申",是年号与干支并用,而《黄帝内经素问注·序》"时大唐宝应元年岁次壬寅序"的题款,连年号的年次也一并写上,便尤为明确。

此外尚有星岁纪年、生肖纪年等法。由于古代医书对此罕用,这里就不加介绍。

四、纪时法

最初,古人根据天色把一昼夜分为若干时段,然后给每一时段定个名称。例如把太阳升起的时候叫做"旦、早、朝、晨",也称为"日出"、"平旦"、"平明"。把太阳下山的时候叫做"夕、晚、暮、昏",也称为"日入"。把太阳正中的时候叫做"日中",将近日中的时候叫做"隅中",太阳开始西斜叫做"日昃"或"日昳(音dié)",太阳下山叫做"日入"。接着便是"黄昏"、"人定"、"夜半",随之为"鸡鸣"、"昧旦"(也称"昧爽")、"日出"。此外,古人一日两餐:第一餐在日出之后隅中之前,称为"朝食"或"饔食",这段时间便叫"食时";第二餐在日昃之后日入之前,称为"晡食"或"晏食",这段时间便叫"晡时"。随着历法的详密,古人对于一昼夜有了等分的时辰概念。汉太初以后,开始用十二地支作为十二时辰的名称,每个时辰恰好等于现代的两小时(小时,即小时辰之意)。近代又把每个时辰细分为初、正,这就等于把一昼夜分为二十四等分了。详见下表:

时段名	夜半	鸡鸣	昧旦	日出	食时	隅中	日中	日昃	晡时	日入	黄昏	人定
时辰	子 子初/子正	丑 丑初/丑正	寅 寅初/寅正	卯 卯初/卯正	辰 辰初/辰正	巳 巳初/巳正	午 午初/午正	未 未初/未正	申 申初/申正	酉 酉初/酉正	戌 戌初/戌正	亥 亥初/亥正
钟点	23 24	1 2	3 4	5 6	7 8	9 10	11 12	13 14	15 16	17 18	19 20	21 22

需要指出的是,对于时段往往有不同的称谓,对于同一时段名,所指时辰也有不同看法。例如《淮南子·天文训》列举的十五个时段名,依次为晨明、朏明、旦明、饔食、隅中、正中、少还、餔时、大还、高春、下春、县车、黄昏、定昏。又如"平旦"一般认为即是"日出",如《素问·藏气法时论》:"脾病者,日昳慧,日出甚。"《甲乙经》"日出"作"平旦"。林亿"新校正"也指出:"日出与平旦时等。"而王充《论衡·澜时篇》说:"平旦寅,日出卯。"就把"平旦"与"日

出"看作两个时辰。此外,《内经》中还有一些介于各时段之间的称谓,如:大晨,指天大明之时;早晡,指将近晡时的一段时间;下晡、晏晡,依次在晡时之后、日入之前;合阴、合夜,分别在夜半后、鸡鸣前。后世医书一般都按十二地支纪时。

二十四节气属于历法范畴,但与记时密切相关,古代医书中也常见节气名目,特予以概述如次。

古人把黄道附近的一周天二十四等分,根据太阳在黄道上这二十四个不同的视位置,实际上就是地球在围绕太阳公转的轨道上的二十四个不同的位置,将全年划分为二十四个段落,包括立春、惊蛰等十二个"节"气,雨水、春分等十二个"中"气,统称"二十四节气",以此来反映四季、气温、降雨、物候等方面的变化。早在春秋时期,已有春分、秋分、夏至、冬至四大节气。《左传·僖公五年》又有"分至启闭"的记载。"分"指春分、秋分,"至"指夏至、冬至,"启"指立春、立夏,"闭"指立秋、立冬。《淮南子·天文训》已有与后世完全相同的二十四节气的名称,只是"惊蛰"原名"启蛰",汉代避景帝刘启讳改名为"惊蛰"而沿用至今。二十四节气的名称、日期见下表:

春季	节 气 名	立春 (正月节)	雨水 (正月中)	惊蛰 (二月节)	春分 (二月中)	清明 (三月节)	谷雨 (三月中)
	节气日期	2月4日 或5日	2月19日 或20日	3月5日 或6日	3月20日 或21日	4月4日 或5日	4月20日 或21日
夏季	节 气 名	立夏 (四月节)	小满 (四月中)	芒种 (五月节)	夏至 (五月中)	小暑 (六月节)	大暑 (六月中)
	节气日期	5月5日 或6日	5月21日 或22日	6月5日 或6日	6月21日 或22日	7月7日 或8日	7月23日 或24日
秋季	节 气 名	立秋 (七月节)	处暑 (七月中)	白露 (八月节)	秋分 (八月中)	寒露 (九月节)	霜降 (九月中)
	节气日期	8月7日 或8日	8月23日 或24日	9月7日 或8日	9月23日 或24日	10月8日 或9日	10月23日 或24日
冬季	节 气 名	立冬 (十月节)	小雪 (十月中)	大雪 (十一月节)	冬至 (十一月中)	小寒 (十二月节)	大寒 (十二月中)
	节气日期	11月7日 或8日	11月22日 或23日	12月7日 或8日	12月21日 或22日	1月5日 或6日	1月20日 或21日

注:①节气名下括号内系夏历。
②节气日期系比较常见的阳历日期。

《内经》在论述"天人相应"理论的时候,有很多关于四时二十四节气的记述,并对此有不少特殊称呼。例如指四时为"六合"。《素问·生气通天论》:"天地之间,六合之内,其气九州九窍、五藏十二节,皆通乎天气。""六合"即言"四时"。其意是指:孟春与孟秋为合,仲春与仲秋为合,季春与季秋为合,孟夏与孟冬为合,仲夏与仲冬为合,季夏与季冬为合。《淮南子·原道》高诱注上述之合为"六合",《素问·生气通天论》用此泛指四时。再如以"八纪"、"八正"说节气。《素问·阴阳应象大论》:"故天有精,地有形,天有八纪,地有五里,故能为万物之父母。"《素问·八正神明论》:"凡刺之法,必候日月星辰四时八正之气,气定乃刺之。"其中所记"八纪"、"八正"都是指立春、立夏、立秋、立冬"四立",春分、秋分"二分",夏至、冬至"二至",以其代二十四节气。又如以春三月、夏三月、秋三月、冬三月说节气。《素问·四气调神大论》中："冬三月，此谓闭藏"，"冬三月"即指立冬、小雪、大雪、冬至、小寒、大寒六个节气。他如《素问》中的《四气调神大论》、《玉版论要》、《宝命全形论》、《缪刺论》、《四时刺逆从论》中都涉及到二十四节气的知识。

避讳方法

我国自周到清，不得写说君王或尊长的名字，而须加以回避，以示尊敬，这叫做避讳。避讳始于周，行于秦汉，盛于隋唐，严于赵宋，直到民国改元，此习方废。大概在秦以前，只避真名，不避嫌名。所谓嫌名，是指与君王尊长名字读音相近的字，《礼记·曲礼上》："礼不讳嫌名。"郑玄注："嫌名，谓音声相近，若禹与雨，丘与区也。"之后，讳法逐渐严格，遇有嫌名，也要加以回避。历代医书受此影响，颇多讳字。因而熟悉用讳规律，不仅可便于阅读，而且能助以判定医书版本和医学人物的年代。现将中医古籍中常见的避讳方法作一概括归纳。

一、改字法

所谓改字法，即遇到所避之字，就改用与之意义相同或相近的字代替。所避之字称为讳字，改用的字称为避讳字。改字法自避讳以来就已存在。秦始皇名"政"，遇嫌名"正"字则改为"端"，如"正月"称为"端月"。汉明帝刘庄，东汉人即改"庄"为"严"，鲁庄公改称鲁严公，楚庄王改称楚严王。以上"正"、"庄"是讳字，"端"、"严"是避讳字。秦汉以后，历代袭用改字法，遂使改字避讳法尤为多见。

（一）改书名

清康熙帝名玄烨，清代汪昂《勿药玄诠》即改名为《勿药元诠》。戴原礼《金匮钩玄》，李中梓《本草通玄》，清传本分别易名为《金匮钩元》与《本草通元》。戴、李二氏均系明代人，明时无"玄"字讳，而书名改"玄"为"元"，显是清代刻坊为避当代讳所为。

（二）改姓名

《隋书·经籍志》记载南北朝殷仲堪著《殷荆州要方》，宋本《外台秘要》却写作商仲堪，这是宋人避太宗赵炅之父赵弘殷之讳而改"殷"为"商"。唐代《新修本草》作者名苏敬，其名传至宋代竟改为苏恭。原是宋人为避宋太祖赵匡胤祖父赵敬之讳而改"敬"为"恭"。这在《证类本草》、《本草纲目》中均有所见。后人不知此系宋讳所致，误云苏敬名敬字恭，遂为史学一误。陶弘景，字贞白，在宋本《外台秘要》中变成"陶正白"，使南北朝时的陶氏由"贞白"更名为"正白"，这是为避宋仁宗赵祯之讳的缘故。

（三）改方药名

南宋寇宗奭《本草衍义·序》："讳避而易之者，原之以存其名。如山药避本朝讳及唐避代宗讳。"李时珍《本草纲目·薯蓣》引"宗奭曰"进一步指出："薯蓣因唐代宗名预，避讳改为薯药，又因宋英宗讳署，改为山药。"宋本《伤寒论》有"真武汤"一方，而《千金要方》、《千金翼方》均为"玄武汤"，这显然是宋人为避宋始祖赵玄朗之讳，改"玄"为"真"之故。

他如：《太素》改"太渊"为"太泉"，是避唐高祖李渊讳，属改穴位名；《普济本事方》改"苏合香丸"为"苏合香圆"等，是避宋钦宗赵桓讳，属改剂型名；《太素》改"甲乙丙丁"的"丙"为"景"，是避李渊之父李昞讳，属改干支名。此外，还有因避讳而更改地名、年号、术语名等。

二、缺笔法

所谓缺笔法，即遇到讳字，就遗缺该字的笔画，多为遗缺一笔。缺笔避字法始于唐代。如"葉"字，因字中有"世"字，而写作"茣"，"昬"字因有"民"字，而写作"昏"，这是为避太宗李世民之讳。光绪十九年杨氏邻苏园影刻南宋嘉定刊本《脉经》"眩"、"弘"、"慎"均写作眩、弘、慎，皆缺末笔，为宋帝避讳字。宋本《外台秘要》中的"弘"、"玄"、"痃"、"敬"，也都遗缺最后一笔。

三、空字法

所谓空字法，即遇到讳字，就空缺该字。例如《新修本草》的参修者有李世勣，但其书扉署名则作李勣，这是避太宗李世民名讳而删去"世"字。同书卷十七《葡萄》："陶景言用藤汁为酒，谬矣。"这是避唐高宗太子李弘名讳而不写作陶弘景。此外，还有用空围"□"或用"某"字、"讳"字代替讳字的。

年 龄 称 谓

关于人的年龄段的划分，在《内经》中主要有以下两条记载：

> 人生十岁，五藏始定，血气已通，其气在下，故好走；二十岁，血气始盛，肌肉方长，故好趋；三十岁，五藏大定，肌肉坚固，血脉盛满，故好步；四十岁，五藏六府、十二经脉皆大盛以平定，腠理始疏，荣华颓落，发颇颁白，平盛不摇，故好坐；五十岁，肝气始衰，肝叶始薄，胆汁始灭，目始不明；六十岁，心气始衰，善忧悲，血气懈惰，故好卧；七十岁，脾气虚，皮肤枯；八十岁，肺气衰，魄离，故言善误；九十岁，肾气焦，四藏经脉空虚；百岁，五藏皆虚，神气皆去，形骸独居而终矣。

《灵枢·天年》的这段文字，将人体生长盛衰已的生命过程分为十个年龄段。

> 女子七岁，肾气盛，齿更发长；二七，而天癸至，任脉通，太冲脉盛，月事以时下，故有子；三七，肾气平均，故真牙生而长极；四七，筋骨坚，发长极，身体盛壮；五七，阳明脉衰，面始焦，发始堕；六七，三阳脉衰于上，面皆焦，发始白；七七，任脉虚，太冲脉衰少，天癸竭，地道不通，故形坏而无子也。丈夫八岁，肾气实，发长齿更；二八，肾气盛，天癸至，精气溢写，阴阳和，故能有子；三八，肾气平均，筋骨劲强，故真牙生而长极；四八，筋骨隆盛，肌肉满壮；五八，肾气衰，发堕齿槁；六八，阳气衰竭于上，面焦，发鬓颁白；七八，肝气衰，筋不能动，天癸竭，精少，肾藏衰，形体皆极；八八，则齿发去。肾者主水，受五藏六府之精而藏之，故五藏盛，乃能写；今五藏皆衰，筋骨解堕，天癸尽矣，故发鬓白，身体重，行步不正，而无子耳。

《素问·上古天真论》的这段文字，则着重将男女发育生殖的过程分别剖为七和八个年龄段。

按照生命、生殖过程划分年龄段的记载在古书中并不多见，而依据男女、装束、习俗、体态、学识诸途，对各年龄段予以种种不同的称谓，在古书中较为习见。比较著名的如：

《论语·为政》："子曰：'吾十有五而志于学，三十而立，四十而不惑，五十而知天命，六十而耳顺，七十而从心所欲不逾矩。'"

《礼记·曲礼上》："人生十年曰幼，学；二十曰弱，冠；三十曰壮，有室；四十曰强，而仕；五十曰艾，服官政；六十曰耆，指使；七十曰老，而传；八十、九十曰耄；七年曰悼，悼与耄，虽有罪，不加刑焉；百年曰期颐。"

《礼记·玉制》："五十杖于家，六十杖于乡，七十杖于国，八十杖于朝；九十者，天子欲有问焉，则就其室，以珍从。"

后人便以"志学"、"而立"、"不惑"、"知命"、"耳顺"、"从心"分别表示十五岁、三十岁、四十岁、五十岁、六十岁、七十岁；以"幼"或"幼学"、"弱"或"弱冠"、"壮"或"有室"、"强"或"强

"仕"、"艾"或"艾服"等分别表示十岁、二十岁、三十岁、四十岁、五十岁之类；以"杖家"、"杖乡"、"杖国"、"杖朝"分别表示五十岁、六十岁、七十岁、八十岁。此类年龄称谓法，从修辞学的角度来说，是属于割裂的手法。以上述《论语》所云，古代医书中的实例如：

> 余志学时，慕士宗先生之名，欲受业其门，迫于贫，不果。（《医家心法》胡珏序）
> 君者，医官中村先生之令嗣，年未及而立，博览靡所不睹。（《重刊伤寒直格》正稽跋）
> 而今也年逾不惑，茅塞顿开。（《类经附翼·医易义》）
> 迨夫年将知命，谢绝场屋。（《察病指南》自序）
> 驯届耳顺，良友凋丧。（《神农本草经疏》自序）
> 仆年过从心，历医五十余载。（《痈疽辨疑论》史弥忠序）

这里择选常见的年龄称谓，按其顺序介绍如次：

初度 指出生之时。屈原《离骚》："皇览揆余初度兮，肇锡余以嘉名。"东汉·王逸注："言父伯庸观我始生年时。"后称人的生日为"初度"。

汤饼之期 指婴儿出生三日。汤饼犹今之切面。旧俗婴儿出生第三日要举办备有汤饼的庆贺宴会。明·彭大翼《山堂肆考》："生子三朝会曰汤饼会。"又称汤饼筵、汤饼宴。

百晬 指婴儿出生百日。百晬为旧俗婴儿出生百日的宴会。宋·孟元老《东京梦华录·育子》："生子百日置会，谓之百晬；至来岁生日，谓之周晬。"又称百禄。

周晬 指婴儿周岁。周晬为旧俗婴儿出生一年的宴会。又称晬日、晬盘日。是日以盘盛纸笔、针线、钱币等物，任婴儿抓取，以占其将来之志趣，谓之试儿，也叫试晬、抓周。

孩提 指二三岁的幼儿。《孟子·尽心上》："孩提之童，无不知爱其亲者。"东汉·赵岐注："孩提，二三岁之间，在襁褓知孩笑，可提抱者也。"又称提孩、孩抱。

免怀 指三岁幼儿。《论语·阳货》："子生三年然后免于父母之怀。"又称免怀之岁。

幼弱 指龆龀前，即七八岁以下。《周礼·司刺》："壹赦曰幼弱，再赦曰老旄，三赦曰蠢愚。"郑玄注："幼弱、老旄，若今律令年未满八岁、八十以上，非手杀人，他皆不坐。"唐·贾公彦疏："云未满八岁，则未龀，是七年者，若八岁已龀，则不免也。"按"龀"为"齔"的俗体字。

龆龀 指小儿七八岁时。龆与龀均谓儿童换齿，即脱去乳齿，始生恒齿。《韩诗外传》卷一："男八月生齿，八岁而龆齿，十六而精化小通。女七月生齿，七岁而龀齿，十四而精化小通。"又称毁齿、冲龀、童龀、笄龀等。

幼学 指十岁。《礼记·曲礼上》郑玄注："名曰幼，时始可学也。"

豆蔻 喻处女，言其少而美。豆，也作"荳"。杜牧《赠别》诗："娉娉袅袅十三余，荳蔻梢头二月初。"后因以"豆蔻年华"称十三四岁的少女。

总角 指童年。古代男女未成年前束发为两结，形状如角，故称总角。《诗·齐风·甫田》："婉兮娈兮，总角丱兮。"角，小髻；丱，儿童的发髻向上分开的样子。《礼记·内则》："拂髦，总角。"郑玄注："总角，收发结之。"后因称童年时代为"总角"。又称总发、总丱、丱日、丱齿、丱岁、羁角、羁丱、羁贯之年等。

垂髫 指童年。古时儿童不束发，头发下垂，因以"垂髫"指童年或儿童。潘岳《藉田赋》："被褐振裾，垂髫总发。"陶潜《桃花源记》："黄发垂髫，并怡然自乐。"又称垂龆、垂发、髫发、髫童、髫年、髫岁、髫龄、髫齿、髫龀、髫髻(duǒ 朵)等。

黄口 指童年。《山堂肆考》："黄口，小儿也。"又称黄吻、黄童、童丱、童龀等。

齯(xī 希)年 指童年。《诗·卫风·芄兰》有"童子佩齯"语，因称。

志学 指十五岁。又称志学之年。《论语·为政》北宋·邢昺疏："吾十有五而志于学者，言成童之岁识虑方明，于是乃志于学也。"

束修 指十五岁。古代十五岁入学，入学必用束修，因指入学或十五岁为束修。说见《后汉书·延笃传》唐·李贤注。一说指十三岁，见西汉·桓宽《盐铁论·贫富》。

成童 指长到一定年龄的儿童，通常指十五岁。《礼记·内则》："成童，舞象，学射御。"郑玄注："成童，十五以上。"《后汉书·李固传》："固弟子汝南郭亮，年始成童，游学洛阳。"李贤注："成童，年十五也。"一说，指八岁以上。《穀梁传·昭公十九年》："羁贯成童，不就师傅，父之罪也。"晋·范宁注："成童，八岁以上。"

束发 一般指十五岁左右。古代男孩成童时将头发束成一髻，因用以代称成童。《大戴礼记·保傅》："束发而就大学，学大艺焉，履大节焉。"又称结发、结童。

及笄 指女子十五岁。《礼记·内则》谓女子"十有五年而笄"。郑玄注："女子许嫁，笄而字之；其未许嫁，二十则笄。"笄犹今之簪，盘发时用以插入固定，为女子成年之礼。又称笄年、加笄、初笄、弱笄、笄卯等。

破瓜 指女子十六岁。因瓜字可剖分为两个八字，故称。说见清·翟灏《通俗编·妇女·破瓜》。又称瓜字初分。

弱冠 指男子二十岁。《礼记·曲礼上》："男子二十冠而字。"郑玄注："成人矣，敬其名。"加冠为男子成人之礼。《释名·释长幼》："二十曰弱，言柔弱也。"又称冠年、加冠、初冠、弱龄、弱年、弱岁等。

花信 指女子二十四岁。花信，即"花信风"的简称，犹言花期。风应花期，其来有信，故称。江南自小寒至谷雨，共八气，计一百二十日，每五日为一番风候，凡二十四番。

而立 指三十岁。《论语·为政》朱熹注："有以自立。"又称而立岁、而立之年。

有室 指男子三十岁。《礼记·曲礼上》郑玄注："有室，有妻也。"古俗男子三十而娶，授以室，故称。男子三十岁亦称壮。《释名·释长幼》："三十曰壮，言丁壮也。"又称壮室。

不惑 指四十岁。《论语·为政》朱熹注："于事物之所当然，皆无所疑。"

强仕 指男子四十岁。《礼记·曲礼上》孔颖达疏："强有二义：一则四十不惑，是智虑强；二则气力强也。"《释名·释长幼》："四十曰强，言坚强也。"又称强、强仕之年。

知命 指五十岁。又称知命之年。

艾 指男子五十岁。"艾"有二义：《礼记·曲礼上》孔颖达疏："年至五十，气力已衰，发苍白，色如艾也。"谓苍白如艾。《释名·释长幼》："五十曰艾。艾，治也，治事能断割，芟刈无所疑也。"谓治事果断。又称艾服、艾服之年。

杖家 指五十岁。

知非 指五十岁。《淮南子·原道训》："蘧伯玉年五十，而知四十九年非。"又称知非之年。

艾耆 泛指五六十岁。又称耆艾。

艾老 泛指五十岁以上。《盐铁论·未通》："五十以上曰艾老，杖于家，不从力役。"

耳顺 指六十岁。《论语·为政》邢昺疏："六十而耳顺者，顺，不逆也，耳闻其言，则知其微旨而不逆也。"又称耳顺之年。

耆 指六十岁。《释名·释长幼》："六十曰耆。耆，指也，不从力役，指事使人也。"又称耆年、年耆。

杖乡 指六十岁。

花甲 指六十岁。花甲本指六十甲子,天干地支错综相配,故云花甲。又称花甲子、花甲周、周甲、花甲之年。

元命 指六十一岁。因重逢生年干支,故称。

耆老 泛指六七十岁。又称老耆。

耆耋 泛指六十岁以上的老人。又称耆眊、耆鲐、耆耇、耆寿、耋耆、眊耆等。

从心 指七十岁。《论语·为政》邢昺疏:"七十而从心所欲不逾矩者,矩,法也,言虽从心所欲而不逾越法度也。"

老 指七十岁。《礼记·曲礼上》孔颖达疏:"七十曰老而传者,六十至老境,而未全老,七十其老已至,故言老也。既年已老,则传徙家事付委子孙,不复指使也。"

杖国 指七十岁。

古稀 指七十岁。杜甫《曲江》诗:"酒债寻常行处有,人生七十古来稀。"后因称七十岁为古稀。又称古希、稀年、希年、古稀年、古希年。

杖朝 指八十岁。

耋 指八十岁。《释名·释长幼》:"八十曰耋。耋,铁也,皮肤变黑,色如铁也。"

耄 指八九十岁。《礼记·曲礼上》孔颖达疏:"八十九十曰耄,耄者,僻谬也。人或八十而耄,或九十而耄,故并言二时也。"又称耄耋、耄龄等。

黄发、鲵齿、鲐背、耇老、黄耇、胡耇、冻梨 一说泛指长寿老人。《尔雅·释诂》:"黄发、鲵齿、鲐背、耇老,寿也。"晋·郭璞注:"黄发,发落更生黄者;鲵齿,齿堕更生细者;鲐背,背皮如鲐鱼;耇犹耆也。皆寿考之通称。"一说指九十岁。《释名·释长幼》:"九十曰鲐背,背有鲐文也;或曰黄耇,鬓发变黄也,耇,垢也,皮色骊悴,恒如有垢者也;或曰胡耇,咽皮如鸡胡也;或曰冻梨,皮有班点,如冻梨色也;或曰鲵齿,大齿落尽,更生细者,如小儿齿也。"黄发或省称黄,鲵齿亦作兒齿,鲐背亦作台背、骀背,或省称鲐,耇老等或省称耇。其他用以泛指高龄的称谓尚有白首、皓首、埋年、桑榆、垂榆、垂年、垂暮、老寿、耄期等。

期颐 指百岁。《礼记·曲礼上》孔颖达疏:"百年曰期颐者,期,要也,颐,养也,人年百岁,不复知衣服饮食寒暖气味,故人子用心要求亲之意而尽养道也。"

医 官 制 度

医事职官,是我国古代职官制度的组成部分之一。从周秦到明清,医事职官制度经历了一个由简单到复杂、由不完备到比较完备的过程。学习一些医事职官方面的知识,不仅有助于培养阅读古代医籍的能力,而且对于了解中医药学发展的社会历史背景,也是很有意义的。

一、夏商周时期

我国国家的产生,开始于夏代。夏、商两代,大约一千年。其时国家规模很小,机构非常简单,还没有明确的职务分工。国家的君主称"后"或"王"。在王的周围,权力最大的官员称"史"或"巫"。巫是神权的体现者,主要的职司是奉祀天帝鬼神及为人祈福禳灾,并兼事占卜、星历、采药之术。这个历史阶段,确实存在着"巫医一体"的情况。据《山海经·海内西经》载:"开明东有巫彭、巫抵、巫阳、巫凡、巫相,夹窫窳(天神)之尸,皆操不死之药以距之(西晋·郭璞注:为距却死气,求更生)。"对此,近人袁珂注曰:"此诸巫无非'神'之臂佐,其职任为上下于天、宣达神旨人情,至于采药疗死,特其余技耳。"又如《逸周书·大聚》也说:"乡立巫医,具百药以备疾灾。"

到了周代,巫、医开始分家。据《周礼·天官》记载,东周时已设有医疗卫生机构,医生有了专业分工,并具有一套相应的管理措施。这是迄今所知最早的医事制度。

《周礼》规定:医师为众医之长,职司是:"掌医之政令,聚毒药以共医事";组织医疗活动,"凡邦之有疾病者、疕疡者造焉,则使医分而治之";实施考核制度,"岁终则稽其医事,以制其食:十全为上,十失一次之,十失二次之,十失三次之,十失四为下","死则计其数以进退之"。

关于人员的配备,规定为"医师:上士二人,下士四人,府(保管人员)二人,史(记录人员)二人,徒二十人。食医:中士二人。疾医:中士八人。疡医:下士八人。兽医:下士四人。"

医生的分工是:食医掌管周王一年四季的饮食,类似于营养医生;疾医掌管治疗万民的疾病,相当于内科医生;疡医掌管治疗肿疡、溃疡、金创、折伤等病,相当于外科和伤科医生;兽医掌管治疗兽病、兽伤,即今之兽医。

二、秦汉时期

秦王朝时,建立了中央集权的统一官制。据史籍记载,"秦有太医令、丞,主医药"(唐·杜佑《通典》)。令为主官,丞为佐官。太医令丞是中央行政机关九卿之一奉常(掌宗庙礼仪)的属官。《史记》除记有"太医令"(见《扁鹊仓公列传》)的官职外,又曾提到"侍医"(见《刺客列传》)的名称,相当于后世的御医。

汉代是我国医学发展史上的一个高峰时期。这时有关国家的医事职官制度,基本承袭秦制,并有所发展。据《汉书·百官公卿表》等所载,西汉时太医令丞有二:一属太常(秦置奉常,汉景帝时改称太常。掌宗庙礼仪,兼掌试选博士),一属少府(掌山海地泽收入和皇室手工业制造,为皇帝的私府)。其属于太常的,负责为百官治病,如后世之太医院;其属于少府的,职司为宫廷疗疾,如后世之内务府御药房。太医令的俸禄"秩千石",太医丞"三百石"。当时医官的编制很庞大,且名称也很多。如侍医为"天子之医",又称为医待诏,著名的有伍宏、李柱国等人。太医主要为百官服务,其主官又称太医监。值得一提的是,当时还设有"入宫侍皇后疾"的女医,又称女侍医、乳医。此外,还有医工长(皇宫主医者)、典领方药(主皇室方药者)、本草待诏(以方药本草而待诏者)等医官名。

到了东汉,有关医官的编制及职司的记载更为详尽。据《后汉书·百官志》称:当时设太医令一人,职掌医政,俸禄六百石;药丞、方丞各一人,药丞负责药政事宜,方丞职司方剂配制。其编员为"医二百九十三人","吏十九人"。此外,又设有尚药监(掌管宫廷药政)、中宫药长(掌管皇后服用之药)、尝药太官(试尝皇帝服用之药)之职,皆由宦者充任。

三、魏晋南北朝时期

魏晋基本承袭汉制,但也有许多变化。如晋于宗正府(皇室事务机关)下另置太医令史。渡江以后,东晋哀帝省并太常,把太医划归门下省(皇帝的侍从、顾问机构)。

南北诸朝,更替频繁,官制大体沿用魏晋之旧,但仍有不少改置。南朝宋于殿中省下设太医司马,授"铜印墨绶",给"朝服武冠"。南齐置"太医令一人,丞一人",属起部(主营造宗庙、宫室的临时设置),亦属领军(掌中央军队),并于太常下设六品保学医二人。北魏恢复西汉旧制,太医令又划归太常管辖,并于门下省下另设尚药局。南梁、北周等,在太医令下又置太医正的官职。南朝在门下省下置太医署,以侍中领之。

这一时期，医官的名目极为繁杂。太医、御医、高手医、金疮医、医寺、行病师、医工长、上省医、医师、侍御师、医正，均系皇家医官。司马药师、典药吏、尝药监、尝药典御、司医（掌方药卜筮）、尚药丞、司药丞、司药（掌医巫剂）、中尝药典御，均系掌管药政的职官。

此外，在《魏书·官氏志》中又有"太医博士，右从第六品下；太医助教，右从第八品中"的记载。这不但是新出现的掌管医药教育的官名，而且具体规定了所属的品位，可说是医事制度的一大发展。另据该书，当时又置仙人博士官，职掌煮炼长生不老诸药，也前所未闻。

四、隋唐时期

隋朝的建立，结束了南北朝的分裂局面。为了加强中央集权，巩固国家的统一，隋朝整顿和建立了一系列典章制度，对以后各王朝，都产生了深远的影响。

据《隋书·百官志》所载，文帝时由门下省（隋初为侍奉谏议机关，还掌皇帝衣食供奉等日常生活事务）统辖尚食、尚药等六局。尚食局设典御二人，直长四人，食医四人，专司大内膳食；尚药局设典御二人，侍御医、直长各四人，医师四十人，总知御药房事。太常寺则辖太医等六署，太医署统领医之政令，设令二人，丞一人，下置主药二人，医师二百人，药园师二人，医博士二人，助教二人，按摩博士二人，祝禁博士二人。炀帝时，将尚食、尚药等六局改隶殿内省（专掌皇帝饮食、医疗、服装、车马等事），设有正五品官阶的奉御二人，正七品的直长为其副手，其中尚食直长六人，尚药直长四人，并立食医员、侍御医、司医、医佐员等职官；太医署又置医监五人，医正十人等。东宫太子古称皇储，其府下官制拟中央官制，门下坊拟门下省，统领典膳、药藏等六局，置监、丞各二人，药藏又有侍医四人。由此可知，隋代的医药行政管理机构规模之宏大，体制之齐整，实为前代所无。

唐代医事职官制度基本沿袭隋制，但有新的发展。其中最重要的是完善了太医署的制度，形成了层次分明的医政管理、医疗组织、医学教育、药物培制等体制，各自职司明确，人员配备具体，其合理与严密胜于隋代，其影响所及，远至朝鲜、日本。

据《旧唐书·职官志》、《新唐书·百官志》所载，在医政管理方面，殿中省所辖尚食、尚药两局专司宫廷内的医疗保健事宜；太常寺所属的太医署则主管全国的医疗、教学等方面的组织管理。

尚药局设奉御（正五品下）二人，"掌合和御药及诊候方脉之事"，直长（正七品上）四人为辅佐，侍御医（从六品上）四人"掌诊候调和"，下有司医（正八品下）四人，医佐（正九品下）八人，"掌分疗众疾"。另有主药十二人，药童三十人，按摩师四人，咒禁师四人，合口脂匠四人，掌固四人。此外还有专职文书笔录的书吏四人。为了保证皇帝的安全，对诸医处方的合剂，规定了"供御"的制度，即药成之后，医佐以上先尝之，并疏署本方岁月日及奏饵日，然后奉御、殿中监、皇太子依次品尝，确无疑议方可进御服饵，防范之严可见一斑。

尚食局置奉御（正五品下）二人，"掌谨其储供，辨名数"，直长（正七品上）五人，"若进御，必辨其时禁"，"当进，必先尝"，食医（正九品下）八人，"掌率主食王膳，以供其职"。

太医署类似于现在的卫生部，其行政长官为太医令（从七品下）二人，佐官为太医丞二人，医监四人（并从八品下），医正（从九品下）八人等。他们负责"掌医疗之法"，主司医疗、教学、药政以及医生考核晋级等管理工作。其下属分科有五，即医师、针师、按摩师、咒禁师、药园师，各尽其职。办事员则有府二人，吏四人，以及主药、药童等若干名。

医师、医工、医生的称谓（针灸、按摩等仿此），大致体现其医技的优劣高下，犹如现在的医疗卫生职称系列。其考试登用，"如国子之法"，凡疗人疾病，"以其全多少而书之以为考课"，准考合格则累计改迁。同时，太医署还设置医博士、针博士等及助教若干名，以医术及针术等教授诸生，并建立了分段考试制度，这些措施都有力地推动了唐代医学的发展。

五、宋辽金元时期

有宋一代，专制主义中央集权达到前所未有的程度，同时又产生了官称和实职相分离的特点。

据《宋史·职官志》载，熙宁九年(公元1076年)于太常寺下置太医局，成为医学行政和医学教育的最高管理机构。局内设提举一人，判局二人。提举为主官，任副职的判局则"选知医事者为之"。太医局规模宏大，"有丞，有教授，有九科医生额三百人"。

《文献通考》载：宋代翰林院下设翰林医官院，全权负责皇室医疗保健事宜。"翰林医官"名称的由来，盖自唐始。唐代翰林院设在帝王起居的禁中，"应供奉之人，自学士以下，工技群官司隶籍其间者，皆称翰林"(《梦溪笔谈》卷一)，医工亦在其列，故有此称。翰林医官院置使、副使各二人，并领院事，下设尚药奉御、直院、医官、医学等职。凡被差选为帝王诊脉、内宿祗应者，称为"翰林紫金医官"。宋代的皇家医药机构还有御药院，官无常员，通常以入内供奉官三人充任，或参用士人。其职以"按验秘方，和剂药品"(《续资治通鉴长编》)，专供皇帝和宫内使用。崇宁二年(公元1103年)并入殿中省。据《宋史·职官志》载，殿中省掌管天子膳食、医药等事务，下辖六局，其中尚药局"掌和剂诊候之事"，设典御、奉御、监门、直长、食医、侍御、医司、医佐、医师等职。

宋代医官名称和官品的规定较前朝仔细。宋徽宗政和初(公元1111年)之前，医官比同武阶，其后才改文职。政和前，医官分十四阶，即和安、成和、成安、成全大夫，保和、保安大夫，翰林良医，和安、成和、成安、成全郎，保和、保安郎，翰林医正。政和后，增翰林医官、翰林医效、翰林医痊、翰林医愈、翰林医证、翰林医诊、翰林医候、翰林医学，共二十二阶。据《宋史·职官志》、《文献通考·职官考》载，这些医官的品位是：和安、成和、成安大夫为从六品；成全、平和(乃"保和"所改)、保安大夫及翰林良医为正七品；和安至保安郎、翰林医官、判太医局令、翰林医效、医痊为从七品；主管太医局、翰林医愈、医证、医诊、医候为从八品；太医局丞为正九品；翰林医学为从九品。另据有关文献著录，宋代县级机构设有医学教授、学正、学录各一名及惠民局官医提领一名等医职。

辽代官制的特点是建立了一套双轨制的统治机构，即所谓北面官和南面官。北面官为辽自立官制，主要是管理契丹和其他游牧民族的事务；南面官仿唐、宋官制，主要是管理汉人等的事务。

据《辽史·百官志》等所载，辽代设有太医局、汤药局，各置局使、副使及都林牙使、汤药小底等职。都林牙使、汤药小底均为辽官称号。此外，为适应契丹及其他北方少数民族习于骑战、射猎、放牧的特点，另设医兽局。另据《辽史·天祚皇帝纪》载，翰林院设翰林医官。保大二年(公元1122年)有翰林医官十余人"曾与大计，并赐进士及第，授官有差"。

金代官制缺乏系统性，往往随事置官，故机构增多，员额庞杂。在医事制度上，既有沿袭宋制的一面，又有女真族相应的特点。

据《金史·百官志》记载，金代设有太医院、御药院、尚药局、惠民局。太医院是宋代皇家医疗机构翰林医官院的改称，其后为元明清各代所沿用。太医院的人事设置是，"提点正五品，使从五品，副使从六品，判官从八品"，职责为"掌诸医药，总判院事"。其下又有"管勾，从九品,随科至十人设一员,以术精者充",如果不足十人,则与其他科合并至十人再置。此外还设有正奉上太医、副奉上太医、长行太医等职,分十科,额五十人。太医官的品位自从四品到从九品,立有二十五阶,即:保宜、保康、保平大夫、保颐、保安、保和大夫、保善、保嘉、保顺大夫、保合、保冲大夫、保愈、保全郎、成正、成安郎、成顺、成和郎、成愈、成全郎、医全、医正郎、医效、医候郎、医痊、医愈郎。在行政隶属上,太医院归总领宫内各司的宣徽院领导。御药院的人事设置为"提点从五品,直长正八品",皆以亲信内侍人员充任,职责是"掌进御汤药"。尚药局则设"提点正五品,使从五品,副使从六品",职责是"掌进汤药茶果"。惠民司是负责药物专卖的机构,仿宋代惠民局而设置,在金代则隶属礼部。

　　元代官制基本沿袭宋、金制度,建立了一套比较完整的官僚机构。在医事方面,机构门类也相当繁多。

　　根据《元史·百官志》所载,太医院"掌医事,制奉御药物,领各属医职"。其间一度改称尚医监,不久恢复原名。职官名称屡有更改,至治二年(公元1322年)定置正二品院使十二员,正三品同知二员,从三品佥院二员,正四品同佥二员,正五品院判二员,从七品经历二员,从七品都事二员,正八品照磨兼承发架阁库一员,令史八人,译史二人,知印二人,通事二人,宣使七人。元代太医院也系宣徽院所辖。太医院使品位甚高,有礼部尚书提点太医院使的,也有太医院使拜翰林学士的。

　　元代药政机构名目很多。如广惠司,秩正三品,掌修制御用回回药物,置司卿、少卿、司丞、经历、知事、照磨等职。回回药物院,秩从五品,掌回回药事,置达鲁花赤(蒙语,即掌印官)、大使、副使等职。御药院,秩从五品,掌授各路乡贡诸蕃进献珍贵药品、修造汤煎,置达鲁花赤、大使、副使、直长、都监等职。御药局,秩从五品,掌两都(即大都与上都)药仓之事,置达鲁花赤、局使、副使等职。行御药局,秩从五品,掌行箧药饵,置达鲁花赤、大使、副使等职。御香局,秩从五品,掌修合御用诸香,置提点、司令等职。此外还有典药局和行典药局,专掌东宫的药饵。

　　据《元史·食货志》、《元史·百官志》载,元代在大都(北京)与上都(内蒙开平)均设惠民药局,各路则分设其局,掌售卖药剂,"择良医主之,以疗贫民"。另设广济提举司,"掌修合药饵,以济贫民"。元代统治者一方面向贫乏病疾之人惠施药物,以安抚人心,另一方面为了防止"假医为名,规图财利",又明令禁止乱行针药,禁售巴豆、砒霜之类毒药及各种堕胎药物等,违者概处以重罪。

　　为了提高医疗水平,元代还设有医学提举司,秩从五品,置提举、副提举等职,掌考校诸路(犹如现在各省)医生课义、查验太医教官、校勘医书、培训太医子弟及辨验药材。此外,还设有官医提举司,秩从五品,置提举、同提举、副提举等职,专管医户差役、词讼。

　　元代太医散官品级自从三品至从八品,即保宜、保康、保安、保和、保顺、保冲大夫,保全、成安、成和、成全、医正、医效、医候、医痊、医愈郎,共十五阶。

六、明清时期

　　明朝初年的中央官制,仍沿袭汉唐旧制,后来经过时间的演变,逐步定出自己的一套新制度。其医事设置,多直接沿用前朝的典章制度,但在职官配置及机构职能方面也有一些差别。

　　明初医官设置屡有更易。《明史·职官志》载,太祖初设医学提举司,置提举(从五品)、同提举(从六品)、副提举(从七品)、医学教授(正九品)、学正、官医、提领(皆从九品)等职。不久,改为太医监,设少监(正四品)、监丞(正六品)等职。其后,又改为太医院,设院使(正三品)、同知(正四品)、院判(正五品)、典簿(正七品)等职。洪武三年(公元1370年)置惠民药局,设大使、副使等职,同时又在地方上开设惠民药局,府置提领,州县设官医,"凡军民之贫病者给之医药"。洪武六年,在内府设御药局,置尚药、奉御、直长、药童等职,俱以内官、内使充任,属"宦官二十四衙门"统领,另设御医,以太医院医士充任。洪武十四年,改太医院为正五品,设令、丞、吏目等职,属官御医,一如文职授散官。洪武二十二年,复改令为院使(正五品)、丞为院判(正六品),其属有御医(正八品)、吏目(从九品)等,至此定为常制。

太医院是"掌医疗之法"的医政管理机构,其首要职责是为皇帝及王公大臣们诊治疾病。如果皇帝有疾,太医院院使、院判、御医等均需承诏"参看校同"(犹如今之会诊),随后会同内臣在御药房选药配方,并将药性、证治之法写明后上奏,药剂则连名签字后封缄,送御药房煎制。诸王府则设有良医所,置良医正(正八品)、良医副(从八品)各一人,掌王府医事。若王府请医,太医院就奉旨遣医前往诊治。文武大臣及外国君长有疾,太医院也须奉旨往视。其治疗结果,皆具本覆奏,丝毫马虎不得。全国各府、州、县都分设惠民药局,凡边关要塞及居民聚集之处,也都由太医院派遣医生、医士或医官,负责治疗。

值得一提的是,明代皇家药政机构的规章制度较之前朝远为详尽严密。洪武六年(公元1373年)于内府设置御药房,设提督太监正副二员,分两班轮值供事,与近侍医官"职掌御用药饵"。嘉靖十五年(公元1536年)改御药房为圣济殿,另辟御药库掌贮存药材。同时为了充实大内的医疗力量,又诏御医至圣济殿与值班太监一起轮值供事。为了加强对药物置办与使用的管理,明神宗于万历三年(公元1575年)准奏"造圣济殿御药关防一颗",由提督太监收管。凡领取药物,皆须盖印并登记在册。岁终则一一盘点,造册送部查核。至于"四方解纳药品",则由太医院下属生药库主司其事,并由"礼部委官一员稽察之"。为防止府库管理人员借此皇差勒索贪污,明穆宗"题准管库官员每年更换一次"。类似制度及措施,为以往历代所少有。

为了保证皇帝的绝对安全,明代又制订了"诊视御脉"的程序制度。《明史·职官志》载,太医院同御药房"相为表里",即业务上由太医院指导,如辨明药物产地、质量优劣、使用宜忌之类工作,皆系太医之职,药物的出入、收贮、御用药物的烹调,及登录于历簿等工作,则由御药房着内臣专职其事。若遇诊视御脉,御医会诊之后应诏处方,太医院院使等医官会同御药房提督太监等一起入内选药,整个煎煮和剂的过程须在双方的监视下进行。煎药时"每二剂合为一,候熟,分二器,一御医、内臣先尝,一进御"。随后由主掌历簿的御药房太监细载进药之年、月、日及缘由,用内印钤记,以凭考察。由此可见其制度之严。

清代的国家行政机关,是中国专制主义封建政权发展的极峰。其太医院制度,历经各代的不断改进,也可以说是比较完备的了。

据《清史稿·职官志》载,太医院的人事编制是:由管理院事王大臣(一度为内府大臣)统领院务,置院使一人,左右院判各一人,其属下有御医十三人,吏目二十六人,医士二十人,医生三十人。其品级,自院使至吏目,初制正五品至九品;宣统元年(公元1909年)各升一品,即正四品至八品。医士则给从九品冠带。其职责,院使、院判"掌考九科之法,帅属供医事",御医、吏目、医士则"各专一科"。所谓九科,即大方脉科、小方脉科、伤寒科、妇人科、疮疡科、针灸科、眼科、咽喉科、正骨科。初设十一科,后痘疹科归小方脉,咽喉、口齿并为一科。太医院下设西苑寿药房,以供内廷之需。另在内务府设御药房,初以总管首领太监管理,康熙三十年(公元1691年)始隶内务府。置主事、内管领、副内管领、库掌等职,"掌合丸散"。

清代太医院的主要特点,首先是加强了御医值班制度。太医院"掌分班侍直,给事宫中曰宫直,给事外廷曰六直,西苑寿药房以本院官二人直宿"。如康熙四十七年(公元1708年)太医院计有御医吏目等一百零五名。而每日各处该班当值的则需一百十一名,因此特添二十名。可见当时御医值班制度是相当严格的。其次是等级和升补制度十分严格。自院使以下,如有退休或另有叙用,其缺额须依次升补,不能逾位。对于初进顶补的医生,除查考其品行、医理之外,还须凭太医院官士的保结,方准入院。第三,规定了相应的奖励办法。太医院事务繁忙,医官生活相对清苦,故规定御医随皇上外出巡幸时,除了配给车夫车辆马匹帐篷外,还根据官阶级别发给盘费二到三钱,以资改善。凡诸王府、公主、文武大臣及外藩请医诊视,奉旨医官也可获得奖励。第四,对太医院诸医官的服色和俸禄,也有严格的品级规定。如御医,初制正八品,雍正七年(公元1729年)升七品,给六品冠带,而薪俸照"原品给俸"。

清末,医官名目引进了新职务,如民政部置六、七品医官各一人,隶卫生司,掌检医防疫,建置病院。陆军部和海军部各置军医司,设司长一人;置军医科二,曰卫生,曰医务,设科长一人,一、二、三等科员若干,掌防疫治疗及军医升职教育。法部(后改刑部)置监医正、医副各一人;禁卫军设有军医科,置监督一人,科员若干,并设副军医官、军医长等职;军制设总军医官,镇制设正军医官,皆各领所属医事。

医 学 教 育

从古至今,我国的医学教育大致可以分为两种形式:一种是师徒授受的传习形式,另一种是医学校的教学形式。

在医学发展的早期,师徒授受是医学教育的主要方式。最初是家族世袭,即父以授子,世代传习。如《内经》中鬼臾区自报家门业医已十余世之类的记载,可作佐证。随着社会的进步,从家族内部遴选后代以承继技业的做法,已不能适应医学发展的需要,因为承袭衣钵者的德行和悟性成为必须考虑的首要条件。于是,家族世袭制被逐步打破,医道授受日益具有社会性。扁鹊得遇长桑君,仓公受知公乘阳庆,华佗授业于吴普、樊阿诸人等,便是师以传弟的典型例子。这种师徒授受的方式,在授业之前往往有一个较长时间的考察过程,包括弟子的德行、志向、悟性、毅力等等。所以,《素问·金匮真言论》记有"非其人勿教,非其真勿授"的戒律,《灵枢·官能》则有"得其人乃传,非其人勿言"的载录。所谓"其人",就是指适当之人。正因为如此,名师出高徒是中医教育史上屡见不鲜的现象,"青出于蓝而胜于蓝"的医林佳话也频频流传至今。

随着社会的进一步发展和医事制度的逐步完善,医学教育的师带徒方式,已经很难完全适应需要,尤其是难以适应宫廷的医药保健体制的要求。因此官办医学教育机构的产生和考试选拔等规章制度的制订,就成了必然趋势。据史书记载,官办医学校的源起,当属南北朝的刘宋王朝,文帝元嘉二十年(公元443年)设置的"医学",是我国最早的培养医药人才的学校。北魏时又设置了"太医博士"、"太医助教"等官职以教育弟子,但不久俱废,至隋朝复置。而设置正规学校进行系统的医学教育,则始于唐代。其后宋、元、明、清各代的医学教育大抵都是在此基础上加以改进和完善的。

一、唐代的医学教育

据新旧《唐书》及《唐六典》等历史文献记载,当时,作为国家最高医药机构的太医署,不仅主管全国的医药行政工作,并且主司医学教育等职责。太医署据专业下设四科一园,师生有二百七十余人,有统一的教材和相应的考试制度,是一所正规的国家医学院。其地位相当于当时国家最高学府"国子监"。现具体介绍如下:

（一）医科　有医博士和助教各一人,负责教授诸生；另有医师二十人、医工一百人协同工作。医学生每届四十人,主要课程有《本草》、《甲乙经》、《脉经》等（可能因为《甲乙经》的内容已概括了《黄帝内经》,为避免重复,所以只学《甲乙经》）。

（二）针科　有针博士及助教各一人,负责掌教诸生；另有针师十人、针工二十人协同工作。针学生每届二十人,主要课程有"经脉"及"孔穴",要求能够辨识"浮、沉、涩、滑之候，又以九针为补泻之法"。

（三）按摩科　有按摩博士一人负责教授,另有按摩师四人、按摩工十六人协同工作。按摩学生每届十五人,除了学习"消息导引之法",还要学习为"损伤"者"除疾"、为"折跌"者正骨复筋等医疗技术,相当于现在的伤骨科和推拿科。

（四）咒禁科　有咒禁博士一人掌教,另有咒禁师二人、咒禁工八人协同工作。咒禁学生每届十人,学习的课目是"以咒禁除邪魅之为厉者"。这是上古时代"祝由"治病的遗风,带有明显的迷信色彩,但也不能排斥其中夹杂着属于医学心理学范畴的合理部分。

（五）药园　唐代在京都长安置有三顷良田的药园，设药园师二人负责教学和管理工作。药园学生每届八人。平民子弟凡年满十六岁的,可以入学。设置药园之举,本意为宫廷用药提供便利,但在客观上却从实践中发展了药物栽培、药材识别、药物炮制等方面的理论,培养了一批精于此道的药园师,成为中国、也是世界上最早的药学教育和药物研究中心。

唐代太医署医学教育的课程安排和专业设置是相当先进和完备的。以医科为例，医学生入学后,经过基本理论课程的学习,便分专业进行专门技能的训练。据《唐六典》载,"诸生既读诸经,乃分业教习。率二十人,以十一人学体疗,三人学疮肿,三人学少小，二人学耳目口齿,一人学角法。体疗者七年成,少小及疮肿五年,耳目口齿之疾并角法二年成"。"体疗"相当于内科及妇科。"疮肿"即外科,"少小"为儿科,"耳目口齿"属五官科，"角法"类似于拔火罐之类的特殊疗法。从上述引文可以看出,其专业设置、生员人数及学习年限，都根据临床需要和学习的难易程度考虑,充分体现了教学计划的严谨和合理。

唐代太医署的考试制度同样很严格。医学生的入学考试录取方法,一如"国子监"（见《新唐书·百官志》）。入学后随教学进程考试,平时由各科博士月考一次,太医令则负责季考一次,太医署的上级主管部门太常寺则组织年终总考。根据考试的成绩,决定学员的升迁和降黜:"若业术过于见任官者,即听补替；其在学九年无成者,退从本色。"（见《唐六典》卷十四）同时,这一考核制度也适用于教学辅导人员,"凡医师、医工、医正疗人疾病，以其全多少而书之以为考课"（见《旧唐书·百官志》）。这种严格的考试制度,有利于调动师生的积极性,提高教学质量。其优胜劣汰的结果,可以保证国家最高学府保持医疗与教学始终领先的地位。

唐太宗贞观三年(公元629年),下令各府州也分设"医学",置有规模不等的医科教学机构。这样,从中央到地方形成了一个完整的医学教育体系。各地医学校情况如下:

1. 在京兆(首都及其周围直辖地区)及河南(指洛阳)、太原等府,各有医学生二十人,设医学博士和助教各一人负责教学(下同,但下州因学生人数少,均不设助教)。

2. 凡大都督府、中都督府所在地，各有医学生十五人；下都督府所在地，有医学生十二人。

3. 凡各州中的上州有医学生十五人,中州有医学生十二人,下州有医学生十人。

各地的医学博士,除负责教授学生之外,还要兼管当地的医疗工作。唐玄宗开元二十七年(公元739年)曾下令各府、州的医学生要到所在地区进行"巡疗"。

当时,担任教学工作的各科博士及助教,地位都比较高。如太医署的首长太医令是从七品下,副职太医丞是从八品下,而医博士是正八品上,助教则为从九品上。这对鼓励教学,促进医学教育的发展,起了积极的推动作用。

唐代科学教育体制的确立,是其政治、经济、文化高度发达和科举制度日益完备的产物。它在世界医学史上也具领先地位,比西方最早的医科学校——意大利的萨勒诺医学校至少要早二百多年,影响远及朝鲜、日本等国,在中外医学交流史上留下了光辉的一页。

二、宋元时期的医学教育

宋代对医学事业和医学教育可谓特别重视。建朝初期,宋太祖开宝四年(公元971年)即颁布《访医术优长者诏》,访求天下擅长医术者。太宗太平兴国六年(公元981年),又颁《访求医书诏》,凡进献医书者都给予奖励。仁宗嘉祐二年(公元1057年)诏令设置"校正医书局",大量搜集、整理并校正宋以前古医籍,并予以刊行。这对普及医学知识,促进中医学术的发展起了不可估量的作用。

据《宋史·选举志》载,宋神宗时太医局设方脉科、针科和疡科,以教授生徒,每年春季招考,"合格者三百人为额"。其学习内容,方脉科(内科和儿科)以《素问》、《难经》、《脉经》为大经,以《诸病源候论》、《龙树论》、《千金翼方》为小经;针科和疡科则去掉《脉经》,代以《甲乙经》,其余皆同。又据《宋史·职官志》载:"太医局有丞,有教授,有九科医生,额三百人。岁终则会其全失,而定其赏罚。"关于九科的具体名目和学生分配数额,《元丰备对》作了详尽的补充:"太医局九科学生额三百人:大方脉一百二十人,风科八十人,小方脉二十人,眼科二十人,疮肿兼折疡二十人,产科十人,口齿兼咽喉科十人,针兼灸科十人,金镞兼书禁科十人。"其中大方脉为内科,小方脉为儿科。特别值得注意的是把中风一类疾患也列为专科,并且学生达八十人之多,足见其重视程度。

宋徽宗崇宁年间,将原隶太常寺的太医局改属国子监,"置博士、正录各四员,分科教导,纠行规矩",同时采用王安石所制订的"三舍法",进行分级教学。初入学时称"外舍",经过学习和考试合格,可升入"内舍"继续学习;再经考试合格,可升入"上舍"。在学习阶段,还要参加临诊,给在京的各类太学生和驻军将士治病。年终要评定成绩,列入前三等的有奖励,"上等月给钱十五千,毋过二十人;中等十千,毋过三十人;下等五千,毋过五十人"。如果发现学生私受病者财物的,要按照强取硬索论罪。

宋代的医学考试制度同样受到重视,要求也很严格。据《宋史·选举志》载,北宋时每年春季举行一次国家级的医学考试。全部考试须历经三场:第一场考"三经大义"(即《素问》、《难经》及《经脉》或《甲乙经》的主要内容),有五道题目。第二场方脉科考脉证及五运六气大义,各两道题目;针科与疡科考《病源》、《龙树论》和《千金翼方》等所谓小经的大义三题,以及五运六气大义两题。第三场考"假令治病法"(类似模拟试诊与病案分析)三题。关于试题类型,据《四库全书·子部·医家类》所收《太医局程文》载,计分六类:一,墨义,"试以记问之博";二,脉义,"试以察脉之精";三,大义,"试以天地之奥与脏腑之源";四,论方,"试以古人制方佐辅之法";五,假令,"试以证候方治之宜";六,运气,"试以一岁阴阳客主与人身感受之理"。从考试科目及试题来看,要求相当全面,既有基础理论,又有专业知识,还要检验理论和临床实践的结合能力。三场考试合格后,成绩高等者可担任尚药局医师以下官职,其余则根据成绩,分别到太医局或地方各州的医学任博士或教授之职。

元代的医学教育及考试制度仍沿宋制。但在分科方面,由九科而扩大到十三科,即大方脉、杂医科、小方脉、风科、产科、眼科、口齿科、咽喉科、正骨科、金疮肿科、针灸科、祝由科、禁科。为了提高医疗质量,防止庸医害人,世祖至元九年(公元1272年)诏置医学提举司,以负责掌管各路(大致相当于今天的省)诸如医生资格考试、在职医官考核、医务人员培训等工作。医生每三年考试一次,试期在农历八月,中选者至来年春二月再赴大都省试。考试内容主要是《素问》、《难经》、《本草》、《千金方》、《圣济总录》等。凡考试合格者可录用为医官。至仁宗延祐三年(公元1316年),又规定医生在十三科内不能精通一科者不得行医;太医院不严格考试,而徇私妄举,随朝太医及内外郡县医官,或内外郡县医学不依法考试,而放纵行医者,一律交监察御史廉访司处置。

元代对医学校的教育也比较重视。世祖中统二年(公元1261年)遣太医院副使"授以金牌往诸路设立医学",随后,各州县也相继设立了医学。为了鼓励认真学习,生员可免本身检医差占等杂役;等到他们学有所成,再视其优劣,量加奖惩。至成宗大德九年(公元1305年)又规定医学十三科并为十科,即:大方脉杂医科、小方脉科、产科兼妇人杂病科、口齿兼咽喉科、风科、正骨兼金镞科、眼科、疮肿科、针灸科、祝由书禁科。生员要根据自己所修的课目每月进行严格的考试,年终则考校优劣,送太医院备案。另据《新元史·选举志》载,延祐三年(公元1316年)定出试验医人条件,依旧例三年一次,设立科举制。贡试乡试不限员数,各科通取一百人,会试取中三十人。考试减为两场:第一场考本经义一道,治法一道;第二场考本经义一道,药性一道。试中三十人内,"一甲充太医,二甲副于举,三甲教授"。

三、明清时期的医学教育

明代的医学教育体制比较完备。太医院医生主要从各世业医生中考选。洪武二十六年(公元1393年)诏令礼部必须登记医药人员,以凭取用。隆庆五年(公元1571年)更规定:必须嫡派子孙才能告补医丁送太医院学习,经过三年通候类考,中试后方准补役。如果嫡派无人或不堪补用时,可酌准亲枝弟、侄子等一人参加学习考补。所以世业子弟——医丁,是太医院学生的主要来源。其次则是来自各地的医官医士,其性质有点类似于今天的进修。凡全国各府、州、县举到医士堪任医官的,都由礼部送太医院考试,中试的送吏部选用,不中的发回原籍为民。如果医术精通的,由太医院奏进圣济殿供事。

太医院有专科教学的规定,凡医术分为十三科,即大方脉、小方脉、妇人、疮疡、针灸、眼科、口齿、接骨、伤寒、咽喉、金镞、按摩、祝由科。其特点是将伤寒科独立,说明此时对流行病的治疗经验已比较丰富。凡属医家子弟,有教师二至三人担任教习,医官、医士则各自选定专科学习。当时规定学习的教科书为《素问》、《难经》、《脉经》和有关各科重要方书,医生必须熟读详解,考试时即在以上经典医书中出题,令他们笔写默答。

明代的医生考核制度是相当严格的。医生每年分四季考试,三年大考一次,学习的医丁子弟,和太医院的医生、医士一起参加大考,由堂上官一员会同医官二员主持考试。如果通晓学习的专科,经过考试合格的人,一等为医士,二等为医生,不及格的还可学习一年再行补考,三次考试不及格的黜免为民。如果五年考试均属优秀的,由教师奏请,酌量升授。更高医职的升迁,则依据医疗实绩及参考行医资历来决定。如穆宗隆庆五年规定,凡医士、吏目的升补,除确有真才实学、成绩突出外,又要具备"内殿三年、外差六年"的行医资历,才能送往礼部,核实考试。合格者,"医士准补吏目,吏目准升御医"。如果"医业平常及无劳绩可据"者,则不准升补。这一规定到了神宗万历五年(公元1577年)时,将升补资历的认可,又延长为"内殿六年,外差九年"了。由此可见,医工升迁在明代确属不易。至于在太医院任职的医官、医师,每到年终,皆由该院"会察其功过而殿最之,以凭黜(降)陟(升)"。

明代对于地方医学教育也比较重视。太祖洪武十七年(公元1384年)规定府、州、县均设立医学,兼管地方医药行政和医学教育。府设正科一人,州设典科一人,县设训科一人,都为低级官吏。新设的州县,在建立地方政权的同时,除设立儒学与阴阳学之外,还一定设立医学。

清代的医学教育大体上继承宋、明以来的制度,在分科及机构设置方面则有所突破。在医学分科中,清初痘疹特设专科,说明当时在防疫医学方面已有一定的发展。满清入关时,曾命令京城中凡患痘者一律移出城外,另辟小村庄集中居住,在宫廷中成立避痘所,并规定未出过痘的王公大臣不许入朝,由此可见重视的程度。清代的医学分科,去掉了以前的祝由、禁咒等科,无疑是科学和进步的。但在宣宗道光二年(公元1822年)上谕"针刺火灸非所以奉君之道",认为针灸时坦胸露腹有碍观瞻,敕令太医院永远停止针灸一科。由于这种荒谬的决定,清代在针灸方面发展缓慢,著述也较少。

清代太医院的学生来源主要是由医官子弟保送,汉族由六品以上同乡官作保证人,旗人则由该管佐领保证。经过有关上司的考查,那些品行端谨、略懂医理、并会讲京语的人,又须面试合格,才准予到太医院入学,名为医生。然后按照各人选择的专业分科学习。学习的功课主要是《素问》、《难经》、《伤寒》、《金匮》和《本草》等经典著作,以及各有关专科的书籍。高宗乾隆七年(公元1742年)吴谦等编纂成《医宗金鉴》,于十四年(公元1749年)刊行,即作为医学教科书,一直到清末沿用了一百六十多年。学生学习三年期满,经礼部考试录取的称医士,未录取的仍照常肄业,等待下次再考。

太医院的教学机构有"内教习"和"外教习"之分。所谓内教习,就是在御医、吏目中选择学识渊博者两人,令居东药房,专门教授御药房的太监学医。所谓外教习,也从御医、吏目中选择两人,常驻太医院所设教习所,教授进院习医的医官子弟,并批阅未授职衔医士的月课。

清代的医学考试制度还是比较严格的。如据《大清会典·太医院》载,同治年间,每届寅、申年,太医院院使、院判会同礼部堂官,除御医毋庸考试外,其余吏目以下各员生一律参加会考。平时专精哪一科,须预先声明,在试卷上盖以戳记。试卷由收掌官批阅,交教习评定等第,由太医院堂官封送礼部复查后,至太医院拆封,最后交吏部注册。遇有应升的官缺,通知吏部查核,由太医院奏明升补。凡考试成绩列在一、二等的,如果没有过犯,可按名次递补;列入三等的照旧供职,暂停升补;四等的罚停会考一次;不入等的革职,留太医院效力,仍在教习所学习,下届考试还准予参加。

清代地方也设有医学,府为正科,州为典科,县为训科,三者都由医士担任。各府、州、县对学医的人士,令地方访明,发现有精通医理的,应呈报上级,发给路费到太医院参加考试,成绩上等的授以吏目、医士等职。各省巡抚也应查察所属医生,加以考试。如具有《内经》、《伤寒论》、《本草纲目》三书的学识,可指名题请,授为医学官教授;如果品行"勤慎端方",则贡入太医院授为御医。

清代自鸦片战争以后,国势衰微,医学教育逐渐废弛。光绪三十二年(公元1906年)成立京师专门医学堂,分设中西医两门课程,为西洋医学进入教育系统之始。如今国内两种医疗体系,由此奠定基础。

中医名物命名

在中医药学中,许多事物的名称都蕴含着古代传统文化的信息,展示着古人依据传统文化并结合医药专业知识命名事物的思维方法及规律。研究、阐释事物命名的起源、方法、涵义,古人称之为"名物训诂"。对中医药事物的命名,古代医家已作了不少研究。今择要归纳如次。

一、中药命名

中药种类数以千计。为了便于辨识和运用,古人往往从其形态、色泽、气味、特性、功用等角度予以命名。

(一) 据形色气味

例如牛膝,陶弘景《本草经集注》云:"其茎有节,似牛膝,故以为名也。"贯众,李时珍云:"此草茎叶如凤尾,其根一本,而众枝贯之,故草名凤尾,根名贯众。"狗脊,《新修本草》云:"根长多歧,状如狗脊。"因其根皮上有一层金黄色柔毛,故又称"金毛狗脊"。漏卢,李时珍云:"屋之西北黑处谓之漏,凡物黑色谓之卢。此草秋后即黑,异于众草,故有漏卢之称。"这是据形、色命名。

再如木香,原名蜜香,李时珍云:"因其香气如蜜也。"豨莶,李时珍云:"楚人呼猪为豨,呼草气味辛毒为莶。此草气臭如猪而味莶螫,故谓之豨莶。"五味子,《新修本草》云:"皮肉甘酸,核中辛苦,都有咸味,此则五味具也。"这是据气、味命名。

草药"金牛胆",色金黄,形似牛胆,味甚苦,此乃兼形、色、味三者命名。

(二) 冠方域产地

例如高良姜,陶弘景曰:"此姜始出高良郡,故得此名。"李时珍云:"按高良即今高州也,汉为高凉县。……则高良当作高凉也。"代赭石,《名医别录》曰:"出代郡者,名代赭。"李时珍云:"赭,赤石也。代,即雁门也。"巴豆,"生巴郡川谷"(《名医别录》),秦椒,"生大山川谷及秦岭上"(《千金翼方》卷三《本草中》)。他如党参出山西上党,象贝出浙江象山。常用药川芎、川楝子、广木香、云茯苓、怀山药等,无不加上产地的印记。

有的药物以生长的地理环境命名。如生于水的水苏、水蛭、水浮萍,产自海的海藻、海马、海螵蛸。石韦、石斛、石菖蒲,示长于石;地栗、地榆、地肤子,明出于地。

古代中外文化交流频繁,传入中国的外域药物,不少都冠以外域的标记。从西北域丝绸之路传来的多冠以"胡",如胡麻、胡豆、胡荽、胡芦巴;自南域进入的多冠以"番",如番椒、番茄、番木鳖、番泻叶。由"番舶"(外国来华贸易的商船)从海路引进的往往在药名前加"海"和"舶",如海棠、海桐皮、海风藤、舶硫磺、舶乳香。更有一些药物直接标明国度。如石榴,是"安石榴"的省称。晋·张华《博物志》云:"张骞使西域,得安石国榴以归,故名安石榴。"安石,是古波斯的属国,又作安息。如开窍良药安息香,亦从彼国传来。又如番红花,番同"蕃",音 bō。《本草纲目》卷十五"番红花":"出西番回回地面及天方国,即彼地红蓝花也。"西番即吐蕃,是公元七~九世纪成立于青藏高原的藏族政权。其崩溃后,宋、元、明初史籍仍称青藏高原的部落为吐蕃或西蕃。番红花,今又称西红花或藏红花。他如"波斯白石蜜"、

"倭硫磺"、"高丽参"、"花旗参"等,无不打上外来印记。

(三) 按特性功用

例如急性子,即凤仙花子,因其成熟后稍加触碰,即果荚迸裂,褐色细子蹦出,状似急不可耐,故名。羊踯躅是有毒的麻醉止痛药,陶弘景曰:"羊误食其叶,踯躅而死。"王不留行通经下乳之力特强,李时珍云:"性走而不住,虽王命不能留其行,故名。"这是按特性命名。

又如骨碎补,唐·陈藏器《本草拾遗》云:"骨碎补本名猴姜,开元皇帝以其主伤折、补骨碎,故命此名。或作骨碎布,讹矣。"他如伸筋草舒筋活络,寻骨风祛风止痛,合欢安神解郁,防风散寒御风,此皆以功用得名。

(四) 采故事传说

例如刘寄奴,相传南朝宋高祖刘裕,小字寄奴,早年微贱时于山中伐荻,遇一大蛇而射之。明日往寻之,闻杵臼声,见青衣童子数人于榛林中捣草药。刘叱散之,取药而返。后遇金疮敷之即愈。后人因呼此草为刘寄奴。(见《南史·宋武帝本纪》)再如禹余粮,相传与大禹有关。《本草纲目》卷十引宋·陈承《本草别说》:"禹余粮,会稽山中出者甚多。彼人云:'昔太禹会稽于此,余粮者,本为此耳。'"又引《博物志》:"世传禹治水,弃其所余食于江中而为药。"又如蛇衔(含),《本草纲目》卷十六引刘敬叔《异苑》:"有田父见一蛇被伤,一蛇衔一草着疮上。经日,伤蛇乃去。田父因取草治蛇疮皆验,遂名曰蛇衔草也。"使君子,《本草纲目》卷十八引宋·马志《开宝本草》:"俗传潘州郭使君疗小儿,多是独用此物,后医家因号为使君子也。"

(五) 避俗语秽词

中药多为天然药物,故取材范围甚广,一些日常视作废、秽之物亦可入药。唐代韩愈曾说:"牛溲马勃,败鼓之皮,俱收并蓄,待用无遗者,医师之良也。"(《进学解》)但此类药品载入书中未免有俗、秽之嫌,故古代医家往往隐去俗称,而雅化其名。例如:鸽粪因皆向左盘旋,而呼为左盘龙;人乳因道经称久服可以成仙,故名为仙人酒、蟠桃酒;人粪经加工后是救治温病高热神昏的要药,便依其色、据其形,美其名曰金汁。他如灶心土称伏龙肝,鼯鼠屎唤五灵脂,鸡蛋膜谓凤凰衣,人尿呼轮回酒等,皆属此类。

二、方剂命名

方名在一定程度上反映方剂的组成、功效及特征。了解古人命名方剂的方法,对于正确认识和运用方剂具有重要的意义。

(一) 突出主药

方剂是根据不同的疾病证候,将多种药物按君、臣、佐、使的配伍原则有机组合而成的。为了突出主药作用,不少方剂便用方中主药(大多是君药或君药加臣药)命名。例如《伤寒论》之麻黄汤、桂枝汤、炙甘草汤(一君),《金匮要略》之半夏厚朴汤、防己黄芪汤(二君)。有时用主药的简称,如《景岳全书》之何人饮(何首乌、人参,二君)、《和剂局方》之参苏饮及《温病条辨》之银翘散、桑菊饮等皆是。又有以三味主药为方名者,如参苓白术散(《和剂局方》方)、竹叶柳蒡汤(《先醒斋广笔记》方)。

另有以主药加功效命名者,如枇杷清肺饮、补肺阿胶汤、荆防败毒散、柴葛解肌汤等。

有些方剂,创制者虽以主药命名,但因音变字讹或含义隐晦,使人难以晓喻。例如《伤寒论》之抵当汤、抵当丸,历来认为方义为非大毒猛剂不足以抵挡热结蓄血之证,或谓本方有攻逐蓄血之功，可直抵当攻之处。此皆望文生训。抵当实为方中主药水蛭的别名，又作"蛭蝶"、"至掌"。《尔雅·释虫》："蛭蝶，至掌。"《说文·虫部》"蝶"段注："《本草经》：'水蛭，味咸，一名至掌。'是《名医》谓即水蛭也。"至掌之为抵当，是由于古韵通转所致。至，端纽质韵，抵，端纽脂韵，声纽相同，韵质脂对转；掌、當皆从尚得声。因古今音变及字面差异，遂使此方以主药命名的事实隐而不显。又如越鞠丸（《丹溪心法》方），明·吴昆据其功效望文释义："越鞠者，发越鞠郁也。"（《医方考·郁门》）李时珍在《本草纲目》卷十四"芎劳"条中对此有个确解，认为该方主用越桃、鞠穷，故以命名。越桃为栀子之异称，源自《名医别录》卷二；鞠穷即山鞠穷，乃川芎之别名，始出《左传·宣公十二年》。

另有一些以药物命名的方剂，其药虽非主药，但在配伍中具有特殊的意义。如《伤寒论》名方十枣汤，方中甘遂、芫花、大戟峻下逐水，须赖大枣十枚以益气护胃，缓和节制三药之毒性，以达峻下而不伤正的目的。故清·费伯雄《医方论·攻里之剂》云："仲景以十枣名方，全赖大枣之甘缓以救脾胃，方成节制之师也。"

（二）提示功效

方剂是临床治则的具体表现，故方名中提示主治、功效者甚多。根据其提示方式的不同，可大致分为明示、暗喻两类。

例如定喘汤、止嗽散有治疗喘、嗽之功，补肺汤、滋肾丸具滋补肺、肾之效。他如蠲痹汤、活血效灵丹、镇肝熄风汤等皆属明示类。

另有一些方名，以委婉含蓄的方式暗喻功效。例如缩泉丸是主治下元虚冷的名方，以"缩泉"喻治疗尿频尿多之效。驻景丸主治肝肾精血不足所致如沙遮睛等症，可使人眼目明亮，外界美景常驻。失笑散为妇科活血通经的要方，主治瘀血停滞所致的痛经、少腹急痛。方中仅五灵脂、蒲黄二味平易之药，竟能使患者疼痛霍然而止，不禁哑然失笑。补阳还五汤主治半身不遂。该方创制者王清任认为：人身共有十成阳气分布周身，左右各得其半。若阳气亏五成，则并于一侧而发为半身不遂。本方黄芪、当归等补气活血之品能使气旺血行，瘀破络通，所亏之五成阳气得以还复，故名"补阳还五"。（《医林改错·瘫痿论》）他如更衣丸喻润肠通便之功，逍遥散寓疏肝解郁之效，玉屏风散因御风固表功同屏风而得名，金锁固精丸以固肾敛精效如金锁而获称。此皆属暗喻类。

（三）说明用法、特征

一些方剂具有特殊的用量、服法和配伍比例，或具有特殊的服药、加工、采摘时间等，这些往往在方名中也有反映。

例如伤科要方七厘散，方中多为辛散香窜、活血通经之品，内服不宜量多，否则耗气动血，一般每次服七厘（约合2.1克）。一捻金主治小儿风痰积滞，名"一捻"者，谓用手指捻取药末，以示用量之少。这是从用量上命名。

再如三拗汤，方名"三拗"者，乃谓方中三味药物煎煮时违拗常法：麻黄不去根节，杏仁不去皮尖，甘草不用蜜炙而生用。布袋丸主治小儿虫疳，每服一丸，以生绢袋盛裹，用瘦猪肉二两同煮，肉煮烂后去袋，使病儿食肉及汁。这是从煎煮方法上命名。

又如六一散用滑石六两、甘草一两，九一丹用煅石膏九钱、升丹一钱，故分别以"六一"、"九一"名之。这是从配伍比例上命名。

又如：鸡鸣散提示该方服用时间当在阴消阳长的鸡鸣时分（说见王晋三《绛雪园古方选注·内科》）；午时茶说明该方加工时间须在端午午时（说见陈修园《经验百病内外方》）；二至

丸得名于方中二药的采集时节:旱莲草采于夏至,女贞子摘于冬至(说见费伯雄《医方论·补养之剂》)。这是从时间上命名。

(四) 借用五行、卦象

五行、卦象与中医学关系密切,方名也常借用其术语来说明治则和功用。

例如宋代钱乙创制的四首儿科名方,都以色喻脏:导赤散导心火下行(心属火,其色赤);泻白散清肺金伏热(肺属金,其色白);泻青丸疏肝木郁火(肝属木,其色青);泻黄散泻脾胃伏火(脾属土,其色黄)。再如《景岳全书》之金水六君煎,功能滋养肺肾,祛湿化痰。金喻指肺,水喻指肾。这是借用五行命名。

又如清·沈金鳌的坎离既济丸(《沈氏尊生书》方),坎、离皆为八卦卦象,坎象水喻肾,离象火喻心。"既济"为六十四复卦之一,卦形为坎上离下——䷾。《周易·既济》:"象曰:水在火上,既济,君子以思患预防之。"本方滋肾水降心火,使心肾之水火上下交通互济,故名。这是借用卦象命名。

(五) 隐含成语、典故

制方者为追求含蓄典雅,往往以成语、典故或传说名方。

例如建瓴汤取自成语"高屋建瓴",建通"灌",义为倾水。瓴为盛水之瓦瓶。此方专为肝阳上亢之高血压症而设,以"建瓴"命名,喻其导血下行之效,如从高屋倾倒瓶水,其势不可阻挡。创制者张锡纯自言:"服后能使脑中之血如建瓴之水下行,脑充血之证自愈。"(《医学衷中参西录·医论》)抽薪饮(《景岳全书》方)源于成语"釜底抽薪",喻其通便泻火之功。这是以成语名方。

再如张从正名方禹功散,以大禹疏导洪水之典,喻方具逐水通便之功。另一逐水方疏凿饮子(《济生方》方)亦取义于此。这是以典故名方。

又如《和剂局方》之青娥丸,功能补肝肾,壮筋骨,主治肾虚腰痛。此方得名于传说:唐代广州太尉张寿明,得本方于南番,服后须发由白转黑,精力充沛,遂作诗以赞此方之神妙:"三年时节向边隅,人见方知药力殊。夺得春光来在手,青娥休笑白髭须。"青娥原指古代女子以青黛画的娥眉,后指代青年女子。用以名方,意喻此方服后能恢复青春,堪与青年女子相匹配。《济生方》之观音应梦散,功能益气生津,温补肺肾,主治肾不纳气之虚喘证。此方亦得名于故事。清·王晋三引《日华子本草》:"溧阳洪辑幼子痰喘将危,凡五昼夜不乳食,梦观音授以此方,煎汤一蚬壳,灌之,喘即定。"(《绛雪园古方选注·内科》)这是以传说名方。

三、腧穴命名

《素问·阴阳应象大论》:"气穴所发,各有处名。"腧穴的定位定名,是古代医家观察宇宙万物,结合人体生理、病理现象以及针刺效果,逐步归纳总结而成的。穴名往往寓有特定的涵义,体现了古代医家对腧穴的部位、作用、主病的认识。诚如孙思邈所云:"凡诸孔穴,名不徒设,皆有深意。"(《千金翼方》卷二十八第九)。

(一) 以天文地理命名

例如天枢穴在挟脐两旁各二寸凹陷处。《素问·六微旨大论》:"天枢之上,天气主之;天枢之下,地气主之;气交之中,人气主之。"明·马莳注:"气交者,天地二气之交接,以人之身半天枢为界。"此穴居人身上下之中线,名天枢者,意为天地二气升降出入的枢纽。紫宫原为中垣紫微垣的异名,位于三垣之中,为天帝所居。此穴在胸骨中线上平第二肋间隙处,正当心位。心者,君主之官。以紫宫名之,意为君主(心)之居。中极,《云笈七签》:"中极一名为天中,上极星也。是居天之中,最高,最尊,为众星之主也。"此穴位于腹部正中线上,脐下四寸,居人体上下左右之中央,又名"气原",义为人体生气之原,与中极星名义相应,故以名之。这是以天文名穴。

又如昆仑穴在足外踝后跟骨上凹陷处,因其穴上有踝骨,旁有跟骨,下有软骨,高起如山,故依其状以名山昆仑称之。承山穴在小腿肚腓肠肌两侧肌腹交界处下端,腓肠肌的丰肉犹如山丘,穴在其下,有承上之意,故得承山之名。合谷穴在大指、次指之歧骨间凹陷处, 两骨相合,势如山谷,因有其名。这是以地理名穴。

(二) 按取穴方法命名

取穴定位准确与否,直接关系到治疗效果,因而穴名中常有取穴方法的提示。例如侠白穴在上臂前肘窝横纹上五寸处,为手太阴肺经之腧穴。侠通"夹",白为肺色。垂臂时左右两穴正夹肺脏,故《黄帝内经明堂》云:"白,肺色也。此穴在臂,候肺两箱,故名夹(侠)白。"仆参穴在足跟外侧跟骨下凹陷处,属足太阳膀胱经。古时仆人参见主人, 屈膝下跪时足跟显露,而手指垂处正当其穴,故名仆参。扶突,《礼记·投壶》郑玄注:"铺四指曰扶。"扶又作"夫",即四横指的宽度,古人用于测度,称为"一夫法"。《千金要方》卷七第一云:"凡量一夫之法,覆手并舒四指,对度四指上中节上横过为一夫。" 一扶相当于同身寸之三寸。此穴位于结喉突起之旁三寸, 故名扶突。谚语穴在肩髃内廉侠第六椎下两旁各三寸。《素问·骨空论》:"大风汗出,灸谚语。谚语在背下侠脊傍三寸所,厌之, 令病者呼谚语,谚语应手。"王冰注:"令病人呼谚语之声,则指下动矣。"以发谚语之声必然应手而名其穴为谚语。

(三) 据功能疗效命名

例如迎香穴在鼻孔旁五分,属手阳明大肠经,与肺互为表里,肺窍为鼻,此穴主治鼻室不闻香臭,能使鼻窍宣通,迎香而入,故名。水分穴在脐上一寸,能分利腹部水分之清浊,主治水病,故名。此为直接明示功效。

有些穴名以曲折、婉转的方式透露功效的信息。例如志室穴在第十四椎下两旁各三寸陷骨中,有壮肾添髓之功,而肾为藏志之室,故名志室。阴市,"市"音fú,为"韨"的本字,是古代祭服的蔽膝,用熟牛皮制成, 功用类似今之护膝。阴市穴在大腿前髌底外侧端上三寸处,可逐阴散寒,护御脚膝,功同蔽膝,故名阴市(逐阴之市)。风市穴在阴市外侧旁开三寸处,为祛风要穴,主治风痹如两膝挛痛、胫麻腰重诸症,其御风护膝之功同"市", 故名风市(御风之市)。他如神堂穴主心疾(心藏神)、魂门穴主肝疾(肝藏魂)、意舍穴主脾疾(脾藏意)、魄户穴主肺疾(肺藏魄)等等,皆以功效名穴。

(四) 取五行、卦象命名

例如少商为手太阴肺经之井穴。肺在五行属金,在五音与商相配。又《素问·六元正纪大论》据五音的强弱以"太"、"少"来标志五音的阴阳。肺经属太阴,为阴金,故曰少商。商阳为手阳明大肠经之始穴。大肠经与肺为表里,肺音商,又因其属手阳明,属五音之阳,故称商阳。金门为足太阳膀胱经之穴,上一寸是申脉穴。申为十二地支之一,五行属金, 足太阳膀胱经气血于申时注此门户,故名金门。这是取五行名穴。

再如劳宫穴在手掌中央第二、三掌骨之间。《针灸大成》卷十绘有"阳掌图",掌面四周布列八卦,劳宫位居卦之中宫。手掌勤于把握,为劳动之器官,故名劳宫。厉兑为足阳明胃经之井金穴。兑为八卦之一,五行属金,故以兑名。厉通"离",亦为八卦名。《周易》谓"离下兑上"为革卦,"革"有"急"义。《铜人腧穴针灸图经》卷五言此穴可"治尸厥口噤气绝"之危急重症,故取离下兑上之革卦名穴。这是取卦象名穴。

(五) 用类比形喻命名

腧穴所处部位往往有一些特殊的形态或特征,故古代医家又以丰富的想象力,采用类比形喻之法命名穴位。例如口禾髎穴在鼻孔下挟水沟旁各五分,正当唇上。名口禾者,"言其间髭出如禾"(清·程扶生《医经理解·穴名解》),又近口处,故名口禾髎。髎同"窌",义为空穴。攒竹穴在眉头凹陷处。攒,聚也。喻此处眉毛聚集,宛如竹丛之茂。伏兔穴在膝上六寸股直肌中,其上大腿肌肉隆起,状若一兔伏卧,因得伏兔之名。犊鼻穴在胫骨外侧凹陷处。犊为牛子。因其部位形似小牛之鼻,故有犊鼻之称。

四、医书命名

留传至今的中医古籍数量可观,书名令人目不暇接。其中绝大部分书名皆有义可循。

(一) 以作者的姓氏、字号、谥号、爵号命名

例如《韩氏医通》的作者是明代嘉靖年间医家韩悉。《张氏医通》的作者为清代康熙年间医家张璐。《沈氏尊生书》是清代乾隆年间无锡名医沈金鳌的个人医学丛书。《苏沈良方》是宋代沈括《良方》与苏轼论医杂说的合编。这是以作者的姓氏名书。

再如《洁古家珍》、《洁古珍珠囊》是金代名医张元素所著,洁古乃其字。《士材三书》系明代医家李中梓所撰,李氏字士材。又如明·龚廷贤著《云林神彀》,因龚氏自号云林山人。明·李时珍撰《濒湖脉诀》,缘李氏晚号濒湖山人。他如明·程玠《松崖医径》、清·徐大椿《洄溪医案》,松崖、洄溪分别是程、徐二氏之号。这是以作者的字号名书。

又如《窦文贞公六十六穴流注秘诀》的作者乃金元间针灸学家窦默,字子声,元世祖时官至昭文馆大学士,卒赠太师,封魏国公,谥文贞。《新修本草》又名《英公本草》。此书先由太尉长孙无忌受命统领苏敬等二十余人编写,后因长孙氏触犯武则天,被黜赐死,改由司空英国公李勣领衔编撰,故有《英公本草》之名。这是以作者的谥号、爵号名书。

(二) 以作者官职、地望、书室命名

古医书有以作者官职名书的。例如《羊中散药方》的作者为南朝刘宋时羊欣之,晚年任中散大夫。《窦太师标幽赋》的作者为元代追封太师的窦默。

又有以作者地望名书的。例如《隋书·经籍志》著录《河南药方》及《荆州要方》。前书作者是晋代阮炳,曾任河南尹;后书作者乃晋代殷仲堪,曾任荆州刺史。二书皆以作者任官地得名。又若汉末名医张仲景,相传曾任长沙太守,故后世出现一批以"长沙"命名的医著,如清代医家陈修园《长沙方歌括》、黄元御《长沙药解》、费密《长沙发挥》、邓德敏《长沙串注方歌》等等,皆属阐释《伤寒》、《金匮》的著作。这是以任职地名书。又如清初浙江名医高鼓峰,著有《四明医案》、《四明心法》,因高氏为四明(今宁波)人,故以名书。清代外科名医陈莘田,曾撰《枫江疡案》、《枫江合药方》,因陈氏乃枫江(苏州之别称)人,故以名书。这是以作者的贯里名书。又如宋·张锐著《鸡峰普济方》。鸡峰为陕西宝鸡陈仓山之别名,而张氏虽为河南人,但长期在陕西宝鸡一带行医,故以行医所在地名书。

明清两代多有以书斋、堂室名书的。例如明·缪希雍《先醒斋广笔记》,明·王旭高《西溪书屋夜话录》,清·尤怡《静香楼医案》,清·张志聪《侣山堂类辨》。"先醒斋"、"西溪书屋"、"静香楼"分别是缪、王、尤三氏的书房,"侣山堂"乃张氏聚徒讲习之所。此风一直沿续至近代,如近人周小农《惜分阴轩医案》、张山雷《体仁堂医学丛刊》等皆是。

(三) 以编撰刊行时的年号命名

例如《开元广济方》为唐玄宗李隆基于开元十一年(公元723年)主持撰成。《太平圣惠方》是北宋翰林医官王怀隐等人奉诏于宋太宗太平兴国八年开始编撰的一部大型官修方书。这是以编撰时的年号名书。

又如《太平惠民和剂局方》编成刊行于宋徽宗大观年间(公元1107～1110年),故又称《大观方》。北宋唐慎微的《经史证类备急本草》问世之后,曾经数次校订重刊。第一次于宋徽宗大观二年(公元1108年)重刊,故称《大观本草》;第二次重订刊行在九年之后,即徽宗政和六年(公元1117年),世称《政和本草》;至南宋高宗绍兴二十九年(公元1159年),第三次重刊印行,世称《绍兴本草》。这是《证类本草》三个不同年代的刊本,分别以刊行时的年号名书。

(四) 化裁于成语典故

此类书名,含蓄而典雅地传递着作品的主旨或作者的用意,但往往也因此而隐晦艰涩,使人难以领悟。

例如清代柯琴名著《伤寒来苏集》,其中"来苏"语出《尚书·仲虺之诰》:"徯予后,后来其苏。"(后,为上古帝王之通称,此指商汤)"苏"异体作"甦",有再生之义,意为商汤一来,百姓就能摆脱夏桀的残暴统治而重获新生。柯氏摭"来苏"二字名书,寓有伤寒患者期盼此书解除疾苦、恢复健康之意。清代函斋居士的产科专著《达生编》,"达生"语出《诗经·大雅·生民》:"诞弥厥月,先生如达。"达是"羍"的借字。"羍"的本义为初生的羊羔。母羊产子极为顺畅快疾,因以"达生"名编。又如明代医家黄承昊一生多病,自称"予生平凡方书所载之症,十患四五;本草所载之药,十尝四五",于六十岁时将医学阅历整理成篇,名《折肱漫录》。"折肱"语出《左传·定公十三年》:"三折肱知为良医。"黄氏引之以喻经历久而成良医。以后清·邵炳扬《三折肱医案》、清·吴士瑛《折肱心悟痢疾明辨》,其命书用意皆仿此。

又如明·薛己的儿科专著《过秦新录》、明·赵献可的妇科专著《邯郸遗稿》,二书书名皆取典于《扁鹊传》。传中言扁鹊过秦,闻秦人喜爱小儿,即为小儿医,又过邯郸,闻赵人尊重妇女,即为带下医。作者援用"过秦"、"邯郸"暗寓其书的专科性质。

(五) 来源于儒、释、道家

儒、释、道三家历来与中医药学关系密切,三家的思想、学说、术语大量地渗透到中医古籍中,书籍的命名往往因此而带有其印记。

例如金·张从正的《儒门事亲》。儒门指儒学之门,亦即古代知识分子阶层。儒家提倡忠君孝亲的道德观,而以医药侍奉双亲,正是这种道德观的直接体现,《四库全书提要》云:"其曰《儒门事亲》者,以为惟儒者能明其理,而事亲者当知医也。"明·沈绶《山林相业》,即取古代儒者"不为良相,便为良医"之义,意为以在野之身从事功同相业的医学。这是来源于儒家的书名。

再如梁·陶弘景《肘后百一方》,"百一"二字义含双关,既实指书中载有一百零一类药方,又暗寓佛经涵义。陶氏自序曰:"佛经云:人用四大成身,一大辄有一百一病。"佛教认为,人与世间万物皆由地、水、火、风四大要素构成,若有一大不和,便会产生一百零一种疾病。明代李药师的眼科专著《金镩秘论》。"金镩"是古代眼科用以刮瞖点药的器械,相传从释教发源地古印度传入。佛典《涅槃经》中谈到:盲人就医要求复明,良医即用金镩决其眼目。作者以金镩提示该书为眼科专著。这是来源于释家的书名。

又如托名孙思邈所著《银海精微》、清代顾锡《银海指南》的"银海"一词，实为道家术语。明·方回《瀛奎律髓》引北宋王安石之说，谓道家以肩为玉楼，目为银海。宋·苏轼《雪后书北台壁》诗有"冻合玉楼寒起粟，光摇银海眩生花"之句，亦借用其义。作者以之名书，提示其为眼科要籍。他如明·倪维德所著《原机启微》，亦为眼科专著。其名取自道家《阴符经》"心生于物，死于物，机在目"之语，意谓眼目的功能是为思维提供客观材料的关键。作者因此把"机"作为"目"的代称，并以之名书。这是来源于道家的书名。

[二] 简繁字对照表

本表根据国家语言文字工作委员会1986年公布的新版《简化字总表》重新编排而成。共收录简化字2235个。

凡简化字与繁体字都见于古代，而在读音、意义或用法上有所不同的，本表后面另附说明，以供查阅。

本表按汉语拼音顺序排列。

字前标有*号的是《简化字总表》规定可作偏旁用的简化字。

A	ang	ban	辈〔輩〕	跸〔蹕〕	鳔〔鰾〕	饼〔餅〕	can
a	肮〔骯〕	颁〔頒〕	*贝〔貝〕	滗〔潷〕	bie	bo	*参〔參〕
锕〔錒〕	ao	板〔闆〕	钡〔鋇〕	币〔幣〕	鳖〔鱉〕	饽〔餑〕	骖〔驂〕
ai	鳌〔鰲〕	绊〔絆〕	*备〔備〕	闭〔閉〕	瘪〔癟〕	钵〔鉢〕	蚕〔蠶〕
锿〔鎄〕	鹜〔鶩〕	办〔辦〕	呗〔唄〕	毙〔斃〕	别〔彆〕	拨〔撥〕	惭〔慚〕
皑〔皚〕	袄〔襖〕	bang	ben	bian	bin	鹁〔鵓〕	残〔殘〕
霭〔靄〕	B	帮〔幫〕	锛〔錛〕	编〔編〕	*宾〔賓〕	饽〔餺〕	惨〔慘〕
蔼〔藹〕	ba	绑〔綁〕	贲〔賁〕	*边〔邊〕	滨〔濱〕	钹〔鈸〕	穆〔穆〕
*爱〔愛〕	鲅〔鮁〕	谤〔謗〕	beng	笾〔籩〕	槟〔檳〕	铂〔鉑〕	灿〔燦〕
嫒〔嬡〕	钯〔鈀〕	镑〔鎊〕	绷〔綳〕	贬〔貶〕	傧〔儐〕	卜〔蔔〕	cang
瑷〔璦〕	坝〔壩〕	bao	镚〔鏰〕	辩〔辯〕	缤〔繽〕	bu	*仓〔倉〕
嗳〔噯〕	*罢〔罷〕	鲍〔鮑〕	bi	辫〔辮〕	镔〔鑌〕	补〔補〕	沧〔滄〕
暧〔曖〕	摆〔擺〕	宝〔寶〕	*笔〔筆〕	变〔變〕	濒〔瀕〕	钚〔鈈〕	苍〔蒼〕
嫒〔嬡〕	耙〔粴〕	饱〔飽〕	biao	鬓〔鬢〕	傧〔儐〕	C	伧〔傖〕
碍〔礙〕	bai	鸨〔鴇〕	镳〔鑣〕	殡〔殯〕	鸧〔鶬〕
an	摆〔擺〕	报〔報〕	贲〔賁〕	标〔標〕	膑〔臏〕	cai	舱〔艙〕
谙〔諳〕	〔襬〕	*毕〔畢〕	镖〔鏢〕	髌〔髕〕	才〔纔〕	ce
鹌〔鵪〕	败〔敗〕	bei	哔〔嗶〕	镖〔鏢〕	bing	财〔財〕	测〔測〕
铵〔銨〕		惫〔憊〕	荜〔蓽〕	飙〔飆〕	槟〔檳〕		侧〔側〕
				表〔錶〕			厕〔廁〕

附篇

	chang	称〔稱〕	触〔觸〕	牀〔牀〕	箪〔簞〕	觌〔覿〕	diu
侧〔側〕		枨〔棖〕		*从〔從〕	郸〔鄲〕	籴〔糴〕	
cen	伥〔倀〕	诚〔誠〕	chuai	丛〔叢〕	掸〔撣〕	敌〔敵〕	铥〔銩〕
*参〔參〕	阊〔閶〕	惩〔懲〕	闯〔闖〕	cou	胆〔膽〕	涤〔滌〕	dong
ceng	鲳〔鯧〕	骋〔騁〕	chuan	辏〔輳〕	赕〔賧〕	诋〔詆〕	*东〔東〕
层〔層〕	*尝〔嘗〕	chi	传〔傳〕	cuan	惮〔憚〕	谛〔諦〕	鸫〔鶇〕
cha	偿〔償〕	鸱〔鴟〕	钏〔釧〕	撺〔攛〕	瘅〔癉〕	缔〔締〕	崬〔崠〕
馇〔餷〕	鲿〔鱨〕	迟〔遲〕	chuang	镩〔鑹〕	弹〔彈〕	递〔遞〕	冬〔鼕〕
锸〔鍤〕	*长〔長〕	驰〔馳〕	疮〔瘡〕	蹿〔躥〕	dang	dian	*动〔動〕
镲〔鑔〕	肠〔腸〕	*齿〔齒〕	闯〔闖〕	镩〔鑹〕	铛〔鐺〕	颠〔顛〕	冻〔凍〕
诧〔詫〕	场〔場〕	炽〔熾〕	创〔創〕	*窜〔竄〕	挡〔擋〕	癫〔癲〕	栋〔棟〕
chai	厂〔廠〕	饬〔飭〕	怆〔愴〕	cui	*当〔當〕	巅〔巔〕	胨〔腖〕
钗〔釵〕	伥〔悵〕	chong	chui	缞〔縗〕	〔噹〕	点〔點〕	dou
侪〔儕〕	畅〔暢〕	冲〔衝〕	锤〔錘〕	cuo	*党〔黨〕	淀〔澱〕	斗〔鬥〕
虿〔蠆〕	chao	*虫〔蟲〕	chun	鹾〔鹺〕	谠〔讜〕	垫〔墊〕	窦〔竇〕
chan	钞〔鈔〕	宠〔寵〕	鲼〔鰆〕	错〔錯〕	挡〔擋〕	电〔電〕	du
搀〔攙〕	che	铳〔銃〕	鹑〔鶉〕	锉〔銼〕	档〔檔〕	钿〔鈿〕	读〔讀〕
掺〔摻〕	*车〔車〕	chou	纯〔純〕		砀〔碭〕	档〔檔〕	渎〔瀆〕
觇〔覘〕	砗〔硨〕	绸〔紬〕	莼〔蒓〕	D	荡〔蕩〕	diao	椟〔櫝〕
缠〔纏〕	彻〔徹〕	畴〔疇〕			dao	鲷〔鯛〕	黩〔黷〕
禅〔禪〕	chen	筹〔籌〕	chuo	da	刂〔刂〕	铫〔銚〕	犊〔犢〕
蝉〔蟬〕	谌〔諶〕	踌〔躊〕	绰〔綽〕	*达〔達〕	祷〔禱〕	锦〔錦〕	牍〔牘〕
婵〔嬋〕	尘〔塵〕	俦〔儔〕	龊〔齪〕	哒〔噠〕	岛〔島〕	鸢〔鳶〕	独〔獨〕
谗〔讒〕	陈〔陳〕	雠〔讎〕	辍〔輟〕	鞑〔韃〕	捣〔搗〕	die	赌〔賭〕
馋〔饞〕	碜〔磣〕	绸〔綢〕		dai	导〔導〕	谍〔諜〕	笃〔篤〕
*产〔產〕	榇〔櫬〕	丑〔醜〕	ci	dai	de	鲽〔鰈〕	镀〔鍍〕
浐〔滻〕	衬〔襯〕	chu	鹚〔鷀〕	贷〔貸〕	锝〔鍀〕	鲽〔鰈〕	duan
铲〔鏟〕	称〔稱〕	出〔齣〕	辞〔辭〕	给〔給〕	deng	经〔經〕	*断〔斷〕
蒇〔蕆〕	龀〔齔〕	锄〔鋤〕	词〔詞〕	*带〔帶〕	灯〔燈〕	ding	锻〔鍛〕
阐〔闡〕	cheng	*刍〔芻〕	赐〔賜〕	碡〔礴〕	镫〔鐙〕	钉〔釘〕	缎〔緞〕
辗〔輾〕	柽〔檉〕	雏〔雛〕	cong	dan	邓〔鄧〕	顶〔頂〕	簖〔籪〕
谄〔諂〕	蛏〔蟶〕	储〔儲〕	聪〔聰〕	*单〔單〕	di	订〔訂〕	dui
颤〔顫〕	铛〔鐺〕	础〔礎〕	骢〔驄〕	担〔擔〕	镝〔鏑〕	锭〔錠〕	怼〔懟〕
忏〔懺〕	赪〔赬〕	处〔處〕	枞〔樅〕	殚〔殫〕			
划〔劃〕		绌〔絀〕					

*对〔對〕	鸸〔鴯〕	fen	复〔復〕	诰〔誥〕	诂〔詁〕	*龟〔龜〕	韩〔韓〕
*队〔隊〕	饵〔餌〕		〔複〕	锆〔鋯〕	钴〔鈷〕	轨〔軌〕	阚〔闞〕
dun	铒〔鉺〕	纷〔紛〕	鳆〔鰒〕	ge	贾〔賈〕	匦〔匭〕	嘁〔嚘〕
	*尔〔爾〕	坟〔墳〕	驸〔駙〕		蛊〔蠱〕	诡〔詭〕	汉〔漢〕
吨〔噸〕	迩〔邇〕	偾〔僨〕	鲋〔鮒〕	鸽〔鴿〕	縠〔縠〕	鳜〔鱖〕	颌〔頜〕
镦〔鐓〕	贰〔貳〕	粪〔糞〕	负〔負〕	搁〔擱〕	㑇〔㑇〕	柜〔櫃〕	hang
趸〔躉〕		豮〔豶〕	妇〔婦〕	锅〔鎘〕	鹄〔鵠〕	贵〔貴〕	
钝〔鈍〕	F	偾〔僨〕		颌〔頜〕	谷〔穀〕	刿〔劌〕	绗〔絎〕
顿〔頓〕	fa	奋〔奮〕	G	阁〔閣〕	鹄〔鵠〕	桧〔檜〕	颃〔頏〕
duo	*发〔發〕	feng	ga	个〔個〕	顾〔顧〕	刽〔劊〕	hao
夺〔奪〕	〔髮〕	*丰〔豐〕	钆〔釓〕	铬〔鉻〕	锢〔錮〕	gun	颢〔顥〕
铎〔鐸〕	罚〔罰〕	沣〔灃〕	gei	gua	辊〔輥〕	灏〔灝〕
驮〔馱〕	阀〔閥〕	锋〔鋒〕		给〔給〕	刮〔颳〕	绲〔緄〕	号〔號〕
堕〔墮〕	fan	*风〔風〕	gai	geng	鸹〔鴰〕	鲧〔鯀〕	he
饳〔飿〕		沨〔渢〕	该〔該〕		刚〔剮〕	guo	
	烦〔煩〕	疯〔瘋〕	赅〔賅〕	赓〔賡〕	诖〔詿〕	涡〔渦〕	诃〔訶〕
E	矾〔礬〕	枫〔楓〕	盖〔蓋〕	鹒〔鶊〕	guan	埚〔堝〕	阂〔閡〕
e	钒〔釩〕	砜〔碸〕	钙〔鈣〕	鲠〔鯁〕		㛄〔㛄〕	阖〔闔〕
	贩〔販〕	冯〔馮〕	gan	绠〔綆〕	关〔關〕	锅〔鍋〕	鹖〔鶡〕
额〔額〕	饭〔飯〕	缝〔縫〕	干〔乾〕	gong	纶〔綸〕	蝈〔蟈〕	颌〔頜〕
锇〔鋨〕	范〔範〕	讽〔諷〕	〔幹〕		鳏〔鰥〕	*国〔國〕	饸〔餄〕
鹅〔鵝〕	fang	凤〔鳳〕	尴〔尷〕	龚〔龔〕	观〔觀〕	掴〔摑〕	合〔閤〕
讹〔訛〕		赗〔賵〕	赶〔趕〕	巩〔鞏〕	馆〔館〕	帼〔幗〕	纥〔紇〕
恶〔惡〕	钫〔鈁〕	fu	赣〔贛〕	贡〔貢〕	鹳〔鸛〕	㛄〔㛄〕	鹤〔鶴〕
〔噁〕	鲂〔魴〕		绀〔紺〕	唝〔嗊〕	贯〔貫〕	腘〔膕〕	贺〔賀〕
垩〔堊〕	访〔訪〕	麸〔麩〕	gang	gou	惯〔慣〕	*过〔過〕	吓〔嚇〕
轭〔軛〕	纺〔紡〕	肤〔膚〕			掼〔摜〕		heng
谔〔諤〕	fei	辐〔輻〕	*冈〔岡〕	缑〔緱〕	H		
鹗〔鶚〕		韨〔韍〕	刚〔剛〕	沟〔溝〕	guang	ha	鸻〔鴴〕
鳄〔鱷〕	绯〔緋〕	绂〔紱〕	枫〔棡〕	钩〔鉤〕			hong
锷〔鍔〕	鲱〔鯡〕	凫〔鳧〕	纲〔綱〕	觏〔覯〕	*广〔廣〕	铪〔鉿〕	
饿〔餓〕	飞〔飛〕	绋〔紼〕	钢〔鋼〕	诟〔詬〕	犷〔獷〕	hai	轰〔轟〕
	诽〔誹〕	辅〔輔〕	扨〔摃〕	构〔構〕	gui		黉〔黌〕
ê	废〔廢〕	抚〔撫〕	岗〔崗〕	购〔購〕		还〔還〕	鸿〔鴻〕
	费〔費〕	赋〔賦〕	gao	gu	妫〔嬀〕	骇〔駭〕	红〔紅〕
诶〔誒〕	镄〔鐨〕	赙〔賻〕			规〔規〕	han	荭〔葒〕
er		缚〔縛〕	镐〔鎬〕	轱〔軲〕	鲑〔鮭〕		讧〔訌〕
儿〔兒〕		讣〔訃〕	缟〔縞〕	鸪〔鴣〕	*归〔歸〕	顸〔頇〕

hou			J				
	鲩〔鯇〕	货〔貨〕		卿〔鯽〕	茧〔繭〕	鹣〔鶼〕	劲〔勁〕	锔〔鋦〕
后〔後〕	huang			记〔記〕	检〔檢〕	浇〔澆〕	*进〔進〕	*举〔舉〕
鲎〔鱟〕			ji	纪〔紀〕	捡〔撿〕	骄〔驕〕	琎〔璡〕	龃〔齟〕
hu	鳇〔鰉〕			继〔繼〕	脸〔臉〕	娇〔嬌〕	缙〔縉〕	榉〔櫸〕
	谎〔謊〕		jia	俭〔儉〕	鹣〔鶼〕	*尽〔盡〕	讵〔詎〕
轷〔軤〕	hui	赍〔賫〕		裥〔襇〕	饺〔餃〕	〔儘〕	惧〔懼〕
壶〔壺〕	挥〔揮〕	跻〔躋〕	家〔傢〕	简〔簡〕	铰〔鉸〕	浕〔濜〕	飓〔颶〕
胡〔鬍〕	辉〔輝〕	击〔擊〕	镓〔鎵〕	谏〔諫〕	绞〔絞〕	荩〔藎〕	窭〔窶〕
鹕〔鶘〕	翚〔翬〕	赍〔賫〕	*夹〔夾〕	渐〔漸〕	侥〔僥〕	赆〔贐〕	屦〔屨〕
鹄〔鵠〕	诙〔詼〕	缉〔緝〕	浃〔浹〕	槛〔檻〕	矫〔矯〕	烬〔燼〕	据〔據〕
鹘〔鶻〕	回〔迴〕	积〔積〕	颊〔頰〕	贱〔賤〕	搅〔攪〕		剧〔劇〕
鹕〔鵠〕	汇〔彙〕	羁〔羈〕	荚〔莢〕	溅〔濺〕	缴〔繳〕	jing	锯〔鋸〕
浒〔滸〕	*汇〔匯〕	机〔機〕	蛱〔蛺〕	践〔踐〕	觉〔覺〕	惊〔驚〕	
沪〔滬〕	〔彙〕	饥〔饑〕	铗〔鋏〕	饯〔餞〕	较〔較〕	鲸〔鯨〕	juan
护〔護〕	贿〔賄〕	讥〔譏〕	郏〔郟〕	*荐〔薦〕	轿〔轎〕	鹊〔鶄〕	鹃〔鵑〕
	秽〔穢〕	玑〔璣〕	贾〔賈〕	鉴〔鑒〕	挢〔撟〕	泾〔涇〕	镌〔鐫〕
hua	*会〔會〕	矶〔磯〕	槚〔檟〕	*见〔見〕	峤〔嶠〕	茎〔莖〕	卷〔捲〕
*华〔華〕	烩〔燴〕	叽〔嘰〕	钾〔鉀〕	枧〔梘〕	jie	经〔經〕	绢〔絹〕
骅〔驊〕	荟〔薈〕	鸡〔鷄〕	价〔價〕	舰〔艦〕		颈〔頸〕	
哗〔嘩〕	绘〔繪〕	鹡〔鶺〕	驾〔駕〕	剑〔劍〕	阶〔階〕	刭〔剄〕	jue
铧〔鏵〕	海〔誨〕	辑〔輯〕		键〔鍵〕	疖〔癤〕	镜〔鏡〕	觉〔覺〕
*画〔畫〕	殨〔殨〕	极〔極〕	jian	涧〔澗〕	讦〔訐〕	竞〔競〕	镢〔鐝〕
婳〔嫿〕	讳〔諱〕	级〔級〕	鹣〔鶼〕	铜〔鐧〕	洁〔潔〕	痉〔痙〕	镬〔鑊〕
划〔劃〕	hun	挤〔擠〕	缣〔縑〕	jiang	诘〔詰〕	劲〔勁〕	谲〔譎〕
桦〔樺〕		给〔給〕			撷〔擷〕	胫〔脛〕	诀〔訣〕
话〔話〕	荤〔葷〕	*几〔幾〕	*戋〔戔〕	姜〔薑〕	颉〔頡〕	径〔徑〕	绝〔絕〕
huai	阍〔閽〕	虮〔蟣〕	笺〔箋〕	*将〔將〕	结〔結〕	靓〔靚〕	jun
	浑〔渾〕	济〔濟〕	坚〔堅〕	浆〔漿〕	鲒〔鮚〕	jiu	
怀〔懷〕	珲〔琿〕	霁〔霽〕	鲣〔鰹〕	缰〔韁〕	*节〔節〕		军〔軍〕
坏〔壞〕	馄〔餛〕	荠〔薺〕	缄〔緘〕	讲〔講〕	借〔藉〕	纠〔糾〕	皲〔皸〕
	诨〔諢〕	剂〔劑〕	鞯〔韉〕	桨〔槳〕	诫〔誡〕	鸠〔鳩〕	钧〔鈞〕
huan		鲚〔鱭〕	*监〔監〕	奖〔獎〕		阄〔鬮〕	骏〔駿〕
欢〔歡〕	huo	际〔際〕	歼〔殲〕	蒋〔蔣〕	jin	鹫〔鷲〕	
还〔還〕	钬〔鈥〕	绩〔績〕	艰〔艱〕	酱〔醬〕	谨〔謹〕	旧〔舊〕	K
环〔環〕	伙〔夥〕	计〔計〕	间〔間〕	绛〔絳〕	馑〔饉〕	ju	kai
缳〔繯〕	镬〔鑊〕	系〔繫〕	谫〔譾〕		觐〔覲〕		
镮〔鐶〕	获〔獲〕	骥〔驥〕	硷〔鹼〕	jiao	紧〔緊〕	*车〔車〕	开〔開〕
锾〔鍰〕	〔穫〕	觊〔覬〕	拣〔揀〕	胶〔膠〕	锦〔錦〕	驹〔駒〕	锎〔鐦〕
缓〔緩〕	祸〔禍〕	蓟〔薊〕	笕〔筧〕	鲛〔鮫〕	仅〔僅〕	鹃〔鵑〕	恺〔愷〕

垲〔塏〕	眍〔瞘〕	夸〔誇〕	籁〔籟〕	le	雳〔靂〕	liang	桋〔櫄〕
剀〔剴〕		岿〔巋〕	睐〔睞〕		枥〔櫪〕		领〔領〕
铠〔鎧〕	ku	溃〔潰〕	赉〔賚〕	鳓〔鰳〕	苈〔藶〕	粮〔糧〕	岭〔嶺〕
凯〔凱〕		襟〔襟〕	*乐〔樂〕	呖〔嚦〕	*两〔兩〕		
闿〔闓〕	库〔庫〕	裤〔褲〕	愦〔憒〕	lan	㓢〔餎〕	疬〔癧〕	俩〔倆〕	liu
错〔錯〕	裤〔褲〕	绔〔絝〕	聩〔聵〕		lei	粝〔糲〕	唡〔啢〕	
忾〔愾〕		喾〔嚳〕	匮〔匱〕	兰〔蘭〕		砺〔礪〕	魉〔魎〕	飗〔飀〕
kan	kua	蒉〔蕢〕	栏〔欄〕	镭〔鐳〕	蛎〔蠣〕	谅〔諒〕	*刘〔劉〕
		馈〔饋〕	拦〔攔〕	累〔纍〕	栎〔櫟〕	辆〔輛〕	浏〔瀏〕
		篑〔簣〕	阑〔闌〕	缧〔縲〕	轹〔轢〕		骝〔騮〕
龛〔龕〕	夸〔誇〕		澜〔瀾〕	诔〔誄〕	隶〔隸〕	liao	镏〔鎦〕
槛〔檻〕			谰〔讕〕	垒〔壘〕			绺〔綹〕
kang	kuai	kun	斓〔斕〕	类〔類〕	lia	鹩〔鷯〕	馏〔餾〕
			烂〔爛〕			缭〔繚〕	鹨〔鷚〕
钪〔鈧〕	㧟〔擓〕	鲲〔鯤〕	锎〔鐦〕	li	俩〔倆〕	疗〔療〕	陆〔陸〕
	*会〔會〕	锟〔錕〕	褴〔襤〕			辽〔遼〕	
kao	浍〔澮〕	壸〔壼〕	蓝〔藍〕		lian	了〔瞭〕	long
	哙〔噲〕	阃〔閫〕	篮〔籃〕	*离〔離〕			
铐〔銬〕	郐〔鄶〕	困〔睏〕	岚〔嵐〕	漓〔灕〕	帘〔簾〕	钌〔釕〕	*龙〔龍〕
	侩〔儈〕		懒〔懶〕	篱〔籬〕	镰〔鐮〕	镣〔鐐〕	泷〔瀧〕
ke	脍〔膾〕	kuo	览〔覽〕	缡〔縭〕	联〔聯〕		珑〔瓏〕
	鲙〔鱠〕		揽〔攬〕	骊〔驪〕	连〔連〕	lie	聋〔聾〕
颏〔頦〕	狯〔獪〕	阔〔闊〕	榄〔欖〕	鹂〔鸝〕	涟〔漣〕		
轲〔軻〕	狯〔獪〕	扩〔擴〕	揽〔攬〕	鲡〔鱺〕	莲〔蓮〕	猎〔獵〕	栊〔櫳〕
钶〔鈳〕	块〔塊〕		缆〔纜〕	礼〔禮〕	鲢〔鰱〕	䴕〔鴷〕	砻〔礱〕
颗〔顆〕			烂〔爛〕		琏〔璉〕	lin	笼〔籠〕
*壳〔殼〕	kuan	L	滥〔濫〕	逦〔邐〕			茏〔蘢〕
缂〔緙〕	宽〔寬〕	la	里〔裏〕	奁〔奩〕	辚〔轔〕	咙〔嚨〕
克〔剋〕	髋〔髖〕	蜡〔蠟〕	lang	锂〔鋰〕	怜〔憐〕	鳞〔鱗〕	昽〔曨〕
课〔課〕		腊〔臘〕	锒〔鋃〕	鲤〔鯉〕	鲮〔鯪〕	临〔臨〕	胧〔朧〕
骒〔騍〕	kuang	镴〔鑞〕	阆〔閬〕	鳢〔鱧〕	蔹〔蘞〕	邻〔鄰〕	垄〔壟〕
锞〔錁〕	诓〔誆〕	lai	lao	*丽〔麗〕	脸〔臉〕	蔺〔藺〕	拢〔攏〕
ken	诳〔誑〕			俪〔儷〕	恋〔戀〕	躏〔躪〕	陇〔隴〕
	矿〔礦〕	*来〔來〕	捞〔撈〕	郦〔酈〕	链〔鏈〕	赁〔賃〕	lou
恳〔懇〕	圹〔壙〕	涞〔淶〕	劳〔勞〕	厉〔厲〕	炼〔煉〕		
垦〔墾〕	旷〔曠〕	莱〔萊〕	崂〔嶗〕	励〔勵〕	练〔練〕	ling	瞜〔瞜〕
keng	纩〔纊〕	崃〔崍〕	痨〔癆〕	砾〔礫〕	潋〔瀲〕	鲮〔鯪〕	*娄〔婁〕
	邝〔鄺〕	铼〔錸〕	铹〔鐒〕	*历〔歷〕	殓〔殮〕	绫〔綾〕	偻〔僂〕
铿〔鏗〕	贶〔貺〕	徕〔徠〕	铑〔銠〕	〔曆〕	裣〔襝〕	龄〔齡〕	喽〔嘍〕
kou	kui	赖〔賴〕	涝〔澇〕	沥〔瀝〕	裢〔褳〕	铃〔鈴〕	楼〔樓〕
		濑〔瀨〕	唠〔嘮〕	坜〔壢〕		鸰〔鴒〕	溇〔漊〕
抠〔摳〕	窥〔窺〕	癞〔癩〕	耢〔耮〕	疠〔癘〕		*灵〔靈〕	蒌〔蔞〕

附篇

						ne	ning
髅〔髏〕	氇〔氌〕	䐃〔䐃〕	馒〔饅〕	〔懞〕	铭〔銘〕		
蝼〔螻〕	lü	*罗〔羅〕	鳗〔鰻〕	锰〔錳〕	miu	讷〔訥〕	*宁〔寧〕
耧〔耬〕		啰〔囉〕	蛮〔蠻〕	梦〔夢〕			柠〔檸〕
搂〔摟〕	驴〔驢〕	逻〔邏〕	瞒〔瞞〕	mi	谬〔謬〕	nei	咛〔嚀〕
嵝〔嶁〕	闾〔閭〕	萝〔蘿〕	满〔滿〕		缪〔繆〕		狞〔獰〕
篓〔簍〕	榈〔櫚〕	锣〔鑼〕	螨〔蟎〕	谜〔謎〕	mo	馁〔餒〕	聍〔聹〕
瘘〔瘻〕	屡〔屢〕	箩〔籮〕	谩〔謾〕	祢〔禰〕			拧〔擰〕
镂〔鏤〕	偻〔僂〕	椤〔欏〕	缦〔縵〕	弥〔彌〕	谟〔謨〕	neng	
lu	褛〔褸〕	骡〔騾〕	镘〔鏝〕	〔瀰〕	馍〔饃〕		泞〔濘〕
	缕〔縷〕	荦〔犖〕		猕〔獼〕	蓦〔驀〕	ni	niu
噜〔嚕〕	铝〔鋁〕	泺〔濼〕	mang	谧〔謐〕	mou		
庐〔廬〕	*虑〔慮〕	骆〔駱〕		觅〔覓〕		鲵〔鯢〕	钮〔鈕〕
炉〔爐〕	滤〔濾〕	络〔絡〕	mao	mian	谋〔謀〕	铌〔鈮〕	纽〔紐〕
芦〔蘆〕	绿〔綠〕				缪〔繆〕	拟〔擬〕	nong
*卢〔盧〕	luan	M	锚〔錨〕	绵〔綿〕	mu	腻〔膩〕	
泸〔瀘〕		m	铆〔鉚〕	渑〔澠〕		nian	*农〔農〕
垆〔壚〕	孪〔孿〕		贸〔貿〕	缅〔緬〕	亩〔畝〕		浓〔濃〕
栌〔櫨〕	栾〔欒〕	呒〔嘸〕	me	面〔麵〕	钼〔鉬〕	鲇〔鮎〕	侬〔儂〕
颅〔顱〕	滦〔灤〕					鲶〔鯰〕	脓〔膿〕
鸬〔鸕〕	峦〔巒〕	ma	么〔麽〕	miao	N	辇〔輦〕	哝〔噥〕
胪〔臚〕	脔〔臠〕	妈〔媽〕	mei	鹋〔鶓〕	na	撵〔攆〕	nu
鲈〔鱸〕	銮〔鑾〕	*马〔馬〕		缈〔緲〕			
舻〔艫〕	挛〔攣〕	蚂〔螞〕	霉〔黴〕	缪〔繆〕	铓〔鋩〕	niang	驽〔駑〕
*卤〔鹵〕	鸾〔鸞〕	玛〔瑪〕	鹛〔鶥〕	庙〔廟〕	钠〔鈉〕	酿〔釀〕	nü
〔滷〕	孪〔孿〕	码〔碼〕	鹏〔鵬〕	mie	纳〔納〕	niao	
*虏〔虜〕	乱〔亂〕	犸〔獁〕	镁〔鎂〕		nan		钕〔釹〕
掳〔擄〕	lun	骂〔罵〕	men	灭〔滅〕		*鸟〔鳥〕	nüe
鲁〔魯〕		吗〔嗎〕		蔑〔衊〕	*难〔難〕	茑〔蔦〕	
橹〔櫓〕	抡〔掄〕	唛〔嘜〕	*门〔門〕	min	nang	袅〔裊〕	疟〔瘧〕
镥〔鑥〕	*仑〔侖〕	mai	扪〔捫〕			nie	nuo
辘〔轆〕	沦〔淪〕		钔〔鍆〕	缗〔緡〕	馕〔饢〕		
辂〔輅〕	轮〔輪〕	*买〔買〕	满〔懣〕	闵〔閔〕	nao	*聂〔聶〕	傩〔儺〕
赂〔賂〕	囵〔圇〕	*麦〔麥〕	闷〔悶〕	悯〔憫〕		颞〔顳〕	诺〔諾〕
鹭〔鷺〕	纶〔綸〕	*卖〔賣〕	焖〔燜〕	闽〔閩〕	挠〔撓〕	嗫〔囁〕	锘〔鍩〕
陆〔陸〕	伦〔倫〕	迈〔邁〕	们〔們〕	*黾〔黽〕	蛲〔蟯〕	蹑〔躡〕	
*录〔錄〕	论〔論〕	荬〔蕒〕	meng	鳖〔鱉〕	铙〔鐃〕	镊〔鑷〕	O
箓〔籙〕	luo	man		ming	恼〔惱〕	啮〔嚙〕	ou
绿〔綠〕			蒙〔矇〕		脑〔腦〕	镍〔鎳〕	
辂〔轤〕	骡〔騾〕	颟〔顢〕	〔濛〕	鸣〔鳴〕	闹〔鬧〕		*区〔區〕

讴〔謳〕	pian	Q	浅〔淺〕	qie	qu	扰〔擾〕	飒〔颯〕
瓯〔甌〕			谴〔譴〕			绕〔繞〕	萨〔薩〕
鸥〔鷗〕	骈〔駢〕	qi	缱〔繾〕	锲〔鍥〕	曲〔麯〕		
殴〔毆〕	谝〔諞〕		堑〔塹〕	惬〔愜〕	*区〔區〕	re	sai
欧〔歐〕	骗〔騙〕	缉〔緝〕	椠〔槧〕	箧〔篋〕	驱〔驅〕		鳃〔鰓〕
呕〔嘔〕		桤〔榿〕	纤〔縴〕	窃〔竊〕	岖〔嶇〕	热〔熱〕	赛〔賽〕
沤〔漚〕	piao	*齐〔齊〕			躯〔軀〕	ren	
怄〔慪〕		蛴〔蠐〕	qiang	qin			san
	飘〔飄〕	脐〔臍〕		*亲〔親〕	诎〔詘〕	认〔認〕	
	缥〔縹〕	骑〔騎〕	玱〔瑲〕	钦〔欽〕	趋〔趨〕	任〔飪〕	毵〔毿〕
P	骠〔驃〕	骐〔騏〕	枪〔槍〕	嵚〔嶔〕	鸲〔鴝〕	纴〔紝〕	㣔〔黪〕
		鳍〔鰭〕	锖〔錆〕	骎〔駸〕	龋〔齲〕	轫〔軔〕	伞〔傘〕
pan	pin	墙〔墻〕	戗〔戧〕	寝〔寢〕	觑〔覷〕	纫〔紉〕	
		颀〔頎〕	蔷〔薔〕	锓〔鋟〕	阒〔闃〕	韧〔韌〕	sang
蹒〔蹣〕	嫔〔嬪〕	蕲〔蘄〕	樯〔檣〕	锲〔鍥〕			
盘〔盤〕	频〔頻〕	启〔啓〕	嫱〔嬙〕	揿〔撳〕	quan	rong	丧〔喪〕
	颦〔顰〕	绮〔綺〕	锵〔鏘〕				颡〔顙〕
pang	贫〔貧〕	*岂〔豈〕	羟〔羥〕	qian	权〔權〕	荣〔榮〕	
		碛〔磧〕			颧〔顴〕	蝾〔蠑〕	sao
鳑〔鰟〕	ping	*气〔氣〕	抢〔搶〕	鲭〔鯖〕	铨〔銓〕	嵘〔嶸〕	
庞〔龐〕		苹〔蘋〕	炝〔熗〕	轻〔輕〕	诠〔詮〕	绒〔絨〕	骚〔騷〕
	评〔評〕	讫〔訖〕	戗〔戧〕	氢〔氫〕	绻〔綣〕		缫〔繅〕
pei	鲆〔鮃〕	荠〔薺〕	跄〔蹌〕	倾〔傾〕	劝〔勸〕	ru	扫〔掃〕
赔〔賠〕	凭〔憑〕		呛〔嗆〕	赜〔賾〕	que	铷〔銣〕	se
锫〔錇〕		qian		请〔請〕		颥〔顬〕	涩〔澀〕
辔〔轡〕	po	骞〔騫〕	qiao	顷〔頃〕	悫〔慤〕	缛〔縟〕	*啬〔嗇〕
pen	钋〔釙〕	谦〔謙〕	硗〔磽〕	顷〔頃〕	鹊〔鵲〕		穑〔穡〕
喷〔噴〕	颇〔頗〕	悭〔慳〕	跷〔蹺〕	庆〔慶〕	阕〔闋〕	ruan	铯〔銫〕
peng	泼〔潑〕	牵〔牽〕	锹〔鍬〕	qiong	阙〔闕〕	软〔軟〕	sha
	钹〔鈸〕	*佥〔僉〕	缲〔繰〕		确〔確〕	rui	
鹏〔鵬〕	钷〔鉕〕	签〔簽〕	翘〔翹〕	qiong	阒〔闃〕		鲨〔鯊〕
pi		〔籤〕	*乔〔喬〕	茕〔煢〕	R	锐〔銳〕	纱〔紗〕
		千〔韆〕	桥〔橋〕	琼〔瓊〕		闰〔閏〕	*杀〔殺〕
纰〔紕〕	pu	*迁〔遷〕	硚〔礄〕	嶜〔嶜〕	rang	run	铩〔鎩〕
黑〔黑〕	铺〔鋪〕	钎〔釺〕	侨〔僑〕		让〔讓〕		shai
鲅〔鮁〕	扑〔撲〕	铅〔鉛〕	轿〔轎〕	qiu		闰〔閏〕	
铍〔鈹〕	仆〔僕〕	鸽〔鴿〕	荞〔蕎〕		rao	润〔潤〕	筛〔篩〕
辟〔闢〕	镤〔鏷〕	荨〔蕁〕	谯〔譙〕	秋〔鞦〕			晒〔曬〕
䴙〔鸊〕	谱〔譜〕	钳〔鉗〕	*壳〔殼〕	鹙〔鶖〕	桡〔橈〕	S	酾〔釃〕
	镨〔鐠〕	钱〔錢〕	窍〔竅〕	鳅〔鰍〕	尧〔堯〕		
	朴〔樸〕	铃〔鈴〕	诮〔誚〕	鲉〔鯘〕	饶〔饒〕	sa	
				巯〔巰〕	娆〔嬈〕	洒〔灑〕	

附篇

shan
钐〔釤〕
陕〔陝〕
闪〔閃〕
鳝〔鱔〕
鳣〔鱣〕
缮〔繕〕
掸〔撣〕
骟〔騸〕
鹌〔鶾〕
禅〔禪〕
讪〔訕〕
赡〔贍〕

shang
殇〔殤〕
筋〔觴〕
伤〔傷〕
赏〔賞〕

shao
烧〔燒〕
绍〔紹〕

she
赊〔賒〕
舍〔捨〕
设〔設〕
滠〔灄〕
慑〔懾〕
摄〔攝〕
厍〔厙〕

shei
谁〔誰〕

shen
绅〔紳〕

*参〔參〕
糁〔糝〕
*审〔審〕
谉〔讅〕
婶〔嬸〕
沈〔瀋〕
谂〔諗〕
肾〔腎〕
渗〔滲〕
瘆〔瘮〕

sheng
声〔聲〕
渑〔澠〕
绳〔繩〕
胜〔勝〕
*圣〔聖〕

shi
湿〔濕〕
诗〔詩〕
*师〔師〕
狮〔獅〕
䴓〔鳾〕
实〔實〕
埘〔塒〕
鲥〔鰣〕
识〔識〕
*时〔時〕
蚀〔蝕〕
驶〔駛〕
铈〔鈰〕
视〔視〕
谥〔謚〕
试〔試〕
轼〔軾〕
势〔勢〕
莳〔蒔〕

贳〔貰〕
释〔釋〕
饰〔飾〕
适〔適〕

shou
兽〔獸〕
*寿〔壽〕
绶〔綬〕

shu
枢〔樞〕
摅〔攄〕
输〔輸〕
纾〔紓〕
书〔書〕
赎〔贖〕
*属〔屬〕
数〔數〕
树〔樹〕
术〔術〕
竖〔豎〕

shuai
帅〔帥〕

shuan
闩〔閂〕

shuang
*双〔雙〕
泷〔瀧〕

shui
谁〔誰〕

shun
顺〔順〕

shuo
诉〔訴〕
*肃〔肅〕
说〔說〕
硕〔碩〕
烁〔爍〕
铄〔鑠〕

si
锶〔鍶〕
飔〔颸〕
偲〔偲〕
丝〔絲〕
咝〔噝〕
鸶〔鷥〕
蛳〔螄〕
驷〔駟〕
饲〔飼〕

song
松〔鬆〕
怂〔慫〕
耸〔聳〕
讼〔訟〕
颂〔頌〕
诵〔誦〕

sou
馊〔餿〕
锼〔鎪〕
飕〔颼〕
薮〔藪〕
擞〔擻〕

su
苏〔蘇〕
嗉〔甦〕
稣〔穌〕
谡〔謖〕

诉〔訴〕
*肃〔肅〕
硕〔碩〕
烁〔爍〕
铄〔鑠〕
虽〔雖〕
随〔隨〕
绥〔綏〕
*岁〔歲〕
谇〔誶〕

sun
*孙〔孫〕
荪〔蓀〕
狲〔猻〕
损〔損〕

suo
缩〔縮〕
琐〔瑣〕
唢〔嗩〕
锁〔鎖〕

T

ta
铊〔鉈〕
鳎〔鰨〕
獭〔獺〕
挞〔撻〕
闼〔闥〕

te
铽〔鋱〕

tai
台〔臺/檯/颱〕
态〔態〕

钛〔鈦〕
滩〔灘〕
瘫〔癱〕
摊〔攤〕
贪〔貪〕
谈〔談〕
坛〔壇/罎〕
谭〔譚〕
昙〔曇〕
弹〔彈〕
钽〔鉭〕
叹〔嘆〕

tang
镗〔鏜〕
汤〔湯〕
傥〔儻〕
镋〔钂〕
烫〔燙〕

tao
涛〔濤〕
韬〔韜〕
绦〔縧〕
焘〔燾〕
讨〔討〕

teng
誊〔謄〕
腾〔騰〕
䲢〔䲢〕

ti
锑〔銻〕
鹈〔鵜〕
绨〔綈〕
缇〔緹〕
题〔題〕
体〔體〕

tian
阗〔闐〕

tiao
*条〔條〕
鲦〔鰷〕
龆〔齠〕
调〔調〕
粜〔糶〕

tie
锑〔鐵〕
贴〔貼〕
铁〔鐵〕

ting
厅〔廳〕
烃〔烴〕
听〔聽〕
颋〔頲〕
铤〔鋌〕

tong
铳〔鈹〕
铜〔銅〕
鲖〔鮦〕
统〔統〕
恸〔慟〕

tou
头〔頭〕

tu
图〔圖〕
涂〔塗〕
钍〔釷〕

tuan
抟〔摶〕
团〔團/糰〕

tui
颓〔頹〕

tun
饨〔飩〕

tuo
饦〔飥〕
驼〔駝〕
鸵〔鴕〕
驮〔馱〕
鼍〔鼉〕
椭〔橢〕
箨〔籜〕
箨〔籜〕

W

wa
娲〔媧〕
洼〔窪〕
袜〔襪〕

wai
喎〔喎〕

wan
弯〔彎〕

附篇

				xie	xu	Y	贬〔貶〕
湾〔灣〕	稳〔穩〕	鳁〔鰛〕	*献〔獻〕	颉〔頡〕	须〔須〕		酽〔釅〕
纨〔紈〕	问〔問〕	玺〔璽〕	线〔綫〕	撷〔擷〕	鬚〔鬍〕	ya	验〔驗〕
顽〔頑〕	wo	铣〔銑〕	现〔現〕	缬〔纈〕	谞〔諝〕	压〔壓〕	yang
绾〔綰〕	涡〔渦〕	系〔係〕	苋〔莧〕	协〔協〕	许〔許〕	鸦〔鴉〕	莺〔鶯〕
*万〔萬〕	窝〔窩〕	〔繫〕	岘〔峴〕	挟〔挾〕	诩〔詡〕	鸭〔鴨〕	疡〔瘍〕
wang	莴〔萵〕	细〔細〕	县〔縣〕	胁〔脅〕	项〔項〕	钘〔釾〕	炀〔煬〕
网〔網〕	蜗〔蝸〕	戏〔戲〕	宪〔憲〕	谐〔諧〕	续〔續〕	哑〔啞〕	杨〔楊〕
辋〔輞〕	挝〔撾〕	氙〔氣〕	馅〔餡〕	写〔寫〕	绪〔緒〕	氩〔氬〕	扬〔揚〕
wei	龌〔齷〕	xia	xiang	亵〔褻〕	*亚〔亞〕	旸〔暘〕
*为〔爲〕	wu	虾〔蝦〕	骧〔驤〕	泻〔瀉〕	xuan	垭〔埡〕	钖〔鍚〕
沩〔潙〕	诬〔誣〕	辖〔轄〕	*乡〔鄉〕	绁〔紲〕	轩〔軒〕	挜〔掗〕	阳〔陽〕
维〔維〕	*乌〔烏〕	硖〔硤〕	芗〔薌〕	谢〔謝〕	谖〔諼〕	娅〔婭〕	痒〔癢〕
潍〔濰〕	呜〔嗚〕	峡〔峽〕	缃〔緗〕	悬〔懸〕	讶〔訝〕	养〔養〕
*韦〔韋〕	钨〔鎢〕	侠〔俠〕	详〔詳〕	xin	选〔選〕	轧〔軋〕	样〔樣〕
违〔違〕	邬〔鄔〕	狭〔狹〕	鲞〔鮝〕	锌〔鋅〕	癣〔癬〕	yan	yao
围〔圍〕	*无〔無〕	吓〔嚇〕	响〔響〕	䜣〔訢〕	旋〔鏇〕	阏〔閼〕	*尧〔堯〕
涠〔潿〕	芜〔蕪〕	xian	饷〔餉〕	衅〔釁〕	铉〔鉉〕	阉〔閹〕	峣〔嶢〕
帏〔幃〕	妩〔嫵〕	妆〔嫵〕	飨〔饗〕	xing	绚〔絢〕	恹〔懨〕	谣〔謠〕
闱〔闈〕	怃〔憮〕	忾〔憮〕	鲜〔鮮〕	向〔嚮〕	xue	颜〔顏〕	铫〔銚〕
伪〔僞〕	庑〔廡〕	纤〔纖〕	项〔項〕	兴〔興〕	学〔學〕	盐〔鹽〕	轺〔軺〕
鲔〔鮪〕	鹉〔鵡〕	跹〔躚〕	xiao	荥〔滎〕	峃〔嶨〕	*严〔嚴〕	疟〔瘧〕
诿〔諉〕	坞〔塢〕	锨〔鍁〕	骁〔驍〕	钘〔銒〕	鳕〔鱈〕	阎〔閻〕	鹞〔鷂〕
炜〔煒〕	务〔務〕	蓑〔薟〕	晓〔曉〕	铏〔鉶〕	谑〔謔〕	厣〔厴〕	钥〔鑰〕
玮〔瑋〕	雾〔霧〕	贤〔賢〕	销〔銷〕	陉〔陘〕	xun	黡〔黶〕	药〔藥〕
苇〔葦〕	鹜〔鶩〕	咸〔鹹〕	绡〔綃〕	觋〔覡〕	勋〔勛〕	魇〔魘〕	ye
鳚〔䲁〕	骛〔騖〕	衔〔銜〕	xiong		埙〔塤〕	俨〔儼〕	爷〔爺〕
伟〔偉〕	误〔誤〕	挦〔撏〕	凶〔兇〕	xiu	驯〔馴〕	谳〔讞〕	靥〔靨〕
纬〔緯〕		闲〔閑〕	骁〔鴞〕	讪〔訕〕	询〔詢〕	谶〔讖〕	*页〔頁〕
硙〔磑〕	X	鹇〔鷴〕	萧〔蕭〕		驯〔馴〕	〔讞〕	烨〔燁〕
谓〔謂〕	xi	娴〔嫻〕	潇〔瀟〕	xiu	*寻〔尋〕	*厌〔厭〕	晔〔曄〕
卫〔衛〕	牺〔犧〕	痫〔癇〕	蟏〔蠨〕	馐〔饈〕	浔〔潯〕	餍〔饜〕	*业〔業〕
wen	鱚〔鱚〕	蚬〔蜆〕	箫〔簫〕	鸺〔鵂〕	鲟〔鱘〕	赝〔贋〕	邺〔鄴〕
鳁〔鰮〕	锡〔錫〕	显〔顯〕	晓〔曉〕	绣〔繡〕	训〔訓〕	艳〔艷〕	叶〔葉〕
纹〔絞〕	袭〔襲〕	险〔險〕	啸〔嘯〕	锈〔銹〕	讯〔訊〕	滟〔灩〕	谒〔謁〕
闻〔聞〕	觋〔覡〕	猃〔獫〕			逊〔遜〕	谳〔讞〕	
阌〔閿〕	习〔習〕	铣〔銑〕				砚〔硯〕	

yi	银〔銀〕	颐〔頤〕	饫〔飫〕	晕〔暈〕	啧〔嘖〕	辗〔輾〕	轸〔軫〕
	饮〔飲〕	踊〔踴〕	狱〔獄〕	郓〔鄆〕	帻〔幘〕	绽〔綻〕	鸩〔鴆〕
铱〔銥〕	*隐〔隱〕		预〔預〕	运〔運〕	箦〔簀〕	颤〔顫〕	赈〔賑〕
医〔醫〕	瘾〔癮〕	you	滪〔澦〕	酝〔醞〕	则〔則〕	栈〔棧〕	镇〔鎮〕
鹥〔鷖〕	䲝〔䲝〕	忧〔憂〕	蒇〔蕆〕	韫〔韞〕	泽〔澤〕	战〔戰〕	纼〔紖〕
祎〔禕〕		优〔優〕	鹬〔鷸〕	缊〔縕〕	择〔擇〕		阵〔陣〕
颐〔頤〕	ying	鱿〔魷〕		蕴〔蘊〕		zhang	
遗〔遺〕	应〔應〕	*犹〔猶〕	yuan		zei	张〔張〕	zheng
仪〔儀〕	鹰〔鷹〕	莸〔蕕〕	渊〔淵〕	Z	贼〔賊〕	*长〔長〕	钲〔鉦〕
诒〔詒〕	莺〔鶯〕	铀〔鈾〕	鸢〔鳶〕		鲗〔鰂〕	涨〔漲〕	征〔徵〕
贻〔貽〕	罂〔罌〕	邮〔郵〕	鸳〔鴛〕	za		帐〔帳〕	铮〔錚〕
饴〔飴〕	婴〔嬰〕	铕〔銪〕	鼋〔黿〕		zen	账〔賬〕	症〔癥〕
蚁〔蟻〕	瓔〔瓔〕	诱〔誘〕	园〔園〕	杂〔雜〕	谮〔譖〕	胀〔脹〕	*郑〔鄭〕
忆〔釔〕	樱〔櫻〕		辕〔轅〕				证〔證〕
谊〔誼〕	嬰〔嬰〕	yu	员〔員〕	zai	zeng	zhao	帧〔幀〕
瘗〔瘞〕	嘤〔嚶〕	纡〔紆〕	圆〔圓〕	载〔載〕	缯〔繒〕	钊〔釗〕	诤〔諍〕
镒〔鎰〕	鹦〔鸚〕	舆〔輿〕	缘〔緣〕		赠〔贈〕	赵〔趙〕	阐〔闡〕
缢〔縊〕	缨〔纓〕	欤〔歟〕	橼〔櫞〕	zan	锃〔鋥〕	诏〔詔〕	zhi
勚〔勩〕	荧〔熒〕	余〔餘〕	远〔遠〕	趱〔趲〕			
怿〔懌〕	莹〔瑩〕	觎〔覦〕	愿〔願〕	攒〔攢〕	zha	zhe	只〔隻〕
译〔譯〕	茔〔塋〕	谀〔諛〕		錾〔鏨〕	铡〔鍘〕	谪〔謫〕	〔祇〕
驿〔驛〕	萤〔螢〕	*鱼〔魚〕	yue	暂〔暫〕	闸〔閘〕	辙〔轍〕	织〔織〕
峄〔嶧〕	萦〔縈〕	渔〔漁〕	约〔約〕	赞〔贊〕	轧〔軋〕	蛰〔蟄〕	职〔職〕
绎〔繹〕	营〔營〕	歔〔歔〕	哕〔噦〕	瓒〔瓚〕	鲝〔鮺〕	辄〔輒〕	踯〔躑〕
*义〔義〕	赢〔贏〕	*与〔與〕	阅〔閱〕		鲊〔鮓〕	謺〔謺〕	*执〔執〕
议〔議〕	蝇〔蠅〕	语〔語〕	钺〔鉞〕	zang	诈〔詐〕	折〔摺〕	絷〔縶〕
轶〔軼〕	瘿〔癭〕	龉〔齬〕	跃〔躍〕	赃〔臟〕		锗〔鍺〕	纸〔紙〕
*艺〔藝〕	颖〔穎〕	伛〔傴〕	*乐〔樂〕	脏〔臟〕	zhai	这〔這〕	挚〔摯〕
呓〔囈〕	颍〔潁〕	屿〔嶼〕	钥〔鑰〕	〔髒〕	斋〔齋〕	鹧〔鷓〕	贽〔贄〕
亿〔億〕		誉〔譽〕		驵〔駔〕	债〔債〕		鸷〔鷙〕
忆〔憶〕	yo	钰〔鈺〕	yun			zhen	掷〔擲〕
诣〔詣〕	哟〔喲〕	吁〔籲〕	*云〔雲〕	zao	zhan	针〔針〕	滞〔滯〕
镱〔鐿〕		御〔禦〕	芸〔蕓〕	凿〔鑿〕	鹯〔鸇〕	贞〔貞〕	栉〔櫛〕
	yong	驭〔馭〕	纭〔紜〕	枣〔棗〕	鳣〔鱣〕	浈〔湞〕	轾〔輊〕
yin	痈〔癰〕	阈〔閾〕	涢〔溳〕	灶〔竈〕	毡〔氈〕	祯〔禎〕	致〔緻〕
铟〔銦〕	拥〔擁〕	妪〔嫗〕	郧〔鄖〕		谵〔譫〕	桢〔楨〕	帜〔幟〕
*阴〔陰〕	佣〔傭〕	郁〔鬱〕	殒〔殞〕	ze	斩〔斬〕	侦〔偵〕	制〔製〕
荫〔蔭〕	镛〔鏞〕	谕〔諭〕	陨〔隕〕	责〔責〕	崭〔嶄〕	缜〔縝〕	*质〔質〕
龈〔齦〕	鳙〔鱅〕	鹆〔鵒〕	恽〔惲〕	赜〔賾〕	盏〔盞〕	诊〔診〕	踬〔躓〕

						zi		纵〔縱〕	缵〔纘〕
锁〔鎖〕	纣〔紂〕	嘱〔囑〕	啭〔囀〕	锥〔錐〕			zou		赚〔賺〕
骛〔騖〕	荮〔葤〕	瞩〔矚〕	赚〔賺〕	赘〔贅〕					
zhong		骤〔驟〕	贮〔貯〕	传〔傳〕		缒〔縋〕	诹〔諏〕		zun
		皱〔皺〕	驻〔駐〕	馔〔饌〕		缀〔綴〕	资〔資〕		
终〔終〕		绉〔縐〕	铸〔鑄〕			坠〔墜〕	镃〔鎡〕	鲰〔鯫〕	鳟〔鱒〕
钟〔鐘〕		㤺〔㥛〕	筑〔築〕	zhuang			龇〔齜〕	驺〔騶〕	
〔鍾〕		伫〔佇〕				zhun	辎〔輜〕	邹〔鄒〕	zuo
种〔種〕		昼〔晝〕	zhua	妆〔妝〕		谆〔諄〕	锱〔錙〕		
				装〔裝〕		准〔準〕	缁〔緇〕		凿〔鑿〕
肿〔腫〕		zhu	挝〔撾〕	桩〔樁〕			鲻〔鯔〕	zu	
众〔眾〕				戆〔戇〕		zhuo	渍〔漬〕	镞〔鏃〕	
		诸〔諸〕	zhuan				诅〔詛〕		
zhou		槠〔櫧〕	*专〔專〕	壮〔壯〕		锗〔鍺〕	组〔組〕		
		朱〔硃〕	砖〔磚〕	状〔狀〕		浊〔濁〕	zong		
诌〔謅〕		诛〔誅〕	䏝〔膞〕			诼〔諑〕		zuan	
赒〔賙〕		铢〔銖〕	颛〔顓〕	zhui		镯〔鐲〕	综〔綜〕		
鸼〔鵃〕		烛〔燭〕	转〔轉〕	骓〔騅〕			枞〔樅〕	钻〔鑽〕	
轴〔軸〕							总〔總〕	躜〔躦〕	

说　　明

[cai] 才纔——才,始,僅;又才能。纔,僅。二字本通用;但才能的才,決不與纔通用。

[chong] 冲衝——冲的意义是幼小,空虚;用作动词时表示一直向上(冲天)。衝的意义是突击、衝撞;用作名词时表示交叉路口。这两个字在古书里一般是区别得很清楚的。

[chou] 丑醜——二字古不通用。丑是地支名。醜是醜惡的醜。

[chu] 出齣——齣是近代产生的字,来历不明。

[dan] 淀澱——淀,浅水泊。澱,沉澱,滓泥。

[dou] 斗鬭——斗,升斗。鬭,鬭争。

[fa] 发發髮——發,發射,出發。髮,头髮。

[fan] 范範——范,姓。範,模範。

[fong] 丰豐——丰,丰满,丰采(风采,风度)。豐,豐富。二字在古书里一般不通用。丰字比较罕用。

[fu] 复復複覆——反復的復本作复,但是復和複覆并不是同义词。複只用于重複和複杂的意义;復字等于现代的"再",它不表示複杂,一般也不用作形容词来表示重複。覆用于覆盖、颠覆的意义,而这些意义决不能用復或複。

[gan] 干幹乾——干是干戈的干,读gān,和读gàn的幹没有什么关系。乾枯的乾和干戈的干也绝不相通。乾枯的乾,近时有人写作乾,但古书中没有乾字。特别应该注意的是乾坤的乾(qián),读音完全不同,规定不能简化为干。

[gu] 谷榖——谷,山谷。榖,百榖(稻麦等)。二字不通用。

[hou] 后後——后,君王,皇后。後,先後。有些古书曾经以后代後,但用得很不普遍,後代一般不再通用。至于君王、皇后的后,则绝不写作後。

[hua] 画畫,划劃——古代计畫的畫不写作劃。劃是后起字,并且只表示锥刀劃开。划是划船的划(也是后起字),与计畫的畫更是没有关系。

[hui] 汇匯彙——匯,匯合。彙,种类。

[huo] 伙夥——伙,伙伴,傢伙。夥,很多。
获獲穫——獲,獲得。穫,收穫。二字不通用。

[ji] 几幾——几是几案的几。幾是幾何的幾。二字绝不相通。
饥饑——饥,饥饱。饑,饑饉。上古一般不相通,后代渐混。

[jia] 价價——价,善。價,價格。二字不通用。

[jian] 荐薦——说文:"荐,席也";又:"薦,兽之所食草。"二字古通用,都有重复、陈献、推荐等义。

[jie] 借藉——借,借贷。藉,凭藉。二字一般不通用。注意:狼藉的藉(ji)不能简化为借。

[jin] 尽盡儘——盡,完全,竭盡。儘,达到极限。儘是后起字,本写作盡。

[juan] 卷捲——卷,卷曲;又书卷。捲,收捲。上古捲多写作卷。

[ke] 克剋——克,能,胜。剋,剋制。

[kua] 夸誇——夸,奢侈,夸大,自大。誇,大言,自大。在自大、夸大的意义上,二字古通用。

[kun] 困睏——困,劳倦,穷困。睏是困的后起字,专用于劳倦的意义。

[la] 腊臘——腊(xī),乾肉。臘,阴历十二月。
蜡蠟——蜡,即蛆;又音 zhà,古祭名。蠟,油脂中的一种,蠟烛。

[lei] 累纍——累,积累,牵累,纏縛。纍,连缀,纏縛。在"纏縛"这个意义上,二字古通用。

[li] 里裏——里,乡里。裏,衣内,《诗经·邶风·绿衣》:"绿衣黄裏";内,左传僖公二十八年:"表裏山河。"二字古不通用。
历曆歷——歷,经歷。曆,曆数。歷曆一般是有分别的。在古书中,曆数的曆可以用歷但经歷的歷绝不用曆。

[lian] 帘簾——帘,酒家帜(后起字)。簾,门簾。

[liao] 了瞭——了,了解。瞭,眼睛明亮。后来又有双音词"瞭望"。

[me] 么麽——么(yāo),幺的俗体,细小,与麽没有关系。

[meng] 蒙濛懞矇——蒙,披盖,遭受。濛,微雨的样子。懞,懞懂,不明白。矇,矇矓,眼力不好。

[mi] 弥彌瀰——彌,满,更。瀰,瀰漫,水大的样子。

[mian] 面麵——面,脸部。麵(麪的后起字),粮食磨成的粉。二字不通用。

[mie] 蔑衊——蔑是蔑视的蔑。衊是诬衊的衊。

[ning] 宁寧——宁是贮的本字,与寧没有关系。

[pi] 辟闢——辟,法,刑,君。闢,开闢。二字上古曾经通用,后代不通用。

[ping] 苹蘋——苹,草名,蒿的一种,《诗经·小雅·鹿鸣》:"食野之苹";又同萍。蘋,草名,一名田字草;蘋果的蘋是后起字,旧写作苹。
凭憑——憑依的憑本作凭,又作冯、凴。

[qi] 气氣——依文字家说,氣本作气,但是现在简化为气的字,一般古书都写作氣。

启啓——开啓的啓本作启。

[qian] 千韆——千,数目。韆,鞦韆。

签簽籤——簽与籤意义相近,但簽押不能作籤押;竹籤、牙籤不能作竹簽、牙簽。

[qin] 秋鞦——秋,四季中的第三季。鞦,鞦韆。

[she] 舍捨——舍,客馆,居室;又放弃。捨,放弃。捨本作舍。

[shen] 沈瀋——沈,沉(chén)的本字;又沈(shěn),姓。瀋,汁;又地名(瀋阳)。

[shi] 适適——适,读(kuò),《论语》有南宫适,人名。適,到[某地]去,正巧。

[shu] 术術——朮(zhú),原写作朮,植物名,有白朮、苍朮,与術不相通。

[song] 松鬆——松鬆古代不同音。松,松树。鬆,鬆紧。

[tai] 台臺檯颱——这四个字的意义各不相同。台(yí),我;又三台(tái),星名。臺,楼臺。檯(后起字),桌子。颱,颱风。

[wang] 网網——网是網的本字。

[wu] 无無——二字古代通用,但一般只写作無。

[xi] 系係繫——这三个字意义相近,上古往往通用。后代逐渐分工,世系、系统、体系作系,关系和"是"的意义作係,缚的意义作繫。

[xian] 咸鹹——咸,皆。鹹,鹹淡。不通用。

[xiang] 向嚮——嚮与向意义相近,但嚮导不作向导。在上古,嚮可通響,向不通響。

[xin] 衅釁——二字古代通用。

[yang] 痒癢——痒,病,《诗经·小雅·正月》:"癙忧以痒。"在这个意义上,痒癢不相通。

[ye] 叶葉——叶(xié),同协:"叶音","叶韵"。叶与葉音义皆不同。

[yong] 踊踴——二字古代通用。

[yu] 余餘——余,我。餘,剩餘。二字不通用。

御禦——御,驾驭车马。禦,阻当,防禦。

吁籲——吁(xū),叹声:"长吁短叹"。籲(yù),呼:"籲天","呼籲"。

郁鬱——二字古不同音。郁郁,有文采的样子;馥郁,香气浓。鬱,草木丛生;又忧鬱。按郁鬱有相通之处,但忧鬱的鬱决不作郁。

与與——赐與的與本作与。

[yun] 云雲——依《说文》,云是雲的本字。但是在古书中,云谓的云和雲雨的雲已经有了明确的分工,决不相混。

[zhe] 折摺——二字古不同音,亦不通用。折,折断,屈折。摺,摺叠。

[zheng] 征徵——二字古不同音。征,行,征伐,征税。徵,徵召,徵求,徵信。按:只征税的意义古书偶然用徵,其余意义都不相通。特别要注意的是宫商角徵羽(五音)的徵,读音是 zhǐ,不能简化为征。

症癥——症(zhèng),病症。癥(zhēng),癥结。

[zhi] 只祇隻——只,语气词,这个意义不能作祇或隻。只在中古以后与祇通,表示"单只"的意思。副词只与量词隻在古书中绝不通用。

致緻——緻是密的意思:"细緻";古与致通。当然,这只是说用緻的地方可以用致，不是说用致的地方可以用緻。

制製——制，制裁，法度，君命。製，製造。製造的意义在古代也可以用制。

[zhong]　钟鐘鍾——鐘，乐器。鍾，酒器；又聚，《国语·周语》："泽，水之所鍾也。"上古鐘多作鍾，但酒器的鍾、鍾聚的鍾及姓鍾的鍾不作鐘。

[zhu]　筑築——筑，乐器名。築，建築。二字不通用。

[zhun]　准準——准是準的俗体，但近代有了分工：准字只用于允许、决定等近代意义，而水準、準绳等古代意义则写作準。一般古书只有準字，没有准字。

（据王力《古代汉语》）

［三］　异体字整理表

本表据中华人民共和国文化部、中国文字改革委员会于一九五六年发布的第一批异体字整理表，按汉语拼音顺序重新编排。

表内所列异体字共 810 组，每组最少 2 字，最多 6 字，合计 1865 字。经过整理后共精简去 1055 字。各字组中的选用字未采用简化字。

根据 1986 年 10 月 10 日重新发表《简化字总表》的说明，确认《简化字总表》收入的"䜣、䜩、晔、詟、诃、䲡、䌷、刬、鲙、诓、雠"11 个类推简化字为规范字，不再作为淘汰的异体字。

根据 1988 年 3 月 25 日国家语言文字工作委员会与中华人民共和国新闻出版署"关于发布《现代汉语通用字表》的联合通知"中的规定，确认《印刷通用汉字字形表》收入的"翦、邱、於、澹、骼、彷、菰、溷、徼、薰、黏、桉、愣、晖、凋"等 15 个字为规范字，不再作为淘汰的异体字。

A

an

庵〔菴〕
暗〔闇晻〕
案〔桉〕
鞍〔鞌〕
岸〔㟁〕

ao

坳〔垇〕
鰲〔鼇〕
翱〔翺〕

B

ba

霸〔覇〕

bai

柏〔栢〕
稗〔粺〕

ban

坂〔岅〕

bang

幫〔幇幚〕
膀〔髈〕
榜〔牓〕

bao

刨〔鉋鑤〕
褓〔緥〕
寶〔寳〕
褒〔襃〕

bei

背〔揹〕
備〔俻〕
悖〔誖〕
杯〔盃桮〕

ben

奔〔犇𡘙逩〕

beng

繃〔綳〕

bi

痹〔痺〕
逼〔偪〕
斃〔獘〕
秘〔祕〕
弊〔獘〕
秕〔粃〕

bian

遍〔徧〕

biao

膘〔臕〕

bie

鱉〔鼈〕
癟〔癟〕

bing

冰〔氷〕
并〔併並竝〕
稟〔禀〕

bo

鉢〔缽盋〕
博〔愽〕
駁〔駮〕
脖〔𩓣〕

bu

布〔佈〕

C

cai

睬〔倸〕
踩〔跴〕
采〔寀採〕
彩〔綵〕

can

慚〔慙〕
參〔叅〕

cao

草〔艸〕
操〔撡捸〕

ce

册〔冊〕
厠〔廁〕
策〔筞筴〕

cha

碴〔䃎〕
查〔査〕
察〔詧〕
插〔揷〕

附 篇

chan
铲〔剷刬〕

chang
尝〔嚐甞〕
肠〔腸〕
场〔塲〕

che
扯〔撦〕

chen
嗔〔瞋〕
趁〔趂〕

cheng
乘〔乘椉〕
撑〔撐〕
澄〔澂〕
塍〔堘〕

chi
吃〔喫〕
翅〔翄〕
耻〔恥〕
痴〔癡〕
敕〔勅勑〕

chou
仇〔讎讐〕
瞅〔𥈠䁦〕
酬〔酧詶醻〕
绸〔紬〕

chu
锄〔鉏耡〕
蹰〔躕〕

橱〔櫥〕
厨〔廚厨〕

chuan
船〔舩〕

chuang
创〔剏剙〕
窗〔窓窻牕牎〕
床〔牀〕

chui
捶〔搥〕
棰〔箠〕
锤〔鎚〕

chun
唇〔脣〕
春〔旾〕
醇〔醕〕
蠢〔惷〕
淳〔湻〕
莼〔蒓〕

ci
词〔䛐〕
辞〔辤〕
糍〔餈〕
鹚〔鷀〕

cong
匆〔悤忽〕
葱〔蔥〕

cou
凑〔湊〕

cu
粗〔觕麤〕
蹴〔蹵〕

cuan
篡〔簒〕

cui
脆〔脃〕
悴〔顇〕

cun
村〔邨〕

cuo
锉〔剉〕

D

da
瘩〔瘩〕

dai
呆〔獃騃〕
玳〔瑇〕

dan
啖〔啗噉〕
淡〔澹〕
耽〔躭〕
担〔擔〕
菪〔莨〕

dang
挡〔攩〕
荡〔盪〕

dao
捣〔擣搗〕
岛〔嶋〕

de
德〔悳〕

deng
凳〔櫈〕

di
堤〔隄〕
抵〔牴觝〕
蒂〔蔕〕

diao
雕〔彫鵰
凋琱〕
吊〔弔〕

die
蝶〔蜨〕
叠〔疊疊
曡〕
喋〔啑〕

ding
碇〔椗矴〕

dong
动〔働〕

dou
兜〔兠〕
斗〔鬥鬭
鬪〕
豆〔荳〕

du
睹〔覩〕
妒〔妬〕

dun
敦〔敦〕
惇〔憞〕
遁〔遯〕
墩〔墪〕

duo
朵〔朶〕
垛〔垜〕
跺〔跥〕

E

e
额〔額〕
扼〔搤〕
萼〔蕚〕
峨〔峩〕
鹅〔鵞䳘〕
娥〔娿婀〕
厄〔阨戹〕
鳄〔鱷〕
腭〔齶〕
讹〔譌〕

en
恩〔㤙〕

er
尔〔尒〕

F

fa
罚〔罸〕
筏〔栰〕
法〔灋泫〕
珐〔琺〕

fan
繁〔緐〕
翻〔飜繙〕
凡〔凢〕
帆〔帆颿〕
泛〔汎氾〕

fang
仿〔彷髣
俲〕

fei
痱〔疿〕
废〔癈〕

fen
氛〔雰〕

feng
蜂〔䗬䗞〕
峰〔峯〕

fu
俯〔俛頫〕
佛〔彿髴〕
妇〔媍〕
附〔坿〕
麸〔粰𪌭〕

G

ga
夏〔戛〕
嘎〔嘠〕

gai
丐〔匄匃〕
概〔槩〕

附篇

gan
贛〔贛灨〕
秆〔稈〕
杆〔桿〕
乾〔乹乾〕
幹〔榦〕

gang
杠〔槓〕
扛〔摃〕
肛〔疘〕

gao
皋〔皐臯〕
槁〔槀〕
糕〔餻〕
稿〔稾〕

ge
阁〔閣〕
胳〔肐骼〕
歌〔謌〕
个〔箇〕

gen
亘〔亙〕

geng
耕〔畊〕
梗〔梗秔〕
鲠〔鯁〕

gong
躬〔躳〕

gou
够〔夠〕
钩〔鉤〕

构〔搆〕

gu
雇〔僱〕
菇〔菰〕
鼓〔皷〕

gua
挂〔掛罣〕
括〔捪〕

guai
拐〔枴〕
怪〔恠〕

guan
管〔筦〕
馆〔舘〕
罐〔鑵〕

gui
规〔槼〕
瑰〔瓌〕

guo
果〔菓〕
椁〔槨〕

H

han
函〔圅〕
悍〔猂〕
焊〔釺銲〕
捍〔扞〕

hao
嗥〔嘷獆〕
皓〔皜暠〕

蚝〔蠔〕

he
呵〔訶〕
盍〔盇〕
核〔覈〕
和〔龢咊〕

heng
恒〔恆〕

hong
哄〔閧鬨〕

hou
糇〔餱〕

hu
呼〔虖嘑謼〕
糊〔粘餬〕
胡〔衚〕

hua
话〔話〕
哗〔譁〕
花〔苍蘤〕

huan
貆〔貛獾〕
欢〔懽讙驩〕

huang
恍〔怳〕
晃〔熀〕

hui
毁〔燬譭〕

蛔〔蛕蚘痐蜖〕
辉〔煇暉〕
汇〔滙〕
迴〔廻迴〕
徽〔徵〕

hun
魂〔䰟〕
混〔溷〕
昏〔昬〕

huo
祸〔旤〕

J

ji
羁〔覊〕
鸡〔雞〕
楫〔檝〕
绩〔勣〕
迹〔跡蹟〕
期〔朞〕
赍〔賫齎〕

jia
假〔叚〕
夹〔裌袷〕

jian
笺〔牋楇〕
剑〔劍〕
鉴〔鑑鑒〕
缄〔椷〕
奸〔姦〕
硷〔礆〕
碱〔城〕
剪〔翦〕

减〔減〕
茧〔蠒〕

jiang
缰〔韁〕
僵〔殭〕
奖〔獎〕

jiao
侥〔徼儌〕
叫〔呌〕
剿〔勦剿〕
脚〔腳〕

jie
秸〔稭〕
届〔屆〕
阶〔堦〕
洁〔絜〕
劫〔刧刦刼〕
杰〔傑〕
捷〔倢〕

jin
斤〔觔〕
晋〔晉〕
紧〔繁緊〕

jing
阱〔穽〕
径〔逕〕
净〔凈〕
胫〔踁〕

jiong
炯〔烱〕
迥〔逈〕

jiu
韭〔韮〕
救〔捄〕
纠〔糺〕
揪〔揫〕
厩〔廐廏〕

ju
巨〔鉅〕
矩〔榘〕
局〔侷跼〕
据〔據〕
举〔舉〕
飓〔颶〕

juan
狷〔獧〕
眷〔睠〕
倦〔勌〕

jue
橛〔蹷〕
撅〔噘〕
决〔決〕

jun
俊〔儁儶〕
浚〔濬〕
隽〔雋〕

K

kai
慨〔嘅〕

kan
刊〔栞〕
瞰〔矙〕

316　附　篇

侃〔偘〕
坎〔埳〕

kang

糠〔穅杭〕
炕〔匟〕

kao

考〔攷〕

ke

咳〔欬〕
疴〔痾〕
剋〔尅〕

ken

肯〔肎〕

keng

坑〔阬〕

kou

寇〔宼冦〕
叩〔敂〕
扣〔釦〕

ku

褲〔袴〕

kuai

膾〔鱠〕

kuan

款〔欵〕

kuang

況〔况〕
礦〔鑛〕
誆〔誑〕

kui

饋〔餽〕
愧〔媿〕
窺〔闚〕

kun

昆〔崑崐〕
捆〔綑〕
坤〔堃〕

kuo

闊〔濶〕

L

la

辣〔辢〕
臘〔臈〕

lai

賴〔頼〕

lan

懶〔嬾〕
婪〔惏〕

lang

螂〔蜋〕
琅〔瑯〕

lei

淚〔涙〕

leng

棱〔稜〕
楞〔楞〕

li

厘〔釐〕
裏〔裡〕
歷〔歷歷〕
曆〔厤〕
苙〔蒞涖〕
犁〔犂〕
狸〔貍〕
梨〔棃〕
隸〔隷隸〕
藜〔藜〕
栗〔慄㮚〕
璃〔瓈瓅〕
荔〔茘〕

lian

廉〔廉廉〕
鐮〔鎌鐮〕
奩〔匳匲籢〕
煉〔鍊〕
斂〔歛〕

liang

梁〔樑〕
涼〔凉〕

lin

麟〔麐〕
吝〔悋〕
鄰〔隣〕
淋〔痳〕
磷〔燐粦〕

ling

菱〔蔆〕

liu

留〔畱畱〕
畱〕
琉〔瑠瑠〕
瘤〔瘤〕
柳〔桺柳〕

long

弄〔衖挊〕

lu

櫓〔艪樐艣樐〕
碌〔硉〕
戮〔剹勠〕
爐〔鑪〕

lü

氯〔菉〕
綠〔菉〕

lüe

略〔畧〕

lun

侖〔崙崘〕

luo

裸〔躶臝〕
騾〔贏〕
虜〔虜〕

M

ma

罵〔駡傌〕
麻〔蔴〕
蟆〔蟇〕

mai

脈〔脉𧗿
𧗿
𧗿〕

mang

虻〔蝱〕

mao

冒〔冐〕
帽〔㡌〕
卯〔夘卵〕
猫〔貓〕
牦〔犛氂〕

mei

梅〔楳槑〕

mi

冪〔羃〕
眯〔瞇〕
覓〔覔〕

mian

綿〔緜〕
麵〔麪〕

miao

眇〔眇〕
渺〔淼渺〕
妙〔玅〕

mie

咩〔哔哔〕

min

泯〔冺〕

ming

命〔令〕
冥〔㝠冥〕

mo

饃〔饝〕
謨〔謩〕
幕〔幙〕
歾〔殁晦歿刎歾〕

mu

拿〔舒挐挈〕

nai

奶〔嬭妳〕
乃〔迺廼〕

nan

楠〔枏柟〕

nao

鬧〔閙〕

ni

霓〔蜺〕
你〔妳〕
昵〔暱〕
擬〔儗〕

nian

拈〔撚〕
念〔唸〕

niang
娘〔孃〕

niao
裊〔嫋嬝褭〕

nie
嚙〔齧囓〕
揑〔揑〕
涅〔湼〕
孽〔孼〕

ning
寧〔寕寗〕

nong
農〔農〕

nü
衄〔衂䶊〕

nuan
暖〔煖暅煗〕

nen
嫩〔嫰〕

nuo
糯〔穤稬〕
挪〔捼捰〕

P

pao
疱〔皰〕
炮〔砲礮〕

pei
胚〔肧〕

peng
碰〔掽踫〕

pi
毗〔毘〕
匹〔疋〕

piao
飄〔飃〕

ping
憑〔凴〕
瓶〔缾〕

po
迫〔廹〕

pu
鋪〔舖〕

Q

qi
戚〔慼憾〕
啓〔啟啔〕
棋〔碁棊〕
栖〔棲〕
凄〔凄悽〕
旗〔旂〕

弃〔棄〕
憩〔憇〕

qian
鉛〔鈆〕
潜〔潛〕
慾〔僉〕

qiang
强〔彊強〕
襁〔繦〕
牆〔墻〕
檣〔艢〕
羌〔羗羌〕
槍〔鎗〕

qiao
憔〔顦癄〕
蹺〔蹻〕
峭〔陗〕
蕎〔荍〕
鍬〔鍫〕

qie
愜〔慊〕

qin
寢〔寑〕
勤〔懃〕
琴〔琹〕
撳〔搇〕

qiu
丘〔坵邱〕
虯〔虬〕
鰌〔鰍〕
秋〔秌穐〕
球〔毬〕

qu
麴〔麯〕
驅〔駈敺〕

quan
券〔劵〕

que
權〔摧榷〕
却〔卻刦〕

qun
群〔羣〕
裙〔帬裳〕

R

ran
冉〔冄〕
髯〔髥〕

rao
繞〔遶〕

ren
韌〔靱靭靫〕
韌〔靱〕
飪〔餁〕
衽〔袵〕
妊〔姙〕

rong
冗〔宂〕
絨〔羢毧〕
熔〔鎔〕
融〔螎〕

ruan
蠕〔蝡〕
軟〔輭〕

rui
蕊〔蕋蘂蕳〕
睿〔叡〕

ruo
箬〔篛〕

S

sa
颯〔颯〕

sai
腮〔顋〕

san
傘〔傘繖〕
散〔散〕

sang
桑〔桒〕

se
澀〔澁濇〕

shan
鱔〔鱓〕
刪〔删〕
姍〔姗〕
柵〔栅〕
珊〔删〕
膳〔饍〕
膻〔羶羴〕

shao
筲〔籍〕

she
蛇〔虵〕
射〔躲〕

shen
深〔湙〕
愼〔昚〕
參〔葠蓡〕

sheng
升〔陞昇〕
剩〔賸〕

shi
虱〔蝨〕
是〔昰〕
尸〔屍〕
濕〔溼〕
諡〔謚〕
實〔寔〕
时〔旹〕
視〔眡眎〕
柿〔柹〕

shu
倏〔儵儵〕
庶〔庻〕
竪〔豎〕
漱〔潄〕
疏〔疎〕
薯〔藷〕

si
飼〔飤〕
祀〔禩〕

318　附篇

嘶〔㗒〕
俟〔竢〕
似〔佀〕

sou

嗾〔譳〕
搜〔蒐〕

su

溯〔泝溯〕
宿〔宿〕
訴〔愬〕
蘇〔蘓甦〕

sui

歲〔嵗〕

sun

筍〔筍〕
飧〔飱〕

suo

瑣〔瑣〕
鎖〔鎖〕
簑〔簑〕
挲〔挱〕

T

ta

塔〔墖〕
拓〔搨〕
它〔牠〕

tan

嘆〔歎〕
罎〔譚壜〕
袒〔襢〕

tang

趟〔赻跿踼〕
糖〔餹〕

tao

掏〔搯〕
縧〔縧縚〕

teng

藤〔籐〕

ti

剃〔薙鬀〕
啼〔嗁〕
蹄〔蹏〕

tiao

眺〔覜〕

tong

筒〔筩〕
同〔仝術〕
峒〔峝〕

tou

偷〔媮〕

tu

兔〔兎兎〕

tui

腿〔骽〕
頹〔穨〕

tun

臀〔臋〕

tuo

馱〔馱〕
托〔託〕
駝〔駞〕
拖〔拕〕

W

wa

蛙〔鼃〕
襪〔韈韤〕

wan

挽〔輓〕
浣〔澣〕
玩〔翫〕
碗〔盌椀
　　　　埦〕

wang

亡〔兦〕
望〔朢〕
往〔徃〕
罔〔罔〕

wei

喂〔餵餧〕
蝟〔蝟〕

wen

吻〔脗〕
蚊〔䖌蟁〕

weng

瓮〔甕罋〕

wu

污〔汙汚〕

X

xi

嘻〔譆〕
溪〔谿〕
晰〔晳晳〕
席〔蓆〕
熙〔熙熙〕
戲〔戯〕
膝〔厀〕

xia

厦〔廈〕
狹〔陿〕

xian

銜〔御啣〕
弦〔絃〕
仙〔僊〕
鮮〔尠尟
　　尠〕
閑〔閒〕
嫻〔嫺〕
涎〔次〕
綫〔線〕
籼〔秈〕

xiang

享〔亯〕
餉〔餫〕
嚮〔曏〕
厢〔廂〕

xiao

笑〔咲〕
效〔効倣〕

xie

塌〔隖〕
忏〔㤺〕
脅〔脇〕
邪〔衺〕
蟹〔蠏〕
燮〔爕〕
蝎〔蠍〕
泄〔洩〕
紲〔緤〕
鞋〔鞵〕
攜〔攜攜
　　擕攜〕

xin

欣〔訢〕

xing

幸〔倖〕

xiong

洶〔洶〕
凶〔兇〕
胸〔胷〕

xiu

修〔脩〕
綉〔繡〕
銹〔鏽〕

xu

敘〔敍敘〕
勖〔勗〕
恤〔卹賉
　　卹〕
婿〔壻〕

xuan

喧〔誼〕
楦〔楥〕

xue

靴〔鞾〕

xun

熏〔薰燻〕
徇〔狥〕
勛〔勳〕
塤〔壎〕
尋〔尋〕
巡〔廵〕

Y

ya

鴉〔鵶〕
丫〔枒椏〕

yan

贗〔贋〕
雁〔鴈〕
驗〔驗〕
烟〔煙菸〕
胭〔臙〕
燕〔鷰〕
罨〔罨〕
腌〔醃〕
咽〔嚥〕
檐〔簷〕
岩〔巌巖
　　嵒〕
焰〔燄〕
艷〔艶豓〕
宴〔讌醼〕

yang
揚〔颺敭〕

yao
淆〔殽〕
肴〔餚〕
耀〔燿〕
咬〔齩〕
拗〔抝〕
窑〔窰窯〕
夭〔殀〕

ye
野〔埜壄〕
夜〔亱〕
燁〔爗曄〕

yi
翳〔瞖〕
异〔異〕
咿〔吚〕
移〔迻〕
以〔㕥目〕

yin
因〔囙〕
殷〔慇〕
飲〔飮〕
淫〔婬滛〕
喑〔瘖〕
堙〔陻〕
陰〔隂〕
吟〔唫〕
蔭〔廕〕

姻〔婣〕

ying
嫈〔𡥪〕
穎〔頴〕
映〔暎〕
鶯〔鸎〕

yong
咏〔詠〕
涌〔湧〕
憃〔憃愳〕
雍〔雝〕

you
游〔遊〕

yu
于〔於〕
寓〔庽〕
欲〔慾〕
逾〔踰〕
愈〔癒瘉〕
鬱〔欝欎〕

yuan
冤〔寃寬〕
猿〔猨蝯〕

yue
岳〔嶽〕

yun
韵〔韻〕

Z

za
雜〔襍〕
匝〔帀〕

zai
灾〔災裁菑〕
再〔𠕅𠕂〕

zan
咱〔喒喒偺偺〕
赞〔賛讚〕
簪〔篸〕

zang
葬〔塟塟〕

zao
唣〔唕〕
糟〔蹧〕
噪〔譟〕
皂〔皁〕

zha
札〔剳劄〕
閘〔牐〕
榨〔搾〕
扎〔紮紥〕
吒〔咤〕

zhai
寨〔砦〕
齋〔亝〕

zhan
盞〔琖醆〕
氈〔毡〕
占〔佔〕
嶄〔嶃〕
暫〔蹔〕
沾〔霑〕

zhang
獐〔麞〕

zhao
照〔炤〕
棹〔櫂〕

zhe
浙〔淛〕
輒〔輙〕
謫〔讁〕
哲〔喆〕
懾〔慴讋〕

zhen
針〔鍼〕
鴆〔酖〕
砧〔碪〕
珍〔琛〕
偵〔遉〕

zhi
卮〔巵〕
袟〔袠裵〕
址〔阯〕
置〔寘〕
跖〔蹠〕
栀〔梔〕
祇〔衹秖〕
志〔誌〕
紙〔帋〕
稚〔稺稺〕
侄〔姪妷〕

zhong
冢〔塚〕
衆〔眾〕

zhou
周〔週〕
咒〔呪〕
帚〔箒〕

zhu
煮〔煑〕
箸〔筯〕
伫〔竚佇〕
注〔註〕
猪〔豬〕

zhuan
磚〔甎塼〕
撰〔譔〕
專〔耑〕
饌〔籑〕

zhuang
妝〔粧〕

zhuo
斫〔斲斱斮〕
桌〔棹〕

zi
姊〔姉〕
資〔貲〕
眦〔眥〕

zong
偬〔傯〕
騣〔鬉騌騣鬃〕
踪〔蹤〕
棕〔椶〕
粽〔糉〕

zu
卒〔卆〕

zuan
纂〔䈱〕
鑽〔鑚〕
樽〔罇〕

zui
最〔冣取〕
罪〔辠〕

图书在版编目（CIP）数据

医古文／段逸山主编．—上海：上海科学技术出版社，
1995.6（2022.9 重印）
普通高等教育中医药类规划教材．供中医药类专业用
ISBN 978-7-5323-3700-2

Ⅰ．医… Ⅱ．段… Ⅲ．医古文－高等学校－教材　Ⅳ．R2

中国版本图书馆 CIP 数据核字（2007）第 015557 号

医古文
　　主编　段逸山

上海世纪出版（集团）有限公司
上海科学技术出版社 出版、发行
（上海市闵行区号景路159弄A座9F-10F）
邮政编码201101　　www.sstp.cn
常熟市兴达印刷有限公司印刷
开本 787×1092　1/16　印张 20.5
字数 488 000
1995年6月第1版　2022年9月第25次印刷
ISBN 978-7-5323-3700-2/R·1026K
定价：35.00元

本书如有缺页、错装或坏损等严重质量问题，请向印刷厂联系调换